高等职业教育轨道交通"十三五"规划教材

铁路物流管理专业校企合作系列教材

铁路集装箱运输与多式联运

主　编　王　慧

副主编　李学华　张宇诺

参　编　陈亚娟　杜　崇

主　审　马长青

北京交通大学出版社

·北京·

内 容 简 介

本书为高等职业教育轨道交通"十三五"规划教材之一。全书共分为 6 个项目，主要包括集装箱基础知识、铁路集装箱运输设备、铁路集装箱及箱内货物装载加固、铁路集装箱运输组织、铁路集装箱运输管理信息系统与运输统计分析、集装箱多式联运等内容。

本书可作为高等职业院校铁路物流管理专业的教材，也可作为铁道交通运营管理、物流管理等相关专业的参考资料。

图书在版编目（CIP）数据

铁路集装箱运输与多式联运/王慧主编 . —北京：北京交通大学出版社，2017.9
ISBN 978-7-5121-3309-9

Ⅰ．①铁…　Ⅱ．①王…　Ⅲ．①铁路运输-集装箱运输-多式联运-高等职业教育-教材　Ⅳ．①U294.3

中国版本图书馆 CIP 数据核字（2017）第 192422 号

铁路集装箱运输与多式联运
TIELU JIZHUANGXIANG YUNSHU YU DUOSHI LIANYUN

责任编辑：解　坤　　　　　助理编辑：陈可亮
出版发行：北京交通大学出版社　　　电话：010 - 51686414　　http：//www.bjtup.com.cn
　　　　　北京市海淀区高梁桥斜街 44 号　邮编：100044
印 刷 者：北京时代华都印刷有限公司
经　　销：全国新华书店
开　　本：185 mm×260 mm　印张：21.25　　字数：440 千字
版　　次：2017 年 9 月第 1 版　2017 年 9 月第 1 次印刷
书　　号：ISBN 978-7-5121-3309-9/U·273
印　　数：1～2000 册　定价：48.00 元

本书如有质量问题，请向北京交通大学出版社质监组反映。对您的意见和批评，我们表示欢迎和感谢。
投诉电话：010-51686043，51686008；传真：010-62225406；E-mail：press@bjtu.edu.cn。

前　言

　　铁路集装箱运输是铁路货物运输发展的方向，在我国经济新常态和结构性改革的背景下，加强交通物流融合发展成为国家降低全社会物流成本、提质增效的重要选项。按照中国铁路总公司的目标，"十三五"末，铁路集装箱运量要达到货运总量的20％以上；加快推进铁路货运向现代物流转型发展，充分发挥铁路在社会物流体系中的骨干作用具有重要意义。集装箱运输具有装卸成本低、货物损耗小、便于"门到门"、方便多式联运等特点，在现代物流中的作用越来越重要。

　　铁路加快推进集装箱运输改革，着力打通公铁、海铁联运链条；优化入箱货物品类，彻底解决"客户线下订箱、车站人工分箱"的局面；扩大煤炭、焦炭等入箱品类；开展上门装箱、拼箱、掏箱服务，实现公铁、海铁联运无缝衔接，加快推进全路集装箱接取送达网络建设；强化与船公司、港口合作。铁路集装箱运输开展物流服务是现代市场需求的一种方式，铁路集装箱运输要发掘自己的优势，创造更多的社会效益和经济效益。

　　本教材主要内容包括集装箱基础知识、铁路集装箱运输设备、铁路集装箱及箱内货物装载加固、铁路集装箱运输组织、铁路集装箱运输管理信息系统与运输统计分析、集装箱多式联运6个项目。采取"项目导向，任务驱动"的编写模式。

　　本教材可作为高等职业院校铁路物流管理专业的教材，也可作为铁道交通运营管理、物流管理等相关专业的参考资料。

　　本教材由天津铁道职业技术学院王慧主编，北京铁路局调度所副主任马长青主审。天津铁道职业技术学院李学华、北京交通大学海滨学院交通运输系张宇诺任副主编，西安铁路局铜川车务段营销科陈亚娟、北京铁路局唐山货运中心杜崇参与编写工作。具体分工如下：王慧编写项目 1、项目 2、项目 3、项目 5 中的任务 5.2；李学华编写项目 4 中的任务 4.2、4.3；张宇诺编写项目 6；陈亚娟编写项目 5 中的任务 5.1；杜崇编写项目 4 中的任务 4.1。

  由于编者水平有限，书中不妥之处，敬请批评指正。

编者

2017 年 5 月

目 录

项目 1
集装箱基础知识

项目描述

　　集装箱运输是指以集装箱这种大型容器为载体，将货物集合组装成集装单元，以便在现代流通领域内运用大型装卸机械和大型载运车辆进行装卸、搬运作业和完成运输任务，从而更好地实现货物"门到门"运输的一种新型、高效率和高效益的运输方式。集装箱运输能更好地保证货物运输安全和提高运输效率，是世界各国货物运输的发展方向。通过本项目的学习，使学生能掌握集装箱的定义与分类，从而正确组织集装箱货物运输，确保货物运输安全。

任务 *1.1* 集装箱术语和标记

 教学目标

1. 能力目标

能正确使用集装箱，能正确识别集装箱各种标记。

2. 知识目标

掌握集装箱的定义，掌握集装箱术语和标记。

工作任务

现有1个20英尺和40英尺国际标准通用集装箱，请正确识别集装箱各种术语、各部件名称和各种标记。

相关知识

集装箱（container）是指具有一定强度、刚度和规格专供周转使用的大型装货容器。使用集装箱转运货物，可直接在发货人的仓库装货，运到收货人的仓库卸货，中途更换车、船时，无须将货物从箱内取出换装。集装箱运输不仅具有安全、迅速、简便、价廉的特点，而且有利于减少运输环节，通过综合利用铁路、公路和航空等各种运输方式，实现"门到门"运输。

1.1.1 集装箱运输发展概述

1. 世界集装箱运输发展

（1）萌芽期（1830—1856年）。

1801年英国人安德森（James Anderson）博士首先提出了集装箱运输的设想。

1830年英国铁路上首先出现了一种装煤的容器，也出现了在铁路上使用大容器来装运件杂货。

1845年英国铁路上开始出现了酷似现代集装箱的载货车厢——集装箱雏形（如图1-1-1所示）。

1853年美国铁路也采用了容器装运法。这是世界上最早出现的集装箱运输的雏形。

1880 年美国正式试制了第一艘内河用的集装箱船。正式使用集装箱是在 20 世纪初期。

1900 年英国铁路上首先出现了较为简单的集装箱运输。

1917 年美国铁路上试行集装箱运输。随后的十余年间，德、法、日、意相继出现了集装箱运输。

1933 年在巴黎成立国际集装箱协会，负责制定统一的集装箱标准。

第二次世界大战后（1952 年）美国建

图 1-1-1 英国铁路出现的载货车厢

立了"军用集装箱快速勤务系统"，实现了使用集装箱运输弹药和其他军用物品。但这个时期由于社会生产力还较落后，没有充足而稳定的适箱货源，致使集装箱运输的优越性不能很好发挥，影响了集装箱运输的开展。

（2）开创期（1956—1966 年）。

1955 年美国人麦克林（Malcom Mclean）首先提出了集装箱运输必须实现海陆联运的观点，为了便于海陆联运，他主张陆运和海运由一个公司控制和管理。

1956 年 4 月 26 日美国泛大西洋船公司（Pan-Atlantic Steamship Co.）使用一艘经改装的 T-2 型油船"马科斯顿"号，在甲板上装载了 58 个大型集装箱，试运行纽约至休斯敦航线。3 个月的试运行取得了巨大的经济效益，显示了集装箱运输的巨大优越性。1957 年 10 月该公司又将 6 艘 C-2 型件杂货船改装成了带有箱格的全集装箱船。第一艘船的船名为"Gateway City"，该船设有集装箱装卸桥，载重量 90 000 t，装载 35 英尺集装箱 226 只，箱总重 25 t，航行于纽约至休斯敦航线。这标志着海上集装箱运输正式开始。

（3）成长扩展期（1966—20 世纪 80 年代末）。

1966 年 4 月海陆运输公司（原美国泛大西洋船公司）以经过改装的全集装箱船开辟了纽约至欧洲集装箱运输航线。

1967 年 9 月马托松船公司将"夏威夷殖民者"全集装箱船投入到日本至北美太平洋沿岸航线。一年后日本有 6 家船公司在日本至加利福尼亚之间开展集装箱运输。紧接着日本和欧洲各国的船公司先后在日本、欧洲、美国和澳大利亚等地区开展了集装箱运输。随着海上集装箱运输的发展，世界各国普遍建设集装箱专用码头。

20 世纪 70 年代到 80 年代是计算机软件发展时代。这个时代把"门到门"的运输目标导向国际多式联运的系统化方向，开始构筑系统运输和联运系统。这也为集装箱运输成熟期的到来做好了准备。

（4）现代成熟期（20 世纪 80 年代末至今）。

目前，集装箱运输已遍及全球，发达国家件杂货运输的集装箱化程度已达 80% 以上。这个时期，船舶运力、港口吞吐能力和内陆集疏运能力三个环节之间衔接和配套日趋完善，与集装箱运输有关的硬件和软件日臻完善，各有关环节紧密衔接、配套建设。集装箱运输多式联运获得迅速发展，发达国家之间的集装箱运输已基本实现了多式联运，发展中国家多式联运的增长势头也是十分可观的。20 世纪 90 年代，集装箱运输市场竞争日趋激烈，各船公司为了求生存、求发展，纷纷组建联营体和"环球联盟"。1993 年世界 20 家最大"全球承运人"到 1996 年仅剩下 13 家。

2. 中国集装箱运输发展

中国集装箱运输是从 20 世纪 50 年代开始起步的。1955 年 4 月，铁路部门开始办理国内小型集装箱运输。水运部门在 1956 年、1960 年、1972 年 3 次借用铁路集装箱进行短期试运。

1973 年开辟海上国际集装箱运输，1973 年 9 月开辟用杂货船捎运小型集装箱的上海至横滨、大阪、神户航线。中国国际集装箱运输起步较晚，但发展的速度是最快的。

自 1973 年天津接卸了第一个国际集装箱，历经了 20 世纪 70 年代的起步，80 年代的稳定发展，到 90 年代中国国际集装箱运输已经引起全世界航运界的热切关注。

我国的集装箱运输起始于 1955 年，最开始研制的集装箱型号小、载重轻，总重 2.5～3 t，利用铁路敞车进行运输，在沿线的零担货场办理货运作业。当时全国集装箱总量也没超过 6 000 个，虽然对货运起到了一定的促进作用，但是远没有发挥其巨大效能。到了 1977 年，鉴于铁路货物大多数是零担小包装货件，铁路部门专门研发了 1 吨箱和 5 吨箱，特别适合利用铁路的棚车与敞车运输，但是因为其容积小、运量不大，一直没有成为主流。直到 1986 年，铁路联合其他部门试制 10 吨箱成功，很快变成了流行通用的箱型。进入 20 世纪 90 年代之后，为了满足国际集装箱联合运输的需要，我国也开始研发满足国际标准的 20 英尺箱和 40 英尺箱。到了 2010 年底，全国集装箱的保有量已经近 10 万 TEU。TEU 是集装箱的运量统计单位，一个 TEU 相当于一个 20 英尺标准集装箱。除了国际通用的 20 英尺和 40 英尺的标准箱之外，还有容量更大的 48 英尺的特种集装箱，也投入了使用。

3. 集装箱运输的优点

集装箱运输的特点主要是将单件杂货集中成组装入箱内，采用大型装卸机械，发挥多式联运的系统化的长处，实现"门到门"的运输，其主要优点如下。

（1）提高装卸效率，减轻劳动强度。

单件货物集中成组装卸，减少了原有单件货物装卸运输的多次重复作业。采用大型机械和自动化作业也大大提高了装卸的效率，减轻了劳动强度。

（2）减少装卸所需要的时间和费用，加速车船周转。

对货主来说，减少装卸时间，意味着减少商品在运输过程中所支付的利息，大量节省商品必需的库存数量，亦可使商品能及时投放市场，满足用户需要。

（3）保证货物完整无损，避免货损货差。

采用集装箱运输以后，一方面减少装卸搬运的次数；另一方面，集装箱实际上起着一个强度较大的外包装作用，所以货物不容易被盗，损坏率也可以大幅度降低。而一般干货集装箱又具有一定的水密要求，箱内货物不会因气候变化而受潮，影响质量。

（4）节省包装费用，简化理货手续。

使用集装箱后，一些货物可以简化包装。因集装箱有很高的强度，货物放在集装箱内与外界没有接触，很安全，所以货物本身的包装除了规格要求标准化外，在强度上可以大大降低要求，节省包装材料，节约包装费用。

此外，采用集装箱后，原来对单件货物的查验标志、理货交接等烦琐手续即可以大大简化。如开展"门到门"运输，更可以减少承托运之间的交接手续，提高运输效率。

（5）减少营运收费，降低运输成本。

采用集装箱运输以后，车船在港口和车站的装卸时间大幅度减少，车船周转次数成倍增加，因而运输成本大大降低。

1.1.2 集装箱定义

集装箱的定义，在各国的国家标准、各种国际公约和文件中，有多种解释。下面介绍国际标准化组织、《集装箱关务公约》及《国际集装箱安全公约》对集装箱的定义。

1. 国际标准化组织对集装箱的定义

1968 年，国际标准化组织（ISO）104 技术委员会起草的国际标准《集装箱术语》（ISO/R 830—1968）中对集装箱的概念作了界定，该标准后来又经过多次修改。国际标准《集装箱名词术语》（ISO 830—1981）对集装箱的定义如下。

集装箱是一种运输设备，应满足下列要求：

（1）具有耐久性，其坚固强度足以反复使用；

（2）便于商品运送而专门设计的，在一种或多种运输方式中运输时无须中途换装；

（3）设有便于装卸和搬运的装置，特别是便于从一种运输方式转移到另一种运输方式；

（4）设计时应注意便于货物装满或卸空；

（5）内容积为 1 m³ 或 1 m³ 以上。

集装箱一词不包括车辆或传统包装。

目前，中国、日本、美国、法国等世界有关国家，都全面地引进了国际标准化组织的定义。除了 ISO 的定义外，还有《集装箱关务公约》（CCC）、《国际集装箱安全公约》（CSC）、英国国家标准和北美太平洋班轮公会等对集装箱下的定义，内容基本上大同小异。我国国家标准《集装箱术语》(GB/T 1992—2006) 中，引用了上述定义。

2. 《集装箱关务公约》对集装箱的定义

1972 年制定的《集装箱关务公约》(CCC) 中，对集装箱做了如下定义。

集装箱是指一种运输装备（货箱、可移动货罐或其他类似结构物）：

(1) 全部或部分封闭而构成装载货物的空间；

(2) 具有耐久性，因而其坚固程度能适合于重复使用；

(3) 经专门设计，便于以一种或多种运输方式运输货物，无须中途换装；

(4) 其设计便于操作，特别是在改变运输方式时便于操作；

(5) 其设计便于装满和卸空。

集装箱包括有关型号集装箱所使用的附件和设备，而不包括车辆（车辆附件和设备）或包装。

3. 《国际集装箱安全公约》(CSC) 对集装箱的定义

《国际集装箱安全公约》(CSC) 第 2 条对集装箱做了如下定义。

集装箱是指一种运输装备，需满足如下各项条件：

(1) 具有耐久性，因而其坚固程度能适合于重复使用；

(2) 经专门设计，便于以一种或多种运输方式运输货物而无须中途换装；

(3) 为了紧固和便于装卸，设有角件；

(4) 四个外底角所围成的面积应满足下列两条件之一：

① 至少为 14 m^2（150 平方英尺）；

② 如顶部装有角件，则至少为 7 m^2（75 平方英尺）。

集装箱不包括车辆及包装，但集装箱在底盘车上运送时，则底盘车包括在内。

4. 铁路集装箱定义

集装箱是指具备下列条件的运输设备：

(1) 具有足够的强度，在有效使用期内可以反复使用；

(2) 适于一种或多种运输方式运送货物，途中无须倒装；

(3) 设有供快速装卸的装置，便于从一种运输方式转到另一种运输方式；

(4) 便于箱内货物装满和卸空；

(5) 内容积不小于 1 m^3。

集装箱不包括车辆和一般包装。

1.1.3 集装箱主要术语

1. 集装箱尺寸、重量术语

(1) 外部尺寸：沿集装箱外部的最大长、宽、高尺寸（包括永久性附件在内），它是确定集装箱能否在船舶、底盘车、拖挂车及铁路车辆之间进行换装的主要参数。

（2）内部尺寸：按集装箱内接最大矩形六面体确定的长、宽、高净空尺寸，不考虑顶角件凸入箱内部分。它决定集装箱的内容积和箱内货物的最大尺寸。

（3）公称尺寸：不计公差，用近似整数表示的集装箱尺寸。

（4）实际尺寸：沿集装箱各边测得的外部最大长、宽、高尺寸。

（5）门框尺寸：指箱门开口最大宽度和高度。

（6）内容积：内部尺寸（即内部长、宽、高）的乘积。同一规格的集装箱，由于结构和制造材料的不同，其内容积略有差异。集装箱内容积是托运人和其他装箱人必须掌握的重要技术资料。

（7）额定质量（总重 R）：集装箱的空箱质量（自重）和箱内装载货物的最大容许质量（载重）之和，即集装箱的总质量（重量），它是运输和作业的上限值，又是设计和试验的下限值。

（8）空箱质量（自重 T）：空集装箱的质量（重量），包括各种集装箱在正常工作状态时应具备的附件和各种设备，如机械式冷藏集装箱的机械制冷装置与所需的燃油、罐式集装箱的阀门等在内的质量。

（9）货载质量（载重 P）：集装箱最大容许承载的货载质量（重量），包括集装箱在正常工作状态下所需的货物紧固设备及垫货材料等在内的质量（重量）。额定质量减去空箱质量的差值，即货载质量。

2. 集装箱方位术语

（1）前端：一般指没有箱门的一端。

（2）后端：一般指有箱门的一端。

（3）左侧：从集装箱后端向前端看，左边的一侧。

（4）右侧：从集装箱后端向前端看，右边的一侧。

（5）纵向：集装箱的前后方向。

（6）横向：与纵向垂直的左右方向。

集装箱方位名称如图 1-1-2 所示。

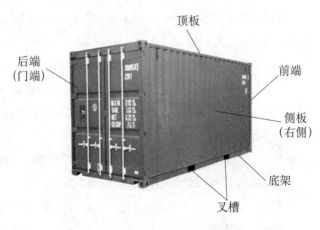

图 1-1-2 集装箱方位名称

3. 通用集装箱的各部件名称术语

（1）角件（corner fitting）：集装箱箱体的 8 个角上都设有角件。角件用于支承、堆码、装卸和栓固集装箱。集装箱上部的角件称顶角件，下部的角件称底角件，左右对称。

（2）角柱（corner post）：连接顶角件与底角件的立柱。

（3）角结构（corner structure）：由顶角件、角柱和底角件组成的构件，是承受集装箱堆码载荷的强力构件。

（4）上端梁（top end transverse member）：箱体上端与左右顶角连接的横向构件。

（5）下端梁（bottom end transverse member）：箱体下端与左右顶角连接的横向构件。

（6）门楣（door header）：箱门上方的梁。

（7）门槛（door sill）：箱门下方的梁。

（8）上侧梁（top side rail）：侧壁上部与前、后顶角件连接的纵向构件，左右对称，左面的称左上侧梁，右面的称右上侧梁。

（9）下侧梁（bottom side rail）：侧壁下部与前、后顶角件连接的纵向构件，左右对称，左面的称左下侧梁，右面的称右下侧梁。

（10）顶板（roof sheet）：箱体顶部的板。

（11）顶梁（roof bow）：在顶板下连接上侧梁，用于支承箱顶的横向构件。

（12）箱顶（roof）：在端架上和上侧梁范围内，由顶板和顶梁组合而成的组合件，使集装箱封顶。

（13）底板（floor）：铺在底梁上承托载荷的板，一般由底梁和下端梁支承，是集装箱的主要承载构件。

（14）底梁（floor bearer or cross member）：在底板下连接侧梁，用于支承底板的横向构件。

（15）端板（end panel）：覆盖在集装箱端部外表面的板。

（16）侧板（side panel）：覆盖在集装箱侧部外表面的板。

（17）箱门（door）：通常为两扇后端开启的门，用铰链安装在角柱上，并用门锁装置进行关闭。

（18）门铰链（door hinge）：靠短插销使箱门与角柱件连接起来，保证箱门能自由转动的零件。门铰链的结构形式应使箱门能开启 270°。

（19）箱门密封垫（door seal gasket）：指箱门周边为保证密封而设的零件。

（20）箱门锁杆（door locking bar or doqr locking rod）：设在箱门上垂直的轴或杆，铁杆两端有凸轮固定其上。

（21）门锁把手（door locking handle）：装在箱门锁杆上，在开箱门时用来转动锁杆的零件。

通用集装箱结构及主要部件名称如图 1-1-3 所示。

4. 其他术语

（1）国际标准集装箱：按国际标准化组织的有关标准制造的集装箱。

（2）国家标准集装箱：按国家标准制造的集装箱。

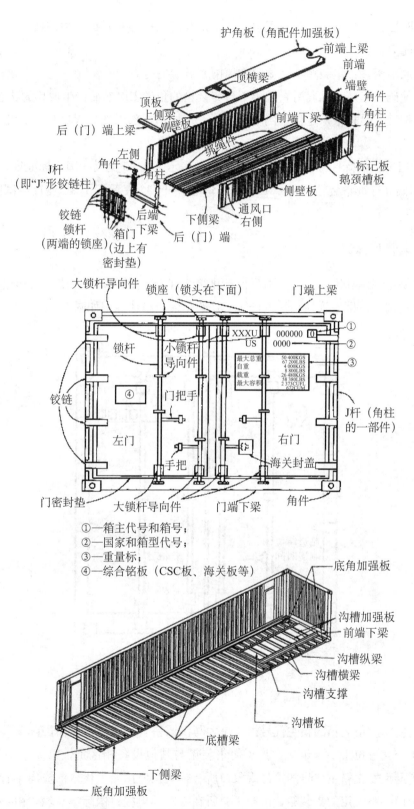

图 1-1-3 通用集装箱结构及主要部件名称

（3）刚性：集装箱在运输过程中（特别是在船舶摇摆时）抵抗横向或纵向规定的挤压载荷的能力。

（4）风雨密性：集装箱承受规定的风雨密试验的能力。

（5）偏码：集装箱堆码时，因上下层集装箱的角件未对准而产生偏移的状态。

（6）偏置：是指锥形定位销的端部错开，定位销端部未能嵌入底角件底孔内的堆置状态。

（7）TEU：国际标准集装箱的换算单位，表示1个20英尺的国际标准集装箱。1个40英尺的国际标准集装箱折合2 TEU。有时也用FTU表示1个40英尺的国际标准集装箱。

1.1.4 集装箱标记

为了易于识别和国际流通，国际标准化组织规定了集装箱统一使用的标记代号，以便对集装箱进行识别、管理和信息传输。铁路集装箱箱体标记如图1-1-4所示。

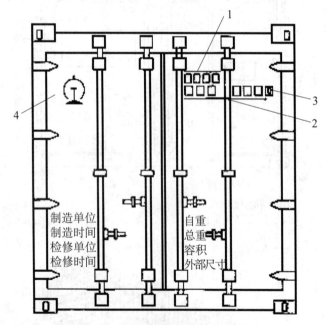

图1-1-4 铁路集装箱箱体标记

1—箱主代号；2—箱号；3—核对数字；4—路徽

（1）箱主代号。

国内使用的集装箱的箱主代号由4个大写汉语拼音字母组成；而国际集装箱的箱主代号由4个大写拉丁字母组成。为了使集装箱与其他设备相区别，第4个字母用U表示。为了避免发生箱主代号的重号现象，所有箱主在使用箱主代号前应向主管部门登记注册。国内铁路使用的集装箱，由箱主向所在铁路局申报；国际集装箱，由箱主向国际集装箱局（BIC）登记注册。

（2）箱号（集装箱顺序号）。

箱号又称为集装箱顺序号，由 6 位阿拉伯数字组成。如果有效数字不足 6 位时，则在有效数字前用"0"补足 6 位。例如：有效数字为 50000 号集装箱，其箱号应为 050000。

（3）核对数字。

用于计算机核对箱主代号与箱号记录的正确性，一般位于箱号之后，用 1 位阿拉伯数字表示，并加方框以醒目。核对数字是用于确定集装箱箱主代号和箱号在传输和记录时的准确性的手段，它是根据箱主代号和箱号，通过一定方法计算出来的 1 位阿拉伯数字，避免抄错箱号。

【例 1 - 1 - 1】核对数字计算。

核对数字是箱主代号和箱号在传输或记录时验证其准确性的手段。因此，它与箱主代号中的每一个字母和箱号中的每一个数字都有直接的关系。

核对数字的计算方法如下：

先将箱主代号中的每一个字母和箱号中的每一个数字，按序取出等效数值，并取 11 为模数，然后将取出的等效数值分别乘以 $2^0 \sim 2^9$ 的加权系数。加权系数 2^0 用以箱主代号的第一个字母，然后以 $2^1 \sim 2^8$ 乘方递增，最后以 2^9 与顺序号的最末位数字相乘。

将所有的乘积相加，得出总和，除以模数 11，除后所得的余数，即为核对数字，若余数为 10，则核对数字为 10。

箱主代号等效数值如下：

字母	等效数值	字母	等效数值	字母	等效数值	字母	等效数值
A	10	H	18	O	26	V	34
B	12	I	19	P	27	W	35
C	13	J	20	Q	28	X	36
D	14	K	21	R	29	Y	37
E	15	L	23	S	30	Z	38
F	16	M	24	T	31		
G	17	N	25	U	32		

例：集装箱的箱主代号和箱号为 ABZU123456，求其核对数字。

其等效数值，加权系数和乘积之和如下：

名称	代号	等效数值	加权系数	乘积
箱主代号	A	10	2^0	10
	B	12	2^1	24
	Z	38	2^2	152
	U	32	2^3	256

箱号				
	1	1	2^4	16
	2	2	2^5	64
	3	3	2^6	192
	4	4	2^7	512
	5	5	2^8	1 280
	6	6	2^9	3 072
合计				5 578

从上可以得出乘积之和为 5 578，除以模数 11，余数为 1，因此核对数字为 1。

（4）国家（地区）代号。

集装箱箱体上涂打的国家代号表示国家或地区，按规定用两个拉丁字母表示，国际标准化组织公布的国家（地区）代号有 220 多个，例如：CN 表示中国，US 表示美国，HK 表示中国香港，JP 表示日本，TW 表示中国台湾。

（5）尺寸和类型代号。

尺寸和类型代号是用来表示集装箱的尺寸和类型。国际标准化组织规定尺寸和类型代号由阿拉伯数字和拉丁字母混编组成，前两位字符表示尺寸的特性，其中第一位数字表示集装箱的长度，第二位数字表示集装箱高度的索引号。后两位数字表示集装箱的类型。例如：长度为 20 ft，高度为 2 591 mm 的汽车集装箱的尺寸类型代号为 2826。

（6）额定质量和空箱质量。

集装箱的额定质量和空箱质量应标于箱门上，国际标准化组织要求用英文"MAX GROSS"（或 MGW）和"TARE"表示，两者均以 kg（千克）和 lb（磅）同时标记。

（7）空陆水联运集装箱标记。

由于该集装箱的强度仅能堆码两层，因而国际标准化组织对该集装箱规定了特殊的标记，该标记为黑色，位于侧壁和端壁的左上角，并规定标记的最小尺寸为高 127 mm、长 355 mm，字母标记的字体高度至少为 76 mm。

（8）登箱顶触电警告标记。

该标记为黄色底白色三角形，一般设在罐式集装箱和位于登顶箱顶的扶梯处，以警告登梯者有触电危险。

（9）超高标记。

该标记为在黄色底上标出黑色数字和边框，此标记贴在集装箱每侧的左下角，距箱底约 0.6 m 处，同时贴在集装箱主要标记的下方。凡高度超过 2.6 m 的集装箱应贴上此标记。

（10）通行标记。

集装箱在运输过程中能顺利过境，箱上必须贴有按规定要求的各种通行标记。否则，必须办理烦琐的证明手续，延长了集装箱的周转时间。集装箱上主要的通行标记有：安全合格牌照、集装箱批准牌照及国际铁路联盟标记等。

① 安全合格牌照。

为了维护集装箱在装卸、堆码、运输时操作人员的人身安全，集装箱的制造必须通过行政主管部门的审核，检验符合制造要求，才能将此牌照铆在集装箱上。该牌照上应标有维修检验日期或有连续检验计划标记，且箱体标明的集装箱号码应与牌照一致。

② 集装箱批准牌照。

又称为 TIR 批准牌照，为了便于货物进出国境时，不开箱检查，加速集装箱流通。

除了以上标记之外，集装箱上还标记有制造单位、时间及检修单位、时间，20 英尺以上的集装箱应有集装箱检验单位徽记。

③ 国际铁路联盟标记。

国际铁路联盟标记 $\dfrac{\text{i}\quad\text{c}}{33}$ 其中"i""c"表示国际铁路联盟，"33"表示中华人民共和国铁路，该标记是为了保证集装箱铁路运输安全，规定对集装箱进行检验、验收合格的标记。

所有标记均采用不同于箱体的颜色进行涂刷。我国铁路集装箱采用白漆涂刷。

1.1.5　集装箱标准

1. 标准集装箱

集装箱运输开展的初期，集装箱的结构和规格各不相同，影响了集装箱在国际上的流通，亟须制定集装箱的国际通用标准，以利于集装箱运输的发展。集装箱标准化，不仅能提高集装箱作为共同运输单元在海、陆、空运输中的通用性和互换性，而且能够提高集装箱运输的安全性和经济性，促进国际集装箱多式联运的发展。同时，集装箱的标准化还给集装箱的载运工具和装卸机械提供了选型、设计和制造的依据，从而使集装箱运输成为相互衔接配套、专业化和高效率的运输系统。为了有效地开展国际集装箱多式联运，必须强化集装箱标准化，应进一步做好集装箱标准化工作。集装箱标准按使用范围分，有国际标准、地区标准、国家标准和公司标准四种。

（1）国际标准集装箱。

所谓国际标准集装箱，是指根据国际标准化组织（ISO）104 技术委员会制定的国际标准来制造和使用的国际通用的标准集装箱。国际标准集装箱共有 15 种规格，见表 1-1-1。

表 1-1-1　国际标准集装箱外部尺寸和总重

规格/ft	箱型	长度/mm	宽度/mm	高度 /mm	最大总重量	
					kg	lb
45	1EEE	13 716	2 438	2 896	30 480	67 200
	1EE			2 591		

规格/ft	箱型	长度/mm	宽度/mm	高度 /mm	最大总重量	
					kg	lb
40	1AAA	12 192	2 438	2 896	30 480	67 200
	1AA			2 591		
	1A			2 438		
	1AX			<2 438		
30	1BBB	9 125	2 438	2 896	30 480	67 200
	1BB			2 591		
	1B			2 438		
	1BX			<2 438		
20	1CC	6 058	2 438	2 591	30 480	67 200
	1C			2 438		
	1CX			<2 438		
10	1D	2 991	2 438	2 438	10 160	22 400
	1DX			<2 438		

A、B、C、D四类国际标准集装箱长度之间的关系如图1-1-5所示。

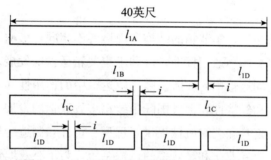

图1-1-5　国际标准集装箱长度之间的关系

各种箱型尺寸关系：$l_{1A}=l_{1B}+i+l_{1D}=9\,125+76+2\,991=12\,912$（mm）

$$l_{1B}=3l_{1D}+2i=3×2\,991+2×76=9\,125（\text{mm}）$$

$$l_{1C}=2l_{1D}+i=2×2\,991+76=6\,058（\text{mm}）$$

$$i（\text{箱间距}）=76\ \text{mm}（3\ \text{in}）$$

（2）地区标准集装箱。

此类集装箱标准，是由地区组织根据该地区的特殊情况制定的，此类集装箱仅适用于该地区。如根据欧洲国际铁路联盟（VIC）所制定的集装箱标准而制造的集装箱。

（3）国家标准集装箱。

各国政府参照国际标准并考虑本国的具体情况，制定本国的集装箱标准。

我国的国家标准《集列1集装箱　分类、尺寸和额定质量》（GB/T 1413—2008）中集装箱各种型号的外部尺寸和额定质量与国际标准相同，参见表1-1-1。

（4）公司标准集装箱。

某些大型集装箱船公司，根据本公司的具体情况和条件而制定的集装箱船公司标准，这类箱主要在该公司运输范围内使用。如美国海陆公司的 35 英尺集装箱。

2. 非标准集装箱

此外，世界还有不少非标准集装箱。如非标准长度集装箱有美国海陆公司的 35 英尺集装箱、总统轮船公司的 48 英尺集装箱；非标准高度集装箱，主要有 9 英尺和 9.5 英尺两种高度集装箱；非标准宽度集装箱有 8.2 英尺宽度集装箱等。由于经济效益的驱动，世界上 20 英尺集装箱装载总重达 24 t 或 30.48 t 的越来越多，而且普遍受到欢迎。

1.1.6　集装箱试验

在生产集装箱前应根据集装箱的技术参数和选用的制造集装箱的材料及配件，按设计要求制造样箱，对其进行强度和性能的试验，以及对集装箱的尺寸和结构进行检验，合格后方能进行批量生产。另外，在集装箱的生产和使用过程中为了保证安全，也需要进行经常性的检查和必要的检验。

国际标准化组织对系列 1 通用集装箱规定了如下各种试验。

1. 堆码试验

集装箱不管在货场还是在运输途中，为了节省空间，都不可避免地要进行堆码。在货场存放之时，只是静态堆放。集装箱的运输船一般可以堆码 6～9 层，还要考虑海浪颠簸造成的偏离，所以堆码试验主要检测海上运输之时，集装箱动态堆放的技术要求，让最底层的集装箱具备满足要求的抗压强度。

试验时，假设模拟加速度为 $1.8g$，内部加载 $1.8(R-T)$，偏置横向 25.4 mm 及纵向 38 mm，对四个角件的每一个施加垂直向下 941.5 kN 的角柱力，相当于 R 为 30 480 kg 的集装箱堆置 8 层。

2. 上部起吊试验

本试验是验证除 1D 和 1DX 以外的其他各型集装箱经受由顶角件垂直起吊的强度，并验证 1D 和 1DX 型集装箱承受由顶角件起吊，作用力与其水平投影成 60°角时的强度。本试验还应作为验证底板和箱板结构承受箱内载荷在起吊作业时产生的垂直惯性力的强度试验。

试验时，假设模拟加速度为 $2g$，内部加载 $2(R-T)$，垂直起吊（1D/10 英尺箱水平夹角 60°），停留时间 5 min。

3. 下部起吊试验

通常情况下，装卸集装箱时采用顶角件起吊，在特殊情况下，也可采用底角件起吊，所以必须进行底角件起吊试验。

试验时，假设模拟加速度为 $2g$，内部加载 $2(R-T)$，与水平线成一定夹角起吊（10英尺箱 $60°$，20英尺箱 $45°$，30英尺箱 $37°$，40英尺及45英尺箱 $30°$），与集装箱侧壁最大偏置 38 mm，停留时间 5 min。

4. 纵向栓固试验

可以检验运输中的集装箱侧向滑动的大小，改善加固措施。集装箱在公路拖车或铁路货车上运输时，因车辆的起动或停车，集装箱受到纵向惯性力的作用可能产生滑动。所以，运送集装箱的车辆应采用带有定位装置的集装箱专用车辆，使定位销嵌入集装箱底角件底孔中，起到固定作用。所以必须对集装箱四个底角件的栓固强度进行试验。

试验时，模拟公路和铁路运输工况，假设水平加速度为 $2g$，内部加载 $(R-T)$，一端底部每只角件上施加力 Rg（合计为 $2Rg$）。

5. 端壁试验

本试验是验证集装箱在铁路行车的纵向动载情况下，集装箱的端壁（包括箱门）承受箱内货物冲击的强度试验。

试验时，模拟公路和铁路运输工况，施加 $0.4Pg$ 的力。

6. 侧壁试验

本试验是验证集装箱在轮船行驶的横向动载情况下，集装箱的侧壁承受箱内货物冲击的强度试验。

试验时，模拟海上运输时船舶横摇工况（周期 13 s，最大角度 $30°$），施加 $0.6Pg$ 的力（UIC 只要求其为 $0.3Pg$）。

7. 箱顶试验（设有刚性箱顶板时）

本试验是验证刚性顶板承受由于摘挂钩作业人员在箱顶工作时产生的动载荷的强度试验。

试验时，模拟 2 名工作人员带上作业工具所产生的力，将 300 kg 的重物放在箱顶最薄弱处 600 mm×300 mm 的面积上。

8. 箱底试验

在上部起吊试验中，虽已对集装箱底板进行了内部均布载荷试验，但未对箱底做承受集中载荷的强度试验，所以必须进行箱底承受作业机械（箱内作业叉车）集中动载荷的强度试验。

试验时，模拟叉车作业，用重 7 260 kg 的双轮小车，每个轮胎与底板接触面积不大于 142 cm²，压遍箱内整个底板（往返 3 次）。

9. 横向刚性试验

本试验是验证除 1D 和 1DX 以外的各型集装箱顶角件承受由于轮船行驶所引起的横向力的强度试验。

试验时，模拟海上运输船舶横摇工况（周期 13 s，最大角度 30°）。空箱状态，在集装箱横向两端对每个顶角件分别施加 150 kN 的推力（拉力）。

10. 纵向刚性试验

本试验是验证除 1D 和 1DX 以外的各型集装箱顶角件承受由于轮船行驶所引起的纵向力的强度试验。

试验时，模拟海上运输船舶纵倾工况（周期 8 s，最大角度 15°）。空箱状态，在集装箱纵向对两侧每个顶角件分别施加 75 kN 的推力（拉力）。

11. 叉举试验（设有叉槽时）

本试验是验证配有叉槽的 1CC、1C、1CX、1D 或 1DX 型集装箱使用叉车叉举时叉槽的强度试验。

试验时，假设模拟加速度为 1.6g，内部加载 $1.6(R-T)$，叉举停留时间 5 min。

12. 风雨密试验

根据国际标准化组织的规定，集装箱应具有风雨密性，即要求集装箱装在车辆上在风雨中运行时，或装在甲板上受到波浪冲洗时，箱内不会进水。

试验时，采用内径为 12.5 mm 的喷嘴，出口压力 0.1 MPa，距离集装箱 1.5 m 喷淋，喷嘴移动速度为 100 mm/s。

13. 固货系统强度试验

用于验证集装箱内加固装置的强度。

试验时，施加规定承载能力 1.5 倍的力，夹角 45°，对拴缚点（设置在箱底以外）最小施加 750 kg 的力，对锚定点（设置在箱底）最小施加 1 500 kg 的力，停留时间 5 min。

对其他类型的集装箱，如保温集装箱、罐式集装箱、干散货集装箱等，还要进行各种专项试验。

 任务实施

根据以上相关知识，由教师组织学生分组进行讨论；各小组派代表进行总结汇报，小组互评；教师点评总结，使学生掌握 20 英尺和 40 英尺国际标准集装箱的各种术语和标记，提高学生运用理论知识解决实际问题的能力。

任务 *1.2* 铁路集装箱的分类及技术参数

教学目标

1. 能力目标

能根据货物的特性正确选用集装箱，能正确识别各种集装箱的技术参数。

2. 知识目标

掌握各种集装箱的特点，掌握集装箱的主要技术参数。

工作任务

现有各类货物，请根据各类货物的不同特性，正确选用集装箱。

相关知识

1.2.1 集装箱的类型

集装箱可以分别按用途、结构、材质和总重等进行分类。

1. 按用途分类

按所装货物种类和箱体结构分为普通货物集装箱和特种货物集装箱。普通货物集装箱包括通用集装箱和专用集装箱，专用集装箱包括开顶集装箱、台架式集装箱、平台集装箱和通风集装箱等。特种货物集装箱包括冷藏集装箱、干散货集装箱、罐式集装箱和按货物种类命名的集装箱等。

1）普通货物集装箱

普通货物集装箱可分为通用集装箱和专用集装箱。

（1）通用集装箱。

又称干货集装箱、杂货集装箱，是指全封闭式，具有刚性的箱顶、侧壁、端壁和箱底，至少在一面端壁上有箱门的集装箱。通用集装箱适于装运大多数普通货物，如文化用品、日用百货、医药、纺织品、工艺品、化工制品、五金交电、电子机械、仪器及机器零件等。这种集装箱设有端门，也可以在集装箱的侧壁或箱顶开门，为便于货物的装卸，还可以设置活动箱顶或侧壁全开。当所有的箱门关闭后，通用集装箱具有水密性。

（2）专用集装箱。

是指为便于不通过端门装卸货物或为通风等特殊用途而设有独特结构的普通货物集装箱，包括开顶集装箱、台架式集装箱、平台集装箱和通风集装箱。

① 开顶集装箱。

也称敞顶集装箱，这是一种没有刚性箱顶的集装箱，但有可拆式顶梁支撑的帆布、塑料布或涂塑布制成的顶篷，其他构件与干货集装箱类似。开顶集装箱适于装载较高的大型货物和需吊装的重货。

② 台架式集装箱。

台架式集装箱是没有箱顶和侧壁，甚至有的连端壁也去掉而只有底板和四个角柱的集装箱。

台架式集装箱有很多类型。它们的主要特点是：为了保持其纵向强度，箱底较厚。箱底的强度比普通集装箱大，而其内部高度则比一般集装箱低。在下侧梁和角柱上设有系环，可把装载的货物系紧。台架式集装箱没有水密性，怕水湿的货物不能装运，适合装载形状不一的货物。

台架式集装箱包括：敞侧台架式、全骨架台架式、有完整固定端壁的台架式、无端壁仅有固定角柱和底板的台架式集装箱等。

③ 平台集装箱。

平台集装箱是仅有底板而无上部结构的一种集装箱。该集装箱装卸作业方便，适于装载长、重大件货物。

④ 通风集装箱。

通风集装箱一般在侧壁或端壁上设有通风孔，适于装载不需要冷冻而需通风、防止汗湿的货物，如水果、蔬菜等。如将通风孔关闭，可作为杂货集装箱使用。

2）特种货物集装箱

特种货物集装箱是指用于装运需控温货物、液体和气体货物、散货、汽车和活动物等特种货物的集装箱，包括冷藏集装箱、干散货集装箱、罐式集装箱和按装运货物命名的集装箱。

（1）冷藏集装箱。

这是专为运输要求保持一定温度的冷冻货或低温货而设计的集装箱。它分为带有冷冻机的内藏式机械冷藏集装箱和没有冷冻机的外置式机械冷藏集装箱，适于装载肉类、水果等货物。冷藏集装箱造价较高，营运费用较高，使用中应注意冷冻装置的技术状态及箱内货物所需的温度。

（2）干散货集装箱。

干散货集装箱除了有箱门外，在箱顶部还设有 2～3 个装货口，适用于装载粉状或粒状货物。使用时要注意保持箱内清洁干净，两侧保持光滑，便于货物从箱门卸货。

（3）罐式集装箱。

这是一种专供装运液体货而设置的集装箱，如酒类、油类及液状化工品等货物。它由罐体和箱体框架两部分组成。装货时，货物由罐顶部装货孔进入；卸货时，则由排货孔流出或从顶部装货孔吸出。

（4）动物集装箱。

这是一种专供装运牲畜的集装箱。为了实现良好的通风，箱壁用金属丝网制造，侧壁下方设有清扫口和排水口，并设有喂食装置。

（5）汽车集装箱。

这是专为装运小型轿车而设计制造的集装箱。其结构特点是无侧壁，仅设有框架和箱底，可装载一层或两层小轿车。

2. 按结构分类

集装箱按结构可分为整体式集装箱、框架式集装箱、罐体式集装箱、折叠式集装箱和软式集装箱。

（1）整体式集装箱。

整体式集装箱为整体的刚性结构，一般具有完整的箱壁、箱顶和箱底，如通用集装箱、通风集装箱、保温集装箱、干散货集装箱等。

（2）框架式集装箱。

框架式集装箱一般呈框架结构，没有壁板和顶板，如某些台架式集装箱，有时甚至没有底板，如汽车集装箱。

（3）罐体式集装箱。

罐体式集装箱外部为刚性框架，内有罐体，适于装运液体、气体和粉状固体货物。

（4）折叠式集装箱。

折叠式集装箱的主要部件（指侧壁、端壁和箱顶）能够折叠或分解，再次使用时，可以方便地组合起来。这种集装箱的优点是在回空和保管时能缩小集装箱的体积，但由于其主要部件是铰接的，故其强度受到一定的影响。

（5）软式集装箱。

软式集装箱是指用橡胶或其他复合材料制成的有弹性的集装箱，其优点是结构简单，空状态时体积不大，自重系数小。

3. 按材质分类

集装箱一般不是用一种材料制成的，而是用钢（包括不锈钢）、木材（包括胶合板）、铝合金和玻璃钢这四种基本材料中的两种以上组合而成的。一般箱体的主要部件（指侧壁、端壁、箱底和箱顶等）采用什么材料，就称什么材料制成的集装箱。

（1）钢质集装箱。

钢质集装箱的框架和壁板均采用钢材制成，采用全焊接结构，壁板采用波纹板，以增强箱体的刚性。其优点是：强度大，结构牢，坚固耐用；刚性高，不易变形，水密性好；箱体易于修理；造价较低。缺点是：自重大，防腐蚀性能差。为了克服一般钢质集装箱防腐蚀性能差的缺点，在某些专用的集装箱（如原皮集装箱）中，采用了不锈钢材料，可减轻重量，提高防腐蚀性能，但相应的造价也较高。

（2）铝质集装箱。

铝质集装箱有两种：一种为钢架铝板；另一种仅框架两端采用钢材，其余皆用铝材。铝质集装箱的钢质框架系焊接而成，而铝合金壁板则用铆钉连接。其优点是：自重轻（比钢质集装箱轻 20%～25%）；外形美观，防腐蚀性好；弹性好，受力时易变形，外力消失后易于复原。缺点是造价较高。

（3）玻璃钢集装箱。

玻璃钢集装箱采用钢质框架，壁板采用玻璃钢材料，框架为焊接结构，壁板与框架用特殊铆钉或螺栓连接。其优点是：箱壁较薄，内容积大；隔热性能好；抗腐蚀性强。缺点是：自重较大；造价高。

（4）其他材料制成的集装箱。

集装箱还可采用木材（包括胶合板）、合成材料、橡胶或加筋橡胶等材料制成。

4. 其他分类方法

（1）按总重分类。

集装箱按总重可分为大型集装箱、中型集装箱和小型集装箱。大型集装箱是指总重在 20 t 及以上的集装箱；中型集装箱是指总重在 5 t 及以上，但小于 20 t 的集装箱；小型集装箱是指总重小于 5 t 的集装箱。

（2）按装卸方式分类。

集装箱按装卸方式可分为垂直装卸的集装箱、水平装卸的集装箱和可卸箱体。垂直装卸的集装箱是指用起重机进行装卸作业的集装箱；水平装卸的集装箱是指带轮或有支腿式滑轮的集装箱，通常指拖车式集装箱；可卸箱体是指在集装箱的箱底有四个可折叠的支腿，用集装箱拖挂车运到目的地后，使用集装箱拖挂车上的液压装置将集装箱抬起，放下支腿，即可卸下集装箱。这种装卸方式不需要专用的装卸机械，也有利于集装箱拖车的使用。

（3）按箱主分类。

在海运上分为船公司的集装箱、租箱公司的集装箱和企业自备集装箱。

在铁路运输中分为铁路集装箱和自备集装箱，铁路集装箱是承运人提供的集装箱，自备集装箱是托运人自有或租用的集装箱。

（4）按长度分类。

集装箱按长度可分为 20 英尺集装箱、40 英尺集装箱等。铁路运输的集装箱按长度分为 20 英尺箱、40 英尺箱、45 英尺箱，以及经铁路总公司运输局批准运输的其他长度的集装箱。

（5）按箱型分类。

集装箱按箱型分类包括 1EEE、1EE、1AAA、1AA、1A、1AX、1BBB、1B、1BX 等类集装箱。

（6）按是否符合标准分类。

按是否符合国家或铁道行业标准，集装箱又可分为标准箱和非标箱。

为了在运输中更好地进行识别、管理和信息传递，在集装箱的箱体上涂刷各种清晰、易辨、耐久的标记。国内使用的集装箱按国家标准规定涂刷，国际使用的集装箱按国际标准规定涂刷。

1.2.2 铁路通用集装箱

1. 铁路通用集装箱

铁路集装箱按所装货物种类和箱体结构分为通用箱和特种箱。铁路最先投入使用的是铁木合制的 2.5 吨（后增载为 3 吨）集装箱，这种集装箱的外形尺寸长×宽×高为 2 000 mm×1 250 mm×2 450 mm，自重 625 kg，使用载重 30 t 砂石车每辆车可以装运 12 个集装箱，能够充分利用车辆容积和载重量。至 1958 年，先后制造了 5 971 个 2.5 吨集装箱，在全路主要零担货运站办理运输。

1977 年，针对零担货物、中小批量货物较多的情况，铁道部组织中国铁道科学研究院运输及经济研究所试制 1 吨箱和 5 吨箱。1 吨箱外形尺寸长×宽×高为 900 mm×1 300 mm×1 300 mm，适合铁路棚车或敞车装运。1979—1994 年铁路共生产 36.5 万个 1 吨箱，1996 年完成 1 吨箱发送量 363.8 万 t。1 吨箱体积小，结构简单，对场站设备条件要求低，易于推广。但是其容积小，掏装箱不方便，不适合装运冰箱、电视机等较大的货物，不能作为铁路主型箱推广。

1977 年，铁道部在生产 1 吨箱的同时，又组织中国铁道科学研究院运输及经济研究所、武汉工程机械厂等单位，设计、试制了 TJ5 型 5 吨集装箱。这种箱型尺寸长×宽×高为 1 580 mm×2 650 mm×2 650 mm。后来考虑到与国际集装箱的配装，铁、公、水部门围绕外形尺寸进行了讨论，最终制定了 TBJU 型 5 吨集装箱尺寸国家标准，即长×宽×高为 1 968 mm×2 438mm×2 438mm。从 1978 年开始，在制造了 302 个 TJ5 型 5 吨集装箱后，转产 TBJU 型 5 吨集装箱。至 1987 年，共生产 TBJU 型 5 吨集装箱 4 万多个。

对于载重 40 t 的 NJ$_{4A}$ 型集装箱专用平车，每车只能装运 6 个 TBJU 型 5 吨集装箱，铁路运输能力浪费较大。铁道部一方面将 5 吨集装箱高度从 2 438 mm 提高到 2 591 mm，总重增加到 6 t，同时着手研究适合铁路特点的新箱型。

1986 年，经过反复论证后，中国铁道科学研究院运输及经济研究所、山海关桥梁厂、武汉工程机械厂及有关铁路局设计、试制了 50 个 10 吨集装箱，并进行试运。箱型尺寸长×宽×高为 3 070 mm×2 500 mm×2 650 mm，既考虑了充分利用铁路机车车辆限界，又考虑了公路运输的最大允许尺寸。实践证明，10 吨箱技术参数合理，适用于铁路、公路运输。1987 年铁道部停止制造 5 吨箱，同时将 10 吨箱作为铁路的主型箱开始大量生产。

20 世纪 90 年代以来，为适应外贸运输发展的需要，融入国际集装箱多式联运链条，铁道部开始大力发展 20 英尺和 40 英尺国际标准集装箱。目前中国铁路通用集装箱主要有 20 英尺、40 英尺国际标准集装箱。

为了满足集装箱运输需求，提高铁路集装箱实载率，2004 年 4 月 18 日，在充分技术论证和实验的基础上首次开行北京至上海双层集装箱快运班列，并在上层使用了 48 英尺集装箱。48 英尺集装箱内部容积达到 76.3 m³，由于受到车辆轴重限制，48 英尺集装箱主要运输轻泡货物。

2. 1.5 吨小型集装箱

2003 年，随着铁道部的发展规划向大宗物资运输倾斜运力，小型集装箱运输业务逐渐取消。自 2016 年 3 月 21 日起，中国铁路总公司所属的 1 950 只 1.5 吨小型集装箱在哈尔滨局正式启用。铁路开始谋求从以大宗物资运输为主的传统运输组织方式，向兼顾零散白货市场运输转型发展。

1.5 吨小型箱叉槽高度应不小于 95 mm。主要由底架、前端墙、侧墙、箱顶和后端门组成。小型箱分解示意图如图 1 - 2 - 1 所示。底架主要由框架、支座和地板组焊而成。框架由底侧梁、底端梁、横梁、纵梁组焊而成，横梁和纵梁组焊形成井字形结构，其组装位置应满足叉举作业要求。框架上共焊有 8 个支座，分别位于底侧梁、底端梁的中部及框架四角，支座尺寸及组装位置满足叉车、手动液压搬运车四向进叉作业要求，其中中部支座的长度应不大于 160 mm，两外侧支座的内间距应不小于 710 mm。前端墙由两根 C 形折压角柱和垂直压型波纹端墙板组焊而成。侧墙由内角柱、外角柱和侧墙板组焊而成。内角柱为槽形折压件，外角柱为折压板件，内角柱与外角柱之间焊接有门铰链座。侧墙板为垂直压型波纹板。

1.5 吨小型箱箱顶采用回字形凸起结构，由门楣、顶框、顶板、护板及叉齿防撞导向板等组焊而成，凸起部分的高度应为 25～35 mm，满足多层堆码时叉车进叉空间。门楣为 U 形折压件。顶框为折压件，其竖边垂直于底面，四角焊有护板，满足堆码强度及定位要求。箱顶门端的顶框设有防雨檐，防止雨水渗入箱内。箱顶板为波纹压筋结构。在箱顶前端的防雨檐及后端的顶框上焊有叉齿防撞导向板，并设置叉装区识别标志。

后端门由左门扇和右门扇组成，每个门扇均由门叶、铰链组件、门封胶条等组成，并通过铰链组件安装在门铰链座上，可转动约 270°。其中，右门扇上设有门锁组件，并在右侧焊有对其起保护作用的防撞梁；左门扇上设有止挡和锁杆手柄施封装置。右门扇未开启的情况下，左门扇不能打开。

门叶由门板、侧梁和横梁组焊而成，门板为折压波形结构。每个门扇均焊有 2 个铰链组件，包括门铰链、门铰链销和衬套，安装时每个铰链下方应装有不锈钢垫圈。门封胶条材质为 EPDM 橡胶，由铆钉和门封压条将其固定在门框上。在门封胶条与门框之间，涂有密封胶。门锁组件由锁杆、把手、挡圈、锁头和锁座等组成，并通过两端大托架和中间小托架固定在右门扇上。在托架与锁杆之间配有衬套，衬套为自润滑合成材料。两个锁座分别焊接在箱顶的门楣和底架的底端梁上。后墙门左、右上角分别设有货物标签拴挂和安插装置。后端门左门板凹面处设有小型箱箱号一维码标识。

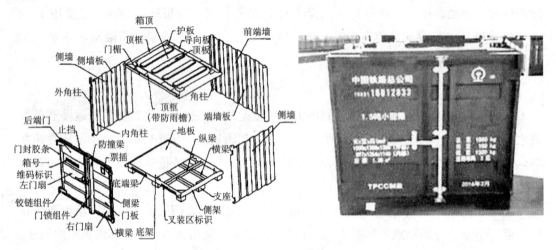

图 1-2-1 小型箱分解示意图

1.2.3 铁路特种集装箱

在发展通用集装箱运输的同时，中国铁路也一直致力于特种集装箱运输的发展，开发了干散货集装箱、汽车集装箱、罐式集装箱、折叠式台架集装箱、冷藏集装箱等特种集装箱。

1. 干散货集装箱

干散货集装箱（如图 1-2-2 所示）是在通用集装箱的基础上，为适应散堆装货物的封闭运输而开发的铁路特种集装箱。该种集装箱具有装载量大、易于装卸、无包装、环保、安全等特点，既可装运普通干货，又可装运矿砂、焦炭、硫黄、氧化铝、粮食等散堆装货物，以及建筑陶瓷、金属制品、金属锭、机械零配件等货物。

1）铁路干散货集装箱的结构特点

铁路干散货集装箱是在 ISO 普通 20 英尺标准干货箱结构的基础上，根据铁路装运大宗散装货物的需要，按照市场调查的情况设计制造的，主体结构与通用集装箱类似；

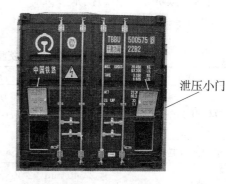

泄压小门

图 1-2-2　干散货集装箱

货物散装散卸，箱内的两内侧和前墙内板为平板，有利于货物的排卸；为增加左右侧墙板和前端板的强度，侧墙板和前端板采用内外双层钢板或其他的加强措施；考虑到装散货时，后端门的压力较大，为避免端门变形，引起货物外漏，端门竖梁采用较强结构门板并设有加强筋，根据需要也可设有泄压小门；普通干货箱地板为木地板，为便于散货排卸，同时考虑耐磨，铁路干散货箱采用钢地板结构；为了散货装载方便，节省装箱作业时间，降低物流成本，集装箱顶部设有 2 个顶开门，可以向上开启、内外锁闭，用于灌装散堆装货物，大大提高了装箱效率；考虑箱顶有人员作业，顶部结构应加强，满足承载的要求，箱顶部采用了防滑涂料，门端和前端均设有爬梯，便于上下作业；通风器内部增设了挡板，防止装散货时粉尘堵塞通风器。

2）铁路干散货集装箱的运用性能

铁路干散货集装箱兼有机械化装卸、集装化运输和散装散卸的特点。

干散货箱结构适于机械装卸作业，大大提高了装卸效率。干散货箱的装卸车可由装卸机械完成，不依靠人力；干散货箱可以实现门到门运输，从而更好地保证货物的品质；干散货箱适于公路、铁路、海运的多式联运。从铁路卸下的干散货箱可以直接装上公路拖车，运到客户的仓库，可以实现货物机械化装卸箱作业，为企业节省物流费用。干散货箱不仅可以散装散卸，而且可实现货物机械化装卸箱作业。工厂可以把生产出来的产品（例如化肥），通过生产线直接运送到装箱地点，通过计量设备自动控制装箱，直接把货物装入干散货箱，能够节省仓储和二次装卸的物流费用。另外，铁路干散货箱密封性好，散装货物可以直接从箱体顶部的开口灌装到箱内，无须包装，降低了散装货物的物流成本；可以提前装箱，提高物流效率。可事先把货物装入集装箱内，车辆送入装车线后，可立即把装好的重箱装上车辆，以提高物流效率，克服了用敞车和棚车必须在空车送到以后才能装货的问题。对到达的重箱，可以使用集装箱吊卸设备，把重箱吊到集装箱拖车上，然后直接运到货主仓库内卸箱。干散货箱结构便于维修，其维修执行《国际标准通用货物集装箱的检验和修理方法》，维修标准国际化，且其钢质地板较木质地板更易维修。

3）铁路干散货集装箱的技术参数

（1）干散货集装箱主要技术参数见表1-2-1。

表1-2-1　干散货集装箱主要技术参数

项目	说明
箱主代码及箱号	TBBU500000～501999 TBBU502300～509149 TBBU509450～513045 TBBU513050～513549 TBBU514750～517449 TBBU517650～518649 TBBU519350～520149
外部尺寸（长×宽×高）	6 058 mm×2 438 mm×2 591 mm
门开口	2 340 mm×2 308 mm
顶孔开口	1 400 mm×1 765 mm
内部容积	31.9 m³、32.5 m³
最大总重	30 480 kg
自重	3 100 kg
最大载重	27 380 kg
技术特点	顶部有两个矩形顶盖，实现了顶开口装货、端门卸货的装运方式；箱体侧板和前墙板均为耐候钢板，内部为平板，箱底为钢地板
适箱货物	硫黄、化肥、粮食、水泥熟料等散堆货物

（2）干散货集装箱（高箱）主要技术参数见表1-2-2。

表1-2-2　干散货集装箱（高箱）主要技术参数

项目	说明
箱主代码及箱号	TBBU509150～509449　TBBU513550～514749 TBBU518650～519349
外部尺寸（长×宽×高）	6 058 mm×2 438 mm×2 896 mm
门开口	2 340 mm×2 610 mm
顶孔开口	1 400 mm×1 765 mm
内部容积	36.1 m³、37 m³
最大总重	30 480 kg
自重	3 280 kg、2 620 kg
最大载重	27 200 kg、27 860 kg
适箱货物	硫黄、化肥、氧化铝、聚氯乙酸等散堆及轻质货物

4）散装氧化铝集装箱

外形结构类似20英尺标准集装箱，顶部有3个直径为610 mm的圆形顶盖，门端为双层结构，实现了氧化铝粉的散装运输，并且上装下卸，每箱的装箱时间和卸货时间为3～5 min，提高了作业效率；同时，为客户节省了包装，节省了吨袋、装袋、装箱和掏箱工序，实现了绿色环保价值（如图1-2-3所示）。该箱型适用环境温度满足－40～80 ℃，在该温度范围内不影响箱体的强度和风雨密闭性能，同时满足重去重回运输条件。凡是20英尺集装箱办理站，以及具备散装散卸条件的车站、专用线和专用铁路均可办理散装氧化铝箱业务。

图 1-2-3 散装氧化铝集装箱

散装氧化铝集装箱主要技术参数见表 1-2-3。

表 1-2-3 散装氧化铝集装箱主要技术参数

项目	说明
箱主代码及箱号	TBBU513046～513049 TBBU517450～517649
外部尺寸（长×宽×高）	6 058 mm×2 438 mm×2 591 mm
门开口	2 312 mm×2 305 mm
顶孔开口	ϕ610 mm
内部容积	31.1 m³
最大总重	30 480 kg
自重	3 100 kg
最大载重	27 380 kg
技术特点	箱体顶部有 3 个直径为 610 mm 的圆形顶盖，门端为双层结构，实现了氧化铝粉的散装运输，通过上装下卸，大大提高了作业效率
适箱货物	散装氧化铝、铝锭等普通干货

5）开顶式干散货箱

（1）开顶式干散货箱（对开门）。

开顶式干散货箱（对开门）构造如图 1-2-4 所示。

图 1-2-4 开顶式干散货箱（对开门）

开顶式干散货箱（对开门）主要技术参数见表1-2-4。

表1-2-4 开顶式干散货箱（对开门）主要技术参数

项目	说明
箱主代码及箱号	TBBU300000～301499
外部尺寸（长×宽×高）	6 058 mm×2 438 mm×2 896 mm
内部容积	37.2 m³
最大总重	30 480 kg
自重	2 780 kg
最大载重	27 700 kg
适箱货物	煤炭、焦炭、矿物专用箱

（2）开顶式干散货箱（上翻门）。

开顶式干散货箱（上翻门）构造如图1-2-5所示。

图1-2-5 开顶式干散货箱（上翻门）

开顶式干散货箱（上翻门）主要技术参数见表1-2-5。

表1-2-5 开顶式干散货箱（上翻门）主要技术参数

项目	说明
箱主代码及箱号	TBBU301500～301999
外部尺寸（长×宽×高）	6 058 mm×2 438 mm×2 896 mm
内部容积	37.2 m³
最大总重	30 480 kg
自重	2 720 kg
最大载重	27 760 kg
适箱货物	煤炭、焦炭、矿物专用箱

2. 罐式集装箱

专用以装运酒类、油类（如动植物油）、液体食品及化学品等液体货物的集装箱，还可以装运其他液体的危险货物。这种集装箱有单罐和多罐数种，罐体四角由支柱、撑杆构成整体框架。

1）20 英尺弧形罐式集装箱

弧形罐式集装箱的框架由侧梁、端梁和纵梁组成。侧梁、端梁、纵梁为方管形结构，其原有焊缝朝外侧，不与液面接触。下端梁设有加强护板，下侧梁靠近角件一端贴焊加强板（如图 1-2-6 所示）。

图 1-2-6　弧形罐式集装箱

罐体由弧形壁板焊接而成，内有十字拉筋，内外安装有扶梯，顶部设有人孔、进料口、出料口、人行步道及 2 个呼吸式安全阀，罐内外安装有扶梯。弧形罐式集装箱可为客户提供植物油、润滑油、乙二醇等一系列液体非危险品物流服务。其装卸方便，运输安全，装载加固措施简单有效；环保节能，节省包装，减少中间操作环节，节省开支，品质有保证；方便门到门的装卸运输，提高效率。

弧形罐式集装箱主要技术参数见表 1-2-6。

表 1-2-6　弧形罐式集装箱主要技术参数

项目	说明
箱主代码及箱号	TBGU500052～501999
外部尺寸（长×宽×高）	6 058 mm×2 438 mm×2 896 mm
内部容积	33.5m³
最大总重	30 480 kg
自重	6 300 kg
最大载重	24 180 kg
技术特点	罐体由弧形壁板焊接而成，内有十字拉筋，内外安装有扶梯，顶部设有人孔、进料口、出料口、人行步道及 2 个呼吸式安全阀
适箱货物	润滑油、植物油、乙二醇等普通液体货物

2）20 英尺散装水泥罐式集装箱

此为专门为运输散装水泥而设计制造的铁路特种集装箱。该种集装箱可装载无水分、无腐蚀性的粉状、颗粒状散装物料。

散装水泥罐式集装箱主要由框架、罐体、管路三大部分组成。罐体通过裙座和前、后端框架相连接，还设有走道、扶梯等罐外附件。框架由前端框、后端框、上侧梁、下侧梁组成。罐体结构由圆筒壳体、两个 10% 蝶形封头、两个人孔、两个卸料口、一个应急孔及鞍座等焊接而成，罐内设有用于卸料的流化床。罐体两侧均设有进气口及出料口。罐内外安装有扶梯，顶部设有步道。管路系统由主管路、支管路、止回阀、安全阀等构成（如图1-2-7所示）。

图1-2-7　散装水泥罐式集装箱

在运输中，水泥罐箱处于常压密闭状态，货物品质毫无损失。装卸时，实现了直接对接对卸，有效避免了受潮情况的发生，保证了货物品质。可直接与水泥存储罐或散装水泥汽车出料口对接进行装料作业，装载过程可在15 min内完成，卸车作业不到20 min。装卸效率大幅提高，同时减少车辆停时，提高了车辆运用效率。使用水泥罐箱运输，散装水泥无须包装袋，节省了包装成本，减少了中间操作环节。在运输和装卸过程中杜绝了粉尘外泄，彻底解决了原来装卸水泥时对车站造成的污染问题。水泥罐箱集包装、运输、仓储于一体，可进行铁路公路联运，使散装水泥的供应灵活快捷，实现了门到门运输。

散装水泥罐式集装箱主要技术参数见表1-2-7

表1-2-7　散装水泥罐式集装箱主要技术参数

项目	说明
箱主代码及箱号	TBGU540001～543060
外部尺寸（长×宽×高）	6 058 mm×2 438 mm×2 896 mm
内部容积	22 m³、24 m³
最大总重	30 480 kg
自重	4 950 kg、5 000 kg
最大载重	25 530 kg、25 480 kg
罐体设计压力	4.5 bar（450 kPa）
技术特点	罐体由圆筒壳体、两个10%蝶形封头、两个人孔、两个卸料口、一个应急孔及鞍座等焊接而成，罐内设有用于卸料的流化床，罐体两侧均设有进气口及出料口，罐内外安装有扶梯，顶部设有步道，管路系统由主管路、支管路、止回阀、安全阀等构成
适箱货物	散装水泥、粉煤灰、重晶石粉等粉、粒状货物

3）框架罐式集装箱

（1）20英尺框架罐式集装箱（碳钢）。

20英尺框架罐式集装箱框架由端框、侧梁组成，罐体由圆筒体、封头、人孔、进料口、卸料口、液位计（标尺）等组成，设加热装置、温度计、外保温层等（如图1-2-8所示）。

图 1-2-8　20 英尺框架罐式集装箱（碳钢）

框架罐式集装箱（碳钢）主要技术参数见表 1-2-8。

表 1-2-8　框架罐式集装箱（碳钢）主要技术参数

项目	说明
箱主代码及箱号	TBGU510001～511000　TBGU520001～520100 TBGU534400～535195　TBGU536800～537699
外部尺寸（长×宽×高）	6 058 mm×2 438 mm×2 591 mm
人孔尺寸	ϕ500 mm
内部容积	22 m³、26 m³、29 m³、29.5 m³
最大总重	30 480 kg
自重	4 250 kg、4 640 kg、4 850 kg、4 700 kg
最大载重	26 230 kg、25 840 kg、25 630 kg、25 780 kg
技术特点	框架罐式集装箱由框架和罐体组成，可设进料口、下料口、液位计（标尺）、加热装置、温度计、外保温层、GPS 智能追踪、电子标签等
适箱货物	液体食品（如葡萄酒、植物油、浓缩果汁等）及非危险性液体化工品（如乙二醇、BDO、润滑油、醇类普通液体货物等）

（2）20 英尺框架罐式集装箱（不锈钢）。

框架由端框、侧梁组成；罐体由圆筒体、封头、人孔、进料口、卸料口、液位计（标尺）等组成，可设加热装置、温度计、外保温层等（如图 1-2-9 所示），可装运液

图 1-2-9　20 英尺框架罐式集装箱（不锈钢）

体普通货物。

20英尺框架罐式集装箱（不锈钢）主要技术参数见表1-2-9。

表1-2-9　20英尺框架罐式集装箱（不锈钢）主要技术参数

项目	说明
箱主代码及箱号	TBGU550000～550099　TBGU530000～534399 TBGU560001～560400 TBGU535196～536799　TBGU537700～538199
外部尺寸（长×宽×高）	6 058 mm×2 438 mm×2 591 mm
人孔尺寸	ϕ500 mm
内部容积	23 m³、26 m³、29 m³、32 m³
最大总重	30 480 kg
自重	4 390 kg、4 450 kg、4 850 kg、4 940 kg
最大载重	26 090 kg、26 030 kg、25 630 kg、25 540 kg
技术特点	具备外保温层、蒸汽加热系统
适箱货物	非危险液体、苯（UN1114）、乙醚或乙醇溶液（UN1170）、甲醛溶液（UN1198）、车用汽油（UN1203）、航空燃料（UN1863）、煤油（UN1223）、柴油（UN1202）、甲苯（UN1294）、二甲苯（UN1136）

4）水煤浆罐式集装箱

水煤浆罐式集装箱包括刚性框架和通过连接板安装在刚性框架内的罐体，还包括设置于罐体外部的保温装置和设置于罐体内的除沉淀装置。其特征是具有保温、加热、除沉淀等实用新型功能，水煤浆罐式集装箱如图1-2-10所示。框架由端框、侧梁、顶斜撑、鞍座和角件组成；罐体由筒体、封头、人孔、卸料阀、安全阀、气相阀等组成；保温层由70 mm厚的岩棉及0.8 mm厚的镀锌板组成。

图1-2-10　水煤浆罐式集装箱

水煤浆罐式集装箱的外部尺寸长6 058 mm、宽2 438 mm、高2 591 mm，卸料阀公称直径150 mm，内容积22 m³，最大总重30 480 kg，自重4 250 kg，最大载重26 230 kg，适用环境温度－40～60℃。

5）沥青罐式集装箱

沥青罐式集装箱由框架、罐体组成。框架由角柱、端梁、侧梁、斜支撑、鞍座、步道板、爬梯等组成。罐体由筒体、封头、端筒、隔热保温层、防浪板、装卸系统（人孔、卸料口、卸料阀）、加热系统（加热管、加热器连接法兰）、安全装置（减压阀、防爆片）、附件（烟囱、温度计、测温孔、液位标尺、防雨罩、阀门挡板）等组成。沥青罐式集装箱如图 1-2-11 所示。

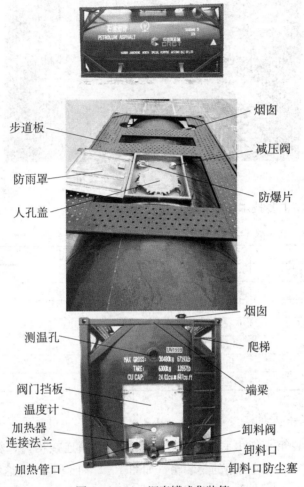

图 1-2-11　沥青罐式集装箱

沥青罐式集装箱主要技术参数见表 1-2-10。

表 1-2-10　沥青罐式集装箱主要技术参数

项目	说明
箱主代码及箱号	TBGU520101~520400
外部尺寸（长×宽×高）	6 058 mm×2 438 mm×2 591 mm
人孔尺寸	ϕ500 mm
总容积	24.910 m³
净容积	24.010 m³
最大总重	30 480 kg
自重	6 300 kg
最大载重	24 180 kg

6）磷酸罐式集装箱

磷酸罐式集装箱如图1-2-12所示。

图1-2-12 磷酸罐式集装箱

磷酸罐式集装箱主要技术参数见表1-2-11。

表1-2-11 磷酸罐式集装箱主要技术参数

项目	说明
外部尺寸（长×宽×高）	6 058 mm×2 438 mm×2 591 mm
内部容积	17.5 m³
最大总重	30 480 kg
自重	4 450 kg
最大载重	26 030 kg
罐体设计压力	4 bar（400 kPa）
适箱货物	磷酸、黄磷（水下）

3. 折叠式台架集装箱

折叠式台架集装箱是指由底架、端墙、侧墙、两箱连接构件、箱车连接构件组成的，具有折叠功能，须成对使用的集装箱（如图1-2-13所示）。这种集装箱可以从前后、左右及上方进行装卸作业，适合装载长大件和重货件，如重型机械、钢材、钢管、木材、钢锭等。此种集装箱没有水密性，怕水湿的货物不能装运，或用帆布遮盖装运。其中20英尺折叠式台架集装箱较为常见，是针对木材运输而设计开发的铁路特种集装箱，该种集装箱基本技术参数是：自重2.5 t，载重27.5 t，外部尺寸5 610 mm×3 155 mm×3 400 mm。两箱成对使用，主要由底盘、4个可折叠侧框和1个可折叠的端墙组成。一组两只与一辆铁路普通平车配套使用，可装运原木、管材等长大货物，具有载重量大、装卸方便、空箱可折叠回送、运输安全等特点。在满洲里、绥芬河口岸，以及东北林区的木材运输中，深受广大客户欢迎。

折叠式台架集装箱底盘装有4个用于空箱堆垛的焊接方管桩脚，每侧各有一个与平车连接的M30活动螺栓腿。每台集装箱的端部安装有一个花篮螺栓，两台集装箱放置于平车后利用该花篮螺栓连接成一体（如图1-2-14（a）、（b）所示）。

图 1-2-13　折叠式台架集装箱

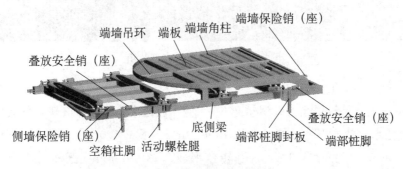

(a) 折叠式台架集装箱折叠状态

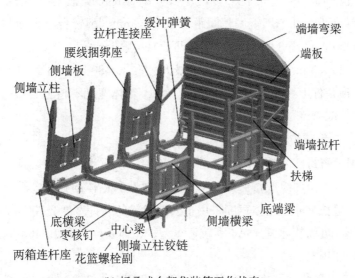

(b) 折叠式台架集装箱工作状态

图 1-2-14　折叠式台架集装箱两种状态

4. 汽车集装箱

从 1999 年 11 月开始，双层汽车集装箱开始投入试运行，汽车集装箱是针对日益增长的小汽车运输需求而开发的。

1）50 英尺双层汽车集装箱

铁路 50 英尺双层汽车集装箱是指利用翻转台在箱内双层装载小轿车，前后设有折叠箱门，车辆可利用联过车桥相联贯通驶入，并借助斜过车桥进行自装自卸的运输设备（如图 1 - 2 - 15 所示）。

图 1 - 2 - 15　双层汽车集装箱

（1）50 英尺汽车集装箱技术参数。

50 英尺汽车集装箱每箱可装运轿车 6～8 辆，装运中型面包车 3 辆，斜装轻型货车 4 辆。其主要技术参数如下：外部尺寸长 15 400 mm，宽 2 500 mm，高 3 200 mm；内部尺寸长 15 186 mm，宽 2 416 mm（翻转台平放），2 097 mm（翻转台垂直放置），高 3 094.5 mm（顶板与凸钢底板间距），3 134.5 mm（顶板与凹钢底板间距），1 497.5 mm（翻转台下表面与凹钢底板间距），1 582 mm（翻转台上表面与顶板间距）；门开口尺寸宽 2 402 mm，高 3 073 mm（门槛凸面）；翻转台长 14 780 mm，宽 670 mm，厚 55 mm；内容积 110.3 m³（包括翻转台）；最大总重 30 480 kg，自重 11 610 kg，最大载重 18 870 kg；顶角件上表面向下 400 mm 范围内，箱体宽度不超出 2 438 mm；适用环境温度范围 −40 ～ 80 ℃。

（2）50 英尺汽车集装箱结构。

该集装箱采用了密封性的整体结构。总体结构由钢质框架、侧板、顶板、花纹钢地板、铰链折叠门和上下角件组成，保证了箱体的密封性和箱体的强度。箱体内、外部选择了超宽、超高、超长尺寸。箱体宽度采用了公路运输的允许宽度 2 500 mm，内部宽度较普通集装箱增加，可以装运奥迪 A6 等较宽车型；箱体长度采取 15 400 mm，与 X$_{6B}$ 集装箱专用平车的长度相同。

箱体上部设有 8 个角件，在 4 个顶角上有 4 个 ISO 标准角件，在箱顶部与 ISO 40 英尺箱对应的位置有符合非 ISO 标准的 4 个角件。非 ISO 标准角件是指其内侧顶角件无端孔，其余均符合 ISO 标准，可以使用 40 英尺集装箱标准吊具进行起吊。箱体底部有 12 个底角件。在 4 个底角上有 4 个非 ISO 标准角件。在箱底部与 ISO 40 英尺箱对应的位置，设符合非 ISO 标准的 4 个底角件。在从两端门端框向箱内至

40 英尺位置的底部，分别设非 ISO 标准的底角件两处共 4 个底角件。非 ISO 标准底角件是指内侧底角件超宽且无端孔，其余标准均符合 ISO 标准。12 个底角件分布位置既便于装在铁路集装箱平车上，又便于装在公路的集装箱拖车上，同时也适应船运堆码的需要。中间 40 英尺位置处角件用于与铁路车辆锁头配合，其他角件用于与公路车辆锁头配合。

箱体两端为可折叠式对开门。端门采用折叠门的结构，在成列装有汽车箱的平车联挂时，箱的前后折叠门都可以打开，进行成列装箱作业。箱体侧板内部中间设有二层翻转台，每侧 6 块，翻转台可水平放置，用于承载第二层汽车；也可以垂直放下，增加箱内可用高度空间，实现装载面包车及普通货物的目的。在花纹钢地板与二层平台上有 4 道缺口纵梁，用于安装止轮器和配合紧固器紧固汽车，限制运输时汽车在箱内移动。

双层汽车集装箱附属配件包括以下几种。

① 斜过车桥。

斜过车桥用于汽车开上或开下翻转台，分为左右两部分，每部分由 3 块组成，使用时通过活动支脚及翻转台端部挂钩支撑。当双层汽车箱放置在平地上时，汽车通过展开的斜过车桥可以进出二层平台；使用后 3 块可翻转折叠挂于门扇背后。

② 连接渡板。

连接渡板在贯通滚装汽车时，用于连接相邻两箱箱体。汽车可从一只集装箱通过连接渡板直接开入另一只集装箱，数台双层汽车集装箱可形成一运车专列，所运车辆可从专列一端开至另一端。

③ 箱内配有止轮器和紧固器等紧固车体附件，用于支撑车轮和加固车辆。

（3）双层汽车集装箱的优越性。

双层汽车集装箱适用于铁路、水路、公路联运。其箱体结构方便吊装，适用于放在铁路、水路、公路等各种运输工具上，可以使商品汽车从生产厂家流水线上下来后，通过铁路、水路、公路联运，以最小的车公里数运到用户手里，符合商品汽车的零公里物流运输理念。

双层汽车集装箱提高了铁路运送小汽车的服务质量，改善了过去使用普通平车、棚车、通用集装箱装运小汽车效率低下的情况，其优越性主要表现在以下几个方面。

① 装载量大。

双层汽车集装箱超长、超宽、超高的空间，可以装载 4～8 辆小轿车，单层可装载 3 辆中型客车、轻型货车、多功能车，4 辆爬装轻型货车、多功能车。每只集装箱装载轿车的数量提高了一倍，提高了铁路车辆和集装箱的装载率。

② 装卸作业方便。

双层汽车集装箱可单箱作业，其放置于车站平地上，商品汽车可以直接通过斜桥上、下双层汽车集装箱内的二层平台，不需借助于其他辅助设施，装卸作业便捷、灵活；双层汽车集装箱也可成列装载运输。其装在铁路平车上，通过箱体之间的连接渡板形成双层汽车集装箱装车通道，所运汽车可从上下两层的一端开到另一端，提高了装卸与运输效率，方便成列装箱运输。

③ 加固性能好。

双层汽车集装箱内的附属设施保证了运输装载加固安全，并提高了作业效率。其设有专用的止轮器、紧固器，加固技术先进，改变了铁路运输汽车一贯采用的三角木加铁线的传统加固方法，易于实现操作规范化。装载加固方便可靠，效果良好，能保证运输途中的安全。

④ 密封性能良好。

双层汽车集装箱可保证商品汽车运输途中不受风沙雨雪的污损和破坏，同时，也减少了沿途零配件被盗、车被砸伤的可能。双层汽车集装箱箱门处的大通风器使箱内通风性能良好，保证了汽车运输中的品质。

2）板架式集装箱

除双层汽车集装箱外，中国铁路还开发了 25 英尺和 50 英尺两种板架式集装箱。板架式集装箱是专门为运输微型汽车、轻型货车及农用车而设计的。

25 英尺板架式集装箱具体技术参数如下：外形尺寸 7 675 mm×3 180（3 300）mm×348 mm，自重 4 300 kg，总重 28 300 kg，箱号 TBPU100000～100831、TBPU101000～101999、TBPU000087～000088。适装汽车包括交叉型乘用车，微型货车（单排座型、双排座型，含非完整车辆），三轮汽车车宽≤1 680 mm、轮径≤800 mm、轮距 1 100～1 400 mm、件重≤2 t、轻型货车（含非完整车辆）车宽>1 680 mm、轮径≤1 000 mm、轮距 1 350～1 650 mm、件重≤2 t（如图 1-2-16 所示）。

图 1-2-16　25 英尺板架式集装箱

50 英尺板架式集装箱具体技术参数如下：外形尺寸 15 400 mm×3 300 mm×270 mm，自重 10.9 t，总重 60 t，箱号 TBQU200000～200399。适装汽车包括交叉型乘用车，微型货车（单排座型、双排座型，含非完整车辆），三轮汽车车宽≤1 680 mm、轮径≤800 mm、轮距 1 100～1 450 mm、件重≤2 t，轻型、中型货车（含非完整车辆）车宽>1 680 mm、轮径≤1 000 mm、轮距 1 450～1 700 mm、件重≤4.5 t（如图 1-2-17 所示）。

图1-2-17　50英尺板架式集装箱

5. 冷藏集装箱

为丰富铁路集装箱运输物流产品，2008年开始研发以铁路为主要运输方式、适于多式联运的冷藏集装箱，2009年成功研发了45英尺冷藏集装箱（如图1-2-18所示）。在冷鲜食品运输过程中，普遍困扰冷鲜食品产销企业的难题是，运到时限难以保证、运输途中易发生食品变质、腐坏。针对冷鲜食品恒温运输的特点，利用45英尺冷藏集装箱，采用国际先进的箱体和制冷设备，配备GPS、GPRS、GIS技术，具备双向通信、自动监测、远程控制等智能化功能，保证货物在运输过程中始终处于适宜的环境和稳定的状态。

图1-2-18　冷藏集装箱

冷藏集装箱的制冷机组采用了柴电一体式驱动模式，冷藏集装箱符合国际标准，引用了国际上成熟箱体和制冷技术，生产厂为青岛中集与上海胜狮，冷机厂为美国开利的Vector1850和冷王的SB210＋50型号机组，均是目前世界上最先进的陆用机组。针对铁路运输的特殊情况，在强度、减振、主要零部件固定等方面具有独到设计，主要技术参数见表1-2-12。

表 1 - 2 - 12　冷藏集装箱主要技术参数

项目	说明
箱主代码及箱号	TBLU920001~920500
外部尺寸（长×宽×高）	13 716 mm×2 438 mm×2 896 mm
内部尺寸（长×宽×高）	12 716 mm×2 294 mm×2 554 mm
内部容积	74.5 m³
最大总重	34 000 kg
自重（油箱装满）	7 000~7 180 kg
油箱容积	543 L
持续运行时间	约 10 天
充电电压	380 V
箱内温控范围	−29 ~ 27℃

45 英尺冷藏集装箱堆码高度重箱最多 3 层，空箱最多 9 层；共有 18 个角件，其中顶部 8 个，底部 10 个，起吊和装车时应使用中间 40 英尺箱位角件，即顶部靠近箱体中央的 4 个角件及与其相垂直的底部 4 个角件。

6. 20 英尺 35 吨敞顶集装箱

敞顶集装箱（如图 1 - 2 - 19 所示）是一种没有刚性箱顶的集装箱，有可折叠式或可折式顶梁支撑的帆布、塑料布或涂塑布制成的顶篷，其他构件与通用集装箱类似。这种集装箱适于装载大型货物和重货，如钢铁、木材，特别是像玻璃板等易碎的重货，利用吊车从顶部吊入箱内不易损坏，而且也便于在箱内固定。

图 1 - 2 - 19　敞顶集装箱

1）35 吨敞顶箱构造

35 吨敞顶箱主要由底架、前端、侧墙、门端、角件、篷布支撑杆和篷布组成，也可以不使用篷布支撑杆和篷布，分解示意图如图 1 - 2 - 20 所示。

（1）底架。

底架由底侧梁、底横梁、钢地板和一对叉槽焊接而成。

① 底侧梁。

底侧梁共 2 件，ZC 型结构，尺寸为 200 mm×（65＋40）mm×40 mm，采用厚

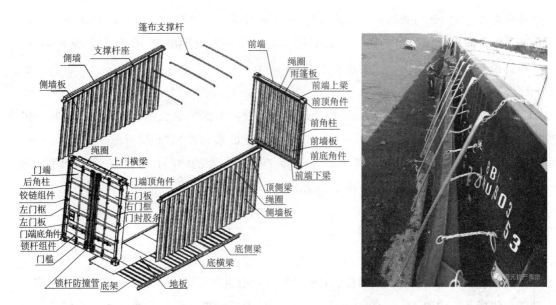

图 1-2-20　敞顶集装箱分解示意图

4 mm 钢板压制成型，翼缘向外。

② 底横梁。

底横梁共 22 件，槽型结构，尺寸为 145 mm×45 mm×45 mm，采用厚 4 mm 钢板压制成型。

③ 叉槽。

叉槽按 ISO 标准设计，每个叉槽由两相邻的底横梁、叉槽顶板和底端封板组成。其中叉槽顶板 2 块，厚 4 mm；叉槽底端封板 4 块，深 200 mm，厚 6 mm。叉槽加强板 4 块，尺寸为 460 mm×50 mm×35 mm，厚 4 mm，叉槽中心距 2 080 mm。

④ 底侧梁加强板。

底侧梁的两端有加强板，尺寸为 200 mm×140 mm，厚 4 mm。

⑤ 钢地板。

钢地板为厚 4 mm 的平板。

（2）前端。

前端由前墙板和前端框架焊接而成。

① 前墙板。

前墙板由厚 2.5 mm 压型波纹板焊接而成。波形尺寸为波深 48 mm，凸面宽 97 mm，凹面宽 85 mm，斜坡 12 mm，波距 206 mm。

② 前端框架。

前端框架由前端上梁、前端下梁、4 个角件和 2 根角柱组成。前端下梁为 C 形压型件拼焊组成，厚 4 mm，内设厚 4 mm 的加强板 4 块。前端下梁靠角件处有 2 个前底槽钢，尺寸为 200 mm×75 mm，厚 9 mm。前角柱用 4.5 mm 厚的钢板压制而成；前端上梁外侧是尺寸为 100 mm×100 mm、厚 4 mm 的方管，内侧是雨篷板，雨篷板厚 4 mm，从前顶角件向里延伸一定的距离。在箱体前端的雨篷板立面处设 10 个 D 形钢质绳圈，材料直径 6 mm，绳圈中心距雨篷板上沿 53 mm。

（3）侧墙。

顶侧梁为 150 mm×150 mm、厚 4 mm 的方管，内侧贴通长 3 mm 角铁加强板。侧板由厚度 2.3 mm 的 5 块波纹板焊接而成，波纹板波形为凸面宽 72 mm，斜面 68 mm，凹面宽 70 mm，波深 48 mm，波距 278 mm。在箱体侧墙的凹面处各设 13 个 D 形钢质绳圈，材料直径 8 mm，绳圈中心距上侧梁上沿 685 mm。

（4）门端（后端）。

门端由门框和门组成。

① 门框。

门框包括 1 根门槛、2 根角柱、1 根门楣（含雨篷板）和 4 个角件，焊接在一起成一部件。门槛是 1 块厚 4 mm 的钢板压制成开式 C 形压型件，设有防水斜面。在锁座的对应部位背面有 4 块加强板，加强板厚 4 mm。门槛与底横梁处有加强板。门槛下部靠角件处有 2 个门底槽钢，门底槽钢尺寸为 200 mm×75 mm，厚 9 mm；后角柱由内角柱与外角柱焊在一起形成一空心结构，内外角柱间设有加强筋，内外角柱板厚为 4.5 mm。每根外角柱焊有 5 个门铰链座；门楣的下部是 U 形压型件，在锁座的对应位置背面各有一块厚 4 mm 的加强板，共 4 块；上部是压型雨篷板，焊在一起成盒形的截面，门楣的厚度为 4 mm，雨篷板的厚度为 4 mm。

② 门。

门由两扇门叶组成，每扇门叶上有 2 套锁杆装置、5 个门铰链和铰链销、门封胶条和门钩索。使用铰链销把门安装在后端门框上，可以转动大约 270°。

（a）门叶。

每扇门叶由门板、中间和两边的门竖梁、上门横梁、下门横梁焊接而成。右门上设 1 块压板，尺寸为 110 mm×100 mm，厚 6 mm。门板是厚 2 mm 的四波板，波深 40 mm，斜坡 22 mm，波宽 106 mm。边门竖梁为尺寸 50 mm×100 mm 的矩形管，厚 3.2 mm，门横梁为尺寸 150 mm×50 mm×50 mm 的槽形结构，厚 3 mm。门上横梁设防积料导向板。

（b）门铰链和销。

每扇门焊有 5 个门铰链，铰链有销孔，通过铰链销、垫圈和衬套将门与门框相连。其中垫圈位于门铰链下部，材料为 304 不锈钢；衬套材料为尼龙 66；铰链销材料为 304 不锈钢。

（c）锁杆装置。

锁杆由钢管、把手、挡圈、锁头组成，通过两端大托架和中间导架用螺栓固定在门上。托架与锁杆之间有尼龙做成的衬套。锁座焊接在门楣和门槛上。锁杆表面进行热镀锌（厚 $75\mu m$）处理。

（d）门钩绳和门钩。

每扇门上有铁链绳系在中间锁杆上，门钩焊在底侧梁上，可使门保持开启状态。

（e）门封。

门封由黑色 EPDM 橡胶做成，用铆钉和门封压条将门封固定在门框上，门封与门框之间涂丁基胶。门封形状为 J - C 形。门封压条和铆钉材料都为 304 不锈钢。

（f）胶垫。

门上螺栓孔有胶垫，厚度 1 mm，材料为 EPDM 橡胶。

③ 绳圈。

在箱体门端的雨篷板立面处设 10 个 D 形钢质绳圈，材料直径 6 mm，绳圈中心距雨篷板上沿 53 mm。

（5）固货装置。

敞顶箱内固货装置包括锚固点和拴缚点。敞顶箱地板两侧各设置 5 个锚固点，前端和门端每根角柱各设置 3 个拴缚点。

（6）篷布支撑杆。

篷布下方设 5 根钢制支撑杆，支撑杆由直径 34 mm、厚 3 mm 的镀锌钢管与两个铸件插头焊接而成。支撑杆两端分别插在顶侧梁内侧的插槽内。其中一端与焊接在顶侧梁内侧的链条连接。装料前可以将支撑杆垂至箱外，装完后复位。

（7）篷布。

篷布端部眼圈套入敞顶箱端部绳圈，将端压绳依次穿过端部绳圈，并与侧面绳圈牢固拴结。系绳与敞顶箱侧面绳圈牢固拴结。篷布规格示意图如图 1 - 2 - 21 所示。

2）35 吨敞顶箱主要技术参数

35 吨敞顶箱主要技术参数见表 1 - 2 - 13。

表 1 - 2 - 13　35 吨敞顶箱主要技术参数

项目	说明
箱主代码及箱号	TBBU600000～603999
外部尺寸（长×宽×高）	6 058 mm×2 550 mm×2 896 mm
内部尺寸（长×宽×高）	5 879 mm×2 438 mm×2 713 mm
内部容积	39.4 m³
最大总重	35 000 kg
自重	2 730 kg
技术特点	顶部为软篷布设计，箱体适装散货及需要上装的货物。端部设对开门，可兼容普通货物，强度满足世界范围内的铁路、公路及海洋运输
最大载重	32 270 kg
适箱货物	煤炭、焦炭等

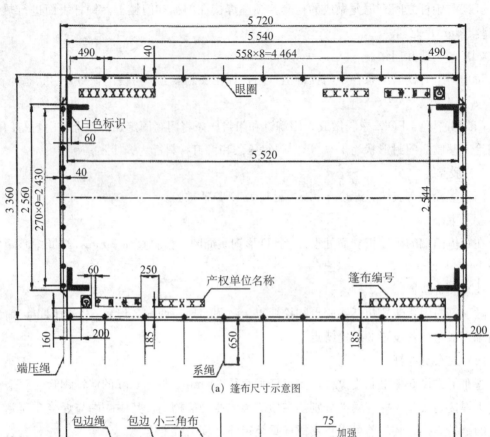

（a）篷布尺寸示意图

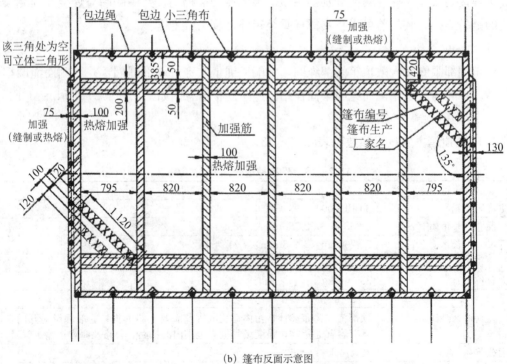

（b）篷布反面示意图

图 1-2-21　篷布规格示意图

7. 平台集装箱

平台集装箱是在台架式集装箱上再简化而只保留底板的一种特殊结构集装箱。平台的长度与宽度与国际标准集装箱的箱底尺寸相同，可使用与其他集装箱相同的紧固件和起吊装置。这一集装箱的采用打破了集装箱必须具有一定容积的概念。

为满足钢厂内部大批量使用集装箱运输卷钢的需求，同时考虑各钢厂内装车作业条件，设计并研制了一种 20 英尺平台式集装箱，创造了另一种全新的卷钢运输解决方案。卷钢有防雨要求时，可在装载后为卷钢苫盖防雨装置。

装箱时卷钢放置在平台式集装箱凹槽内即可，平台式集装箱也可用于卷铝、钢管、木材等圆柱形或长条形货物的运输。平台式集装箱装载形式灵活多样，可以分为横向卧装和纵向卧装两种形式；纵向卧装又可以分为单排、双排两种形式（如图 1-2-22 所示）。在不改变现有成品库作业场地和起重技术条件的情况下，实现各钢厂的卷钢集装化运输。根据装箱需求，可横向装载卷钢 2～4 卷/箱，纵向装载卷钢 2～8 卷/箱；可以实现整箱吊装作业，减少装、卸车作业时间，提高运输效率，并且加快车辆周转速度；可以更有效地开展公铁多式联运，节约包装材料费用，降低物流成本；保证货物完好，提高货运质量，减少货损货差，比现有的运输装载方式更加安全可靠。与现有干货集装箱或敞顶集装箱空箱回送方式相比，能叠放回送，节约容积，提高铁路车辆使用效率，降低铁路运输成本。

图 1-2-22　平台集装箱装载卷钢

8. 40 英尺半高硬开顶式集装箱

1）40 英尺半高硬开顶式集装箱特点

（1）采用型材框架结构，表面为镀锌板，符合特种箱相关设计标准，用途广泛，兼顾超长货物和固体散装货物设计。

（2）两块可独立开启的顶盖：硬开顶＋插锁＋可铅封组合防盗、防水湿，开启方式灵活，满足各种装卸工艺的需求。

（3）前对开门：装散货时利用自卸车卸货方便。

（4）8 个角柱：双倍的支持，较传统 40 英尺集装箱在重载起吊时更加安全。

（5）侧板强度：高度降低后侧板抗横向变形能力变强，更适于装载矿石等货物。

40英尺半高硬开顶式集装箱技术参数见表1-2-14。

表1-2-14　40英尺半高硬开顶式集装箱技术参数

项目	说明
上开口尺寸	5700 mm×2 100 mm
内容积	41.94 m³
自重	3 750 kg
总重	40 500 kg
最大载重	36 750 kg

2）现场作业

（1）双层卸车：上下两个空箱由连接件锁紧，可同时起吊，人工松开连接件两箱平铺作业（如图1-2-23所示）。

图1-2-23　40英尺半高硬开顶式集装箱双层卸车

（2）散货装箱：硬开顶设计装货非常方便，箱盖的安装灵活实用，可防水、防盗（如图1-2-24所示）。

图1-2-24　40英尺半高硬开顶式集装箱散货装箱

（3）重箱装车：所有标准集装箱拖板均适用于该型集装箱的装卸，人工安放连接件并根据车板载重灵活搭配重箱、空箱，不浪费载货重量（如图1-2-25所示）。

（4）场吊作业：8角柱设计充分保证了重载时箱体结构的安全，避免了变形风险，标准的尺寸可以与各种型号的集装箱混合堆高（如图1-2-26所示）。

3）40英尺半高硬开顶式集装箱优势

集装箱在铁路运输时受到高度、宽度、长度、重量方面的限制，特别是高度和重量

图1-2-25 40英尺半高硬开顶式集装箱重箱装车

图1-2-26 40英尺半高硬开顶式集装箱场吊作业

上，以20英尺标准箱为例，利用率分别为60%和80%。

（1）车板载重利用率：因为40英尺半高的单箱载重已经达到36.75 t，因此只要合理配置，两箱堆叠时可做到车板载重零损耗。

（2）公路运输的限制与铁路大体相同，40英尺半高箱的优势在公路运输时得以延伸。

（3）海运中不同规格的集装箱可灵活堆高是对集装箱的基本要求。40英尺半高箱因为长宽尺寸与40英尺标准箱相同，因此十分适合海运。

（4）通过空、轻、重箱的合理搭配，可以适应不同的场景需求，高效利用铁路、公路载重限制。

（5）传统40英尺箱重载起吊易变形，所以载重负荷得不到完全发挥。

（6）8个角柱的设计，为该型号集装箱重载时安全起吊提供了更可靠的保证。

9. 其他用途集装箱

（1）服装集装箱：这种集装箱的特点是，在箱内上侧梁上装有许多根横杆，每根横杆上垂下若干条皮带扣、尼龙带扣或绳索，成衣利用衣架上的钩，直接挂在带扣或绳索上。这种服装装载法属于无包装运输，它不仅节约了包装材料和包装费用，而且减少了人工劳动，提高了服装的运输质量。

（2）动物集装箱（如图1-2-27所示）：是一种装运鸡、鸭、鹅等活家禽和牛、马、羊、猪等活家畜用的集装箱。为了遮蔽阳光，箱顶采用胶合板露盖，侧面和端面都有用铝丝网制成的窗，以求有良好的通风。侧壁下方设有清扫口和排水口，并配有上下移动的拉门，可把垃圾清扫出去，还装有喂食口。

图 1-2-27　赛鸽集装箱

（3）原皮集装箱：是专门用于装运原皮的。因为原皮有臭气并有大量液汁流出，所以设计制造集装箱时，在结构上要便于清洗和通风，在材料使用上可采用玻璃钢衬板。

中国铁路集装箱基本技术参数汇总见表 1-2-15。

表 1-2-15　中国铁路集装箱基本技术参数汇总

箱型	箱类	箱主代码	自重/t	箱体标记最大允许总重/t	外形尺寸/mm 长	宽	高
1.5 吨	通用集装箱	TBJU	0.18	1.50	1 000	1 300	1 300
20 英尺	通用集装箱	TBJU	1.86	30.48	6 058	2 438	2 591
			2.24	30.48	6 058	2 438	2 591
			2.98	30.48	6 058	2 438	2 591
			2.13	30.48	6 058	2 438	2 591
			2.18	30.48	6 058	2 438	2 591
			2.21	30.48	6 058	2 438	2 591
			2.23	30.48	6 058	2 438	2 591
			2.52	30.48	6 058	2 438	2 896
			2.41	30.48	6 058	2 438	2 591
			2.21	24.00	6 058	2 438	2 591
			—	30.48	6 058	2 550	2 896
		TBFU	2.70	20.00	6 058	2 438	3 200
			2.72	24.00	6 058	2 438	3 200
			2.42	24.00	6 058	2 438	3 200
	弧形罐式集装箱	TBGU	6.30	30.48	6 058	2 438	2 896
	散装水泥罐式集装箱	TBGU	4.95	30.48	6 058	2 438	2 896
	水煤浆罐式集装箱	TBGU	4.25	30.48	6 058	2 438	2 591
	框架罐式集装箱	TBGU	4.64	30.48	6 058	2 438	2 591
			4.40	30.48	6 058	2 438	2 591
			4.00	30.48	6 058	2 438	2 591
			4.50	30.48	6 058	2 438	2 591

续表

箱型	箱类	箱主代码	自重/t	箱体标记最大允许总重/t	外形尺寸/mm		
					长	宽	高
20 英尺	干散货集装箱	TBBU	3.10	30.48	6 058	2 438	2 591
	折叠式台架集装箱	TBPU	2.50	30.00	5 610	3 155	3 400
	敞顶集装箱	TBBU	2.73	35.00	6 058	2 550	2 896
25 英尺	板架式汽车集装箱	TBPU	4.30	28.30	7 675	3 180	348
			4.30	28.30	7 675	3 300	348
40 英尺	通用集装箱	TBJU	3.88	30.48	12 192	2 438	2 896
			3.79	30.48	12 192	2 438	2 896
45 英尺	冷藏集装箱	TBLU	7.18	30.48	13 716	2 438	2 896
50 英尺	双层汽车集装箱	TBQU	10.53	30.48	15 400	2 500	3 200
			11.61	30.48	15 400	2 500	3 200
	板架式汽车集装箱	TBQU	10.90	60.00	15 400	3 300	270

 任务实施

根据以上相关知识，由教师组织学生分组进行讨论；学生根据教师给出的各种货物选择集装箱；各小组派代表进行总结汇报，小组互评；教师点评总结，使学生掌握各种集装箱的特性及使用范围，提高学生运用理论知识解决实际问题的能力。

复习思考题

1. 简述集装箱的定义。

2. 简述集装箱有哪些术语。

3. 简述集装箱的标记有哪些。

4. 简述国际标准集装箱的主要规格有哪几种。

5. 简述集装箱如何分类。

6. 简述铁路干散货集装箱的用途和结构特点。

7. 简述罐式集装箱的用途和结构特点。

8. 简述台架集装箱的用途和结构特点。

9. 简述冷藏集装箱的用途和结构特点。

10. 简述折叠集装箱的用途和结构特点。

项目 2
铁路集装箱运输设备

项目描述

　　集装箱装卸机械是集装箱办理站的核心设备，在集装箱全程运输中要经过不同的运输方式，都需要进行装卸作业。集装箱车辆是集装箱运输的载体，集装箱车辆与普通货车不同，长度上需要与箱型匹配。集装箱办理站的布局与配置对完善铁路集装箱运输网络，发挥铁路中长距离运输优势，形成集装箱办理站的规模效应，促进集装箱运输实现快速发展具有重要的意义。通过本项目的学习，使学生能掌握集装箱的装卸机械、铁路集装箱运输车辆、铁路集装箱办理站等知识，从而正确组织集装箱货物运输，确保货物运输安全。

任务 *2.1* 铁路集装箱装卸搬运机械

教学目标

1. 能力目标

能正确使用集装箱装卸机械，能正确识别各类集装箱装卸机械的性能特点。

2. 知识目标

掌握集装箱装卸搬运机械类型，掌握集装箱装卸机械的技术参数和构造。

工作任务

现有各种类型集装箱，请根据集装箱的特点及办理站的布局正确选择集装箱装卸机械。

相关知识

采用配套的集装箱装载机械，能将作业损失时间降至最低，提高效率，增加集装箱的周转次数。作为集装箱运输环节关键一环，装载机械一般有龙门吊、正面吊、集装箱叉车、集装箱跨运车等。

集装箱装载机械的采用都有其适用范围。当场地狭窄，但是运量很大的时候，采用轨道式龙门吊最佳。当场地宽裕、运量也大的时候，可采用轮胎式龙门吊和正面吊。在小型的集装箱办理站，可以采用正面吊和集装箱叉车。选择好的工具，才能最大限度发挥其效能。

2.1.1 集装箱门式起重机

龙门吊就是门式起重机，它可以采用轨道运行，也可以采用轮胎行走。前者称为轨行式门式起重机，采用电力驱动；后者是轮胎式门式起重机，采用内燃驱动方式。门式起重机是货站内作业效率最大的装卸机械，轨道式龙门吊利用铺设在地面的固定轨道运行，操作简单、运用成本低，同时龙门吊的跨度可大可小，从十几米到几十米不等，现在一些轨道式龙门吊的跨度已经做到了70 m。轨道式龙门吊最大的缺点就是运行只能固定线路，使用不灵活。轮胎式龙门吊因为采用轮胎运行，轮胎的承载力有限，也就限制了它的跨度。目前跨度最大的轮胎式龙门吊只有 30 m，远不能和轨道式龙门吊相比。除此之外，这类机械对司机的要求很高，因为其轨道不固定，司机一旦操作失误，龙门吊就会跑偏，造成撞击集装箱的事故发生。轮胎式龙门吊最大的特点是灵活，它可以根据需要在不同的场区进行作业。

1. 集装箱门式起重机的分类

集装箱门式起重机是集装箱场的主型装卸机械，一般可按运行方式或主梁结构特点进行分类。

(1) 集装箱门式起重机按运行方式分为埋轨式门式起重机和轮胎式门式起重机两种。

(2) 集装箱门式起重机按悬臂分为双悬臂式、单悬臂式和无悬臂式。其中，双悬臂式门式起重机由于跨度大和起升高度高，可以跨越铁路线和汽车道路，在跨度内悬臂下直接进行集装箱的装卸、换装和堆码作业，因而被集装箱场大量采用。而单悬臂式和无悬臂式门式起重机由于缺乏双悬臂式起重机特点，被采用的较少。

(3) 集装箱门式起重机按主梁结构分为桁架式和箱形式两种，其区别主要在于主梁为桁架结构或箱形结构。

2. 集装箱吊具

集装箱吊具是装卸集装箱的专用属具。它通过其端梁四角的转锁与集装箱的连接来实现起吊集装箱。集装箱吊具是集装箱门式起重机、集装箱跨运车和集装箱正面吊运机等专用机械的重要取物装置。目前，主要采用固定式吊具、伸缩式吊具。

(1) 固定式吊具。

固定式吊具也称整体式吊具，它只能装卸一种规格的集装箱。它无专用动力装置，是通过钢丝绳的升降带动棘轮机构驱动旋锁转动，从而以钢丝绳机械运动的方式实现自动开闭旋锁。这种吊具结构简单、重量轻，但使用不便，一般用于多用途门机和一般门机上（如图 2-1-1 所示）。

固定式吊具只能吊运一种规格的集装箱。吊具通过其旋锁机构的动作，实现旋锁与集装箱顶角件的摘挂。索具吊梁的四周共有 6 块导向板，供对箱之用。司机在对箱时，应尽量使起升、小车、大车三个机构慢速操作，即在手柄的第一、二挡动作，以免吊梁和集装箱产生冲击碰撞。这种吊具结构简单、质量较轻，但更换吊具需要花费较长的时间，且每个吊具配一套液压系统，成本相对较高。

(2) 伸缩式吊具。

伸缩式吊具（如图 2-1-2 所示）上装有机械式或液压式的伸缩机构，能在 20～40 英尺范围内（或至 45 英尺）进行伸缩调节，以适应不同规格集装箱的装卸要求。伸缩式吊具质量较大，但其使用方便，是目前集装箱起重机最广泛采用的吊具。

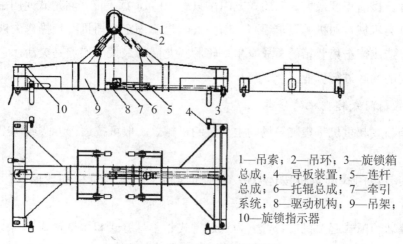

1—吊索；2—吊环；3—旋锁箱总成；4—导板装置；5—连杆总成；6—托辊总成；7—牵引系统；8—驱动机构；9—吊架；10—旋锁指示器

图2-1-1　固定式吊具示意图

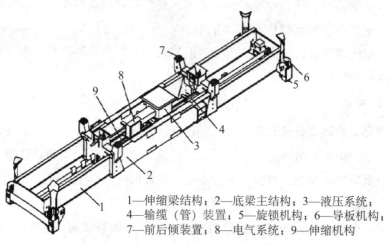

1—伸缩梁结构；2—底梁主结构；3—液压系统；4—输缆（管）装置；5—旋锁机构；6—导板机构；7—前后倾装置；8—电气系统；9—伸缩机构

图2-1-2　伸缩式吊具示意图

3. 轨道式集装箱门式起重机

轨道式集装箱门式起重机（如图2-1-3所示）主要由门架、大车运行机构、小车架、小车运行机构、起升机械、旋转机构、导向架及司机室等组成。司机室内有操纵

图2-1-3　轨道式集装箱门式起重机

台，操纵起重机各个机构的运转。

轨道式集装箱门式起重机的整个门架由 4 套走轮平衡台车支承，由其中的驱动车轮使起重机在轨道上行驶。起升小车在门架的轨道上运行，小车上有回转小车，可作 270°的回转运动。起升机构通过导向滑轮组和集装箱吊具来装卸集装箱。

轨道式集装箱门式起重机是铁路集装箱货场传统的装卸设备。它采用电力驱动，运营成本低，操作、维修简单，故障率低，作业效率高；对于中转量较大的集装箱作业场可以做到箱不落地换装；根据工艺要求可选用不同的跨度、悬臂长度和起升高度；可具有集装箱旋转、防摇及实现自动控制等功能。由于在固定的轨道上行走，作业范围相对有限，机动灵活性较差。

轨道式集装箱门式起重机的跨度和有效悬臂长度的确定要考虑以下因素：满足集装箱作业场的工艺布置；考虑轨道式集装箱门式起重机的合理结构，如悬臂长度过大，则主梁断面受悬臂刚度控制而增大，起重机自重增加，不但耗费钢材，而且由于大车轮加大而增加大车运行基础的投资和大车运用耗电量，故轨道式集装箱门式起重机的主梁最好选用等强度主梁，即主梁的跨度和有效悬臂长度的最佳比值在 4∶1 范围左右。当 1AA 集装箱布置在轨道式集装箱门式起重机悬臂下作业时，则有效悬臂长度必须满足吊起的 1AA 集装箱（对角线长度为 12.433 m）在悬臂处能自由转向而不碰到轨道式集装箱门式起重机的支腿。因此，不论跨度大小，有效悬臂长度均不应小于 7.5 m。

1）轨道式集装箱门式起重机的特点

集装箱专用 36 t 轨行门吊配伸缩式集装箱专用吊具，可吊 20 英尺和 40 英尺集装箱，吊具下额定载荷为 36 t。采用全变频调速控制，调速范围宽，动作平稳，能够满足集装箱的安全吊运需要，并具有较高的作业效率。

（1）起重机设计在保证技术先进性、使用安全可靠性的同时，考虑了设备的经济性。

（2）选用性能良好、经久耐用的配套机电产品和零部件，尽可能实现标准化、通用化，便于维护，保证满足繁忙作业的要求。

（3）电气控制系统采用 PLC 可编程控制器、变频器等先进成熟的技术，实现起重机各机构的平稳调速和整机的监控管理。

（4）整机具备完善的保护和故障自诊断等功能。

2）集装箱专用门吊的主要参数

吊具下额定起重 36 t，跨度 30 m，悬臂长 12 m，有效悬臂长 7.5 m，全长 54 m，总重 320 t，最大起升高度 12 m，额定起升速度 15 m/min，额定大车运行速度 55 m/min，额定小车运行速度 60 m/min，额定回转速度 1 413 r/min，工作制度 A7。

3）集装箱专用门吊的结构与机构

起重机主要由门架、起重小车、走行台车、大、小车供电装置、检修吊具、电气系统等部分组成。

起重小车由起升机构、小车运行机构、回转机构、减摇机构、小车架、回转车架、司机室及专用吊具等组成。大车供电方式采用滑触线供电，将总电源引至保护箱；小车供电采用拖链供电，拖链布置在主梁内侧。

司机室是起重机的控制中心，室内有旋转式联动控制台，视野宽阔，操纵采用全主令控，操作力小，舒适方便，司机室随小车移动，而不随回转机构转动。

（1）金属结构。

金属结构主要包括主梁、支腿、下横梁、小车架、回转车架和司机室。主梁采用偏轨箱形主梁，小车运行轨道位于一个腹板（称主腹板）上，集中轮压可直接传给主腹板作用于梁上。支腿是由钢板焊接于一个变截面断面箱形结构，支腿上部与主梁采用高强度螺栓连接，下部与走行梁采用普通螺栓连接。下横梁由钢板焊接为一个箱形梁，下部是台车。

司机室安装在小车下面，室内装有起重机的电气控制设备，供司机操纵之用。在司机室一侧的支腿上设有扶梯，通至司机室和主梁上平台。

（2）起升机构。

起升机构安装于回转车架上部，它由 2 台变频电机经共轴拖动 2 套卷扬装置，卷筒上的钢丝绳绕过吊具上的滑轮，只要控制电动机的正反转，就可以达到吊具的升降作用。为了保证起升机构工作的安全可靠性，在减速器上装有制动器，支承卷筒一端的轴承座上装有上升高度限位开关，它是吊具上升至极限位置时的安全装置。在轴承座上还装有荷重传感器，以检测所吊重物的重量，当起升负荷达到额定载荷的 90% 时超载限制器自动报警；当起升负荷达到额定载荷的 105% 时，则超载限制器起作用，起升机构只能下降不能上升。

（3）回转机构。

回转机构置于回转车架上，采用车轮环形轨道方式，可在 200° 内旋转，实现按需要的位置和角度摆放集装箱。回转机构由 4 组按圆周均布的驱动装置组成，驱动装置为"三合一"驱动型式。

（4）减摇机构。

回转机构置于回转车架上，采用力矩电机柔性双向减摇，由 4 套彼此独立的张紧机构组成，每套机构又由力矩电机、联轴器、减速器和卷筒组等组成。力矩电机配合起升机构升降在大小两挡力矩间转换，通过 4 组独立机构，可在大小车两个运行方向有效地实现吊具或集装箱的摆动控制，从而确保装卸时在最短时间内准确对位，并提高安全性和作业效率。

（5）其他设备。

① 缓冲器。

在走行台车 4 个头部装有聚酯缓冲器，用来降低同跨内两台门吊相碰时的冲击和减小门吊运行到轨道尽头时与撞架的冲击影响，在小车车架两头装有橡胶头缓冲器，减小小车运行至两端极限位置时的冲击影响。

② 锚定装置。

在起重机大车和小车上分别设有锚定装置，当起重机处于非工作状态时。通过销轴与固定的销套锚死，防止在非工作状态下起重机和小车被大风吹走。

③ 顶轨器和液压轮边制动器。

顶轨器安装在起重机下横梁下，用于起重机工作状态下的防风制动。顶轨器与风速仪联动，当风速达到 20 m/s 时，自动发出停止作业的声光报警，同时切断大车行走电源并顶紧顶轨器。

液压轮边制动器安装在大车从动轮上，用于起重机工作状态下的防风制动和安全制动。

④ 供电形式。

大车供电采用滑线供电，总电源通过导电铜滑轮引进司机室。小车导电采用拖链供电，供电点位于主梁中部内侧，通过小车导电架引入起重小车。

⑤ 小车水平轮。

在小车一侧走行梁下装有 2 对水平轮装置，防止小车在运行中啃轨。应定期检查水平轮装置的工作状态，确保起重小车的安全运行。

⑥ 起升限位开关。

起升限位开关由接触系统和传动装置两部分组成。

4）集装箱专用门吊的电气系统

电气系统由主回路、控制回路和照明回路等组成。现将主要电气设备分述如下。

(1) 联动控制台。

联动控制台安装在司机室内，用来控制电机的启动、停止和正反转，其内部包括 4 个控制器：起升、回转控制器、大车控制器和小车控制器及吊具操作控制器。另有启动、停止按钮、照明开关及电铃脚踏开关等。

(2) 保护箱。

保护箱也安装在司机室内，它用于对起重机上电动机的过电流保护、零位保护和起重机机构的限位保护。保护箱内装有过电流继电器、线路主接触器、刀开关和空气开关等。

(3) 电阻器。

电阻器安装在走台上靠司机室一端的电阻箱内，它串入电动机转子，达到对各机构启动、调速的要求。

(4) 限位和安全开关。

起重机大、小车运行和起升机构均设有开关，以限制各机构的运行行程。当限位开关动作后，电源或控制线路被切断，机构停止运转。此时机构只能向相反方向运转，从而保障了设备安全。

（5）大、小车供电装置。

大车供电采用地面滑触线，三相三线供电。通过滑靴式集电器连接导线，引入保护箱，向整台设备供电。

小车供电通过电缆滑车上的移动软电缆接入小车接线盒，再送到小车上各用电部位。

（6）根据用户要求配置设备。

① 大风报警器1台：由用户根据当地条件自行选定风级，其显示器安装在司机室内。

② 超载限制器1套：本装置可显示所吊重物的重量，当所吊重物的重量超过额定起重量时，输出限动信号。超载限制器传感器安装在卷筒的轴承座上，显示器安装在司机室内。超载限制器所用电缆不能断开。

5）防摇集装箱门吊

防摇集装箱门吊改造门吊小车，增加卷筒及防摇力矩电机，门吊的主、副钩换成四吊点吊架，吊架下安装集装箱专用吊架，两侧加装导板，改造后的下旋式集装箱专用门吊可有效解决集装箱吊装时平稳无碰撞过门吊支腿和集装箱吊运过程中的防摇技术难题，改变了铁路集装箱装卸依靠吊具与箱体、箱与箱、箱与车碰撞对位的传统作业方式（如图2-1-4所示）。

图2-1-4 防摇集装箱门吊

防摇集装箱门吊的技术优点包括：

（1）两面活动靠板改为固定带斜面自动对中靠板，直接改变传统碰撞作业方式为自动对位方式，避免了吊具与集装箱的碰撞。

（2）具有电动旋转功能，通过三合一机构实现集装箱吊具旋转，方便集装箱平稳无碰撞过门吊支腿和准确对位摆放，避免箱与箱、箱与车的碰撞，实现箱门朝内摆放的作业要求。

（3）具有防摇功能，可使集装箱在移动、升降、电动旋转过程中不摇摆，减少了集装箱在吊运过程中的相互碰撞。

（4）具有电动转锁功能，简化了原吊具转锁开闭操作，提高了作业效率。

（5）提高现有门吊有效作业高度，实现货场"堆二过三"作业，提高了货场容量，经济效益可观。

（6）门吊操作简单，真正实现了人箱分离，完全解放了司索工，可杜绝人身伤亡，每个作业台班最少可以减少 2 人，如按三班作业最少可以减少 6 人，每年节省的人工成本和安全效益可观。

（7）结构简单、造价低廉。在普通门桥吊机上使用该技术改造，可起到集装箱专用门吊的作用，两者装卸集装箱的效果基本相同。既节约成本，又实现了集装箱装卸作业专业化。

（8）加装称重和偏载功能。4 个锁头加装称重和偏载测量传感器，在装卸集装箱时，对集装箱实现称重的同时可显示该集装箱重心位置，解决了铁路装车因重心偏离存在的行车安全隐患，可在仪表上显示称重和偏载结果，并可进行打印。该称重装置达到了贸易结算精度。

（9）视频装置。当装卸地点距司机室较远或者堆码集装箱另一侧的集装箱时，司机视线有误差或被阻挡，不能有效控制吊具进行集装箱装卸作业。视频系统可以增加门吊司机的视野，保证门吊装卸作业的安全。

（10）加装特制吊钩连接架后，可进行整车的笨重零散货物作业。

4. 轮胎式集装箱门式起重机

轮胎式集装箱门式起重机（如图 2-1-5 所示）广泛应用于国内外集装箱码头的装卸、堆码作业。它由内燃机驱动，由前、后门框和底梁组成的门架支承在充气橡胶轮胎上在堆场内行走，可在固定地点转向 90°实现转场作业，因此机动灵活，作业面大。轮胎式集装箱门式起重机为主要结构尺寸定型的产品，目前最大起升高度 18.2 m。但该设

图 2-1-5　轮胎式集装箱门式起重机

备机构复杂，购置、使用和维修费用高，存在噪声和燃油污染。

5. MJ40.5 轻量化多功能集装箱门式起重机

为适应中国铁路总公司发展铁路现代物流战略部署，充分利用既有铁路中小型货场办理集装箱业务，中国铁道科学研究院运输及经济研究所开展了适用于铁路中小型货场的集装箱门式起重机研究。铁科院运经所联合中铁重工集团，经过长时间的研究和反复试验，实现技术创新，成功研制出了 MJ40.5 轻量化多功能集装箱门式起重机。

MJ40.5 轻量化多功能集装箱门式起重机的整机工作级别为 A6，吊具下额定起重量 40.5 t，跨度系列有 14 m、18 m、22 m 等，吊具下起升高度≥9.1 m，满足集装箱堆二过三的作业要求，轮压≤15 t（14 m、18 m 跨度）或≤16 t（22 m 跨度），是按照《铁路中小型货场集装箱装卸机械技术条件》（铁总运〔2016〕41 号）设计制造，适用于装卸 20 英尺、40 英尺等国际标准集装箱及我国宽体集装箱的要求。可根据货场条件，选配轨道式或轮胎式走行方式，单侧或双侧悬臂，自带动力，旋转吊具等多种方案。拆除集装箱吊具后的 4 个吊钩，每个吊钩起重能力为 13.5 t，可以满足货场成件笨重货物的装卸作业要求，实现了一机多能（如图 2-1-6 所示）。

图 2-1-6　MJ40.5 轻量化多功能集装箱门式起重机

MJ40.5 轻量化多功能集装箱门式起重机的主要优势如下。

（1）轻量化设计。

起重机门架金属结构独创式地采用 Q450NQR1 高强度耐候钢，创新性地应用了下挂式拖曳小车设计，显著降低了整机自重，实现了整机轻量化。

项目 2 铁路集装箱运输设备 | *061*

（2）造价、运营成本低。

整机造价仅为现有同级别专用集装箱门式起重机的 1/5，大幅降低了制造成本；轮压低，降低了对货场走行基础的建设要求，减少了基础建造投资；总装机容量小，降低了电力消耗。

（3）一机多能。

采用 4 个独立的起升机构，设有 4 个吊钩，可以联合作业，也可以单独作业，实现了多种组合，满足吊具快速更换要求，实现一机多能。

（4）集装箱对位微调。

门式起重机创新性地采用轻便灵巧的下挂式拖曳小车结构，设置带有补偿的双出绳卷筒，实现了负载后重物自动调平。通过拖曳小车的不对称运动，实现了集装箱对位微调角度的目的。

（5）起升机构可靠防摇。

起升机构的钢丝绳采用多方向的倒三角缠绕方式，四吊点起升，集装箱吊具具有良好的防摇功能，运行平稳可靠。

（6）采用变频调速控制技术。

大车走行机构、小车走行机构、起升机构均采用三合一变频减速电机驱动，实现重载慢速，空载快速多挡位调节。

（7）安全监控管理系统。

配备界面友好的安全监控管理系统，实现故障点自动显示、报警，实时记录操作数据，便于历史查询。

（8）安装便捷。

采用法兰式连接的快速拆拼结构，便于转场安装作业。

MJ40.5 轻量化多功能集装箱门式起重机的技术参数见表 2-1-1。

表 2-1-1 MJ40.5 轻量化多功能集装箱门式起重机的技术参数

序号	项目	单位	参数
1	整机工作级别		A6
2	装机总容量	kW	96
3	起升工作级别		M6
4	额定起重量	t	40.5（吊具下），4×13.5（吊钩下）
5	起升高度	m	9.1
6	起升速度	m/min	0～6（重载），0～12（空载）
7	钢丝绳倍率		2
8	起升电机功率	kW	4×15
9	起升制动器		三合一减速电动机自带
10	小车走行速度	m/min	0～20（重载），0～40（空载）
11	小车走行电机功率	kW	2×4
12	小车走行制动器		三合一减速电动机自带
13	大车走行工作级别		M6

序号	项目	单位	参数
14	大车走行速度	m/min	0~30（重载），0~60（空载）
15	大车走行轮直径	mm	ϕ400
16	大车走行功率	kW	4×5.5
17	大车走行制动器		三合一减速电动机自带
18	照明功率	kW	6
19	吊具回转角度		±30°
20	最大轮压	t	15（跨度 14 m、18 m） 16（跨度 22 m）

6. 门式起重机综合比较

轨道式集装箱门式起重机与轮胎式集装箱门式起重机是目前在集装箱箱场使用比较普遍的机型，在集装箱作业场的装卸作业中，主要存在以下不同。

（1）集装箱作业场是以铁路装卸线为作业中心，为提高装卸作业效率，箱场应尽量在装卸线附近纵向布置，以减少辅助作业时间。而在港口堆场，轮胎式集装箱门式起重机在大部分情况下是装卸集卡，箱场形状根据地形条件布置；同时港口堆场集装箱存放时间较长，箱场面积较大，由于轮胎式集装箱门式起重机可进行转场作业，因此作业范围可覆盖整个箱场。

轮胎式集装箱门式起重机是定型产品，标准跨距为 23.47 m，在港口堆场定型的布置为跨内 6 排集装箱和 1 条集卡通道；若在集装箱作业场采用轮胎式集装箱门式起重机，由于跨内增加了装卸线，必然相应减少了集装箱的堆存量，选用时要综合考虑装卸线作业能力、装卸设备作业效率及箱场堆存能力等因素，以确定转场作业的必要性。

（2）目前在铁路集装箱的运输与装卸中，存在将集装箱至少旋转 180°的情况，如：为避免集装箱在运输过程中箱门打开，箱内物品被盗，20 英尺集装箱在火车上通常要门对门码放；另外有些用户没有集装箱的卸车设备，要求装集卡时箱门向外便于掏箱。轨道式集装箱门式起重机具有旋转功能，可实现大于 180°的旋转；而轮胎式集装箱门式起重机只能做从-5°~5°的摆动。

（3）集装箱门式起重机的大车满载走行速度是影响集装箱作业场装卸车效率的重要指标。由于轮胎式集装箱门式起重机在码头堆场是与集卡配合进行装卸作业的，对大车满载走行要求不高，上海振华港口机械（集团）股份有限公司生产的轮胎式集装箱门式起重机标准配置的大车满载走行速度为 25 m/min，近年来振华港机也有大车满载走行速度达 75 m/min 的产品。在集装箱作业场选用时，应特别注意该参数在不同作业场合的特点。

轨道式集装箱门式起重机、轮胎式集装箱门式起重机综合比较见表 2-1-2。

表 2-1-2 轨道式集装箱门式起重机、轮胎式集装箱门式起重机综合比较

项目 \ 机械名称	轨道式集装箱门式起重机	轮胎式集装箱门式起重机
能耗费用	能源为可再生能源——电能，经济耗能少	能源为不可再生能源——柴油，能耗高
维修成本	采用电缆卷筒、高压电缆、地面闸箱供电，基本无须特别维护，故障率低；采用刚性车轮，寿命长，基本不需更换；维修费用低，工人劳动强度低，占用维修保养时间短	采用柴油发电机供电方式，需定期进行更换滤清器、机油等维护保养工作，需按工作周期对发动机进行大修。走行轮胎易破损、磨损、漏气，因此维修养护成本高，占用时间长
故障率	各机构工作可靠，故障率低	故障点多，故障率高
工作效率	技术工艺参数高，轨道和集装箱位置相对固定，节省了对箱时间，无须司机对大车走行进行纠偏，整机作业效率高	技术工艺参数低，司机需经常对大车走行进行纠偏，整机作业效率低
自动控制	较易实现整机状态的定位，可实现多种自动、半自动控制，提高效率，未来可能实现无人堆场系统	整机定位困难，难以实现全自动控制
管理系统	采用光纤通信，带宽大，抗干扰能力强	采用无线通信，带宽窄，抗干扰能力差，有死角
环境保护	使用电力，噪声低，清洁，污染小	使用柴油机，噪声大，污染环境
附属配套设施	需要建造轨道梁铺设轨道，铺设地下高压电缆，修建变电站、电缆沟、地面闸箱等设施，投资较大	需要建造轨道梁，无须其他附属设施，投资较小

2.1.2 集装箱流动装卸搬运机械

用于集装箱装卸作业的流动机械主要有集装箱叉车、集装箱正面吊运起重机等。其中集装箱正面吊运起重机是开发较晚的新机型，它汇集了叉车和汽车起重机装卸工艺的优点，除机动灵活以外，还可一机多用，具有隔箱作业等功能，作业效率较高。

1. 集装箱叉车

集装箱叉车（如图 2-1-7 所示）的发展经历了三个主要阶段。初始阶段为普通叉车，把货叉伸进集装箱底部的叉孔而升降集装箱。在该阶段，集装箱还处于小型期。后来随着集装箱向大型化重载化发展，已不适宜叉取底部，进而出现了集装箱专用吊具。但是叉车仍然带有货叉，只不过把货叉伸进吊具内，用吊具锁住集装箱顶

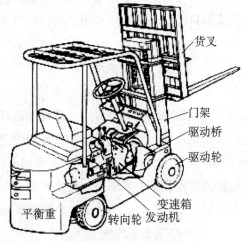

图 2-1-7 集装箱叉车

部的角件而起吊。后来，为了增加起升高度把货叉反装，形成了反装集装箱叉车，这是叉车发展的第二阶段，即货叉加吊具阶段。当前第三代的集装箱叉车已经没有了货叉，用专用吊挂吊具的吊架取代了货叉，因此称为集装箱堆高叉车（如图 2-1-8 所示）。

图 2-1-8　集装箱堆高叉车

集装箱叉车在集装箱码头、集装箱堆场、转运站等有着广泛的应用，在铁路集装箱货场也有应用，但多作为辅助机械而采用。

1）集装箱叉车分类

集装箱叉车由于货叉工作位置的不同，分为侧面集装箱叉车和正面集装箱叉车两种。侧面集装箱叉车与普通侧面叉车较为相似，门架和货叉向侧面移出，叉取集装箱后回缩，将集装箱放置于货台上，再进行搬运。因其行走时横向尺寸小，所以需要的通道宽度较窄（约 4 m）。侧面集装箱叉车构造及操作较为复杂，尤其操作视线较差，装卸效率低，因而目前较少使用；而正面集装箱叉车操作方便，是常用叉车形式，其又分为重载集装箱叉车、轻载集装箱叉车、空箱集装箱叉车等，是货场、码头等中小型企业必不可少的搬运工具。

2）集装箱叉车的特点

集装箱叉车机动灵活，作业范围大，相对其他集装箱机械，其设备购置费用低廉。通过更换辅助工具，也可用来装卸搬运其他件货，从而达到一机多用的效果。不过集装箱叉车也存在一些缺点，比如说常用的正面集装箱叉车横向尺寸较大，所需通道宽度大（约 14 m），且堆码层数较少，使堆场面积和高度的利用率较低，满载时前轮压大，对通道路面的承载能力要求高，行走时视野容易被集装箱阻挡，对箱作业有一定难度。相对于集装箱龙门起重机等来说，集装箱叉车的作业效率较低。

3）集装箱叉车的构造

起升高度按堆码集装箱的层数来确定，并留有一定的工作安全间隙；为了保持良好的操作视线，驾驶室座位应具有调高功能；起重量与各种箱型的总质量相一致。对于仅用货叉工作的叉车，其起重量等于集装箱总质量；对于采用顶部起吊吊具的叉车，其起重量等于集装箱总质量加上吊具质量；载荷中心距取集装箱宽度的二分之一；为了便于对准集装箱角件锁孔或者箱底叉槽，货叉架在设计时应考虑侧移功能和在水平面内摆动功能。范围通常设计为左右侧移在 200～300 mm，左右摆动角度在 3°～10°；为了扩大作业范围，大多数重载集装箱叉车应配备专用吊具。

4）集装箱叉车作业要求

（1）叉车进箱作业。

叉车进箱作业时，车辆对箱底产生集中负荷。按照 ISO 对集装箱箱底检验标准的规定，轴负荷为 5 460 kg，每个车轮的平均负荷为 2 730 kg，轮宽为 180 mm，承载面积 185 mm×100 mm，实际接触面≤142 cm²，接地轮距为 766 mm，则轮压限制在 1.88 MPa 以内。因此，箱内叉车其轴荷和轮压均应小于上述限定值，其起重量一般在 2 500 kg 以下；而起重量过小，货物的重量将影响作业，合理的起重量应为 1.5～2.5 t。叉车进箱作业时，其外形尺寸受到集装箱内部尺寸和门框开口尺寸的限制，各型通用集装箱最小内部尺寸和门框开口尺寸见表 2-1-3。

表 2-1-3　各型通用集装箱最小内部尺寸和门框开口尺寸表

集装箱型号	最小内部尺寸/mm		最小门框开口尺寸/mm	
	宽度	长度	高度	宽度
1AAA	2 330	11 998	2 261	2 286
1AA		11 998	2 261	
1A		11 998	2 134	
1BBB		8 931	2 261	
1BB		8 931	2 261	
1B		8 931	2 134	
1CC		5 867	2 261	
1C		5 867	2 134	
1D		2 802	2 134	

叉车的最大外形高度应为集装箱门高减去过渡板厚 15 mm 和叉车作业安全间隙80～90 mm。因此，对于高度为 2 438 mm 的集装箱，叉车的最大外形高度应小于 2 030 mm；对于高度为 2 591 mm 的集装箱，叉车的最大外形高度应小于 2 180 mm。此外，还应注意司机座椅的高度，使司机坐上后其头部不致碰到护顶架；在无护顶架的情况下，司机坐上后其头部高度不应超过门架高度。

（2）叉车箱内作业。

叉车在箱内作业时，其工作空间严格受限，故要求其具有自由提升性能和方便的对位功能，因此叉车门架应能自由提升 1.0～1.5 m。

部分小型叉车主要技术参数见表 2-1-4。

表 2-1-4　部分小型叉车主要技术参数

技术参数 \ 型号		CPCD25	CXCD25	FD25T-7	CPCD-2.5	CPC2	H25D-03
额定起重量/kg		2 500	2 500	2 300	2 500	2 000	2 500
最大起升高度/mm		3 000	3 000	3 000	3 000	3 000	3 050
自由提升高度/mm		全自由 1 500	全自由 1 500	990	460	400	150
门架倾角（前/后）/（°）		6/12	6/12	6/12	6/12	6/12	5/9
最小转弯半径/mm		2 230	2 330	2 240	2 455	2 170	2 290
车体外形尺寸/mm	长	3 625	2 595	3 490	3 755	3 280	2 650
	宽	1 150	1 150	1 150	1 270	1 150	1 164
	高	2 070	2 070	2 050	2 010	2 140	2 250
行驶速度/（km/h）		20	20	20	—	21	21
发动机	型号	五十铃 D240	485QC	ISUZU C240	TN495	485QC	Perkins 903.27
	功率/kW	37.3	36.8	34.2	42.66	37.5	38
自重/kg		3 775	4 115	3 800	3 960	3 510	4 540
生产厂家		合肥叉车总厂	杭州叉车总厂	小松（日）	北京叉车总厂	宝鸡叉车总厂	林德叉车

行邮行包作业场所用的叉车也应满足以上标准。

2. 集装箱正面吊运起重机

集装箱正面吊运起重机（如图 2-1-9 所示）是 20 世纪 70 年代中期开发的一种新型移动式集装箱装卸搬运机械，主要由车架、支承三角架、伸缩臂架和吊架组成金属结构，采用轮胎走行，内燃机驱动整机的前进后退。采用液压驱动，使整机操作灵便、平稳。转向机构多采用叉车形式的转向机构，并装有多种操作保护装置，从而使其工作安全可靠。集装箱正面吊运起重机既可以用于汽车、火车的货物装卸，也可用于短途集装箱的运送。集装箱吊运起重机因为吊臂长、可伸缩，可以在两排集装箱区域内作业。它最主要的缺点就是需要转身，必须给足转弯半径，否则就会堵在集装箱之间。集装箱正面

图 2-1-9　集装箱正面吊运起重机

吊运起重机的转弯半径是指在转弯过程中，吊运机尾部最外侧距转弯中心的距离。转弯半径过大，作业通道加宽，增加占地面积，因此集装箱正面吊运起重机的转弯半径不宜过大。

1）集装箱正面吊运起重机的作业特点

（1）可伸缩和左右旋转 120° 的吊具，能用于 20 英尺、40 英尺集装箱装卸作业，吊装集装箱时，吊运机可不与集装箱垂直。当吊运机与集装箱成夹角时，吊起后可转动吊具使集装箱与吊运机处于同一轴线上，以便通过比较狭窄的通路；其吊具可左右移动 800 mm，便于在吊装时对准箱位，从而提高装卸效率，几乎可以在任何条件下的集装箱场进行作业。

（2）能带载变幅的伸缩式臂架。吊运机的起升动作由臂架伸出和变幅共同完成，没有专门的起升机构。起升速度快，下降速度也较快。作业时可同时实现整车行走、变幅和臂架伸出，容易满足操作要求，有较高的效率。

（3）能堆码多层集装箱及跨箱作业。正面吊运机的设计吸取了叉车、跨运车等机械的优点，考虑了这些机械的不足，因此它能完成其他机械所不能完成的作业。正面吊运机一般可吊装 4 个箱高，有的还可达 5 个箱高，而且可以跨箱作业，从而提高了堆场的利用率。集装箱正面吊运起重机的有效起升高度可以满足第一排堆码四层，第二排堆码三层。

2）集装箱正面吊运起重机吊臂

集装箱正面吊运起重机的吊臂由下部的基本臂及上部的伸缩臂组成，它的臂架是伸缩型的。吊臂一般为两节臂，不需要接臂和拆臂，缩短了辅助作业时间。臂架采用液压伸缩机构，可以实现无级伸缩和带载伸缩，扩大了在复杂使用条件下的使用功能。在工作现场中，有时需要跨箱作业，但在吊装第二排的集装箱时，其起重能力较第一排低。

吊臂的受力点有基本臂后铰耳与车体连接处 A 点、变幅油缸与基本臂上铰耳连接处 B 点、吊具与伸缩臂下铰耳连接处 C 点、伸缩臂与摆动油缸连接处 D 点，直臂铰点图如图 2-1-10 所示。

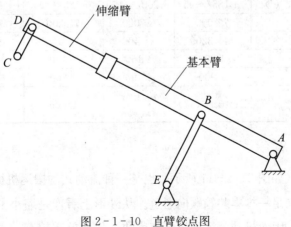

图 2-1-10 直臂铰点图

直臂在起重第一排时 A 点和 B 点的作用力幅值最大，起重第二排时比起重第一排时力臂至少长 2 438 mm，所以要保证 A、B 铰点在起重第一排和起重第二排作用力矩相同的前提下，第一排起重量要比第二排起重量大，第一排起重量至少不应小于 42.0 t。目前国内外港口堆场所用装卸设备的起重能力大多数大于 30.5 t，考虑到提高装卸效率，保证作业安全，对各种意外的适应性，提高设备完好率和使用寿命等因素，当第二排箱中的一个箱总重为 30.48 t 时，正面吊运起重机第二排的额定起重量至少不应小于 31.0 t。通过吊臂的缩回，它的载荷中心也往下移动，故而前排的起重量增加。

部分国内外集装箱正面吊运起重机主要技术参数见表 2-1-5。

表 2-1-5　部分国内外集装箱正面吊运起重机主要技术参数

技术参数 \ 型号		CS45	DRS4531-S5	C4234TL	C4531TL	C4535 TL
起重能力	第一排/层高	45 t/5 层（最上层 35 t）	45 t/5 层（最上层 35 t）	42 t/6 层（最上层 27 t）	45 t/6 层（最上层 35 t）	45 t/6 层（最上层 35 t）
	第二排/层高	31 t/4 层	31 t/4 层	34 t/5 层（最上层 31 t）	31 t/5 层	35 t/5 层（最上层 32 t）
转弯半径/mm		8 000	8 000	8 300	8 300	8 300
行驶速度（空载/重载）/（km/h）		25/23	25/23	25/22	25/22	25/22
爬坡度（空载/重载）/%		30/26	42/26	29/—	29/—	29/—
前桥载荷（空载/重载）/kg		38 000/90 200	33 500/96 000	36 100/97 030	36 400/101 900	38 500/103 250
后桥载荷（空载/重载）/kg		34 000/26 800	35 500/18 000	37 100/18 170	35 000/14 500	37 800/18 050
发动机	制造商	VOLVO	Scania	CUMMINS	CUMMINS	CUMMINS
	型号	TWD1031VE	D112	QSM11	QSM11	QSM11
	功率（kW）/转速（r/min）	234/2 100	243/2 100	246/2 100	216/2 100	246/2 100
吊具	侧移量/mm	±800	±800	±800	±800	±800
	回转角度/（°）	+185/−95	+200/−100	+185/−95	+185/−95	+185/−95
自重/kg		72 000	69 000	73 200	73 400	76 300
车体外形尺寸/mm	总长	11 320	11 400	11 618	11 618	11 618
	总宽	4 200	4 160	4 180	4 180	4 180
	总高	4 900	4 490	4 900	4 900	5 000
生产厂家		Fantuzzi（意）	Kalmar（瑞典）	Linde	Linde	Linde

3. 集装箱跨运车

集装箱跨运车（如图 2-1-11 所示）也是一种流动式的搬运机械。与龙门吊非常相似，只不过跨度只满足一排集装箱顺向通过。从外形上看像是缩小了跨度的轮胎式龙门吊。由于其自重轻，因而机动灵活、运行速度快、作业效率较高，主要用于集装箱场与门式起重机配套使用。跨运车负责将铁路车辆上卸下的集装箱搬运到集装箱场并堆码，或将集装箱场上的集装箱搬至铁路装卸线附近，再由门式起重机进行装车。从而构成全跨运车方式集装箱场。跨运车也可与拖挂车配合，由拖挂车担任集装箱的搬运，跨运车担任集装箱的装卸和堆码作业。

图 2 - 1 - 11 集装箱跨运车

集装箱装卸机械技术经济比较见表 2 - 1 - 6。

表 2 - 1 - 6 集装箱装卸机械技术经济比较

项目 \ 机械名称	集装箱正面吊运起重机	大型集装箱叉车	轨道式集装箱门式起重机	轮胎式集装箱门式起重机
基建投资	较大	大	大	大
运用费	大	较大	小	中
堆存能力	中	中	最大	大
装卸效率	较高	较高	高	高
机械操作难易程度	较难	较难	易	中
机械设备维修费用	高	中	低	高
电源要求程度	低	低	高	低
作业稳定性	中	差	高	较高
集装箱装卸铁路车辆的难度	好	平板车尚可	最好	好
对集装箱损坏	中	大	小	小
气、声污染	较大	较大	小	较大
机动性	强	强	差	较强
实现自动化的可能性	难	难	易	较易
设备使用年限	10 年	10 年	19 年	10 年

部分装卸机械检修周期见表 2 - 1 - 7。

表 2-1-7　部分装卸机械检修周期

机械名称	一级保养		二级保养			中修				大修		
	间隔/月	停机日数	间隔/月	停机日数	一级保养次数	间隔		停机日数	二级保养次数	间隔		停机日数
						运转时间/h	作业吨/10^4 t			运转时间/h	作业吨/10^4 t	
门、桥式起重机（10 t 及以上）	1	2	6	4	5	7 500	30	10	2	16 000	60	30
内燃叉车（3 t 以下）	1	2	3	3	2	3 000	1.5	7	3	9 000	4.5	20
内燃叉车（3～10 t）	1	2	3	4	2	2 400	9	20	3	7 200	27	30～60
内燃叉车（10 t 以上）	1	2	3	4	2	2 400	12	20	3	7 200	36	30～60
内燃起重机（8 t 以上）	1	2	3	4	2	2 400	9	20	3	7 200	27	30～60

2.1.3　集装箱全自动装煤系统

原煤形状大小不一，重量较大，采用现行的地坑、计量筒仓、翻箱机三种作业方式装箱时，原煤对箱底板、端板及箱门造成剧烈冲击，使箱体被砸漏或砸变形，导致破损箱上线，给行车安全带来了隐患。加之站修条件有限，站修能力每天 4～5 只，回空到达修理箱 7 只，破损速度大于修理速度，制约了运输效率。同时，块煤在箱内自由叠加，产生了一定的空间，导致装运重量不足，损害了货主利益。而且，装箱时产生大量灰尘，对周围环境污染较大，不符合环保要求。

FXJ-1 型煤炭装箱机械（如图 2-1-12 所示）适用于块煤、焦炭的快速装箱作业，与以往装载方式相比具有经济实用、安全高效、污染小的特点。新型煤炭装箱机械系统操作简单方便，工作安全可靠。

FXJ-1 型煤炭装箱机械料斗出料口开度可根据皮带输送机尾部位置进行调节，最大限度提高装载效率。单箱装箱共用时在 12 min 40 s 以内，其中包括集装箱翻转、装填、关闭箱门、施封等作业。同时，下料斗设有物料缓存装置，限制物料大小，使物料均匀、平缓地落于皮带输送机上装箱，既减少了货损，又减小块煤入箱时对箱底板、端板及箱门等箱体部位的冲击，降低了箱体损坏率，确保了运输安全。使用新机械，每箱装

图 2 - 1 - 12　FXJ - 1 型煤炭装箱机械

煤炭可达 27.3 t，较其他方式每箱可多装 2 t 左右，每吨可为货主节约成本 15 元，按每列 100 只集装箱计算，可节约 41 250 元。每列货车 100 只集装箱多装 200 t 煤，可减少使用 8 个集装箱。

新型煤炭装箱机械皮带出料口端设计加装了抑尘罩，在煤炭脱离皮带下落时可有效抑制粉尘飞扬，降低装箱作业对环境的污染。

任务实施

根据以上相关知识，由教师组织学生分组进行讨论；学生根据教师给出的各种集装箱选择适用的集装箱装卸机械，各小组派代表进行总结汇报，小组互评；教师点评总结，使学生掌握各种集装箱装卸机械的特性及使用范围，提高学生运用理论知识解决实际问题的能力。

任务 2.2 铁路集装箱运输车辆

教学目标

1. 能力目标

能正确使用铁路集装箱运输车辆，能正确识别各种铁路集装箱运输车辆的性能特点。

2. 知识目标

掌握铁路集装箱运输车辆类型，掌握铁路集装箱运输车辆的技术参数和构造。

工作任务

现有各种类型集装箱，请根据集装箱的特点正确选择铁路集装箱运输车辆。

📖 相关知识

集装箱车辆是集装箱运输的载体。集装箱车辆与普通货车不同，长度上要与箱型匹配，载重上要与箱重匹配。随着集装箱运输的发展及铁路货车的技术进步，中国铁路集装箱车辆的数量及品种都有了全面的提升。

2.2.1 集装箱运输车辆发展概况

1. 国外铁路集装箱运输车辆的发展

国外集装箱货车起步较早，发展较快，先后大致经历了普通集装箱车、关节式集装箱车、双层集装箱车、驮背运输车、公铁两用车等发展过程。

20 世纪 50 年代，美国开发了 2×20 英尺集装箱专用平车，60 年代末又开发了 3×20 英尺、4×20 英尺等集装箱平车。最具代表性的是 Bethelem 平车，载重 90.7 t，底架长 24.5 m，允许装载 4 个 20 英尺或 2 个 30 英尺、40 英尺箱。

由于受曲线通过的限制，单节车辆长度受到限制，为充分利用车辆轴重，20 世纪 70 年代末，美国开发了关节式集装箱车。该车将转向架置于两车之间，两车用关节连接器连接。这种结构的中部车辆，相当于一个转向架又承担一辆车，既缩短了车辆长度，解决了长车通过曲线的困难，又提高了轴重利用率。

20 世纪 80 年代初，为提高集装箱运输竞争能力，降低运输成本，在限界改造后，美国研制了双层集装箱车。由于集装箱重量越来越轻，车辆轴重越来越大（最大轴重为 35.7 t），加上选配手段越来越先进，美国双层集装箱车也采用关节式车辆。五联关节式双层集装箱车是美国集装箱车的主要型式，承担了美国 70% 的集装箱运输量。

为弥补铁路集装箱实现"门到门"运输较为困难的缺陷，法国铁路提出了将卡车或拖车原封不动地搭载在平车上运送的驮背运输方式。后来在限界较大的美国铁路得到较大发展。

虽然驮背运输有很多优点，但其运输的无效载荷较大，运输经济性较差。为解决这一问题，美国又开发了公铁两用车。这种运输方式不需要铁路货车，利用公路拖车车厢配上铁路特制的货车转向架在铁路上运行。铁路运输时的货物只是拖车车厢，而不是整个拖车。到站后，卸下拖车车厢，配上公路牵引头，即可实现"门到门"运输。这种运输方式中，铁路终点站无须大型装卸机械，但公路拖车车厢结构较为复杂。

为提高运行速度，德国于 20 世纪 90 年代研制了 160 km/h 的高速集装箱专用平车。该车主要是利用客运专线夜间的空余时间进行运营。

综上所述，世界各国根据本国铁路的实际情况，选择适应本国国情的集装箱车辆型式，以提高集装箱运输能力，降低集装箱运输成本。美国、加拿大、澳大利亚等国限界高、轴重大，集装箱车辆主要采用 3 联或 5 联关节式双层集装箱车；法国、德国等欧洲国家限界低、轴重小，集装箱车以单层集装箱车为主，并努力提高列车运行速度。由于车辆所载集装箱的重量之和大于车辆载重，各国通行做法是在装箱前对集装箱进行称重筛选。

2. 中国铁路集装箱运输车辆的发展

中国铁路集装箱运输始于 1955 年，当时没有集装箱运输的专门车辆，采用通用敞车或平车装运集装箱。

1980 年，北京二七车辆厂研制了第一代 NJ_{4A} 型集装箱专用平车，这是中国集装箱专用平车的起步。该车共试制了 10 辆，载重 40 t，可装载 6 个 5 吨箱或 3 个 10 吨箱或 2 个 20 英尺箱或 1 个 40 英尺箱。由于该车的 10 吨箱采用顺放形式，铁路限界利用不充分。

1986 年，在 NJ_{4A} 车基础上，研制了 NJ_{6A}，后正式定型为 X_{6A} 型集装箱专用平车。该车将 10 吨箱由顺放改为横放，载重由 40 t 改为 60 t，能装载 6 个 5 吨箱或 5 个 10 吨箱或 2 个 20 英尺箱或 1 个 40 英尺箱。由于原来 10 吨箱总重可达 12 t，故 5 个 10 吨箱总重达到车辆载重 60 t。

1994 年，为提高铁标 10 吨箱装载量，兼顾 45 英尺长大集装箱，利用世界银行贷款，按照世界银行专家的意见，通过国际招标，北京二七车辆厂又试制了 X_{6B} 型集装箱专用平车。该车载重 60 t，铁标 10 吨箱数量由 5 个增加到 6 个，增加 45 英尺长大集装箱装载，且取消了 5 吨箱的装载工况。

1995 年，为减轻车辆自重，在 X_{6B} 车基础上，研制了 X_{6C} 型集装箱专用平车。该车功能与 X_{6B} 车相同，共生产了 100 辆。

1996 年，由原华铁置业公司采购、齐齐哈尔车辆厂研制了 X_{3TEU} 型（后改为 X_{3K} 型）集装箱专用平车，用于装载 3 个 20 英尺集装箱。该车载重 60 t，每个 20 英尺集装箱总重 20 t。1998 年，为提高普通平车使用效率，按铁道部要求，由北京二七车辆厂试制了 NX_{17A} 型平车集装箱共用车，将普通平车和集装箱专用平车两者功能有机地结合在一起。该车载重 60 t，可装载 5 个 10 吨箱或 2 个 20 英尺箱或 1 个 40 英尺箱。

1999 年，为适应 20 英尺集装箱总重增加到 30.48 t 的发展，在 NX_{17A} 的基础上研制了 NX_{17B} 型车。该车载重 61 t，可装载 6 个 10 吨箱或 2 个 20 英尺箱或 1 个 40 英尺/45 英尺/48 英尺/50 英尺集装箱，满足 2 个额定重量 30.48 t 的 20 英尺集装箱的装载要求。

2000 年，为提高运输速度，由铁道部科技司主持，北京二七车辆厂联合株洲车辆厂研制成功了速度 120 km/h 的 X_{1K} 型快运集装箱专用平车。该车采用了类似欧洲 Y_{37} 焊接构架式转向架和 UIC 标准凸台锁，车辆动力学性能优良。

2001 年，为满足 2 个额定重量 30.48 t 的 20 英尺集装箱装载要求，研制了 X_{6D} 型集装箱专用平车。该车通过了铁道部技术审查，但没有生产。

2003 年，为发展中国铁路集装箱双层运输，在铁道部主持下，集装箱公司联合北京二七车辆厂、齐齐哈尔车辆厂研制了 X_{2H}、X_{2K} 型双层集装箱车。车辆轴重 25 t，载重 78 t，下层装载 20 英尺国际标准箱，上层装载 40 英尺国际标准箱或 48 英尺长大集装箱。该车于 2004 年 4 月 18 日第五次大提速之际正式投入运行。

2004 年，为适应铁路货运装备向 70 t 级发展的需求，铁道部要求北京二七车辆厂开发了 NX_{70} 型两用平车。该车轴重 23 t，载重 70 t，可装载 2 个 20 英尺或 1 个 40 英尺/45 英尺/48 英尺/50 英尺等长大集装箱。

2005 年，为适应铁路淘汰 10 吨箱，发展国际标准集装箱的形势，中铁集装箱公司与北京二七车辆厂共同研制了 X_{6K} 型集装箱专用平车。该车载重大（61 t）、自重轻（17.5 t）、速度高（120 km/h）、车长短（13 230 mm），是集装箱专用车理想的更新换代产品。

2006 年，为满足轻质货物集装箱运输需求，中铁集装箱公司联合北京二七车辆厂和齐齐哈尔车辆厂研制了 X_{4K} 型集装箱专用平车。该车轴重 23 t，载重 72 t，可装载 3 个 20 英尺集装箱，每箱重量可达 24 t，是 X_{3TEU} 的更新产品。

2009 年，为提高列车编组辆数和牵引总重，北京二七车辆厂开发了换长 1.3 的 NX_{70A} 型共用平车，该车是 NX_{70} 型共用平车的缩短型。该车轴重 23 t，载重 70 t，可装载 2 个 20 英尺或 1 个 40 英尺集装箱，单箱载重最大可达 35 t，为集装箱总重的提高预留了发展空间。

2010 年，为使集装箱专用平车适应货车 70 t 技术的发展，北京二七车辆开发了 X_{70} 型集装箱专用平车。该车轴重 23 t，载重 70 t，可装载 2 个 20 英尺或 1 个 40 英尺集装箱，还可装载总重<35 t，宽度<2 550 mm、角件中心线符合 ISO 668 规定的内陆集装箱，是 X_{6K} 型集装箱专用平车的升级版。

2015 年 11 月以来，中铁特货运输有限责任公司与北京二七车辆有限公司充分利用现有装备资源和技术，创新研制开发出由 BX_{1K} 型集装箱专用平车与 B_{23} 型机械保温车组成的冷藏集装箱运输车组。BX_{1K} 专用平板车专用于冷链运输中的冷藏集装箱运输，可使箱内温度控制在 $-24 \sim 14$℃范围内。2015 年 12 月 31 日，该车组得到中国铁路总公司批准，正式上线试运行。此次试运行标志着中国铁路冷藏箱运输已与国际接轨，打破了冷藏箱在国内无铁路运输的历史，填补了中国铁路不带动力冷藏运输货物的空白。铁路冷藏集装箱货物列车在运输全过程中，只对冷藏集装箱进行装卸作业，最大限度地保护了货物的完整性，实现了运输产品零破损、零污染。此外，铁路冷藏集装箱运输受区域自然条件和自然灾害对铁路运输的影响较小，具有全天候的运输优势。不仅有全国铁路网点到点的全覆盖能力，而且还可通过公铁联运完成"最后一公里"的服务，满足路网外全国各地的运输需求，实现了全程物流服务。

首发车组由 2 台柴油发电车和 16 台 BX_{1K} 型冷藏集装箱专用平车组成，每台柴油发电车内置柴油发电机，可带动 8 个海运冷藏集装箱持续制冷 10 天以上（如图 2 - 2 - 1 所示）。

3. 中国铁路集装箱运输车辆的技术进步

随着科技的发展及铁路货车技术的进步，铁路集装箱车辆的更新日益加快，技术不

图 2 - 2 - 1　BX₁ₖ型冷藏集装箱车组

断进步，主要表现在以下几个方面。

（1）集装箱运输车辆的种类不断增加。

为了适应运输市场的要求，中国铁路开发了多种集装箱运输车辆：既有单层集装箱车，也有双层集装箱车；既有 2×20 英尺的短集装箱车，也有 3×20 英尺的长集装箱车；既有 X 型集装箱专用平车，也有 NX 型共用车。

（2）车辆主要技术性能大幅提高。

随着车辆技术的进步，集装箱运输车辆的载重从 50 t、60 t 发展到 70 t、78 t，速度从 $80\sim100$ km/h 发展到了 120 km/h，从 5 000 t 编组发展到万吨级列车编组，车辆厂修周期由 5 年延长到 8 年，取消了辅修。

（3）车辆主要零部件水平提高。

集装箱运输车辆的转向架由转 8A、转 8G 发展到转 K2、转 K3、转 K4、转 K5、转 K6；车钩由 13 号钩发展为 13A 小间隙车钩、17 号联锁式车钩；缓冲器由 2 号缓冲器发展到了 MT - 2、MT - 3 型缓冲器；制动机由原 GK 阀、103 阀发展到了 120 阀、120 - 1 阀等。

（4）集装箱运输安全性得到加强。

集装箱运输车辆车体的主要承载件由原 Q235 - A 普碳钢发展到了 Q450NQR1 高强度耐候钢，空重车调整由手动调整发展为自动调整，锁闭装置由原直台锁、凸台锁、手动旋锁发展到了全自动旋锁及具有国际先进水平的 F - TR 锁。

另外，为了适应中国铁路集装箱箱型的发展及铁路重载化和快速化发展要求，中国铁路对既有集装箱车辆也进行了一系列的技术改造。技术改造的内容主要包括：F - TR 锁闭装置改造、转 K2 提速改造等。

2.2.2　铁路集装箱专用车的特点及分类

1. 铁路集装箱专用车的特点

在铁路集装箱运输发展初期，通常是采用通用货车装运集装箱，辅以适当加固。由于集装箱有其特殊的结构及特定的外部尺寸和额定质量，所以随着铁路集装箱运输的发展，铁路集装箱专用车应运而生。

铁路集装箱专用车具有以下特点。

（1）车底架为骨架式结构。

集装箱的底角件是在下部凸出箱底结构的，它在货车上装载时是靠底部的 4 个角件承载全部重量。所以铁路集装箱专用车只需在集装箱底角件处设置承载面，车底架的其他部件均可为结构部件。

（2）设有固定集装箱的装置。

为了保证车辆运行时集装箱的稳定，防止集装箱在惯性力作用下产生倾覆，需要对集装箱进行加固。通常采用专用的紧固装置（定位销或旋锁装置）把集装箱的底角件固定在铁路集装箱专用车上。

（3）承载面低。

由于铁路集装箱专用车没有车地板，承载面比普通货车低。随着集装箱高度不断增大，从 8 英尺到 8.5 英尺，再到 9.5 英尺，装车后已经接近许多国家的铁路机车车辆限界，为此，必须降低集装箱专用车的承载面高度。其措施有两项：一是把车辆承载面设计成凹形的或落下孔式的（如双层集装箱专用车）；二是减小轮对半径以降低承载面高度。如法国生产的铁路集装箱专用车的轮对直径为 840 mm，承载面高度为 940 mm，低于其他欧洲国家普通平车的车地板高度（1 170 mm）。英吉利海峡的海底隧道是按装运高度为 8.5 英尺的集装箱设计的，9.5 英尺高的集装箱出现后，必须把铁路集装箱专用车的承载面高度降为 600 mm 才能通过。为此，欧洲集装箱运输协会研制出一种轮对直径为 470 mm、承载面高度为 600 mm 的铁路箱专用车，以便装运 9.5 英尺高的集装箱通过海底隧道。

2. 铁路集装箱专用车的分类

1）按车底架长度分类

（1）40 英尺集装箱专用车。

40 英尺集装箱专用车具有 2 个 TEU 箱位，可装载 1 个 40 英尺集装箱或 2 个 20 英尺集装箱，也可装载 10 英尺集装箱，适应面较广，能灵活运用，如中国的 X_{6A} 型集装箱专用车，其车底架长度为 13.0 m。

（2）60 英尺集装箱专用车。

60 英尺集装箱专用车具有 3 个 TEU 箱位，可装载 1 个 40 英尺集装箱和 1 个 20 英尺集装箱或 3 个 20 英尺集装箱。国外这种长度的集装箱专用车数量较多。

（3）80 英尺集装箱专用车。

80 英尺集装箱专用车具有 4 个 TEU 箱位，适合装载 2 个 40 英尺集装箱。1961 年该车在美国最先使用。

（4）90 英尺集装箱专用车。

90 英尺集装箱专用车适合装载 2 个 45 英尺集装箱。1968 年在美国最先使用。

（5）其他长度的集装箱专用车。

为了适应各种非国际标准集装箱的装载，各国还制造了各种非标准长度的集装箱专用车，如德国的 63 英尺集装箱专用车、芬兰的 66 英尺集装箱专用车等。

2）按车辆的轴数分类

（1）转向架式四轴车。

40 英尺和 60 英尺集装箱专用车，通常使用 2 台转向架，共 4 根轴。

（2）转向架式六轴车。

当集装箱专用车车体较长、载重量较大时，如装载 4 个 TEU 的 80 英尺集装箱专用车，如果使用 2 台两轴转向架超过了最大允许轴重，则应使用 2 台三轴转向架，即车辆共有 6 根轴。

（3）关节式集装箱车。

为充分利用车辆轴重，缩短车辆长度，解决长车通过曲线的困难，美国开发了关节式集装箱车。美国设计制造的五联双层集装箱专用车也采用了关节式结构，即将 5 辆双层集装箱专用车铰接在一起，形成一个固定的车组。

3）按车底板结构分类

（1）平板式集装箱专用车。

平板式集装箱专用车类似于普通平车，只是在集装箱的底角件的位置增设固定集装箱的紧固装置，通常为翻板式的锥形定位销。这种车辆通用性较强，既可以装载集装箱，也可以当成普通平车使用。

（2）骨架式集装箱专用车。

骨架式集装箱专用车其车底架呈骨架式结构，专门用于装载各型集装箱。与普通平车相比，其自重降低了 10%～15%，造价降低约 15%，是装载集装箱经济安全的车型。

一些专门用于装运大型集装箱的车辆，其车底板结构还可以简化。如美国的骨架和关节式集装箱车，其车底架结构更是大为简化，仅用一根重型中心梁作为车底架承载梁，承载着拖车走行轮或集装箱的底角件，同时也是承受纵向力的构件，平均每辆车自重减至 14.5 t。美国的多联式双层集装箱专用车组，则是由侧梁承载集装箱的重量并作为承受纵向力的构件，中间设计了一个 40 英尺集装箱箱底大小的孔（类似落下孔车），在孔底集装箱底角件处设置承载面，以承载集装箱。这种双层集装箱专用车的承载面高度为 292 mm（11.5 英尺），自重相当于普通平车的一半，是一种经济、高效的集装箱专用车。

4）按装卸方式分类

（1）吊装式集装箱专用车。

此为采用各种起重设备进行集装箱装卸的铁路集装箱专用车。目前，大部分集装箱专用车属于吊装式集装箱专用车。

（2）滚装式集装箱专用车。

对平板式集装箱专用车，可以采用滚装的办法装卸拖车式集装箱，用于驮背运输的货车即为滚装式集装箱专用车。由于集装箱连同拖车一起装载在铁路集装箱专用车上，其稳定性较差，载重量利用率低，并且容易超出铁路机车车辆限界。为降低其装载高度，欧美国家和日本均采用了袋鼠式凹平台的驮背运输专用车。袋鼠式集装箱专用车的装卸过程如图 2-2-2 所示。

图 2-2-2　袋鼠式集装箱专用车的装卸过程

（3）侧移式集装箱专用车。

侧移式集装箱专用车在集装箱专用车上装备引导用的是 U 形导轨，通过液压装置和锁链将集装箱移到拖车上。这种装卸方式不需要专用的装卸机械，只需要特殊的车底结构就能直接完成铁路与公路的转运。在日本和欧美的内陆运输中部分采用了这种车辆。

（4）回转式集装箱专用车。

回转式集装箱专用车在集装箱专用车上设置可以回转的转台，利用集装箱转台上的回转来完成集装箱在铁路与公路之间的换装。其装卸过程如图 2-2-3 所示。

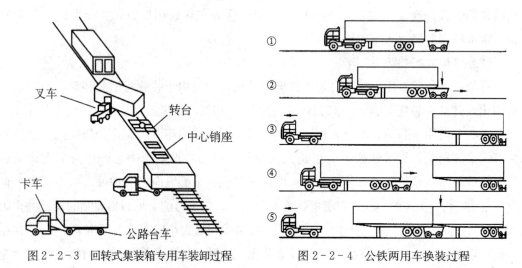

图 2-2-3　回转式集装箱专用车装卸过程　　图 2-2-4　公铁两用车换装过程

（5）铁路、公路两用集装箱半挂车。

鉴于驮背运输方式具有车辆载重量低、运营成本高的缺陷，美国、日本和欧洲的一些国家研制了一种能在公路上运行的公铁两用车。美国生产的 ROADRAILER 半挂车，长 48 英尺，装有可升降的铁路轮对。由它组成的半挂车列车，其牵引力和制动力是通过它的车底架传递的。但由于半挂车上带有铁路轮对，其自重较大，在公路上行驶很不方便。为此，德国和日本改变了车体结构，使铁路轮对不固定在车辆上，只是在半挂车的两端设有与铁路车辆转向架连接的装置。在铁路上运行时，放到铁路转向架上进行运输，当然制动系统和信号传递系统需要装在集装箱半挂车上。由于集装箱半挂车承受了全部纵向力，这就要求半挂车具有足够的强度，公铁两用车换装过程如图 2-2-4 所示。

2.2.3　中国铁路主要集装箱车辆的构造

1. 铁路集装箱专用平车

（1）X_{6A} 型集装箱专用平车。

X_{6A} 型集装箱专用平车是中国铁路第一代集装箱专用平车，如图 2-2-5 所示。

图 2-2-5　X_{6A} 型集装箱专用平车

X_{6A} 型集装箱专用平车由底架、集装箱锁闭及门挡装置、风制动装置、手制动装置、车钩缓冲装置及转向架等组成。底架由板材及型钢组焊成框架结构，中梁均为 1560 或 H512 型钢组成鱼腹等强度结构。集装箱锁闭及门挡装置由铁标 10 吨箱固定式锁头、国际箱翻板式锁头及防止铁标 10 吨箱箱门非正常开启的固定式门挡组成。锁头原为直台式，后将国际箱锁头改造为凸台式，随着铁标 10 吨箱的淘汰，并将端部锁头由翻板式改造为固定式，提高了对集装箱的锁固能力。风制动装置由 356 mm×254 mm 制动缸、GK 型三通阀、手动空重车调整装置等组成，转向架为转 8A 型转向架。

（2）X_{6B} 型集装箱专用平车。

X_{6B} 型集装箱专用平车是在 X_{6A} 型集装箱专用平车的基础上，经运用考验后投入生产（如图 2-2-6 所示）。X_{6B} 车与 X_{6A} 车比较，车长由 13 000 mm 加长到了 15 400 mm，铁标 10 吨箱的装箱数由 5 个增加到了 6 个，并可适应 45 英尺、48 英尺、50 英尺集装箱的装载。

X_{6B} 型集装箱专用平车采用了转 8A 改进转向架，风制动装置采用了 120 型控制阀、闸瓦间隙自动调整器、自动空重车调整装置等制动新技术，车钩缓冲装置采用了 C 级钢的 13 号车钩，车辆多项性能指标优于 X_{6A} 型。

集装箱锁闭及门挡装置由铁标 10 吨箱固定式锁头、国际箱翻板式锁头、防止铁标 10 吨箱箱门非正常开启的固定式门挡、防止国际箱箱门非正常开启的活动式门挡等组

图 2-2-6　X$_{6B}$型集装箱专用平车

成，锁头为直台式。随着运行速度的提高及铁标 10 吨箱的淘汰，将国际箱锁头改造为 F-TR 锁，端部采用 F-TR 锁固定式锁闭装置，锁座为整体框架式，中部采用 F-TR 锁推拉平移式锁闭装置，提高了对集装箱的锁固能力。

（3）X$_{6K}$型集装箱专用平车。

X$_{6K}$型集装箱专用平车如图 2-2-7 所示。该车可满足 20 英尺、40 英尺国际标准集装箱的装载。该车载重大，满足 20 英尺集装箱额定总重 30.5 t 的装载要求；车长短，在列车编组长度内提高了装箱量；自重轻，减少了车辆运用成本；速度快，缩短了列车运行时间，是较适合当前箱型的集装箱专用平车。

图 2-2-7　X$_{6K}$型集装箱专用平车

X$_{6K}$型集装箱专用平车由底架承载结构，中梁为 H600 型钢组成鱼腹箱型结构。采用转 K2 型转向架，运行速度可达 120 km/h。采用 13A 或 13B 型小间隙车钩、MT-3 型缓冲器。

集装箱锁闭及门挡装置由国际箱锁闭装置、防止国际箱箱门非正常开启的固定式门挡等组成。前期生产的车辆，锁头为凸台锁。后期生产的车辆中，一部分为 F-TR 锁，一部分为全自动锁。后经过凸台锁、全自动锁的改造，X$_{6K}$车全部采用了 F-TR 锁，端部为 F-TR 锁固定式锁闭装置，锁座为分体式，中部为 F-TR 锁推拉翻转式锁闭装置。

（4）X$_{1K}$型集装箱专用平车。

为提高车辆运行速度，实现集装箱的快捷运输，研制了 X$_{1K}$型集装箱专用平车，这是中国第一个速度达到 120 km/h 的快速集装箱车，如图 2-2-8 所示。该车采用了整体焊接构架、一系悬挂、轮对弹性定位的转 K3 转向架，车辆动力学性能优良。该车用于装载铁路标准的 10 吨集装箱和国际标准的 20 英尺、40 英尺集装箱，还可装载 45 英尺长大集装箱。

图 2-2-8 X₁ₖ型集装箱专用平车

集装箱锁闭及门挡装置由铁标 10 吨箱固定式锁头、国际箱翻板式锁头、防止铁标 10 吨箱箱门非正常开启的固定式门挡、防止国际箱箱门非正常开启的活动式门挡等组成，锁头为凸台式。对车辆进行增载改造后，车辆载重提高到了 61 t，国际箱锁头改造为F‑TR锁，端部采用 F‑TR 锁固定式锁闭装置，锁座为分体框架式，中部采用 F‑TR锁推拉平移式锁闭装置，提高了对集装箱的锁固能力。

（5）X₄ₖ型集装箱专用车。

X₄ₖ型集装箱专用车如图 2-2-9 所示。该车除满足 20 英尺、40 英尺国际标准集装箱外，还可运输 45 英尺、48 英尺、50 英尺、53 英尺等长大集装箱。该车利用 70 t 级货车新技术，轴重达到 23 t，载重 72 t，可装载 3 个 20 英尺集装箱，每箱重量可达 24 t，满足轻质货物集装箱运输需求。

图 2-2-9 X₄ₖ型集装箱专用车

X₄ₖ型集装箱专用车车底架为鱼骨刺结构，最大限度地减轻了车体自重；中梁为钢板组焊成鱼腹箱型结构，具有强大的强度及刚度；集装箱载荷作用在大横梁上，并由大横梁传递给中梁。集装箱底架两侧安装有防护栏。采用了转 K6 型转向架，最高运行速度可达 120 km/h；采用 17 号高强度联锁式车钩及大容量的 MT‑2 型缓冲器，适应万吨列车的编组运行要求。

集装箱锁闭及门挡装置由国际箱翻转式锁头、防止国际箱箱门非正常开启的活动式门挡等组成，锁头为凸台式。

（6）X₂ₕ、X₂ₖ型双层集装箱车。

为了适应新时期铁路的发展、满足开展双层集装箱运输的需要，研制出了中国铁路第一代双层集装箱车——X₂H、X₂K型双层集装箱车，如图2-2-10、图2-2-11所示。

图2-2-10　X_{2H}型双层集装箱车　　　　图2-2-11　X_{2K}型双层集装箱车

X_{2H}、X_{2K}型双层集装箱车可在国内标准轨距且建筑限界满足《200 km/h客货共线铁路双层集装箱运输建筑限界（暂行）》的铁路上运行，可装运20英尺、40英尺国际标准集装箱和48英尺长大集装箱。双层集装箱车轴重25 t，载重78 t，该车下层可装载2个20英尺集装箱，上层可装载1个40英尺或48英尺集装箱，上下层箱间采用国际通用的双头旋转锁进行加固。

中国铁路集装箱运输由于受铁路限界、车辆轴重等技术因素的限制，一直采用单层运输方式。而开展双层集装箱运输是解决铁路限界高度和机车牵引力利用不充分，提高铁路集装箱运输能力的有效途径。

双层集装箱车车体由牵引梁、侧墙、底架组焊成凹底形式，下层集装箱装载在凹底中间，下层集装箱承载面距轨面高为305 mm。车体所有承载零部件（包括型钢及板材）均采用高强度、高耐候性钢材，提高了强度，降低了自重；对集装箱承载点处的结构采用了抗疲劳设计，提高了车体的可靠性；采用了侧墙外置型式，空气动力学性能较好，能有效降低横风作用载荷和列车交会时的空气冲击载荷，提高了车辆运行的稳定性和安全性。与单层集装箱车相比，双层集装箱车在800 m编组长度内的装箱能力可提高40%以上，并能减少列车编组辆数，减轻列车自重，具有较好的经济性。

经过综合提速试验、与高速客车交会试验、重车重心高试验，X_{2H}、X_{2K}型双层集装箱车性能稳定、安全可靠，最大重车重心高可达2 400 mm。

X_{2H}车采用转K5型转向架，X_{2K}车采用转K6型转向架，最高运行速度可达120 km/h，采用17号高强度联锁式车钩及大容量的MT-2型缓冲器。

（7）X_{70}型集装箱专用平车。

为适应铁路货车由60 t级向70 t级的发展，研制出了载重70 t的新型集装箱专用平车，定型为X_{70}型集装箱专用平车，如图2-2-12所示。该车轴重23 t，载重70 t，可装载2个20英尺集装箱或1个40英尺集装箱。除了ISO 668所规定的20英尺、40英尺集装箱外，还可装载角件中心组装尺寸符合ISO 668的规定、宽度≤2 550 mm、额定重量≤35 t的内陆集装箱，为集装箱的发展预留有一定的空间。与X_{6K}车相比，X_{70}车底架长度由12 300 mm加长为12 500 mm，以适应17号车钩的安装；底架宽度由2 750 mm

加宽到了 2 980 mm，可适应宽体集装箱的装载。

图 2-2-12　X_{70} 型集装箱专用平车

X_{70} 型集装箱专用平车为底架承载结构，中梁为 H630 型钢组成鱼腹箱型结构，集装箱锁闭及门挡装置由国际箱锁闭装置、防止国际箱箱门非正常开启的固定式门挡等组成。锁头采用 F-TR 锁，端部为 F-TR 锁固定式锁闭装置，锁座为整体框架式，中部为 F-TR 锁推拉翻转式锁闭装置。

X_{70} 型集装箱专用平车采用转 K6 型转向架，运行速度可达 120 km/h，采用 17 号车钩、MT-2 型缓冲器，可适应万吨列车的编组。

2. 集装箱共用车

(1) NX_{17K} 型共用车。

为提高通用平车的使用效率，扩大平车应用范围，在 N_{17A} 车基础上研制出了中国铁路第一代共用车辆，定型为 NX_{17A} 型共用车。该车为具有装运集装箱功能的多用途四轴平车，载重 60 t，可供装运钢材、汽车、拖拉机、成箱货物、机械设备、大型混凝土桥梁等货物，还可供装载 20 英尺、40 英尺国际标准集装箱。

NX_{17K} 型共用车底架为全钢焊接结构，中、侧梁均为 1560 或 H512 型钢组成鱼腹箱型等强度结构，底架上安装有木地板，并在木地板的两侧设有国际集装箱翻转式箱锁、铁标集装箱活动箱锁和铁标集装箱活动门挡及柱插和绳栓等。当锁头朝下时，车辆为普通平车，可装运普通货物；当锁头朝上时，为集装箱平车，可装载运输集装箱。该车锁头原为直台式，随着运行速度的提高及铁标 10 吨箱的淘汰，后将铁标箱锁及门挡取消，将国际箱锁头改造为凸台式，并增加锁头压板，提高了对集装箱的锁固能力。

为适应铁路提速，配装转 8G 型转向架，车型改为 NX_{17T} 型，最高运行速度 100 km/h；车辆转 K2 改造后，车型改为 NX_{17K} 型，最高运行速度 120 km/h（如图 2-2-13 所示）。

图 2-2-13　NX_{17K} 型共用车

（2）NX$_{17BK}$型共用车。

为充分利用 NX$_{17A}$型车的承载能力，研制了 NX$_{17B}$型共用车。与 NX$_{17A}$型共用车相比，该车车体长度增加了 2.5 m，车辆总载重达到了 61 t，提高了 20 英尺国际标准集装箱的装载能力，并增加了 45 英尺、48 英尺长大集装箱的装载功能。该车中、侧梁均为 H600 型钢组成鱼腹箱型等强度结构，侧梁上安装有柱插和绳栓，底架上安装有木地板，并在木地板的两侧设有国际集装箱翻转式箱锁、铁标集装箱活动箱锁和铁标集装箱活动门挡等。当锁头朝下时，车辆为普通平车，可装运普通货物；当锁头朝上时，为集装箱平车，可装载运输集装箱。该车锁头原为凸台式，后将铁标箱锁及门挡取消，将国际箱锁头加固改造，并增加锁头压板，提高了锁头防丢失能力。

为适应铁路提速，配装转 8G 型转向架，车型改为 NX$_{17BT}$型，最高运行速度 100 km/h；车辆转 K2 改造后，车型改为 NX$_{17BK}$型，最高运行速度 120 km/h（如图 2-2-14 所示）。

图 2-2-14   NX$_{17BK}$型共用车

（3）NX$_{70}$型共用车。

为提高车辆单车载重，提升铁路货运能力，铁道部统一将各型货车载重由 60 t 级提高到 70 t 级，为此研制了 NX$_{70}$型共用车，如图 2-2-15 所示。与 NX$_{17B}$型车相比，NX$_{70}$型车地板长度、车辆定距相同，但车辆轴重提高到了 23 t，车辆载重达到了 70 t。该车能装载 20 英尺、40 英尺国际标准集装箱或 45 英尺、48 英尺、50 英尺等长大集装箱。

图 2-2-15   NX$_{70}$型共用车

NX$_{70}$型共用车为底架承载结构，中、侧梁均为 H630 型钢组成鱼腹箱型等强度结构，侧梁上安装有柱插和绳栓，底架上安装有木地板，并在木地板的两侧设有国际集装箱翻转式锁，锁头为凸台锁。为防止集装箱侧翻，锁头上的挡台插入到锁座上的凹孔内，保证锁头只能朝外侧翻转，不能朝内侧翻转。当锁头朝下时，车辆为普通平车，可装运普通货物；当锁头朝上时，为集装箱平车，可装载运输集装箱。

NX_{70} 型共用车采用转 K6 型转向架，运行速度可达 120 km/h，采用 17 号车钩、MT - 2 型缓冲器，可适应万吨列车的编组。

（4） NX_{70A} 型共用车。

为缩短 NX_{70} 型共用车的长度，增加列车编组辆数，提高列车牵引总重，研制出了 NX_{70A} 型共用车，如图 2 - 2 - 16 所示。该车是 NX_{70} 车的缩短版，轴重 23 t，载重 70 t，可装载 2 个 20 英尺集装箱或 1 个 40 英尺集装箱。当装载集装箱时，除了 ISO 668 所规定的 20 英尺、40 英尺集装箱外，还可装载角件中心组装尺寸符合 ISO 668 的规定、宽度≤2 550 mm、额定重量≤35 t 的内陆集装箱，为集装箱的发展预留有一定的空间。与 NX_{70} 车相比，NX_{70A} 车地板长度由 15 400 mm 缩短为 13 000 mm。

图 2 - 2 - 16 NX_{70A} 型共用车

NX_{70A} 型共用车为底架承载结构，中梁为 H630、侧梁为 H600 型钢组成鱼腹箱型等强度结构，在木地板的两侧设有国际集装箱锁闭装置，锁头为 F - TR 锁，锁闭装置为 F - TR 锁推拉翻转式。当锁头朝下时，车辆为普通平车，可装运普通货物；当锁头朝上时，为集装箱平车，可装载运输集装箱。

NX_{70A} 型共用车采用转 K6 型转向架，运行速度可达 120 km/h，采用 17 号车钩、MT - 2 型缓冲器，可适应万吨列车的编组。

2.2.4 铁路集装箱运输车辆技术参数

1. 铁路集装箱专用车辆技术参数

集装箱专用车辆主要技术参数见表 2 - 2 - 1。

表 2 - 2 - 1 集装箱专用车辆主要技术参数

型号	自重/ t	载重/ t	运行速度/ (km/h)	外形尺寸/ mm	底架尺寸/ mm	厂（段）修期/年	装载箱型
X_{6A} X_{6AT} X_{6AK}	18.2	60	80 100 100	13 938×3 180	13 000×3 090×1 160	5/1	20 英尺、40 英尺

型号	自重/ t	载重/ t	运行速度/ (km/h)	外形尺寸/ mm	底架尺寸/ mm	厂（段）修期/年	装载箱型
X_{6B} X_{6BT} X_{6BK}	22.5	60	100 120 120	16 338×3 170	15 400×2 970×1 166	6/1.5	20 英尺、40 英尺、48 英尺
X_{6C} X_{6CT} X_{6CK}	20	60	100 120 120	16 338×3 170	15 400×2 970×1 174	6/1.5	20 英尺、40 英尺、48 英尺
X_{1K} 改造后	19.8	61	120	14 738×3 170	13 800×3 070×1 140	6/1.5	20 英尺、40 英尺、45 英尺
X_{2K}	22	78	120	19 466×3 120	18 500×2 912×305	8/2	下：20 英尺 上：40 英尺、48 英尺
X_{2H}	22	78	120	19 466×3 120	18 500×2 912×305	8/2	下：20 英尺 上：40 英尺、48 英尺
X_{3K}	21	61	120	19 338×2 926	18 400×2 750×1 145	9/1.5	20 英尺、40 英尺、48 英尺
X_{4K}	21.8	72	120	19 416×2 870	18 400×2 630×1 140	8/2	20 英尺、40 英尺、48 英尺
X_{6K}	17.5	61	120	13 230×2 850	12 300×2 750×1 165	8/2	20 英尺、40 英尺
X_{70}	22.4	70	120	13 466×3 164	12 500×2 980×1 169	8/2	20 英尺、40 英尺

2. 铁路集装箱两用车技术参数

集装箱两用车主要技术参数见表2-2-2。

表 2-2-2　集装箱两用车主要技术参数

型号	自重/t	载重/t	底架尺寸：长（mm）×宽（mm）×高（mm）	构造速度/ (km/h)	装载箱型
NX_{17}	22.1	60	13 000×2 980×1 211	100	20 英尺、40 英尺
NX_{17A}	22.5	60	13 000×2 980×1 211	100	20 英尺、40 英尺
NX_{17AK}	22.4	60	13 000×2 980×1 212	120	20 英尺、40 英尺
NX_{17AT}	22.5	60	13 000×2 980×1 216	100	20 英尺、40 英尺
NX_{17B}	22.5	61	15 400×2 960×1 211	100	20 英尺、40 英尺、48 英尺
NX_{17BK}	22.9	61	15 400×2 960×1 214	120	20 英尺、40 英尺、48 英尺
NX_{17BT}	22.9	61	15 400×2 960×1 216	100	20 英尺、40 英尺、48 英尺
NX_{17BH}	22.8	61	15 400×2 960×1 207	120	20 英尺、40 英尺、48 英尺
NX_{17K}	22.4	60	13 000×2 980×1 212	120	20 英尺、40 英尺
NX_{17T}	22.5	60	13 000×2 980×1 216	100	20 英尺、40 英尺
NX_{70}	23.8	70	13 000×2 960×1 216	120	20 英尺、40 英尺、48 英尺

型号	自重/t	载重/t	底架尺寸：长（mm）×宽（mm）×高（mm）	构造速度/（km/h）	装载箱型
NX$_{70H}$	23.8	70	13 000×2 960×1 216	120	20英尺、40英尺、48英尺
NX$_{70A}$	23.6	70	13 000×2 980×1 212	120	20英尺、40英尺

2.2.5 集装箱锁闭装置

集装箱是靠锁闭装置固定在集装箱平车上的，这对保证集装箱的运输安全、提高集装箱装卸效率、减小装卸成本具有十分重要的作用。集装箱锁闭装置是世界各国集装箱运输各相关部门共同面临的技术难题。全球每年发生几十起集装箱从船上翻落下来的事故，英国和中国铁路也都曾发生过空集装箱从列车上翻落下来的事故，美国铁路每年都发生多起卸箱时集装箱不能从锁闭装置中顺利出箱的故障。

由于原有的集装箱锁闭装置防跳和防倾覆能力不足，因此在运输集装箱空箱时，要求用铁丝捆绑，这不仅增加了集装箱运输成本，而且造成巨大浪费。为了解决这一问题，2007年，中铁集装箱公司和北京二七车辆厂在海运集装箱锁的基础上成功研制出了F-TR型锁闭装置。该锁安全可靠，经济适用，无须铁丝捆绑集装箱人工开闭锁，适应了中国场站装卸作业条件，提高了集装箱装卸效率，解决了靠捆绑防止空箱坠落的问题。

1. 集装箱锁的分类及性能

（1）直台锁。

直台锁锁头表面为平面，无阻挡台，锁固性很小，通畅性很高。

（2）凸台锁。

凸台锁其锁头头部与锁头颈部均有约4 mm的凸台，同时锁头底座在车体侧梁一侧设有防止集装箱倾覆的舌台，此舌台置于锁座上与之配套的凹槽内（如图2-2-17所示），对集装箱有一定的阻挡作用，但阻挡力较小，且不稳定。因此，锁固性较小，顺畅性较高。英国也曾发生过装有凸台锁的空集装箱从列车上翻落下来的事故。

（3）全自动旋锁。

全自动旋锁主要由锁芯及扭力弹簧等组成（如图2-2-18所示），锁芯头部呈特殊的螺旋形状，在集装箱角件孔边缘的作用下发生旋转，扭力弹簧起回复力矩的作用。该锁单个作用时，具有较强的锁固性和较好的顺畅性。但4个锁闭装置共同作用时，锁固性较强，顺畅性较差。中国在X$_{4K}$车上试装过从美国进口的全自动旋锁，在X$_{6K}$车上也试装过从澳大利亚进口的全自动旋锁。根据中铁集装箱公司的现场试验，其出箱顺畅性仅为50%左右。美国铁路也发生过多起卸箱时集装箱不能从锁闭装置中顺利出箱的故障。

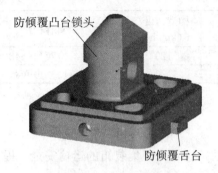

防倾覆凸台锁头

防倾覆舌台

图 2 - 2 - 17　凸台锁

图 2 - 2 - 18　全自动旋锁

（4）手动旋锁。

手动旋锁主要由锁芯及手动转臂等组成，锁芯在人工操作下进行锁闭位与开锁位之间进行旋转。该锁在正常情况下，具有很强的锁固性和很好的顺畅性，但不足之处是需要人工操作。如果运输途中，该闭锁时被打开了，则锁芯变成了直台锁，锁固性很小；如果装卸时，该开锁时被闭锁了，无法装卸箱，无顺畅性。

（5）F - TR 锁。

F - TR 锁是经铁道部批准的集装箱锁闭装置，具有防集装箱倾覆和跳起功能，提高了对集装箱的锁固能力，保证了铁路提速后集装箱的运输安全。当采用 F - TR 锁或全自动旋锁时，空集装箱无须再采取其他加固措施（如用铁丝与车体捆固等）。

F - TR 锁锁头分 F - TR1 和 F - TR2 两种型式，端部固定式锁为 F - TR2，中部活动式锁为 F - TR1。为方便集装箱角件进出锁头，该锁头在车上的安装方向是由一箱四个锁每端同向，两端反向。F - TR 锁具有独特的鹰头结构，共有三个斜面对集装箱角件发生作用，如图 2 - 2 - 19 所示。当集装箱装载时，集装箱角件先沿着落箱上导向斜面向一侧滑移，而后又沿着落箱下导向斜面向相反方向滑移，使集装箱角件卡在 F - TR 锁的鹰头下面。当集装箱起吊时，集装箱角件沿着出箱导向斜面滑移出来。如图 2 - 2 - 20 所示。该锁的锁闭原理是锁芯头部的偏心结构，以及 F - TR 锁组装后其锁头外宽尺寸大于集装箱角件孔的外宽尺寸，并将集装箱进出锁头的运动形式由垂直运动的单一形式转变

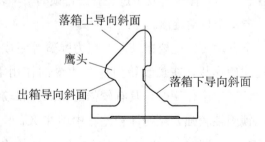

落箱上导向斜面

鹰头

出箱导向斜面

落箱下导向斜面

图 2 - 2 - 19　F - TR 锁锁头结构

为"垂直运动＋平面转动"的复合形式来锁固集装箱。为保证 F-TR 锁发挥作用，同一集装箱的 4 个 F-TR 锁布置时，鹰头方向为同端同向、两端反向布置，如图 2-2-21 所示。集装箱在装载或起吊时有一个微小的平面转动，如图 2-2-22 所示。

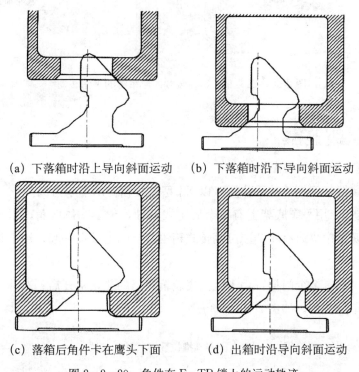

(a) 下落箱时沿上导向斜面运动　　(b) 下落箱时沿下导向斜面运动

(c) 落箱后角件卡在鹰头下面　　(d) 出箱时沿导向斜面运动

图 2-2-20　角件在 F-TR 锁上的运动轨迹

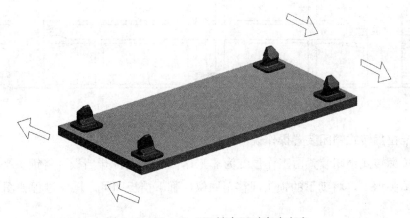

图 2-2-21　F-TR 锁布置时鹰头方向

通过直台锁、凸台锁、手动旋锁、全自动旋锁、F-TR 锁的性能比较可以看出，F-TR 锁与其他锁相比，具有结构简单、经久耐用、锁固性和顺畅性适中等优点。

目前中国铁路集装箱车辆上的集装箱底角件的固定锁有 3 种型式：凸台锁、F-TR

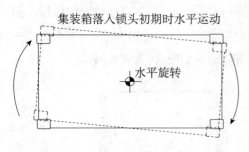
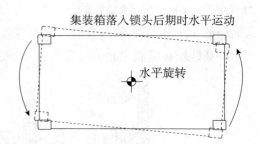

集装箱落入锁头初期时水平运动

水平旋转

集装箱落入锁头后期时水平运动

水平旋转

图2-2-22　集装箱在装载或起吊时的平面转动

锁及进口全自动旋锁。

2. F-TR锁使用方法

1）集装箱锁闭装置使用方法

（1）锁闭装置、门挡、扶手位置（以 X_{6K} 型集装箱专用平车为例）。

X_{6K} 型集装箱专用平车底架上有4个固定式箱锁，位于车体四角，用于装载1个40英尺集装箱；底架中央设有4个原位翻转式箱锁，与固定箱锁一起，用于装载2个20英尺集装箱。

车体两端中部有2个门挡，用于阻挡集装箱箱门的非正常开启；车体1、4位角有2个扶手，供调车员使用。如图2-2-23所示。

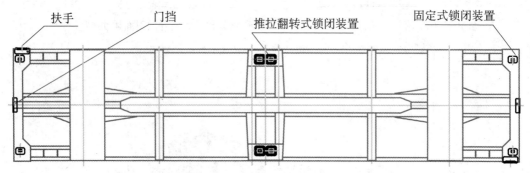

扶手　　门挡　　推拉翻转式锁闭装置　　固定式锁闭装置

图2-2-23　X_{6K} 型集装箱专用平车示意图

（2）推拉翻转式锁闭装置操作说明。

将推拉翻转式锁闭装置由工作位变为非工作位时，先打开挡板，将锁头平移至内侧后，转动锁头180°，将朝下的锁头回移至原位，翻下挡板即可。操作过程如图2-2-24所示。

2）F-TR锁装箱操作方法

由于F-TR锁具有较强的锁闭性能，在吊卸集装箱时必须严格执行铁路装卸作业标准。

（1）装箱前的准备。

① 检查锁头表面情况。锁头表面须良好，无裂纹、无变形等缺陷。

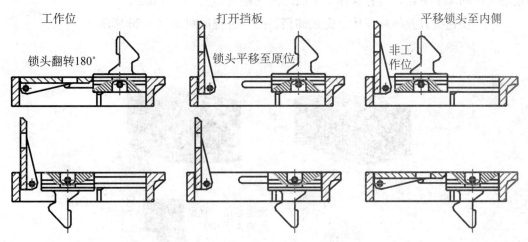

工作位　　　　　　　　　打开挡板　　　　　　　平移锁头至内侧

锁头翻转180°　　　　　　锁头平移至原位　　　　　非工作位

图 2-2-24　推拉翻转式锁闭装置操作示意图

② 检查车体上各锁的安装位置是否正确，同侧横向相同，其他任何安装位置均为错误安装。

（2）集装箱装载。

① 保证集装箱落箱平稳，不允许发生剧烈的碰撞。

② 当集装箱下落到离锁头上平面高度约 120 mm 时，稍作停顿，待确认集装箱的 4 个下箱角分别与锁头对准后方可继续下落，装箱到位。操作过程如图 2-2-25 所示。

上箱角

下箱角

120

各下箱角分别对
准锁头后方可下落

落箱完毕
完成装载

图 2-2-25　集装箱装载操作过程

3）F-TR 锁卸集装箱操作方法

（1）起吊设备与集装箱上箱角配合好后，点动试吊，无异常情况后慢速竖直起吊直至集装箱的 4 个下箱角与各锁体上平面之间的距离均大于 100 mm。

（2）快速提升并吊离车体，完成卸箱。操作过程如图 2-2-26 所示。

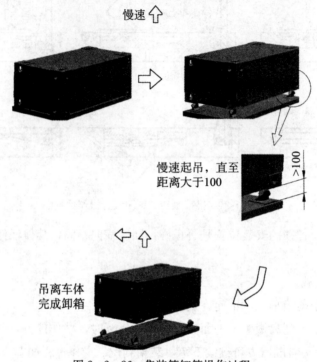

图 2-2-26　集装箱卸箱操作过程

4）违规操作的后果

（1）如果集装箱起吊时，不按卸箱说明所述操作，而是直接快速地将集装箱吊离车体，有可能导致集装箱未完全脱离锁头就水平吊离，将造成集装箱、车体及锁的整体脱轨。

（2）如果集装箱落箱不平稳，发生剧烈的碰撞，易造成锁头变形，导致集装箱可能不能落箱或落箱后不能起箱。

（3）如果锁头方向或中心距安装不正确，将导致集装箱不能落箱或脱箱，或者集装箱不能被正确锁固，影响集装箱运输安全。

3. 全自动旋锁使用方法

1）全自动旋锁操作说明

（1）装载集装箱前时，旋芯与锁座呈一定夹角，且用手不能转动至与锁座平齐。操作示意如图 2-2-27 所示。

（2）装箱后，应检查安全指示器。正常状态下，安全指示器不能伸出锁座，若伸出锁座则表明旋锁出现故障，需进行检查、修理。

（3）起箱时，当一头角件已脱出全自动旋锁，另一头角件被卡住，旋锁不能自动打

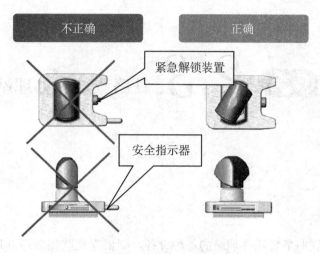

图 2 - 2 - 27　全自动旋锁操作示意图

开时，不可强行起吊。此时，需要放下集装箱，人工打开紧急解锁装置，向外拉开紧急
解锁装置中的安全销，并将集装箱角件内的锁头旋芯转动至与锁座平行后（可通过查看
安全指示器是否探出确认），重新取箱。

（4）重新装箱前，需将旋锁恢复到正常状态，人工转动锁头旋芯到正确位置，可通
过查看安全指示器确认是否入位。

（5）装卸集装箱时，集装箱应平起平落，不得撞击锁头。集装箱运输过程中禁止松
开紧急解锁装置中的安全销。

2）集装箱装卸注意事项

（1）吊装 40 英尺集装箱时，应保证中央原位翻转式箱锁处于非工作位，角件孔对
准锁头落下。

（2）吊装 20 英尺集装箱时，应保证中央原位翻转式箱锁处于工作位，角件孔对准
锁头落下。

（3）在装卸过程中，集装箱不得碰撞门挡、扶手，不得冲撞全自动锁。

 任务实施

根据以上相关知识，由教师组织学生分组进行讨论；学生根据教师给出的各种集装
箱选择适用的集装箱运输车辆，各小组派代表进行总结汇报，小组互评；教师点评总
结，使学生掌握各种集装箱运输车辆的特性及使用范围，提高学生运用理论知识解决实
际问题的能力。

任务 2.3 铁路集装箱办理站

🎯 教学目标

1. 能力目标

能正确使用铁路集装箱办理站的各种设备，能根据铁路集装箱办理站的功能办理集装箱运输组织。

2. 知识目标

掌握铁路集装箱办理站的功能要求，掌握铁路集装箱办理站的布置与配置。

🚚 工作任务

现有各种类型集装箱货物，请根据铁路集装箱办理站的功能及设备配置，正确办理集装箱站内作业。

🎣 相关知识

铁路集装箱办理站是指具备处理铁路集装箱运输业务能力的铁路站点，目前，全国18个铁路局共有集装箱办理站 1 000 多个。铁路集装箱办理站是铁路集装箱发送、到达及中转换装的基地，大量的铁路集装箱装卸、保管、集配、承运、交付及维修管理工作都要在办理站完成。它不仅是铁路集装箱运输的起讫点，而且也是铁路集装箱运输与其他运输方式联运的交接点。

2.3.1 铁路集装箱办理站的分类

1. 铁路集装箱办理站的开设条件

集装箱办理站（包括办理集装箱运输的铁路专用线、专用铁路）是办理集装箱运输业务的车站。集装箱在集装箱办理站间办理运输。集装箱办理站应具备下列条件：

（1）有与其运量相适应的，适合集装箱堆存、装卸的场地。

（2）装卸线数量和长度满足生产需要。

（3）具备集装箱称重计量及安全检测条件。

（4）配备集装箱装卸机械，起重能力满足所装卸集装箱总重量的要求。20 英尺、40

英尺集装箱吊具下额定起重量不小于 35 t，满足宽体箱发展需要。装卸机械宜具备称重、装载均衡状态检测功能。

（5）具备良好的硬件、软件和计算机网络环境，能够应用铁路集装箱运输管理信息系统。

（6）办理特种货物箱和专用箱时，还需配备相应的生产和安全设施设备（如站台、装卸、充装、抽卸、充电设施设备等）。

（7）铁路总公司规定的其他条件。

车站（包括铁路专用线、专用铁路）开办集装箱运输业务，由铁路局确认满足规定条件后，将以下内容报总公司运输局公布：车站名称、铁路专用线或专用铁路名称、起重能力、办理箱型、危险货物运输办理情况、是否为国铁及控股标准箱办理站。

车站（包括铁路专用线、专用铁路）停办集装箱运输业务（或因站场施工等需临时停办集装箱运输业务），由铁路局将以下内容报总公司运输局公布：车站名称、铁路专用线或专用铁路名称、停办箱型、停办原因。其中，临时停办集装箱运输业务的，除上述内容外，还需报停办日期范围。车站停办集装箱运输业务后，应清查站存集装箱，及时组织回送。

2. 铁路集装箱办理站的分类

我国将逐步形成以集装箱中心站为全国和区域的铁路集装箱集疏运中心，连接全国各大经济区域货物集散中心和主要港口的铁路集装箱运输体系。按照车站在路网中的作用、办理规模、作业性质和功能定位不同，铁路集装箱办理站可分为中心站、专办站、办理点三种。

目前，全国范围内已经规划和建设了 18 个集装箱中心站，大都位于直辖市和省会城市，中心站将建成具有先进水平的大型集装箱办理站，使其具备相互间开行集装箱班列的条件，成为全国铁路集装箱运输枢纽；其次，建设 33 个靠近省会城市、大型港口和主要内陆口岸的集装箱专办站，配备必要的仓储、装卸、搬运、检修、维护设备，使其成为地区铁路集装箱运输枢纽；最后，对既有小型集装箱办理站进行整合，合理布局一批集装箱办理点，并配备必要的作业设备。这些中心站和办理站交织成了一个铁路运输网络，覆盖了铁路延伸到的几乎所有地区。

18 个中心站包括：上海、昆明、哈尔滨、广州、兰州、乌鲁木齐、天津、青岛、北京、沈阳、成都、重庆、西安、郑州、武汉、大连、宁波、深圳。

33 个专办站包括：长春、石家庄、太原、呼和浩特、济南、福州、杭州、长沙、南京、合肥、南昌、贵阳、南宁、西宁、银川、拉萨、海口、绥芬河、大庆、二连浩特、包头、宝鸡、襄樊、防城港、乐山、阿拉山口、满洲里、连云港、厦门、常州、湛江、义乌、柳州。

中心站不管从规模上、办理集装箱数量上及设备配置上，都比办理站要大得多。它相当于集装箱办理的总货站，而办理站则是分散灵活的办理点。

（1）铁路集装箱中心站。

铁路集装箱中心站一般位于省会城市、大型枢纽和港口中，年运量为 50 万 TEU，配备技术先进和专业化的集装箱仓储、装卸、搬运、检修、维护设备，办理集装箱等快捷货物列车整列到发和整列装卸作业，承担货物集散、中转及运输作业功能，是全国铁路集装箱运输枢纽。

按照地理位置不同分为内陆集装箱中心站和港口中心站。内陆集装箱中心站货源产生和流向较为分散，主要为城市大型物流基地和生产企业服务，兼顾吸引城市和周边地区的集装箱流，其选址宜靠近物流基地或主要工业区，并与铁路主要干线和通达的公路网相连接。主要办理本地区及周边城市吸引区域的集装箱始发、终到作业，当内陆集装箱中心站位于铁路主要交通枢纽城市时，也可根据需要办理集装箱中转作业。

港口集装箱中心站货源较为集中，主要为港口集装箱提供集疏运服务，其选址应靠近港口，并尽可能通过铁路专用线深入集装箱码头后方堆场，使港口大宗集装箱运量直接进入铁路运输系统，减少集装箱的走行距离、倒运次数，降低集装箱运输成本。同时，港口集装箱中心站也要考虑所在城市及周边地区的集装箱运量。港口集装箱中心站一般位于路网尽端，没有铁路集装箱中转作业，如已经建成运营的天津港等集装箱中心站（如图2-3-1所示）。

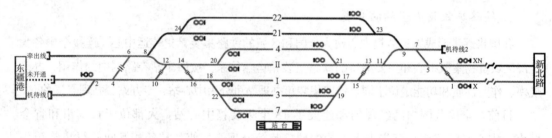

图 2-3-1 天津港集装箱中心站示意图

集装箱中心站一般与附近的铁路干线接轨，铁路线路同集装箱作业场联通。作业场内设有装卸场，根据需要设置拆装箱场。装卸场是中心站的核心，里面布置有主箱场、辅助箱场、场内道路、门区、停车场及辅助设施等，装卸场单独设区，与其他场区隔离。主箱场是摆放集装箱的重点区域，其面积是根据集装箱作业量的大小、日装卸箱数、占用箱位时间和集装箱堆码层数来确定的。辅助箱场区域则由待修箱区、清洗箱区、空箱区、国际箱监管区和备用箱区组成。

铁路集装箱中心站的装卸场根据作业量、集装箱箱位和采用的装卸机械的类型来确定股道数量和位置。中心站内的道路要硬化，满足重载汽车的运输需要，并与车站外面的重要干线公路连通。车站的排水要通畅，办公房屋根据需要合理设置，办公区和作业区也进行划分和隔离，以免影响集装箱作业，也避免带来危险。

（2）铁路集装箱专办站。

集装箱专业办理站是区域性质的集装箱运输枢纽，地位仅次于中心站，年运量不能小于5万TEU。也同样配备必要的仓储、装卸、搬运、检修、维护设备，一般位于省会城市、港口城市、口岸城市及主要内陆城市。

按所处地理位置，可分为港口型集装箱专办站和内陆型集装箱专办站。内陆型集装箱专办站一般办理本地和周边内陆地区集装箱的始发终到作业，主要为物流基地和大型企业服务，兼顾吸引城市和周边地区其他集装箱箱源，集装箱货源产生相对分散；港口型集装箱专办站一般为港口服务，办理集装箱船的集疏运作业，兼顾吸引所在城市内工业企业、物流园区及周边地区集装箱箱流，集装箱货源产生相对较集中。港口型集装箱专办站一般处于路网尽端，没有铁路中转作业。

（3）铁路集装箱办理点。

铁路集装箱办理点是以铁路既有货运站为主要货源地，从中选取若干适箱货运量大的车站作为集装箱业务办理点，兼办集装箱运输业务。集装箱办理点多为综合性货运站，集装箱货源相对较少，办理能力低，是铁路集装箱中心站和专办站的补充；办理业务不齐全，主要承担铁路集装箱运输揽货、交付、信息咨询等职责，以及"门到门"延伸服务，是直接联系货主的窗口。在集装箱办理点需配备必要的运输组织、装卸、搬运、仓储等设施设备。

根据三级站点功能定位，我国铁路集装箱运输将以中心站为到发及中转基地，以集装箱专办站为辅助，以集装箱办理点为补充，形成覆盖全国的铁路集装箱网络。

2.3.2 铁路集装箱作业场的平面布置

铁路集装箱作业场是铁路集装箱办理站的重要组成部分，集装箱作业场应具有集装箱的运输及装卸、多式联运及门到门服务、拆装箱作业、临修及清洗、装卸和运输机械的检修及清洗、铁路运输信息和站内集装箱信息的处理和传输等功能，根据需要可增设集装箱的国际联运、集装箱的消毒和储存、空箱调配及货物仓储等功能。

1. 集装箱作业场的相关术语

（1）主箱场。

用装卸机械可直接对集装箱列车进行装卸作业的箱场，主要办理到达箱、发送箱和中转箱作业。

（2）辅助箱场。

需通过运输机械辅助，方可用装卸机械对集装箱列车进行装卸作业的箱场，主要办理待修箱、有特殊作业要求的集装箱、清洗箱、空箱、国际监管箱、备用箱等作业。

（3）集装箱装卸作业区。

主箱场内专门进行集装箱列车和集装箱卡车（简称集卡，下同）装卸作业的区域。

装卸线有效长度内轨道式集装箱门式起重机作业覆盖范围或装卸线两侧集装箱正面吊运起重机作业范围为一个装卸作业区。

（4）平面标准箱位（箱位）。

一个20英尺集装箱在箱场上所占的平面面积。

（5）箱位数。

箱场内按平面标准箱位计算的箱位数量。

（6）容箱数。

箱场内按 TEU 计算允许容纳的堆码箱数。

2. 集装箱作业场的平面布置要求

在对集装箱作业场进行布置时，应满足以下基本要求。

（1）集装箱作业场应设装卸场，根据需要可设拆装箱场。

装卸场应设主箱场、辅助箱场、场内道路、门区、停车场及辅助生产设施等。

拆装箱场应设拆装箱场场地、拆装箱库、道路、大门等。拆装箱场应独立设置，并应有与装卸场衔接的通道、大门及信息管理系统。

（2）集装箱装卸场与到发及调车场间的距离，应根据装卸机械类型、装卸工艺流程、箱位布置、道路、围墙、车场高程等因素确定。

装卸场各组成部分的平面布置，以及各项设备的配置，要做到协调配合，成为一个有机的系统，这样有利于充分发挥设备的能力和效率，也有利于安全生产，方便集疏运。平面布置时要遵循如下要求：

① 箱场的容箱能力、装卸能力及运输能力要相互匹配、相互协调。

② 箱场装卸机械与运输机械走行应顺畅，避免交叉干扰。

③ 减少集装箱装卸次数，避免重复作业，并缩短集装箱在站停留时间。

（3）主箱场各装卸作业区间的布置应根据地形条件，兼顾便于集装箱运输机械作业，节省用地来考虑。宜平行布置，亦可采用部分平行或其他布置形式。相邻装卸作业区装卸线间的距离，应根据装卸机械类型、箱位布置、道路等因素确定。

（4）装卸场装卸线数量与有效长度应满足装卸作业和接发作业的需要。

装卸场装卸线的数量应根据装卸作业区的数量和每一装卸作业区内装卸线的数量确定。每一装卸作业区内的装卸线数量，可根据作业量大小、装卸机械类型、平面布置型式、公铁直接换装比例、到发中转箱在站存留时间、列车在站停留时间、中转运量大小等因素协调确定。集装箱作业量较大的装卸场，每一装卸作业区宜设 2 条装卸线。集装箱作业量较小的装卸场，每一装卸作业区宜设 1 条装卸线。

装卸线装卸有效长度根据列车长度计算确定，办理整列装卸作业的装卸线，其有效长度应与到发线的有效长度一致；不办理整列装卸作业的装卸线，其有效长度宜为到发线有效长度的二分之一；集装箱作业量较小的装卸场在改建困难条件下，装卸线有效长度也可根据需要设置。

3. 集装箱装卸场布置图型

集装箱办理站装卸场的布置图型是指装卸场内装卸作业区之间及装卸线与正线之间的布置关系，主要有四种类型，即横列贯通式、纵列贯通式、横列混合式、横列尽端式。

（1）横列贯通式布置图型。

横列贯通式布置图型（如图 2-3-2 所示），即装卸作业区横列布置，装卸线两端与正线全部贯通。

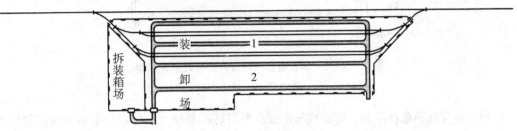

图 2-3-2 集装箱装卸场横列贯通式布置图型

1—主箱场；2—辅助箱场

横列贯通式布置的优点是装卸线可直接办理集装箱列车到发作业和集装箱装卸作业，减少由到发线或调车线经牵出线的转线作业，缩短铁路车辆在站停留时间，提高作业效率；站坪长度短，设备集中，管理方便，有利于远期发展。其缺点是站内道路与装卸线交叉较多，对站内流动装卸机械和运输机械行驶有一定影响。一般在地形较宽阔时宜采用横列贯通式布置图型。

（2）纵列贯通式布置图型。

纵列贯通式布置图型（如图 2-3-3 所示），即装卸作业区纵列布置，装卸线两端与正线全部贯通。其优点是可充分利用场地条件，装卸线可直接接发列车，减少转场作业时间，作业效率高。其缺点是站坪较长、设备分散、管理不方便。在车站两端接发车均衡、地形条件适宜时可采用纵列贯通式布置图型。

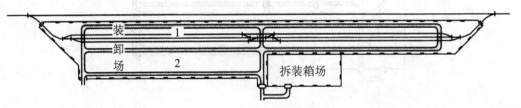

图 2-3-3　集装箱装卸场纵列贯通式布置图型

1—主箱场；2—辅助箱场

（3）横列混合式布置图型。

横列混合式布置图型（如图 2-3-4 所示），即装卸作业区横列布置，部分装卸线两端与正线贯通，部分装卸线为尽头式。与横列贯通式布置图型相比，其优点是用地较少，工程投资较省，站内道路与装卸线交叉较少。其缺点是仅部分装卸线与正线两端贯通，接发车作业不方便，灵活性较差。集装箱办理站作业量大、装卸作业区较多时，占地很大，为充分利用场地，便于各装卸作业区布置，可将部分装卸线布置成尽端式，其他装卸线仍为贯通式，即采用横列混合式布置图型。

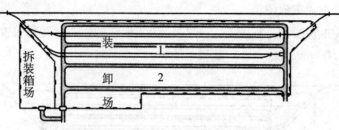

图 2-3-4　集装箱装卸场横列混合式布置图型

1—主箱场；2—辅助箱场

　　当车站受地形条件限制，装卸线与正线全部贯通需要较大工程，且车站两端接发车不均衡的情况下，经过技术经济比较后明显节约投资时，也可采用横列混合式布置图型。

　　（4）横列尽端式布置图型。

　　横列尽端式布置图型（如图 2-3-5 所示），即装卸作业区横列布置，装卸线仅一端与正线贯通。

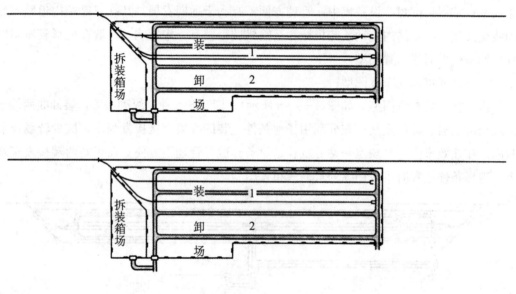

图 2-3-5　集装箱装卸场横列尽端式布置图型

1—主箱场；2—辅助箱场

　　与横列贯通式布置图型相比，其优点是用地较少，工程投资较省，站内道路与装卸线交叉较少，安全性较好。其缺点是装卸线长度足够时，仅一端具有直接接发车的条件，另一端到发列车需转场才能进入装卸线，作业时间较长，对作业效率有一定影响，对远期运量增长适应性较差。当集装箱办理站位于路网终端，或地形条件不利，装卸线与正线贯通改建工程量巨大，且两方向接发车显著不均衡，或装卸作业量较小，不需要整列装卸作业时，可以采用横列尽端式布置图型。

　　集装箱办理站装卸场布置图型选择是一项重要的工作，既要满足运输需要，也要节省工程投资，便于管理，还要留有进一步发展的条件。应根据办理站年作业量、作业性质、在铁路枢纽或地区中的位置、地形条件等因素，经技术经济比较确定。

根据集装箱专办站的特点，集装箱专办站在不受条件限制的情况下，装卸场应采用横列贯通式布置，主要包括新规划建设的专办站和具有改造条件的既有货运站。对于受到地形条件限制、改造困难，或者箱流到发不均衡，处于路网尽端的集装箱专办站，也可采用纵列贯通式、横列混合式等其他布置图型。

4. 装卸作业区平面布置

各装卸作业区间平行布置，可使平面布置紧凑，便于集装箱运输机械作业，节省用地。在地形条件限制时，各装卸作业区也可采用部分平行或其他布置形式。

主箱场不同装卸作业区装卸线间的距离，应满足装卸机械作业通道、箱位布置、道路布置、排水、照明设施，以及必要的安全距离等。

1）采用轨道式集装箱门式起重机

（1）轨道式集装箱门式起重机设置悬臂时。

轨道式集装箱门式起重机设置悬臂，跨内设汽车通道时，装卸线一般设在跨内靠走行轨一侧。汽车通道可在跨内居中设置，便于划分箱区。为减少轨道式集装箱门式起重机小车走行距离，提高作业效率，汽车通道也可靠装卸线设置（如图 2-3-6 所示）。

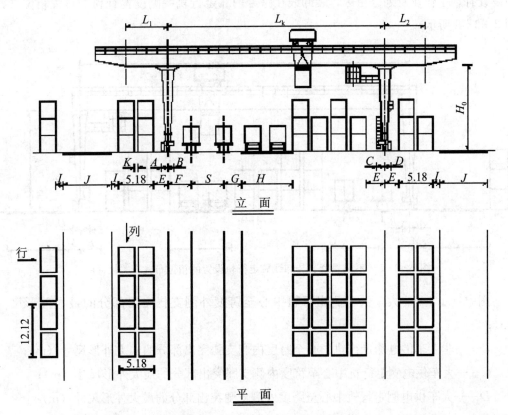

图 2-3-6　设悬臂、装卸线在跨内靠走行轨设置的箱位布置有关尺寸图

跨内不设汽车通道时，装卸线一般在跨内居中设置，汽车通道设在两侧悬臂下，一侧一个，可方便运输车辆及时转上环行道路，减少走行距离和相互干扰，但装卸集卡时集装箱均需穿过轨道式集装箱门式起重机支腿，对作业效率有一定影响（如图2-3-7所示）。

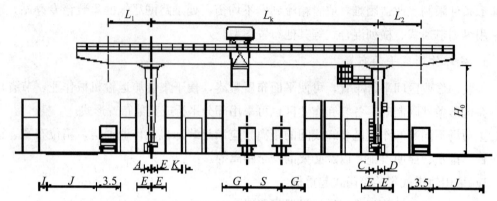

图2-3-7　设悬臂、装卸线在跨内居中设置的箱位布置有关尺寸图

（2）轨道式集装箱门式起重机不设悬臂时。

轨道式集装箱门式起重机不设悬臂时，汽车通道只能设在跨内。汽车通道在跨内居中设置有利于作业及划分箱区，装卸线在跨度内靠走行轨一侧设置有利于布置箱位（如图2-3-8所示）。

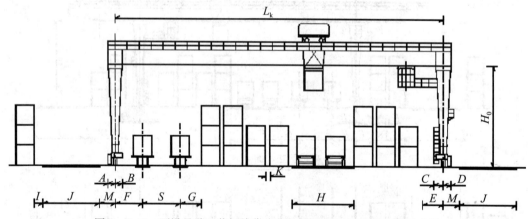

图2-3-8　不设悬臂、装卸线靠走行轨设置的箱位布置有关尺寸图

图中：A——非大车供电侧走行轨中心至跨度外侧支腿突出部分的最大外形尺寸（m）;

B——非大车供电侧走行轨中心至跨度内侧支腿突出部分的最大外形尺寸（m）;

C——大车供电侧走行轨中心至跨度内侧支腿突出部分的最大外形尺寸（m）;

D——大车供电侧走行轨中心至跨度外侧支腿突出部分的最大外形尺寸（m）;

E——走行轨中心至箱位边缘的距离（m），等于支腿突出部分的宽度+0.8 m;

F——走行轨中心至装卸线中心的距离（m），等于支腿突出部分的宽度＋2.44 m；

G——装卸线中心至汽车通道边缘或箱位边缘的距离，不在装卸线进行列车技术作业的采用 2.5 m，在装卸线进行列车技术作业的采用 3.0 m；

H——跨内道路宽度（m），不应小于 7.0 m；

H_0——轨道式集装箱门式起重机高度（m）；

I——箱位边缘至环行道路边缘的距离，取 1.5 m；

J——环行道路宽度（m）；

K——两相邻箱边缘间的距离，取 0.3 m；

L_1、L_2——两侧悬臂有效长度（m）；

L_k——轨道式集装箱门式起重机跨度（m）；

M——走行轨中心至环行道路边缘的距离（m），等于支腿突出部分的宽度＋1.0 m；

S——相邻装卸线中心的距离（m）。

2）采用集装箱正面吊运起重机

集装箱正面吊运起重机只能隔一排箱作业重箱，因此每一装卸作业区两侧各应设置 2 排箱位，则一个装卸作业区为 4 排箱位。每一装卸作业区装卸线的数量，可设一条，也可设两条，其箱位布置如图 2-3-9 和图 2-3-10 所示。

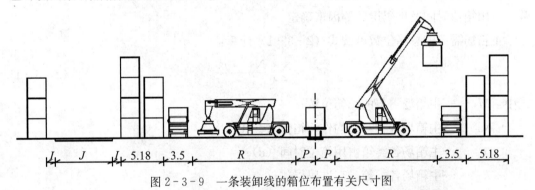

图 2-3-9　一条装卸线的箱位布置有关尺寸图

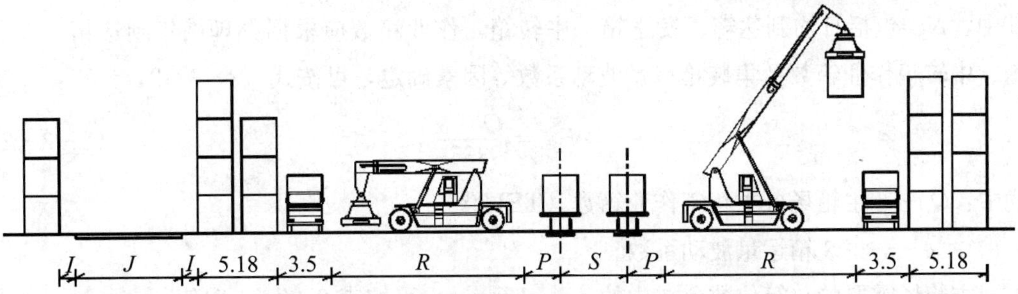

图 2-3-10　两条装卸线的箱位布置有关尺寸图

图中：P——装卸线中心至集装箱正面吊运起重机纵向作业通道边缘的距离，取 2.5 m；

I——箱位边缘至环行道路边缘的距离，取 1.5 m；

J——环行道路宽度（m）；

R——集装箱正面吊运起重机作业通道宽度（m）；

S——相邻装卸线中心的距离（m）。

箱位纵向布置可减少集装箱正面吊运起重机装卸作业时的走行距离，且箱位面积利用率最高；箱位横向布置，则箱组间均需设集装箱正面吊运起重机作业通道，箱位面积利用率较低。

箱位端部边缘至两端道路边缘的距离，不小于按集装箱正面吊运起重机正对最外箱位装卸作业带箱向外转 90°时，其后轮中心至吊具中心（吊具横放、起重杆最大伸臂时）的长度加半个箱宽，另加 2.0 m 安全距离所计算的尺寸。

2.3.3 铁路集装箱作业场的配置

1. 箱场容量

1）主箱场

（1）总箱位数。

主箱场需要的总箱位数主要取决于集装箱作业量的大小，根据各类箱日均作业箱数、占用箱位时间及堆码层数等因素确定。

主箱场需要的总箱位数可按式（2-3-1）计算：

$$M_主 = \sum \frac{N_{主i} \cdot t_{主i}}{h_{主i} \cdot \mu_{主i}} \tag{2-3-1}$$

式中：$M_主$——主箱场需要的总箱位数；

$N_{主i}$——主箱场各类箱日均作业箱数（TEU/d）；

$t_{主i}$——主箱场各类箱占用箱位时间（d）；

$h_{主i}$——主箱场各类箱最高堆码层数；

$\mu_{主i}$——主箱场各类箱层高利用系数。

其中，$N_{主i}$包括日均到达箱、发送箱、中转箱，作业箱数应根据办理站年到达箱、发送箱、中转箱作业箱数及集装箱运量波动系数等因素确定，可按式（2-3-2）计算：

$$N_{主i} = \frac{Q_i \cdot \alpha}{365} \tag{2-3-2}$$

式中：Q_i——主箱场各类箱年作业箱数（TEU/y）；

α——集装箱运量波动系数。

主箱场需要的总箱位数公式中的 $t_{主i}$、$h_{主i}$、$\mu_{主i}$ 可按表 2-3-1 取值。

（2）容箱数。

容箱数表示铁路集装箱办理站最大可堆存的集装箱数量，是衡量办理站集装箱作业能力和堆存能力的重要参数。

　　主箱场需要的容箱数应根据各类箱日均作业箱数及占用箱位时间确定，可按式（2-3-3）计算：

$$E = \sum (N_{\pm i} \cdot t_{\pm i}) \qquad (2-3-3)$$

表 2-3-1　主箱场箱位数计算参数

序号	名　称	占用箱位时间/d	轨道式集装箱门式起重机		集装箱正面吊运起重机	
			最高堆码层数	层高利用系数	最高堆码层数	层高利用系数
1	到达箱	2~3	3	0.4~0.7	4	0.4~0.6
2	发送箱	1.5~2	3	0.6~0.8	4	0.6~0.7
3	中转箱	1.5	3	0.6~0.8	4	0.6~0.7

　　注：① 作业量较大时层高利用系数可取大值，作业量较小时层高利用系数可取小值，改建困难的铁路货运中心层高利用系数可取大值。
　　② 作业量较大的办理站占用箱位时间可取小值，作业量较小的办理站占用箱位时间可取大值。

　　2）辅助箱场

　　辅助箱场按集装箱作业性质，可分为待修箱区、有特殊作业要求的集装箱箱区、清洗箱区、空箱区、国际箱监管区及备用箱区等。

　　（1）总箱位数。

　　辅助箱场需要的总箱位数应根据辅助箱场各类作业箱需要的箱位数与备用箱需要的箱位数计算确定。

　　① 辅助箱场各类作业箱需要的箱位数，应根据各类箱日均作业箱数、占用箱位时间及堆码层数等因素确定，可按式（2-3-4）计算：

$$M_{辅i} = \frac{N_{辅i} \cdot t_{辅i}}{h_{辅i} \cdot \mu_{辅i}} \qquad (2-3-4)$$

　　式中：$M_{辅i}$——辅助箱场各类作业箱需要箱位数；

　　　　　$N_{辅i}$——辅助箱场各类箱日均作业箱数（TEU/d）；

　　　　　$t_{辅i}$——辅助箱场各类作业箱占用箱位时间（d）；

　　　　　$h_{辅i}$——辅助箱场各类作业箱最高堆码层数；

　　　　　$\mu_{辅i}$——辅助箱场各类作业箱层高利用系数。

　　空箱、有特殊作业要求的集装箱、清洗箱、待修箱日均作业量，应根据调查资料确定。国际箱监管区日均作业箱数，应按国际箱日均发送箱数、到达箱数及监管情况等确定。港口型铁路货运站国际箱日均到发量较大时，主箱场可做国际监管区的一部分，减少辅助箱区内国际监管区的箱位数。

　　$t_{辅i}$、$h_{辅i}$、$\mu_{辅i}$可按表 2-3-2 取值。

　　② 辅助箱场需要的备用箱箱位数可按式（2-3-5）计算：

$$M_{辅备} = \frac{B}{h_{辅备} \cdot \mu_{辅备}} \qquad (2-3-5)$$

　　式中：$M_{辅备}$——辅助箱场各类作业箱需要箱位数；

B——辅助箱场各类箱日均作业箱数（TEU/d）；

$h_{辅备}$——辅助箱场各类作业箱最高堆码层数；

$\mu_{辅备}$——辅助箱场各类作业箱层高利用系数。

表 2 - 3 - 2　辅助箱场箱位数计算参数

序号	名称	占用箱位时间/d	正面吊、空箱堆垛机	
			最高堆码层数	层高利用系数
1	待修箱	2	3	0.6～0.8
2	有特殊作业要求的集装箱	2	3	0.4～0.7
3	清洗箱	2	3	0.4～0.6
4	空箱	1	5	0.8～0.9
5	国际监管箱	1.5	4	0.6～0.7
6	备用箱		5	0.8～0.9

注：作业量较大时层高利用系数可取大值，作业量较小时层高利用系数可取小值。

备用箱箱数可按日均国内发送箱数的 15％～20％计。

③ 辅助箱场需要的总箱位数可按式（2-3-6）计算：

$$M_{辅} = \sum M_{辅i} + M_{辅备} \qquad (2-3-6)$$

式中：$M_{辅}$——辅助箱场需要的总箱位数。

（2）容箱数。

辅助箱场需要的容箱数应根据各类作业箱在辅助箱场日均作业箱数、占用箱位时间及备用箱数量确定，可按式（2-3-7）计算：

$$E_{辅} = \sum (N_{辅i} \cdot t_{辅i}) + B \qquad (2-3-7)$$

式中：$E_{辅}$——辅助箱场需要的容箱数（TEU）。

3）拆装箱场

拆装箱库面积应根据办理站年拆装箱量、货物的仓储堆存期限、货物品类、拆装箱作业的工艺方案等确定，可按式（2-3-8）计算：

$$A_{拆} = \frac{N_{拆} \cdot q \cdot t_{货} \cdot g}{f} \qquad (2-3-8)$$

式中：$A_{拆}$——拆装箱库面积（m²）；

$N_{拆}$——日均拆装箱作业量（TEU/d）；

q——集装箱平均净载重（t/TEU），按调查资料确定；

$t_{货}$——拆装箱货物平均堆存时间（d），一般采用 2～3 d；

g——堆存每吨货物所需的面积（m²/t），一般采用 2～3 m²/t；

f——拆装箱库面积利用系数，一般采用 0.5～0.6。

集装箱平均静载重是集装箱实际装载货物的平均重量。影响集装箱静载重的因素很多，主要是货物性质、货物包装、货物装载方法等。其中货物的性质对集装箱静载重具有很大影响，如果在货物发送吨数中重质货物的比重较大，轻质货物的比重较小，则静载重较高；反之，静载重较低。轻重货物在发送吨数中的比重主要取决于产品结构和地区之间的经济联系。国内各港口地区集装箱平均静载重也不一样，主要与直接经济腹地的产品结构有关，如：上海港国际箱平均静载重为 9.6 t；天津港国际箱平均静载重为 11 t，国内箱平均静载重为 19 t；大连港国际箱平均静载重为 11.8 t，国内箱平均静载重为 16 t。随着对外贸易的发展，产品结构也相应地发生变化，"重、厚、长、大"型的产品结构逐渐向"轻、薄、短、小"型的产品结构转化，将导致集装箱单位重量下降。因此，原则上集装箱平均静载重的选取应在统计数据的基础上，根据适箱货物结构变化做出相应调整后采用；如果统计数据难以取得，则集装箱平均静载重可参照下列数值选取：20 英尺集装箱平均静载重按 11～13 t 计，40 英尺集装箱平均静载重按 15～18 t 计。

2. 道路与门区

（1）道路。

集装箱场内道路平面布置应满足高峰时段场内车辆疏运的要求，结合地形条件及装卸作业区平面布置宜按单向环形车流布置。连接出入口通道的主干道及集装箱作业区主箱场和辅助箱场间的道路，可按双方向车流布置，并应设置明显的车辆运行路线标志。尽头式道路应具备回车条件。

集装箱场内道路可分为主干道、次干道和支道三级。主干道是指大型货场连接主要出入口通道的道路、车流量较大的道路；次干道是指大中型货场的环形道路，中小型货场连接主要出入口通道的道路；支道是指除干道外的汽车道路。

集装箱场内道路主要技术标准应符合表 2-3-3 的规定。

表 2-3-3　集装箱场内道路主要技术标准

项目		主干道	次干道	支道
设计车速/（km/h）		15	15	15
路面宽度/m		15～30	7.0～15	3.5～7.0
最小圆曲线半径/m	行驶单辆汽车	—	—	20
	行驶拖挂车	50	50	—
交叉口路面内缘最小转弯半径/m	行驶单辆汽车	—	—	9
	行驶拖挂车	15	15	—
停车视距/m		15	15	15
会车视距/m		30	30	30
交叉口停车视距/m		20	20	20
最大纵坡/%		3	3	3
竖曲线最小半径/m		100	100	100

注：① 路面宽度取值应根据工艺要求、通行车辆和流动机械类型等因素确定；

② 场内道路平面转弯处不宜设置超高和加宽；

③ 主要出入口通道内外路段，应根据使用要求适当加宽路面；

④ 集装箱作业区主箱场与辅助箱场间的道路，应根据流动装卸机械作业要求和车流量适当加宽。

道路边缘至相邻建筑物的最小距离应符合表 2-3-4 的规定。

表 2－3－4　道路边缘至相邻建筑物的最小距离

相邻建筑物名称				最小距离/m
建筑物边缘	建筑物面向道路一侧无出入口时			1.5
	建筑物面向道路一侧有出入口，但无汽车引道时			3.0
	建筑物面向道路一侧有电瓶车出入口时			4.5
	建筑物面向道路一侧有出入口并有汽车引道时	连接引道的道路为单车道	通行微型、轻型载货车	8.0
			通行中型、重型载货车	11.5
		连接引道的道路为双车道	通行微型、轻型载货车	6.0
			通行中型、重型载货车	9.5
	地上管线支架、柱、杆等边缘			1.0
	箱位边缘			1.5
	围墙边缘			1.5

注：有特殊要求的建筑物及管线至道路边缘的最小距离，应符合国家现行标准的有关规定。

（2）门区。

集装箱场根据其规模可设 1～3 个大门，并应与城市道路有方便的联系。门区的数量，应根据日均货运量、门区工作时间、运输汽车到达的不平衡系数及汽车平均净载重等综合因素确定。门区的设置，应根据内外交通组织流线、道路连接情况、场内办公营业场所及外部停车场位置等因素确定。门区还应设置视频监控设备并安装门禁系统。

3. 装卸与运输机械配置

1）装卸机械配置类型

（1）集装箱主箱场。

集装箱主箱场装卸机械类型应根据年作业量、集疏运方式、箱场布置、用地情况、运营费用等因素确定，宜选用轨道式集装箱门式起重机、集装箱正面吊运起重机或其他专用的集装箱装卸机械。

轨道式集装箱门式起重机应符合下列要求。

① 额定起重量不应小于 36.0 t。

② 跨度和有效悬臂长度应满足集装箱装卸场的工艺要求，跨度应符合现行的《通用门式起重机》（GB/T 14406—2011）的规定，有效悬臂长度不应小于 7.5 m。

③ 起升高度应按式（2－3－9）计算：

$$H = (h+1)H_c + C_l \tag{2-3-9}$$

式中：H——轨道式集装箱门式起重机的起升高度（mm）；

h——集装箱最高堆码层数；

H_c——集装箱的高度（mm）；

C_l——安全间距，一般采用 500 mm。

集装箱正面吊运起重机应符合下列要求：

① 起重量第一排不宜小于 42.0 t，第二排不宜小于 31.0 t。

② 有效起升高度第一排不宜小于 12.0 m，第二排不宜小于 9.0 m。

③ 转弯半径不宜大于 8.5 m。

（2）集装箱辅助箱场。

集装箱辅助箱场宜采用集装箱正面吊运起重机或其他专用的集装箱装卸机械进行重箱的装卸作业，采用集装箱空箱堆垛机进行空箱的装卸作业。

集装箱空箱堆垛机应符合下列要求：

① 额定起重量不宜小于 8.0 t。

② 空箱堆码层数不应小于 5 层。

③ 转弯半径不宜大于 5.5 m。

（3）集装箱拆装箱场。

集装箱拆装箱场应配备小型低门架叉车进行集装箱的拆装作业。

小型低门架叉车应符合下列要求：

① 额定起重量应为 1.5～2.5 t。

② 外形高度不应大于 2 180 mm。

③ 门架自由提升高度应为 1.0～1.5 m。

④ 转弯半径不宜大于 2.5 m。

⑤ 轮压不应大于集装箱底板单位面积允许压力。

集装箱作业场内运输及场外门到门运输宜采用拖挂式运输车辆，所配属集装箱牵引车及挂车的性能应根据具体的路况及所运输的箱型确定。

集装箱牵引车宜采用平头式牵引车，挂车宜采用半挂车。站内运输宜采用站内运输用集装箱牵引车和半挂车；站外门到门运输机械宜采用公路运输用集装箱牵引车和半挂车。

2）装卸机械配置。

（1）集装箱作业场各种装卸机械配置。

集装箱作业场各种装卸机械配置数量应根据其作业箱数、日均作业时间、作业效率等因素确定，可按式（2-3-10）计算：

$$C_i = \frac{N_i \cdot Z}{P_i \cdot T_i \cdot W_i} \tag{2-3-10}$$

式中：C_i——各种装卸机械配置台数；

　　N_i——各种装卸机械日均需要完成的作业箱数（TEU）；

　　Z——集装箱平均装卸次数，可采用 1.5～2 次；

　　P_i——装卸机械工作效率，轨道式集装箱门式起重机、集装箱空箱堆垛机可采用 25～30 箱次/h，集装箱正面吊运起重机可采用 20～25 箱次/h；

　　T_i——装卸机械日均作业时间（h），可采用 15～17 h。

　　W_i——装卸机械的完好率，集装箱门式起重机取 0.95，集装箱空箱堆垛机及集装箱正面吊运起重机取 0.7。

（2）叉车配置。

集装箱拆装箱场叉车配置数量应根据其作业量、叉车的生产能力等因素确定，可按式（2-3-11）计算：

$$C_叉 = \frac{\alpha Q}{GW} \qquad (2-3-11)$$

式中：$C_叉$——叉车的配置数量（台）；

Q——集装箱拆装箱场日作业量（t）；

α——到发波动系数，一般取 1.1~1.3；

G——叉车生产能力（t/d）；

W——叉车的完好率，一般取 0.8。

叉车的生产能力应根据叉车日均作业时间、作业效率、最大起重量、额定荷载利用系数等因素确定，可按式（2-3-12）计算：

$$G = \frac{3\,600 Q_叉 \cdot T \cdot K}{T_周} \qquad (2-3-12)$$

式中：G——叉车生产能力（t/d）；

$Q_叉$——叉车的最大起重量，一般为 1.5 t 或 2 t；

K——叉车额定荷载利用系数，一般取 0.7~0.9；

T——叉车日均作业时间（h），可采用 15~17 h；

$T_周$——叉车升、降及往返搬运一次货物所需的总时间（s）。

2.3.4 集装箱无轨站

集装箱无轨站是指铁路部门在没有铁路通达的地方，为方便企业运输，在生产企业内部设置的固定集装箱堆存点，称为集装箱无轨站。

集装箱无轨站，将货运业务搬到没有铁路的地区，将铁路货场前移到企业厂区内，在生产企业内部设置固定的集装箱堆存点，一改以往"等货上门"的被动运输模式，给企业产品运输带来了极大的便利。

集装箱无轨站入驻园区企业，搭起了一条物流运输新通道，集装箱在企业内部随用随取，非常方便。在企业一次封装，到达客户手里再开箱验货，省去了很多装卸环节，质量也有保证（如图 2-3-11 所示）。

任务实施

根据以上相关知识，由教师组织学生分组进行讨论；学生根据教师给出的各种集装箱办理站配置特点掌握集装箱办理站的作业性质和功能，各小组派代表进行总结汇报，小组互评；教师点评总结，提高学生运用理论知识解决实际问题的能力。

图 2-3-11 集装箱无轨站

复习思考题

1. 集装箱装卸搬运机械有哪些类型?

2. 集装箱门式起重机的作用有哪些?

3. 集装箱正面吊的特点有哪些?

4. 各类集装箱装卸机械的性能特点有哪些?

5. 集装箱运输车辆如何分类?

6. 集装箱专用车辆主要有哪些? 说明构造特征。

7. 集装箱共用车有哪些? 说明构造特征。

8. 说明集装箱锁的种类和构造。

9. F-TR锁装卸集装箱的操作方法是什么?

10. 说明集装箱办理站的分类及功能。

11. 说明集装箱作业场的平面布置要求。

12. 说明集装箱作业场内配置有哪些设备。

项目 3
铁路集装箱及箱内货物装载加固

项目描述

为保证货物、货车的完整和行车安全，充分利用集装箱载重力和容积，安全、迅速、合理、经济地运输货物，铁路运输部门制定了《铁路货物装载加固规则》《铁路集装箱运输管理规则》《铁路双层集装箱运输管理办法》等相关规范，它们是制订集装箱及箱内货物装载与加固方案的基本依据。通过本项目的学习，使学生掌握集装箱及箱内货物的装载加固方案，对集装箱及箱内货物进行合理的装载与加固，以满足运输安全。

任务 *3.1* 铁路集装箱装载与加固

教学目标

1. 能力目标

能正确制订集装箱装载加固方案，能对各类集装箱进行合理装载与加固。

2. 知识目标

掌握集装箱装载加固基本技术条件，掌握集装箱装载加固的方法。

工作任务

现有各种类型集装箱及铁路货车，请根据集装箱及车辆的特点正确选择集装箱装载加固方案。

相关知识

3.1.1 铁路货物装载加固基本技术条件

铁路运输中，对货物装载加固的基本技术要求是：使货物均衡、稳定、合理地分布在货车上，不超载，不偏载，不偏重，不集重；能够经受正常调车作业及列车运行中所产生各种力的作用，在运输全过程中，不发生移动、滚动、倾覆、倒塌或坠落等情况。

为合理使用车辆，装车前应根据货物特性正确选择车辆，遵守货车使用限制有关规定。各类货车装载的货物不得超出货车的设计用途范围。

装车后货物总重心的投影应位于货车纵、横中心线的交叉点上。必须偏离时，横向偏离量不得超过 100 mm；纵向偏离时，每个车辆转向架所承受的货物重量不得超过货车容许载重量的二分之一，且两转向架承受重量之差不得大于 10 t。

重车重心高度从钢轨面起，超过 2 000 mm 时应限速运行（见表 3 - 1 - 1）。

表 3 - 1 - 1 重车限速表

重车重心高度 H/mm	运行限速/（km/h）	通过侧向道岔限速/（km/h）
2 000＜H≤2 400	50	15
2 400＜H≤2 800	40	15
2 800＜H≤3 000	30	15

限速运行时，由装车站以文电报铁路局请示，铁路局以电报批示，跨局运输则应同时抄给有关铁路局。起票时，发站应在货物运单、票据封套、编组顺序表及货车表示牌上注明"限速××公里"字样。

货物的装载高度、宽度和计算宽度，除超限货物外，不得超过货物装载限界和特定区段装载限制。

货车装载的货物重量（包括货物包装、防护物、装载加固材料及装置）不得超过其容许载重量。货车装载重量应使用计量衡器确定。

如果将集装箱连同所装载的货物作为一个整体时，可以将其作为一件货物来对待。因此，集装箱在车辆上的装载除要满足铁路货物装载加固基本要求外，还必须考虑到集装箱自身结构和运输特点，满足特定的技术要求。

3.1.2　铁路集装箱装卸作业

1. 集装箱装卸车基本要求

（1）集装箱装车前，须清扫干净车地板，确认箱体、车体上无杂物。使用集装箱专用平车或共用平车时，装车前须确认锁头齐全、状态良好；装车后要确认锁头完全入位，箱门处的门挡立起。

（2）安装 F-TR 锁的集装箱专用平车或共用平车卸车时，须确认箱车完全分离后再进行后续作业。

（3）进入青藏线格拉段（不含格尔木站）的重集装箱禁止使用敞车装运，空集装箱（板架式集装箱除外）禁止使用未安装 F-TR 锁的集装箱专用平车装运。

（4）使用铁路货车装运集装箱时，全车集装箱总重不得超过货车标记载重，且应符合货车装载技术条件要求，保证货车不出现超载、偏载、偏重等问题。集装箱不得与其他货物装入同一辆货车内。

（5）端部有门的 20 英尺集装箱使用集装箱专用平车或共用平车装运时，箱门应朝向相邻集装箱。

（6）集装箱宜使用集装箱专用平车或共用平车装运。使用敞车装运重集装箱时，应采取防止偏载的措施，运行速度执行有关规定。折叠式台架箱、板架式汽车箱按其运输条件执行。使用敞车装载通用集装箱时，应检查确认敞车车体内清扫干净、无杂物，集装箱两侧距车侧墙的距离须一致，每个集装箱两侧与车侧墙间应使用 2 块方木或条形草支垫（长度大于 400 mm）掩紧，防止集装箱运行过程中产生横向移动造成偏载。

同一车装载的两集装箱重量之差不得大于 5 t。

有关铁路局在风力较大的区段要设立风力监测点，制定大风情况下空集装箱车行车办法，防止集装箱途中脱落。

2. 集装箱装卸作业

1）使用起重机械装卸集装箱

（1）装卸集装箱必须使用集装箱吊具。禁止使用汽车吊装卸集装箱。

（2）起吊前，应使吊具 4 个旋锁全部插入集装箱锁孔，并确认旋锁处于闭锁位置后方可起吊；放下时，应确认 4 个旋锁处于开锁位置后方可起升吊具；旋转集装箱，应使箱体平衡后再旋转。

（3）吊具伸缩、旋转及导向板翻转时，不得碰撞箱体、货物及车辆。空载时，应处于开锁位置；作业间隙，不得将集装箱悬停空中。

2）装卸 F－TR 锁集装箱平车

（1）辅助作业人员不得少于 2 人。

（2）装车作业时，同一箱位的 4 个锁头须同端同向，装 40 英尺集装箱时，中间锁头应为非工作位。应以低速挡将集装箱平稳下落至锁头上方 120 mm 左右悬停，调整箱体位置，确认角件孔与车辆锁头对正后，方可继续平稳下落，防止发生剧烈碰撞。

（3）卸车作业时，应先以低速挡点动起升 100 mm 左右，确认集装箱角件孔与车辆锁头分离后，方可继续起升。集装箱角件孔与车辆角座连挂、卡死时，应立即停止，落箱后点动缓钩排除。起吊过程中负荷突然加大，应立即停车，通知辅助人员检查处理，严禁臆测起吊。

3）装卸搬运小型集装箱

（1）装卸搬运小型集装箱应使用叉车、手动（电动）液压搬运车等装卸机械，稳起轻放。

（2）小型集装箱堆码时，应垂直正立、箱门关闭、排列整齐、码放稳固；双层堆码时，应上下对齐，重不压空。站内堆码应留有通道，便于检查清点和机械作业。

4）集装箱装卸作业方法

集装箱是根据承载货物特点按一定的规范设计制造的特殊结构体，为保证作业安全，必须按规定的吊（举）方式装卸，所使用的起重机具与所能承受的荷载相适应。

单点起吊时，应特别注意因集装箱重心偏离造成倾斜所带来的危险性。

在起吊重心易于移动或重心偏离的集装箱时，例如罐式集装箱、干散货集装箱、装有液体散装袋的集装箱、装有悬挂货物的集装箱或有制冷装置的温控集装箱（整体式或外置式），应特别谨慎操作。

（1）吊具顶吊作业。

使用集装箱专用吊具由 4 个顶角件的顶孔起吊集装箱，起吊力保持竖直，如图 3-1-1 所示。起吊装置应与箱体正确连接，连接装置应仅与角件紧密接触。

如果垂直作用在集装箱每个角件上的力不大于 75 kN 和起吊所用的转锁（或其他连接件）经检验合格，可使用转锁或其他连接件联锁叠吊。转锁或其他连接件应定期检测。

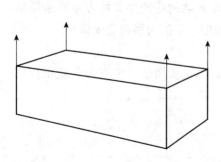

图 3-1-1　吊具顶吊作业

（2）吊索顶吊作业。

吊索顶吊作业方式使用非竖直力从 4 个顶角件的顶孔起吊集装箱，如图 3 - 1 - 2 所示。起吊装置应与箱体正确连接，吊钩应由里向外勾挂。

上部结构可折倒的台架式集装箱在处于空箱和折倒状态时，可联锁成叠装卸。每叠的总质量应不超过（GB/T 1413—2008）规定的最大允许总质量。使用这种作业方式应注意集装箱重心可能偏离中心，起吊 1D 和 1DX 集装箱时，所用起吊力的水平夹角应小于 60°，如图 3 - 1 - 3 所示。

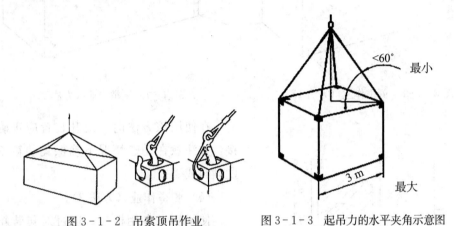

图 3 - 1 - 2　吊索顶吊作业　　　　图 3 - 1 - 3　起吊力的水平夹角示意图

（3）吊索底吊作业。

用吊索从集装箱 4 个底角件的侧孔起吊集装箱的作业方式，如图 3 - 1 - 4 所示。吊索连接装置应仅作用于 4 个底角件上，所施加的起吊作用力离底角件外侧面的距离宜不大于 38 mm（如图 3 - 1 - 5 所示）。起吊连接装置应与箱体正确连接。

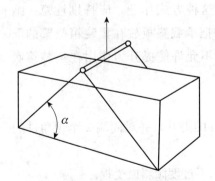
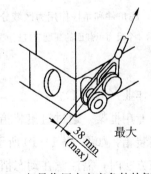

图 3 - 1 - 4　吊索底吊作业　　　　图 3 - 1 - 5　起吊作用力离底角件外侧面的距离

（4）侧举作业（方法 1）。

使用侧举专用框架，通过对集装箱一侧 2 个底角件的提升，并对同侧 2 个顶角件的约束，起举集装箱，如图 3 - 1 - 6 所示。提升和约束装置应正确连接。

（5）侧举作业（方法 2）。

使用侧举专用框架，通过对集装箱一侧 2 个顶角件的提升，并对同侧 2 个底角件或其上方相应的角柱区域施加反力，起举集装箱，如图 3-1-7 所示。角件和角柱载荷承载区的高度 a 应接近或相等，两承载区的间距宜为 26～50 mm（如图 3-1-8 所示）。

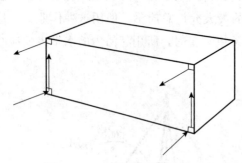

图 3-1-6　侧举作业（方法 1）

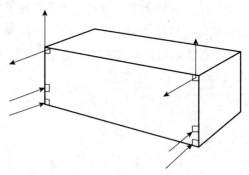

图 3-1-7　侧举作业（方法 2）

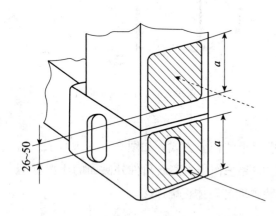

图 3-1-8　底角件和角柱作用力区域分布

注：尺寸 a 表示 2 个反力承载面的高度应接近或相等。

在使用该方法时，提升装置应正确连接，并注意在动态情况下确保集装箱不过度倾斜或受损。

（6）侧举作业（方法 3）。

使用侧举专用框架，通过对集装箱一侧 2 个顶角件的提升，并对同侧的下侧梁施加反力，起举集装箱，如图 3-1-9 所示。为避免集装箱受损变形，在施力处要有一块足够尺寸的垫板进行传递。

使用这种方式作业，应特别注意：绝对不允许把承载垫板放在集装箱侧壁的下面，绝对不允许使提升力作用在集装箱底侧梁的下面。

（7）端举作业（方法 1）。

使用端举专用框架，通过对集装箱一端 2 个底角件的提升，并对同端 2 个顶角件的约束，起举集装箱，如图 3-1-10 所示。

在使用该方法时，需注意在动态情况下确保集装箱不过度倾斜或受损。

（8）端举作业（方法 2）。

使用端举专用框架，通过对集装箱一端 2 个顶角件的提升，并对同侧 2 个底角件或其上方相应的角柱区域施加反力，举起集装箱，如图 3-1-11 所示。角件和角柱载荷承载区的高度 a 应接近或相等，两承载区的间距宜为 26～50 mm（如图 3-1-12 所示）。提升装置应正确连接。

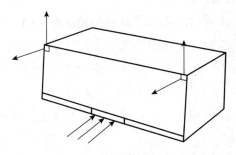

图 3 - 1 - 9　侧举作业（方法 3）

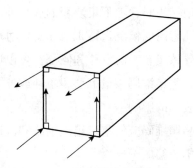

图 3 - 1 - 10　端举作业（方法 1）

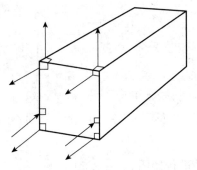

图 3 - 1 - 11　端举作业（方法 2）

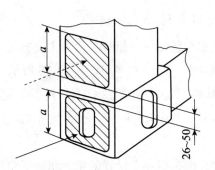

图 3 - 1 - 12　底角件和角柱作用力区域分布

注：尺寸 a 表示 2 个反力承载面的高度应接近或相等。

在使用该方法时，需注意在动态情况下确保集装箱不过度倾斜或受损。

（9）叉举。

使用叉车货叉提举集装箱作业，如图 3 - 1 - 13 所示。该种方式仅限于（按 GB/T 5338—2002 规定的）带有叉槽的集装箱。在任何情况下，无论集装箱有无叉槽，均禁止从集装箱箱底直接插入货叉进行叉举作业。货叉插入叉槽理想的深度应为集装箱的全部宽度，但无论如何其插入叉槽深度应不小于 1 825 mm。在 1CC、1C 和 1CX 集装箱上设置两套叉槽时，内侧叉槽只能用于空箱装卸。

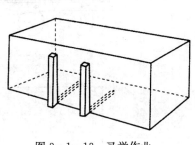

图 3 - 1 - 13　叉举作业

（10）着地和支承。

为防止集装箱损坏，集装箱在着地时要注意轻放。不应在任何物体、地表面上拖推集装箱。

集装箱场地应坚实平坦，排水良好，无障碍物和突出物。在堆场上，集装箱仅由 4 个底角件支承。

在运输车辆上，集装箱只能由 4 个底角件或底部结构的中间载荷传递区支承。

场地堆码时，上下集装箱的底角件与顶角件应充分接触。

要注意风的情况，特别要注意风对尺寸较大和空的集装箱及单排箱垛的影响，以避免由此导致集装箱的滑移和倾翻。可以通过降低码垛高度、成堆堆放、将集装箱固定在地面上、重箱堆码在最上层、单独或外围集装箱采用紧固装置或绳索栓固等方式，减小风对集装箱的影响。

集装箱堆码应使集装箱纵轴线和该地区主要风向一致。在暴风警报的情况下，码垛四角的集装箱应予栓固。

3.1.3 集装箱装载加固方案

1. 使用长 13 m 的车辆时

该类车型装载集装箱时的两种主要方式为：一车装载 2 个 20 英尺箱或 1 个 40 英尺箱，分别如图 3-1-14 和图 3-1-15 所示。

装载时除要求各箱的总重不超过其标记总重外，装后车辆应不超载、偏载、偏重。实际作业时，对图 3-1-14 的装载方式，要求 2 个 20 英尺箱各自的总重差别不超过 10 t。

集装箱由车底架上设置的集装箱底部角件固定锁进行挡固。

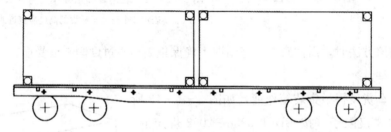

图 3-1-14　13 m 车 1 车装载 2 个 20 英尺箱

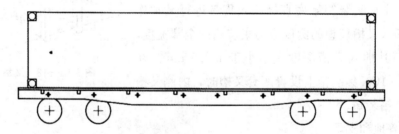

图 3-1-15　13 m 车 1 车装载 1 个 40 英尺箱

2. 使用长 15.4 m 的车辆时

该类车型装载集装箱时主要有两种方式：一车装载 2 个 20 英尺箱或 1 个 40（45）英尺箱，分别如图 3-1-16 和图 3-1-17 所示。

装载时除要求各箱的总重不超过其标记总重外，装后车辆应不超载、偏载、偏重。

对图 3-1-16 的装载方式，要求 2 个 20 英尺箱各自的总重差别不超过 10 t。集装箱由车底架上设置的集装箱底部角件固定锁进行挡固。

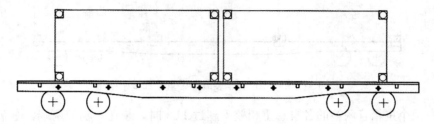

图 3-1-16　15.4 m 车 1 车装载 2 个 20 英尺箱

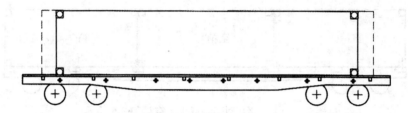

图 3-1-17　15.4 m 车 1 车装载 1 个 40（45）英尺箱

3. 使用 X_{4K} 专用车时

该车的设计专门用于装运 20、40（45）英尺箱，主要装载方式分述如下。

1）仅装载一个 40（45）英尺箱

此情况下，不管集装箱为空箱还是重箱，都应装在车辆中部，如图 3-1-18 所示。

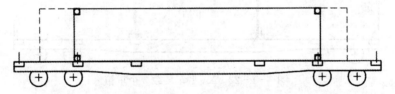

图 3-1-18　X_{4K} 型车仅装载 1 个 40（45）英尺箱

2）仅装载 20 英尺箱

当集装箱全部为空箱时，可装载 1～3 个空箱，装在任意箱位上，如图 3-1-19 所示。

图 3-1-19　X_{4K} 型车仅装载 20 英尺箱

当有一个重箱时，重箱应装在车辆中部，车辆的两端可装空箱，如图 3-1-20

所示。

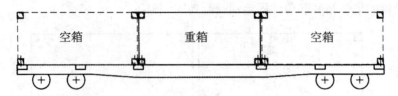

图 3-1-20 X₄ₖ 型车装载 1 个重箱和 2 个空箱

当有两个重箱且两箱的各自总重相差不超过 11 t 时，装在车辆的两端，车辆中部可装空箱，如图 3-1-21 所示。

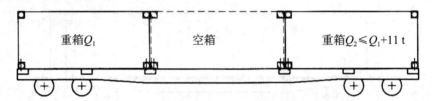

图 3-1-21 X₄ₖ 型车装载 1 个空箱和 2 个重箱

当装载三个重箱时，如图 3-1-22 所示，其中有两箱总重相同，总重相同的两箱装在两端，第三箱装在中部，三箱总重之和不超过 72 t；三箱总重均不相同，总重最接近的两箱装在两端，第三箱装在中部。两端两箱的重量差不超过 10 t，且较重箱总重的 2 倍与车辆中部箱的总重之和不超过 72 t。

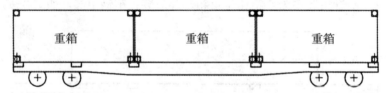

图 3-1-22 X₄ₖ 型车装载 3 个重箱

3）20 英尺箱、40 英尺箱混装

（1）全为空箱时，可装 20 英尺箱和 40 英尺箱各一个，如图 3-1-23 所示。

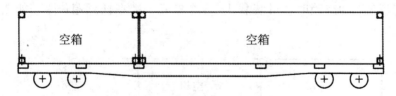

图 3-1-23 20 英尺空箱和 40 英尺空箱混装

（2）一重一空时，如图 3-1-24 所示。20 英尺箱为空箱时，40 英尺箱总重不得超过 27 t；40 英尺箱为空箱时，20 英尺箱总重不得超过 13 t。

（3）全为重箱时，如图 3-1-25 所示。

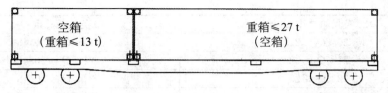

图 3-1-24　20 英尺空箱和 40 英尺重箱混装

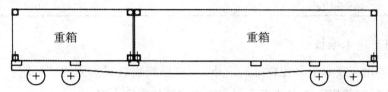

图 3-1-25　全为重箱

此情况下，可根据 40 英尺箱的总重按表 3-1-2 选装 20 英尺箱，或根据 20 英尺箱的总重按表 3-1-3 选装 40 英尺箱。

表 3-1-2　根据 40 英尺箱的总重选装 20 英尺箱

40 英尺箱总重 Q_1/t	20 英尺箱总重 Q_2/t
$4 \leqslant Q_1 < 5$	$4 \leqslant Q_2 \leqslant 13$
$5 \leqslant Q_1 < 7$	$4 \leqslant Q_2 \leqslant 14$
$7 \leqslant Q_1 < 9$	$4 \leqslant Q_2 \leqslant 15$
$9 \leqslant Q_1 < 11$	$4 \leqslant Q_2 \leqslant 16$
$11 \leqslant Q_1 < 13$	$4 \leqslant Q_2 \leqslant 17$
$13 \leqslant Q_1 < 15$	$4 \leqslant Q_2 \leqslant 18$
$15 \leqslant Q_1 < 17$	$4 \leqslant Q_2 \leqslant 19$
$17 \leqslant Q_1 < 19$	$4 \leqslant Q_2 \leqslant 20$
$19 \leqslant Q_1 < 21$	$4 \leqslant Q_2 \leqslant 21$
$21 \leqslant Q_1 < 23$	$4 \leqslant Q_2 \leqslant 22$
$23 \leqslant Q_1 < 25$	$4 \leqslant Q_2 \leqslant 23$
$25 \leqslant Q_1 < 27$	$4 \leqslant Q_2 \leqslant 24$
$27 \leqslant Q_1 < 29$	$4 \leqslant Q_2 \leqslant 25$
$29 \leqslant Q_1 < 30.48$	$4 \leqslant Q_2 \leqslant 26$

表 3-1-3　根据 20 英尺箱的总重选装 40 英尺箱

20 英尺箱总重 Q_2/t	40 英尺箱总重 Q_1/t
$4 < Q_2 \leqslant 13$	$4 \leqslant Q_1 < 30.48$
$13 < Q_2 \leqslant 14$	$5 \leqslant Q_1 < 30.48$
$14 < Q_2 \leqslant 15$	$7 \leqslant Q_1 < 30.48$
$15 < Q_2 \leqslant 16$	$9 \leqslant Q_1 < 30.48$
$16 < Q_2 \leqslant 17$	$11 \leqslant Q_1 < 30.48$
$17 < Q_2 \leqslant 18$	$13 \leqslant Q_1 < 30.48$
$18 < Q_2 \leqslant 19$	$15 \leqslant Q_1 < 30.48$
$19 < Q_2 \leqslant 20$	$17 \leqslant Q_1 < 30.48$

20 英尺箱总重 Q_2/t	40 英尺箱总重 Q_1/t
$20 < Q_2 \leqslant 21$	$19 \leqslant Q_1 < 30.48$
$21 < Q_2 \leqslant 22$	$21 \leqslant Q_1 < 30.48$
$22 < Q_2 \leqslant 23$	$23 \leqslant Q_1 < 30.48$
$23 < Q_2 \leqslant 24$	$25 \leqslant Q_1 < 30.48$
$24 < Q_2 \leqslant 25$	$27 \leqslant Q_1 < 30.48$
$25 < Q_2 \leqslant 26$	$29 \leqslant Q_1 < 30.48$

4. 使用普通木地板平车时

除采用共用车或专用车装载集装箱外,《铁路货物装载加固规则》附件 1 中还公布了 20 英尺集装箱使用普通木地板平车运输集装箱的定型方案。

对箱内货物装载的基本要求:集装箱总重不得超过 20 t;货物重量在箱内应均匀分布,不得将重量集中在集装箱的一端或一侧;货物在集装箱内应合理摆放,排列紧密,当货物周围有较大空隙时,应采取防止货物移动的措施。

集装箱在车上的装载方法:每车顺装 2 箱,一空箱一重箱配装时,重箱的实际装货量不得超过 12 t;每箱内端距车辆横中心线 100 mm,集装箱纵中心线必须与车辆纵中心线重合,横向不偏移。如图 3 - 1 - 26 所示。

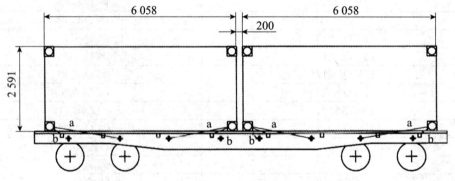

图 3 - 1 - 26 普通木地板平车装载 20 英尺箱

集装箱在车上的加固方法:

(1) 在每侧集装箱底角件拴结孔处,用 ϕ6.5 mm 盘条各倒八字拉牵捆绑 2 道,一道为 a,一道为 b,分别拉牵捆绑在车侧不同的丁字铁或支柱槽上。

(2) a 道 ϕ6.5 mm 盘条 6 股,b 道 ϕ6.5 mm 盘条 6 股,拴结后捆牢拧紧。

3.1.4 集装箱空箱的装载加固

目前在运输过程中,未安装 F - TR 锁的集装箱专用平车或共用平车装运空集装箱时,必须使用 4 股以上 8 号镀锌铁线捆绑。其中,使用共用平车时,将集装箱底部角件与车辆捆绑牢固(如图 3 - 1 - 27 所示);使用专用平车时,将相邻两箱底部角件捆绑在一起（如图 3 - 1 - 28 所示），仅装运一箱时，须将集装箱底部角件与车辆底架捆绑牢固。卸车前，要将铁线剪断并清除干净，防止损坏车辆和箱体。折叠式台架箱、板架式汽车箱按其运输条件执行。

为防止箱门开启危及安全，空铁路箱运输时，须关紧箱门并用 10 号镀锌铁线拧固。

图 3 - 1 - 27 两用平车加固

图 3 - 1 - 28 专用平车加固

3.1.5 双层集装箱的装载与加固

1. 双层集装箱的装载形式

双层集装箱可能的装载形式有 3 种，即装载形式 Ⅰ ～ Ⅲ。具体装载形式如图 3 - 1 - 29 ～图 3 - 1 - 31 所示。

（1）装载形式 Ⅰ。

装载形式 Ⅰ 如图 3 - 1 - 29 所示。在该装载形式中，下层装 2 个 20 英尺箱，上层装 1 个 40 英尺（或 45 英尺、48 英尺、53 英尺）箱，满载时 20 英尺箱重 24 t，40 英尺（或 45 英尺、48 英尺、53 英尺）箱重 30.48 t，箱总重限 78 t。

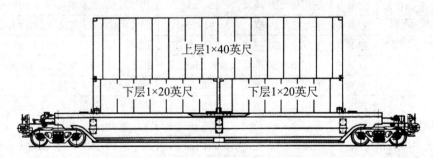

图 3 - 1 - 29 双层集装箱装载形式 Ⅰ

（2）装载形式 Ⅱ。

装载形式 Ⅱ 如图 3 - 1 - 30 所示。在该装载形式中，下层装 1 个 40 英尺箱，上层装 1 个 40 英尺（或 45 英尺、48 英尺、53 英尺）箱，满载时上、下两层各装 30.48 t，箱总重限 61 t。

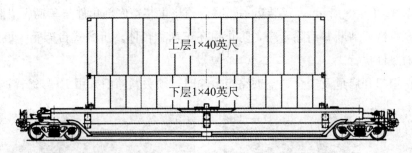

图 3-1-30 双层集装箱装载形式Ⅱ

（3）装载形式Ⅲ。

装载形式Ⅲ如图 3-1-31 所示。在该装载形式中，下层装 2 个 20 英尺箱，上层装 2 个 20 英尺箱，箱总重限 78 t。

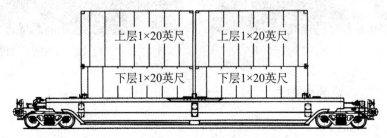

图 3-1-31 双层集装箱装载形式Ⅲ

由于集装箱具有不同的高度，故依据上述装载方式，可以组合出下列 19 种可能的装载方案，见表 3-1-4。

表 3-1-4 双层集装箱可能的装载方案汇总

装载形式Ⅰ：下层装 2 个 20 英尺箱，上层装 1 个 40 英尺（或 45 英尺、48 英尺、53 英尺）箱	方案 1	下层 2×20 英尺（2 438 mm），上层 1×40~53 英尺（2 438 mm）
	方案 2	下层 2×20 英尺（2 438 mm），上层 1×40 英尺（2 591 mm）
	方案 3	下层 2×20 英尺（2 438 mm），上层 1×40~53 英尺（2 896 mm）
	方案 4	下层 2×20 英尺（2 591 mm），上层 1×40~53 英尺（2 438 mm）
	方案 5	下层 2×20 英尺（2 591 mm），上层 1×40 英尺（2 591 mm）
	方案 6	下层 2×20 英尺（2 591 mm），上层 1×40~53 英尺（2 896 mm）
装载形式Ⅱ：下层装 1 个 40 英尺箱，上层装 1 个 40 英尺（或 45 英尺、48 英尺、53 英尺）箱	方案 1	下层 1×40 英尺（2 438 mm），上层 1×40~53 英尺（2 438 mm）
	方案 2	下层 1×40 英尺（2 438 mm），上层 1×40 英尺（2 591 mm）
	方案 3	下层 1×40 英尺（2 438 mm），上层 1×40~53 英尺（2 896 mm）
	方案 4	下层 1×40 英尺（2 591 mm），上层 1×40~53 英尺（2 438 mm）
	方案 5	下层 1×40 英尺（2 591 mm），上层 1×40 英尺（2 591 mm）
	方案 6	下层 1×40 英尺（2 591 mm），上层 1×40~53 英尺（2 896 mm）
	方案 7	下层 1×40 英尺（2 896 mm），上层 1×40~53 英尺（2 438 mm）
	方案 8	下层 1×40 英尺（2 896 mm），上层 1×40 英尺（2 591 mm）
	方案 9	下层 1×40 英尺（2 896 mm），上层 1×40~53 英尺（2 896 mm）

续表

装载形式Ⅲ：上、下两层各装 2 个 20 英尺箱	方案 1	下层 2×20 英尺（2 438 mm），上层 2×20 英尺（2 438 mm）
	方案 2	下层 2×20 英尺（2 438 mm），上层 2×20 英尺（2 591 mm）
	方案 3	下层 2×20 英尺（2 591 mm），上层 2×20 英尺（2 438 mm）
	方案 4	下层 2×20 英尺（2 591 mm），上层 2×20 英尺（2 591 mm）

20 英尺箱高度不得超过 2 591 mm，40 英尺箱高度不得超过 2 896 mm，装车后距轨面最大装载高度不得超过 5 850 mm。单层运输时，可装 2 个 20 英尺箱或 1 个 40 英尺箱。每车集装箱和货物总重不得超过 78 t，重车重心高不得超过 2 400 mm，上层箱的总重不得超过下层箱，2 个 20 英尺箱的重量差不得超过 10 t。

2. 双层集装箱运输装载限界

1）影响双层集装箱运输限界尺寸的主要因素

影响双层集装箱运输限界尺寸的主要因素有：车型、箱型、转锁加固件高度、运行速度、曲线半径和外轨超高、装载重量、重车重心高等。

（1）车型。

车型为双层集装箱专用车。双层集装箱专用车为凹型低承载面专用平车，采用四轴凹型结构。主要参数为：自重 22 t；载重 78 t；车辆长度约 19 338 mm；转向架中心距（心盘距）15 500 mm；转向架采用三大件式侧架交叉支撑转向架。

（2）箱型。

结合箱型发展，以及车、箱匹配等主要技术因素，确定采用国际标准 20 英尺、40 英尺箱。

（3）转锁加固件高度。

海运船用于支撑和约束上层集装箱的连接装置为转锁，可以直接用于铁路双层集装箱运输。但由于船用转锁须与斜拉杆配合使用，两者运输条件不同。有关单位按现有铁路规范对船用多种形式转锁的工作强度进行了验算，计算结果表明 BB 型可满足铁路双层箱间连接。其结构高度为 188 mm；双层装载后，上、下层箱间距为 25 mm；为保证计算安全，实际计算时取 30 mm。

（4）曲线半径和外轨超高。

我国铁路线路平面曲线半径为 500～3 500 m，最小曲线半径一般地段为 600 m、1 200 m，困难地段为 500 m、800 m。

通过曲线时横向偏移量除了受车辆长度和曲线半径影响外，还取决于车辆的通过速度和曲线超高设置。通过速度越低、超高越大，则车体（集装箱）在曲线内侧的偏移量越大；通过速度越高、超高越小，则车体（集装箱）在曲线外侧的偏移量越大。由于客货列车混跑，外轨超高设置应同时兼顾客货列车安全运行。

（5）安全裕量。

机车车辆（装载）限界与建筑限界间的净空尺寸称为安全距离，由于无法确定运行条件与横向偏移量之间的定量关系，保持较大的安全距离是保证运行安全的可靠办法。

经综合分析取值 150 mm，该值称为安全裕量。

2）双层集装箱运输装载限界

双层集装箱运输装载限界是一个和线路中心线垂直的极限横断面轮廓。处于最高装载高度和车辆处于下沉量最大两种极限装载状态都应包容在双层集装箱运输装载限界内。双层集装箱运输装载限界适用条件为车辆停放在水平直线上，无侧向倾斜与偏移。

（1）双层集装箱运输装载上部限界。

双层集装箱运输装载上部限界如图 3-1-32 所示。

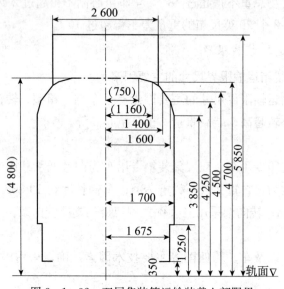

图 3-1-32　双层集装箱运输装载上部限界

（2）双层集装箱运输建筑限界。

双层集装箱运输建筑限界是一个和线路中心线垂直的极限横断面轮廓。除接触线等与机车车辆有相互作用的设备外，其他设备和建筑物均设置在此轮廓之外。

① 双层集装箱运输基本建筑限界。

双层集装箱运输基本建筑限界如图 3-1-33 所示。

② 双层集装箱运输桥隧建筑限界（内燃牵引区段）。

双层集装箱运输桥隧建筑限界（内燃牵引区段）如图 3-1-34 所示。

③ 双层集装箱运输桥隧建筑限界（电力牵引区段）。

双层集装箱运输桥隧建筑限界（电力牵引区段）如图 3-1-35 所示。

曲线上基本建筑限界和桥隧建筑限界加宽办法同 $V \leqslant 160$ km/h 客货共线铁路的曲线上建筑限界加宽办法。

3. 双层集装箱的加固

1）连接锁具的结构和工作原理

双层集装箱运输中，下层箱的加固由车辆上的锁具完成，上层箱由集装箱间连接锁

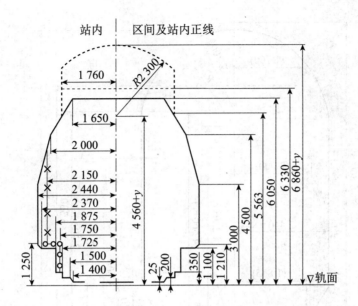

−×××− 信号机、高架候车室结构柱和接触网、跨线桥、天桥、电力照明、雨棚等杆柱的建筑限界（正线不适用）；

−ο−ο−ο− 站台建筑限界（正线不适用）；

——— 适用于内燃牵引区段的双层集装箱运输基本建筑限界；

—·—·— 适用于电力牵引区段的双层集装箱运输基本建筑限界；

------- 接触线导线的最低高度；

y 为接触网结构高度

图 3 - 1 - 33　双层集装箱运输基本建筑限界

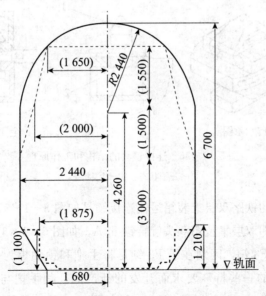

图 3 - 1 - 34　双层集装箱运输桥隧建筑限界（内燃牵引区段）

具完成，连接锁具的结构和工作原理如图 3 - 1 - 36 所示。

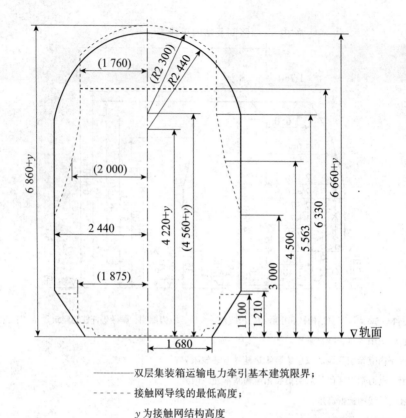

————双层集装箱运输电力牵引基本建筑限界；

- - - - - 接触网导线的最低高度；

y 为接触网结构高度

图 3-1-35 双层集装箱运输桥隧建筑限界（电力牵引区段）

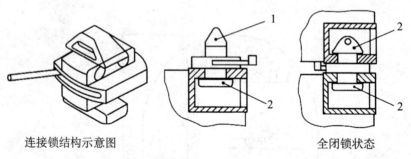

连接锁结构示意图   全闭锁状态

图 3-1-36 连接锁具的结构和工作原理

1—开锁状态；2—闭锁状态

目前，使用较多的铁路双层集装箱运输连接锁具如图 3-1-37 所示；此外还在推广使用一种新型锁具，即双层集装箱双头旋转锁 F3A，如图 3-1-38、图 3-1-39 所示。

这种锁的前身是 F3 锁，区别在于 F3 锁是将手把和锁轴焊为一体，而 F3A 旋转锁是为了满足铁路使用的一些特殊要求而开发的新产品，其手把与锁轴分离。强度指标为：拉伸安全工作负荷 210 kN，剪切安全工作负荷 240 kN，拉伸最小破断负荷 420 kN，剪切最小破断负荷 480 kN。

图 3-1-37　上下层集装箱连接锁具

图 3-1-38　F3A 旋转锁

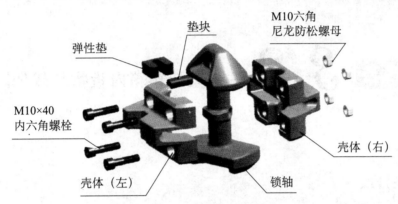

图 3-1-39　F3A 旋转锁组成

与现有的铁路集装箱手动锁相比，F3A 旋转锁具有以下优点：

（1）安全可靠。

① 可靠的锁紧装置：锁轴的锁紧是由橡胶材料制成的橡胶弹簧和垫块组成，与普通弹簧与钢球组合点接触锁轴相比，现有锁轴和垫块之间的面接触可靠性更高，不会因为列车运行中的振动导致开锁。

② 方便安全的开锁结构：为避免列车中途停车或中转过程中人为误开锁而导致的安全问题，该旋转锁的开锁杆设计为活动式，即锁紧后，取走开锁杆，实现开锁杆与锁体分离。运行过程中不使用开锁杆无法将锁打开，从而使锁始终处于锁紧的安全状态。

③ 防碰落设计：打开上锁头，起吊或堆载上层集装箱时，为防止集装箱装卸过程中的摇摆、碰撞而导致下层集装箱的锁被碰落，该旋转锁设计了上锁头打开时下锁头仍处于锁紧状态的功位，确保集装箱装卸过程的安全，避免造成安全事故。

（2）方便、快捷，不需附加其他加固措施（如在其手把上增加钢丝缠绕等工作），装卸效率高。

（3）足够的安全工作载荷设计，能确保列车在各种工况下安全运行。

2）锁具的管理

双层集装箱的连接锁具是由中铁集装箱运输有限责任公司统一购买并配发给各个双

层集装箱办理站的，锁具在双层集装箱办理站间循环使用。因此，各双层集装箱办理站都应该设置专门的锁具保管室，建立严格的锁具使用管理制度，对锁具的发放、使用、回收、保管等环节进行严格管理，以减少锁具的丢失和损坏。

任务实施

根据以上相关知识，由教师组织学生分组进行讨论；学生根据教师给出的各种集装箱和集装箱运输车辆选择正确的装载加固方案，各小组派代表进行总结汇报，小组互评；教师点评总结，提高学生运用理论知识解决实际问题的能力。

任务 3.2 铁路集装箱箱内货物装载加固

教学目标

1. 能力目标

能正确使用铁路集装箱货物的加固材料，能根据货物特点进行铁路集装箱箱内货物装载加固。

2. 知识目标

掌握铁路集装箱箱内货物装载加固要求，掌握铁路集装箱箱内货物装载加固方法。

工作任务

现有各种类型集装箱货物，请根据铁路集装箱箱内货物装载加固要求，正确装载加固集装箱箱内货物。

相关知识

集装箱货物装载加固工作技术性强，是铁路运输工作的重要组成部分。其主要任务是：保证货物、集装箱的完整和行车安全，充分利用集装箱载重能力和容积，安全、迅速、合理、经济地运输货物。

3.2.1 铁路集装箱货物装载加固的基本要求

货物在装箱后一般都会产生空隙。由于空隙的存在，必须对箱内货物进行加固处理，以防止在运输途中由于摇摆（火车、汽车、轮船等运输工具的摇摆）和惯性（起动和制动、加减速时）而造成货物的坍塌与破损。货物装载加固材料及装置由托运人自备，其规格、数量、质量须符合铁路集装箱运输有关要求。

1. 集装箱货物装载加固的基本技术要求

（1）托运的集装箱每箱总重不得超过该集装箱的标记总重。在对集装箱总重有限制规定的办理站间运输时，不得超过限制总重。

（2）集装箱货物的装载要均衡、稳定、合理地分布在集装箱地板上，不超载、不偏载、不集重、不偏重；能够经受正常调车作业及列车运行中所产生各种力的作用，在运输全过程中，货物在箱内不发生移动、滚动、倾覆、倒塌等情况。

（3）整个集装箱内均匀地分布载荷重量，尽可能地等高装载。装载后货物的重心接近于箱子的中心，以避免集装箱吊运时的过分倾斜、集装箱或装卸机具超载、车辆的轴重超载、车辆或集装箱的稳定性不足、出现集装箱箱底无法承受的集中载荷。在纵向长度方向，1 延米长的范围内，20 英尺箱集重不超过 5.43 t/m，40 英尺箱集重不超过 2.97 t/m。如果单件货物过重，可以使用垫板分散集中载荷的作用力。在全长与全宽范围内均衡装载，当货物不能占满全部底面积时，要向中心线集中并对称装载，在两端留有空隙并进行加固。

（4）公铁集装箱多式联运时，集装箱货物的装载要适应铁路运输条件和公路运输条件（短途接取送达）。

2. 集装箱货物装载加固方法及常用器材

集装箱货物常用的加固方法可以分为 3 种：阻挡、塞紧、系固。不同的加固方法需要使用不同的加固材料。为了使集装箱内的货物在运输途中尽量保持装载时的初始状态，从而保证货物的安全，集装箱内应使用空隙填充材料，以保证货物不移动、不塌垛。

（1）阻挡。

阻挡是指利用钉牢于地板上的方木、支架等阻挡货物（常用于箱门处），或者使用橡胶垫、稻草帘等摩擦系数大的材料作为支垫材料来防止货物移动。

常用阻挡材料有：支柱、垫木、三角挡（木制、铁塑制、铁制）、轮挡（铁塑制）、凹木、挡木、掩木、方木、支撑方木、木楔、橡胶垫、草支垫、稻草垫、稻草绳把、钉子、U 形钉、扒锔钉、专用卡具、型钢等。

（2）塞紧。

塞紧是指利用填充材料塞入货物装载缝隙中，用以防止货物的移动。

常用塞紧材料有：气囊（充气袋）、瓦楞纸板、蜂窝纸板、胶合板等。

（3）系固。

系固就是使用绳索、化纤带、索具或用网具等材料把货物系固于集装箱内提供的系固点上，或者货物之间捆扎在一起以防止货物移动。

常用系固材料有：镀锌铁线、盘条、绞棍、钢带、钢丝绳、钢丝绳夹头、固定捆绑铁索、绳索、绳网、化纤带、胶带纸、黏结剂等。

传统的常用加固器具，以及使货装单元上的货物保持竖直状态的几种方法如图3-2-1~图3-2-3所示。

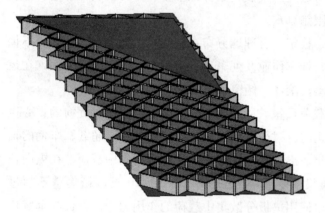

图3-2-1 蜂窝纸板

图3-2-2 捆扎带

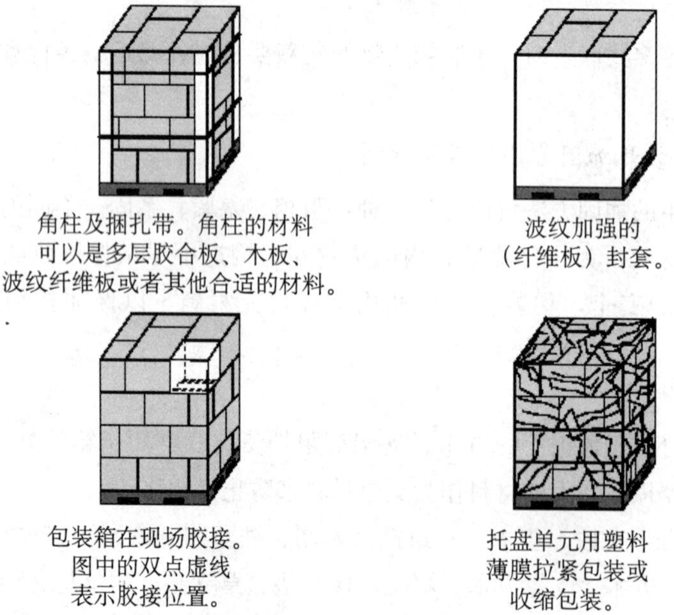

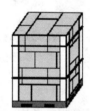

角柱及捆扎带。角柱的材料
可以是多层胶合板、木板、
波纹纤维板或者其他合适的材料。

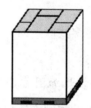

波纹加强的
（纤维板）封套。

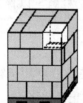

包装箱在现场胶接。
图中的双点虚线
表示胶接位置。

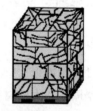

托盘单元用塑料
薄膜拉紧包装或
收缩包装。

图3-2-3 货装单元上的货物保持竖直状态的几种方法

（4）新型加固器具——气囊（充气袋）。

使用气囊加固的机理是填充货物间的装载空隙，尤其是托盘集装单元之间的空隙。它最主要的优点是能够适应各种不同大小的空隙。可以根据空隙大小选择合适规格的气囊，经过充气后填满空隙，保持货物在运输过程中不移动。气囊的另外优势是价格相对低廉，使用方便，用后便于处理（有一次性使用气囊也有多次重复使用的气囊）。

充气袋用来防止货物在运输过程中的移动，减缓冲击和振动。充气袋既可以用于单层堆垛的货物也可以用于双层堆垛的货物。充气袋的使用使得货物运输索赔降低到最低限度，能给货主与运输企业带来更大的经济效益。充气袋的制造可用各种材料，包括塑料薄膜、高强度牛皮纸、尼龙等。从层数上区分有 2、4、6、8 层不等。最外层有防湿涂层。充气袋可以承受很大的压力（如图 3-2-4、图 3-2-5 所示）。

图 3-2-4　外层纸质气囊（充气袋）

既可以用于单层也可以　　　　充气之前的状态
用于双层堆垛

图 3-2-5　气囊（充气袋）

集装箱货物的加固方法见表 3-2-1，集装箱货物的加固与相应器材的使用见表 3-2-2。

表 3-2-1　集装箱货物的加固方法

系固位置	货物系固器材
角柱、顶侧梁、底侧梁上的系固杆、地板上的系固环	使用系固绳、化纤带、钢带、快速拉紧器等
侧壁波纹板	两侧壁波纹板之间插进横杠阻止货物纵向移动
角柱	可以承受很高的压强
木地板	可以锚定挡木、可以钉钉

表 3-2-2　集装箱货物的加固与相应器材的使用

序号	加固目的	序号	加固目的
1	支撑与分散重力	5	隔离不同货物
2	局部货物加固	6	系固于加固点
3	填充空隙	7	连接托盘、滑板和木板条
4	多层装载	8	增大摩擦力

加固器材	目的							
	1	2	3	4	5	6	7	8
	支撑与分散重力	局部货物加固	填充空隙	多层装载	隔离不同货物	系固于加固点	连接托盘、滑板和木板条	增大摩擦力
木枕梁	●	●	●	●	●			
厚木板	●	●	●	●	●			
方木	●	●	●	●	●			
木垫板	●	●	●	●	●			
木栅栏	●	●	●	●	●			
空托盘	●	●	●	●	●			
气囊	●	●	●		●			
中空	●	●	●		●			●
中间隔离装载	●	●		●	●			
绳网		●				●		
泡沫塑料			●					
蜂窝纸板			●					
废旧轮胎			●					
绳索						●		●
铁线						●		
捆绑带						●		
钢带						●		
化纤带						●		
链条						●		
尼龙带						●		
快速紧固器						●		
木材连接器							●	
塑料席垫								●
椰子纤维席垫								●
稻草席帘								●
稻草把	●	●	●	●	●			●
麻袋								●
粗糙纸板								●
防滑涂料								●
橡胶垫								●

集装箱顶侧梁和底侧梁的侧板凹波处焊有捆绳圈（一般每侧上下各 5 个，全箱 20 个），前、后角柱焊有捆扎棒（一般每根柱焊 3 个，全箱共 12 个）。这些捆绳圈、捆扎棒的抗拉能力为 15 kN，可以作为箱内货物拉牵加固时的栓结环。实际使用时，因栓结环本身及与箱体焊接的原因，每个栓结点许用拉力为 10 kN，拉牵绳的总破断拉力为 12 kN。栓结环在箱内位置如图 3-2-6～图 3-2-8 所示。

图 3-2-6 地板上的加固栓结环 图 3-2-7 箱门处的加固栓结环

图 3-2-8 集装箱内部的栓结环

3. 集装箱货物装箱时应遵守的基本原则

（1）不能随到随装，必须依据订箱清单事先编妥分箱积载计划，按计划装箱。

（2）绘出装载平面图，使纵、横向的间隙最小。

（3）使用合适的加固或填充材料以保持货物的垂直度并防止横向移动。

（4）备妥必需的合格的隔垫物料及捆扎加固材料。

（5）注意托盘及叉槽的放置方向是否正确。

（6）装箱时必须考虑方便拆箱卸货。

（7）在整个集装箱内均匀地分布载荷重量，并且在货物允许的条件下尽可能地等高装载。装载后货物的重心接近于箱子的中心，避免在运输过程中倾斜、翻倒。

（8）硬包装的货物装箱时，应用垫料以免冲压其他货物或碰坏内壁。

（9）袋装货最好不与箱装货同装，不能避免时要用隔板隔离。

（10）有凸出、隆起或四边不规则包装的货物，如没有适当垫料，不能与其他货物同装。

（11）湿货包括桶装、罐装液体货应使用垫料并装在底层。

（12）轻浮货物装在重质货物之上，如有必要在不同货物层次之间使用隔离材料分开。

（13）将相同或相近包装尺寸的货物堆装在一起，将不同包装尺寸或不同类型的货物及不同密度的货物分隔开来，在它们之间使用分隔材料分隔。货物的放置位置应尽量利用货物包装的强度。

（14）对于圆形的货物，例如圆筒或纸卷，宜采用对缝或对齐的方式装箱。

（15）根据托运人的要求或包装上的标记，例如"此侧向上""不要跌落""夹住此处"等，进行搬运和装载。

（16）使用挡块、支架或其他隔离材料将不规则的货物同其余货物隔离开来。

（17）细长货物在集装箱的底部按顺长方向装载。

（18）受海关监管或可能被查验的货物必须装在箱门口附近。

（19）任何时候，都不能为了固定货物而在集装箱上钻孔，钻孔会破坏箱子的水密性。

（20）不要用不同包装的货物填塞空位，除非这两种包装货物是完全适合拼装的。

（21）包装损坏的货物，即使损坏表面是微小的，也不能装箱；装箱前已坏的包装要修复好，才可装入箱内。

（22）装货完毕要检查，做到货物不松动，以免集装箱倾斜造成货损。

（23）不要装载已损坏的货物。

（24）掏装箱时人员不可以吸烟。

4. 集装箱检查

当已经申请到合适的集装箱后，应对集装箱进行彻底的内外检查然后才可接收、使用。

1）外观检查

（1）检查对密封质量有影响的缺欠，例如箱门的变形、破损或密封胶条的脱落，以及锁杆构件的缺欠等。

（2）检查壁板、顶板、底板是否坚固，是否有孔洞、裂缝和变形等缺欠，以及影响货物入门的其他缺欠。

2）内部检查

（1）检查箱内是否有其他杂物或者异味，是否可能污染将要运输的货物。

（2）检查壁板和箱门的内衬（有内衬集装箱），看是否有缺损，检查是否有可能损坏货物的铁钉或其他凸出物。如果发现此类缺欠，货主应用纤维板或其他合适的材料覆盖有缺欠的面积，移开凸出物，或者拒绝接收集装箱。

（3）检查箱底是否坚固，尤其是将来用铁钉固定支撑架的地方，看铁钉是否能够钉牢。任何裸露的铁钉和凸出物都应除去。在装货之前要清扫箱底板，以尽量减少灰尘。

（4）检查是否泄漏。如果货物易于损坏，应严格检查是否漏水。检查方法如下：检查人员进入箱内，关闭箱门并锁紧，看是否有光线进入箱内，如果有光线进入则湿气、空气和灰尘也同样可以进入。在箱内黑暗之后，再在集装箱的外面使用聚光灯沿着隙缝处照射。如果发现仍有缺欠，应拒绝接收集装箱。

3.2.2　我国铁路集装箱运输的货物品名

（1）交电类。

机动车零配件、非机动车零配件、低压电器及元件、电冰箱、空调机、冷热风机、电风扇、排烟机、洗衣机、吸尘器、电热器、电熨斗、灯具、灯泡、灯管、小型通信设备、录像机、摄像机、电视机、录音机、收音机、收录机、音响设备、电视天线、显像管微型电子计算机及外部设备、电子计算器、电子元件器。

（2）仪器仪表类。

自动化仪表、电工仪表、显微镜、望远镜、分析仪器、实验仪器、教学仪器、其他仪器仪表、钟表、量具、小型衡器。

（3）小型机械类。

千斤顶、电（手）动葫芦、小型泵、电工工具、风动工具、机械设备零部件、缝纫机及零配件、医疗器械、电影机械、幻灯机、投影机、复印机、照相机及照相器材、打字机、油印机。

（4）玻璃陶瓷建材类。

玻璃仪器、玻璃器皿保温瓶、杯（胆）、其他玻璃制品、日用瓷器、日用陶器、卫生陶瓷、轻质建筑材料、油毡、石棉布、瓷砖

（5）工艺品类。

玉雕、木雕等雕塑工艺品、景泰蓝金银摆件等金属工艺品、竹、藤、草等编织工艺品、刺绣工艺品、抽纱工艺品、手工织染工艺品、地毯、壁毯、工艺陶瓷其他手工艺品、其他工艺美术品、展览品。

（6）文教体育用品类。

纸张、书籍、报纸、杂志、本册、图画、其他印刷品、文具、教学模型和标本、乐器、音像制品、体育用品、玩具、游艺器材。

（7）医药类。

西药、中成药、药酒、中药材、生物制品、畜用药、其他医药品。

（8）烟酒食品类。

卷烟、烟草加工品、酒、无酒精饮料、固体饮料罐头、蜂蜜、糖果、蜜饯、糕点、饼干、方便食品、挂面粉丝、腐竹、干果、干菜、调味品、茶叶、乳制品、代乳品。

（9）日用品类。

化妆品、牙膏、香皂、鞋油、合成洗涤剂、日用搪瓷制品、日用铝制品、日用不锈

钢制品、日用塑料制品、鞋、帽、手套、提包（箱）、伞、其他日用百货。

（10）化工类。

有衬垫的普通油漆颜料、涂料、染料、化学试剂食品添加剂、树脂、有机玻璃、塑料颗粒、合成橡胶、胶片、磁带、人造革、合成草、地板革、塑料地板、塑料编织布（袋）、塑料薄膜。

（11）针纺织品类。

棉布、混纺布、化纤布、麻布、毛巾等棉织品、棉毛衫裤等棉织品、呢绒、毛线、毛毯、毡制品、服装、毛皮人造毛。

（12）小五金类。

合页、拉手、插销、水暖零件、锁、刀剪、理发用具、钉子、螺丝等紧固件、金属切削工具、手工工具、焊条、装饰五金。

（13）其他适合集装箱装运的货物。

3.2.3　集装箱常运货物装载方法

1. 纸箱货的装箱操作

纸箱是集装箱货物中最常见的一种包装，一般用于包装比较精细或质轻的货物。装载纸箱货物时需要注意两点：当湿度增大时，纸箱的承载能力下降；当纸箱在集装箱内可以移动时，箱底部可能会因移动而磨损破坏。可以通过紧密装载、添加填充材料或通过支撑加固而达到防止移动的目的。纸箱货装箱的一般装箱操作方法如下：

（1）集装箱内装的是统一尺寸的大型纸箱，会产生空隙。当空隙为 10 cm 左右时，一般不需要对货物进行固定；但当空隙很大时，需视具体情况加以固定。

（2）不同尺寸的纸箱混装，应就纸箱大小合理搭配，做到紧密堆装，尽量靠紧不要留有缝隙，砌砖压缝法装载会更密实。

（3）拼箱的纸箱货应进行隔离。隔离时可使用纸、网、胶合板、托盘等材料，也可以用粉笔、带子等做记号。

（4）纸箱货不足以装满一个集装箱时，应注意纸箱的堆垛高度，地板上的底层要均匀布满，装载高度也要均匀，这样既少用加固材料也节省装货的时间。

（5）装箱是要从箱里（端壁处）往外装，或从两侧往中间装。

（6）在横向产生 250～300 mm 的空隙时，可以利用上层货物的重量把下层货物压住，最上层货物一定要塞满或加以固定。

（7）所装的纸箱很重时，在集装箱的中间层就需要适当地加以衬垫。

（8）箱门端留有较大的空隙时，需要利用方形木板条来固定货物。

（9）装载小型纸箱货时，为了防止塌货，可采用纵横交叉的堆装法。

（10）如有大型纸箱包装货物，应置于箱内中心位置，并与侧壁之间采取加固措施，注意加固作用力在侧壁上合理分布。

2. 木箱货的装箱操作

木箱的种类繁多，尺寸和重量各异。木箱装载和固定时应注意的问题有：

（1）装载比较重的小型木箱时，可采用骑缝装载法，使上层的木箱压在下层两木箱的接缝上，最上一层必须加以固定或塞紧。

（2）装载小型木箱时，如箱门端留有较大的空隙，则必须利用木板和木方加以固定或撑紧。

（3）重心较低的重、大木箱只能装一层且当不能充分利用箱底面积时，应装在集装箱的中央，底部横向必须用木方加以固定。

（4）对于重心高的木箱，仅靠底部固定是不够的，还必须在上面用木方撑紧；

（5）装载特别重的大型木箱时，经常会形成集中负荷或偏心负荷，故必须有专用的固定设施，不让货物与集装箱前后端壁接触；

（6）装载框箱时，通常使用钢带拉紧，或用具有弹性的尼龙带或布带来代替钢带。

3. 托盘货的装箱操作

托盘单元是最常见的集装箱装载方式。在欧美工业发达国家，是集装箱运输中绝大多数的货物装载方式。这种方式可以实现机械化装箱作业，它与托盘仓储、工业化生产线紧密衔接。托盘上通常装载纸箱货和袋装货。纸箱货在上下层之间可用粘贴法固定。袋装货装盘后要求袋子的尺寸与托盘的尺寸一致，对于比较滑的袋装货也要用粘贴法固定。由于 ISO 国际标准箱与国际标准托盘的尺寸规格相抵触，即内宽只能适宜一横一顺装载托盘，不能两排并列，为此欧美国家的解决办法是内陆运输使用宽体箱，或称之为托盘化集装箱，其外宽达到了 2 500 mm、2 591 mm，而非 2 438 mm。托盘按规格分为标准托盘与非标托盘，按使用次数分为重复使用与一次性使用托盘。ISO 国际标准箱装载托盘的方法是：

（1）托盘的尺寸如在集装箱内横向只能装一块时，则货物必须放在集装箱的中央，并用纵向垫木等加以固定（如图 3-2-9 所示）。

（2）装载两排托盘应紧靠侧壁装载，中间空隙可加填充材料（如图 3-2-10 所示）。

（3）托盘货物装箱需要注意两点，一是托盘上的货物要牢固，二是托盘与集装箱之间要加固使之不得移动。

（4）托盘货物的加固常采用塑料带捆扎、塑料薄膜封闭、胶带纸捆扎、黏结剂黏结等方法。

（5）每只托盘与地板之间的加固，对于单层托盘装载，使用 2~4 块挡块即可。

（6）如果不可避免产生空隙时（装载率越低空隙越大），尽量把空隙产生在集装箱中心处，这样便于保证载荷分布均匀也使加固简单。

图 3-2-9 一排托盘居中放置　　　　　图 3-2-10 两排托盘紧靠侧壁放置

（7）托盘的尺寸决定了对集装箱的使用。当前我国标准托盘有两种尺寸规格：1 200 mm×1 000 mm，1 200 mm×800 mm（欧洲标准为 1 200 mm×800 mm，英国标准为1 200 mm×1 000 mm）。

（8）ISO 标准集装箱的内宽尺寸需要四向进叉托盘。

（9）装载两层以上的货物时，无论空隙在横向或纵向时，底部都应用挡木固定，而上层托盘货还需要用木方塞紧。

（10）如托盘数为奇数时，则应把最后一块托盘放在中央，并用绳索通过系环拉紧。

（11）采用壁架集装箱装载托盘货时，必须使集装箱前后、左右的重量平衡。装货后应用绳子或带子把货物拉紧，货物装完后集装箱上应加罩帆布或塑料薄膜。

（12）标准托盘分为国际标准托盘、国家标准托盘。除了标准托盘外许多货物还根据各自的底面积采用适合货物的非标托盘，以便于使用叉车装卸货物。不同尺寸的托盘装载方式不同，各种规格的托盘装载模式、装载数量及底面积利用率见表 3-2-3。从表中可以看出，我国标准托盘只能采取模式 2、3 的装载方式，既不便于装卸，底面积利用率也低。这也是欧美国家共同面临的问题，所以他们设计了托盘化的宽体集装箱，即 2 550 mm 和 2 591 mm 外宽的集装箱。

表 3-2-3　不同尺寸托盘装载模式、装载数量及底面积利用率

托盘尺寸/ (mm×mm) (in×in)	20 英尺箱			40 英尺箱		
	装载 模式	最多数 量/个	底面积 利用率/%	装载 模式	最多数 量/个	底面积 利用率/%
1 000×800 (40×32)	1	14	83.2	1	28	81.2
1 100×800 (44×32)	1	14	91.4	1	28	89.3
1 100×900 (44×35.5)	1	12	88.1	1	26	93.3

续表

托盘尺寸/ (mm×mm) (in×in)	20 英尺箱			40 英尺箱		
	装载 模式	最多数 量/个	底面积 利用率/%	装载 模式	最多数 量/个	底面积 利用率/%
1 100×1 100 (44×44)	1	10	99.7	1	20	97.7
1 100×1 400 (44×55)	1	8	91.3	1	16	89.3
1 200×800 (48×32)	2 或 3	11	78.4	2 或 3	23	80.1
1 200×1 000 (48×40)	3	10	89	2 或 3	20	87
托盘装箱装载模式 1		托盘装箱装载模式 2			托盘装箱装载模式 3	

4. 捆包货的装箱操作

捆包货包括纸浆、板纸、羊毛、棉花、面布、棉织品、纺织品、纤维制品及废旧物料等。其平均每件重量和体积常比纸箱货和小型木箱货大。一般捆包货都用杂货集装箱装载。捆包货物对运输中产生的机械作用力相当不敏感，但是在装卸过程中却极易受到损坏。捆包在装载和固定时应注意的问题是：

（1）捆包货一般可横向装载或竖向装载，能充分利用集装箱容积。

（2）为了使掏箱时能够使用叉车，在装箱时就应在货物与地板之间，以及各层货物之间加厚木板等进行衬垫。

（3）用粗布包装的捆包货，一般比较稳定而不需要额外固定。

（4）如果大捆货物不足以占满地板面积，使其靠近集装箱角柱便足以达到加固的要求并且足以使箱门安全。

（5）装、掏箱时注意不要破坏捆包货物的外包装。

5. 袋装货的装箱操作

袋包装的种类有麻袋、布袋、塑料袋等，主要装载的货物有粮食、咖啡、可可、废料、水泥、粉状化学药品等。通常袋包装材料的抗潮、抗水湿能力较弱，故装箱完毕后，最好在货顶部铺设塑料等防水遮盖物。袋装货在装载和固定时应注意的问题是：

（1）袋装货一般容易倒塌和滑动，可用粘贴剂粘固，或在袋装货中间插入衬垫板和防滑粗纸，否则当到站打开箱门时，袋装货物容易从集装箱内滑出来。

（2）袋包一般在中间呈鼓凸形，常用堆装方法有砌墙法和交叉压缝法（如图 3-2-11 所示），但是这种方法不能防止货袋的滑动，尤其是塑料包装袋更容易滑动。

（3）为防止袋装货堆装过高而有塌货的危险，需要用系绑用具加以固定。为了防止滑动，最好的方法是使用托盘装载并使用化纤带捆扎或者采用塑料薄膜整体收缩包装托盘单元。托盘的尺寸要适应集装箱的尺寸，以及包装袋的形状及装载重量。箱门处需要适当安装止挡。

（4）由于对集装箱侧壁产生过大的压力而使侧壁向外鼓出，这可能会使集装箱在船舱的舱格中卡住，当从船舱中吊出时有可能损坏集装箱。

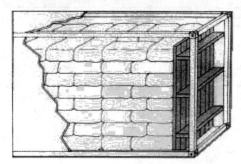

图 3-2-11　袋装货堆装方法

6. 滚动货的装箱操作

卷纸、卷钢、钢丝绳、电缆、盘圆等卷盘货，塑料薄膜、柏油纸、钢瓶等滚动货，以及轮胎、瓦管等均属于滚动类货物。滚动货装箱时一定要注意消除其滚动的特性，做到有效、合理地装载。

1）卷纸类货物的装载和固定操作

卷纸类货物原则上应竖装，并应保证卷纸两端的截面不受污损。只要把靠近箱门口的几个卷纸与内侧邻近的几个卷纸用钢带捆在一起，并用填充物将箱门口处的空隙填满，即可将货物固定。

2）盘圆的装载和固定操作

盘圆是一种只能用机械装载的重货，一般在箱底只能装一层。最好使用井字形的盘圆架。大型盘圆还可以用夹件在集装箱底进行固定。

3）电缆的装载和固定操作

电缆是绕在电缆盘上进行运输的，装载电缆盘时也应注意箱底的局部强度问题。大型电缆盘在集装箱内只能装一层，一般使用支架以防止滚动。

4）卷钢的装载和固定操作

卷钢虽然也属于集中负荷的货物，但是热轧卷钢一般比电缆轻。装载卷钢时，一定要使货物之间互相贴紧，并装在集装箱的中央。对于重 3 t 左右的卷钢，除用钢丝绳或钢带通过箱内系环将卷钢系紧外，还应在卷钢之间用钢丝绳或钢带连接起来；对于重 5 t 左右的卷钢，还应再用方形木条加以固定。固定时通常使用钢丝绳，而不使用钢带，因为钢带容易断裂。

（1）卷钢装箱。

卷钢类的货物具有体积小、重量大、易滚动的特点。由于卷钢着力点比较小，对于这样的货物装箱，首先要必须保证货物不能把集装箱底部压漏。

为了增加着力面，在装箱之前，加固人员会在集装箱内部铺 2～3 根木楞，且木楞与集装箱底梁垂直摆放，这样卷钢再放到木楞上面，大大增加了其受力面积，减小了卷钢对集装箱底部的压力，保证集装箱在吊装过程中集装箱底部不会被压漏（如图 3-2-12 所示）。

图 3-2-12 集装箱内部铺木楞

（2）卷钢进箱方式。

卷钢进箱一般有两种方式：第一种是叉车直接挑着卷眼进箱；第二种是叉车端着卷钢将其滚进集装箱。对于选择哪种装箱方式要结合每箱实际的装箱件数及规格来确定。一般来说，每箱装 5 件卷钢时选择第二种方式比较多，6 件或者 6 件以上时大多选择第一种方式。

带木托的卷钢装箱前就不用提前铺木楞了，可以直接装箱，但是装箱时务必保证卷钢底托最下面的木楞与集装箱底梁保持垂直方向，以免把地板压漏（如图 3-2-13 所示）。

图 3-2-13 带木托的卷钢装箱

5）轮胎装载和固定操作

普通卡车用的小型轮胎竖装横装都可以。横装时比较稳定，不需要特别加以固定。

大型轮胎一般以竖装为多，应根据轮胎的直径、厚度来确定其装载方法，并加以固定。

7. 桶装货的装箱操作

桶装货一般包括各种油类、液体和粉末类的化学制品、酒精、糖浆等，其包装形式有铁桶、木桶、塑料桶、胶合板桶和纸板桶 5 种。除桶口在腰部的传统鼓形木桶外，桶装货在集装箱内均以桶口向上的竖立方式堆装。由于桶体呈圆柱形，故在箱内堆装和加固的方法均由具体尺寸决定，使其与箱形尺寸相协调。具体方法是：装载之前要检查桶装货物是否有泄漏；有泄漏不可装载。桶形包装的货物进出口总是朝上。根据地板宽度及桶货直径确定最佳装载方案。

（1）铁质桶的装载和固定操作。

集装箱运输中以 0.25 m³ （55 加仑）的铁桶最为常见。这种铁桶在集装箱内可堆装两层，每一个 20 英尺集装箱内一般可装 80 桶。装载时要求桶与桶之间要靠近，对于桶上有凸缘的铁桶，为了使桶与桶之间的凸缘错开，每隔一行要垫一块垫高板，装载第二层时同样要垫上垫高板，而不垫垫高板的这一行也要垫上胶合板，使上层的桶装载稳定。

（2）木质桶的装载和固定操作。

木桶一般呈鼓形，两端有铁箍，由于竖装时容易脱盖，故原则上要求横向装载。横装时在木桶的两端垫上木楔，木楔的高度要使桶中央能离开箱底，不让桶的腰部受力。

（3）纸板桶的装载和固定操作。

纸板桶的装载方法与铁桶相似，但其强度较弱，故在装箱时应注意不能使其翻倒而产生破损。装载时必须竖装，装载层数要根据桶的强度而定，有时要有一定限制，上下层之间应插入胶合板作衬垫，以便使负荷分散。

根据货物或包装尺寸的不同，为达到尽量多装，以及互相挤紧而不用另加填充材料，可以采用以下几种装载模式（如图 3-2-14 所示）。

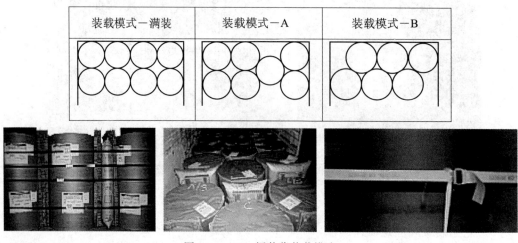

图 3-2-14　桶装货装载模式

8. 各种车辆的装箱操作

集装箱内装载的车辆有小轿车、小型卡车、各种叉式装卸车、推土机、压路机和小型拖拉机等。杂货集装箱只能装一辆小轿车，因此箱内将产生很大的空隙。如果航线上有回空的冷冻集装箱或动物集装箱，则用来装小轿车比较理想，因为冷冻集装箱和动物集装箱的容积比较小，可以更有效地利用集装箱的容积。而对于各种叉式装卸车、拖拉机、推土机及压路机等特种车辆的运输，通常采用壁架集装箱来装载，在壁架箱或盘式箱上的加固与在铁路平车上的加固相同。

（1）小轿车和卡车的装载和固定操作。

小轿车和卡车一般都采用密闭集装箱装载。固定时利用集装箱上的系环将车辆拉紧，然后再利用方形木条钉成井字形木框垫在车轮下面，防止车辆滚动，同时应在轮胎与箱底或木条接触的部分用纱布或破布加以衬垫。也可按货主要求，不垫方形木条，只用绳索拉紧即可。利用冷冻箱装箱时，可用箱底通风轨上的孔眼进行拉紧。

（2）各种叉车的装卸和固定操作。

装载叉车时，通常都将货叉取下后装在箱内。装箱时，在箱底要铺设衬垫，固定时要用纱头或布将橡胶轮胎保护起来，并在车轮下垫塞木楔或方形木条，最后要利用壁架集装箱箱底的系环，用钢丝绳系紧。

（3）推土机和压路机的装载和固定操作。

推土机、压路机每台重量很大，一般一个壁架集装箱内只能装一台，通常都采用吊车从顶部装载，装载时必须注意车辆的履带是否在集装箱下侧梁上，因为铁与铁相接触，很容易产生滑动，所以箱底一定要衬垫厚木板。

（4）拖拉机和其他车辆类货物的装载和固定操作。

小型拖拉机横向装载时可使其装载量增加，但装载时也应注意载荷集中的问题，箱底要进行衬垫，以分散其负荷，并要用方木、木楔及钢丝绳等进行固定。

汽车能够开进集装箱（如有必要可使用渡板）。汽车一定要干燥，为了通气可以将车窗略微开启一个小缝隙。可使用快速张紧装置加固汽车、卡车、自行式机器及拖拉机、收割机等。此类车辆可以使用顶开式或壁架式、盘式集装箱装运，并使用篷布苫盖。可用钢丝绳与正反扣螺丝张紧装置加固。车辆的前后使用楔子打堰（楔子的高度至少不低于车轮直径的 1/6）。

9. 平板玻璃的装箱操作

平板玻璃最好是采用顶开式集装箱从顶部装入，用篷布或硬顶盖盖住。平板玻璃要小心装入木包装箱、木板条筐或 A 字架，再对包装采取适当的加固措施。

平板玻璃在集装箱内尽量顺长方向装载。

如果有几只 A 字架顺序装入集装箱，则中间的空隙要使用填充材料塞紧或者把每只 A 字架固定住。

由于玻璃对湿气敏感，还要对玻璃另加包装覆盖好。

10. 重质货件的装箱与加固

轻质货件往往因为总体重量轻而可以塞满整个集装箱，可以采用塞紧的方法获得防止移动的效果。重质货件不能装满整个集装箱而存有很多空隙，为此更应特别关注其装载与加固。一般应注意以下几点：

(1) 重量均匀分布。

(2) 重质货件装箱应放在中心位置。

(3) 货物固定在货主提供的垫板上，板下应有侧向叉孔，利于装卸。

(4) 货主固定垫板如长度不够，重量分布与箱底承载力不符时，要加垫板，以使装载重量均匀分布在箱底上。

(5) 装箱时重心的偏差应保持在箱体长或宽度的 10% 以内。

11. 散装液体袋的装载

1) 液体集装袋

使用集装箱液体散装袋，以 ISO 国际标准通用干货集装箱为载体，对散装非危险液体货物进行集装化运输是国际上流行的革新技术之一。可运货物一般包括食用类、工业用油脂类和非危险液态化工原料等。它具有减少返空，降低包装成本，提高净载重，降低装卸成本和提高运输时效的优越性。开展铁路集装箱液袋运输是与国际集装箱液袋运输接轨，实现全程门到门运输的需要，也是扩大国内集装箱运输适箱货物范围的需要。

集装箱液袋由软性塑胶材料构成封闭的容器，集装箱液袋上装有用于装卸货的阀门和排气阀，一套完整的集装箱液袋还包括一副门挡。

集装箱液袋有重复使用和一次性使用两种。

重复使用的集装箱液袋：由夹布塑胶材料制成的液体集装袋，卸货回收后经清洗测试，可投入再使用。目前国内市场的一次性使用集装箱液袋有单层和多层两种。单层的一次性集装箱液袋完全由聚乙烯材料制成，材料厚度为 1 mm；多层的一次性集装箱液袋由四层 0.1 mm 的聚乙烯材料和一层聚丙烯编织物构成的外套制成。

2) 铁路运输集装箱液袋的要求

(1) 集装箱液袋的容积有多种规格，可根据装运液体货物的比重选择合适的规格，最大容积不得大于 24 m³。

(2) 集装箱液袋装载货物的总重（包括液袋及附件自重）不得大于 21.5 t。盛载的液体不得少于液袋容积的 95%（留空太大会降低对液体的约束作用）。

(3) 装载集装箱液袋不允许利用箱门承受载荷，以免造成箱门损坏。集装箱液袋运输时必须在箱门处加装门挡，门挡应满足以下技术要求：

① 强度应能保证承受液体货物运输途中产生的涌动力。

② 门挡的制造材料可以使用木材或钢材，高度不小于 1.2 m；必须能够牢固地安装

在箱门内侧的凹槽内，为便于运输与安装，门挡可制成 2 块。

③ 每副（2 块）木制门挡方木横梁不少于 6 根，方木规格为 40 mm×80 mm，不得有木节、劈裂等任何缺欠，门挡框架内侧用 12 mm 厚的胶合板覆盖，确保与液袋接触表面没有铁钉等任何尖锐物。

④ 每副（2 块）钢制门挡钢管横梁不少于 4 根，方钢管规格为 40 mm×80 mm×2 mm，门挡的表面用厚度为 5 mm 的光滑塑料板覆盖，确保与液袋接触表面没有任何尖锐物。

（4）运载集装箱液袋的集装箱箱型必须是 20 英尺国际标准集装箱，此外还应满足下列条件：

① 集装箱标记总重量为 30.48 t 或 24.00 t。

② 集装箱的生产日期不超过 5 年（见集装箱标牌）。

（5）装运前对集装箱的检查包括箱内四壁和地板没有任何毛刺和修补焊缝；壁板及其与底梁之间的焊缝部位没有油漆脱落与锈蚀；箱壁外侧没有广告嵌面，没有严重的变形及修补焊缝；箱门所有锁扣件完好，开关自如；箱门口内侧有凹槽可以安装门挡。

3）集装箱液袋装箱作业程序

（1）进箱作业：进入集装箱的操作人员须穿软底无钉鞋，身上不得有任何尖锐物件，不得吸烟。

（2）清扫集装箱：集装箱内清扫干净，不得遗留任何杂物。

（3）确认将要装货的集装箱液袋及配套附件外包装没有任何破损，门挡表面平整，没有零件缺失。

（4）铺设内衬：一般将有波纹夹层的纸箱板用胶带纸固定于集装箱内壁上（必要时 4 个角部先多垫一层角形纸板保护层），高度要超过集装箱液袋运输中所能达到的高度（如图 3-2-15 所示）。

图 3-2-15　集装箱内壁及地板铺设纸板

（5）铺放集装箱液袋：集装箱液袋应对中铺放，集装箱液袋的中心与集装箱的中心重合（如图 3-2-16 所示）。

图3-2-16　对中铺放液袋

（6）箱门加装挡板：在箱门内侧凹槽处加装坚固的木制挡板，以免液体载荷对箱门产生作用力。挡板内壁也应铺设纸板并且翻折过挡板顶端（如图3-2-17所示）。

图3-2-17　箱门处加装挡板

（7）灌装：确认准备工作完好无误后，关闭并锁定左侧箱门。使用快速接头连接液袋与供液管路，开始向集装箱内的液袋装载货物，可以使用压力泵装载，接近满载时注意降低装载速度以免超载（如图3-2-18所示）。

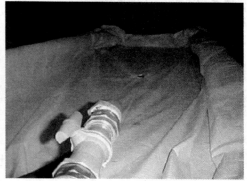

图3-2-18　灌装

（8）锁闭箱门待运：灌装完毕后关闭阀门。如果液袋上有排灌管，必须固定在液袋的绑带上。关闭并锁定右侧箱门待运，并且在左侧箱门上醒目位置粘贴"不许开启左箱门"的标志（清除原有粘贴的其他标签）（如图 3-2-19 所示）。

图 3-2-19　锁闭箱门并粘贴"不许开启左箱门"的标签

用集装箱液袋装货的集装箱在装卸过程中应保持水平状态。装货操作人员必须在装货前后填写"装货前集装箱液袋完好状态确认表""集装箱液袋货物装箱作业确认表"。

4）集装箱液袋卸载作业程序

（1）开箱之前的检查：运输至终点卸载之前检查集装箱的状态是否完好，左侧箱门锁杆是否未有开启过，未发现异常方可开始卸载。注意只能开启右侧箱门卸载。

（2）卸载：连接卸载管路，使用液泵将液体货物抽出集装箱液袋（如图 3-2-20 所示），一般卸载过程需要使用液压泵加快卸载速度（如图 3-2-21 所示）。

图 3-2-20　连接液袋与卸载管路

（3）卸载后集装箱液袋的处理：一次性液袋卸载后就地处理，多次重复使用液袋需回收、清洗、回送运输、检测，配以辅助材料再次使用。无论何种液袋的处理都应由承运人（收货人）或者第三方（出租公司）负责处理，而且应满足环保的相关规定。

5）集装箱液袋运输组织与实施

（1）必须采用集装箱平车（含平集车）装运，不得采用其他车型。

图 3 - 2 - 21　使用液压泵卸载

（2）申请装运集装箱液袋的货主或货运代理（以下简称液袋运输托运人）在向铁路车站申请集装箱运输时，必须向铁路办理车站提供集装箱液袋供应商的名称，以及租赁或购买集装箱液袋的相关资料。

（3）液袋运输托运人负责集装箱的挑选、集装箱液袋包装和外观质量的确认、准备作业、灌装作业，以及货物到达后的卸载和废弃液袋的处理等全过程。

（4）液袋运输托运人对集装箱液袋的运输安全负责，必须建立事故处理的应急预案。不得超载，不得危及行车安全，严格防止泄漏。如发生泄漏事故，液袋运输托运人有责任在最短时间内赶赴现场（不得超过 24 小时），采取应急措施，组织倒装，清理被污染的现场。因泄漏造成的货物损失由托运人负责，并对由此造成的铁路损失（包括中断行车、铁路车辆及集装箱的损坏等）予以赔偿。

12. 形状不规则货物的装载

在承运货物时往往遇到形状不规则的货物，例如搬家货物、自行车、摩托车、包裹等。这些货物在装载时很难像规则包装货物那样在集装箱内装载。如果装载不牢则很容易在运输过程中在箱内移动，或者跌落、碰撞，造成货物自身及其他货物的损坏。对这类货物的加固常用方法是固定在托盘上或胶合板上。尽管这种方法往往以牺牲容积利用率为代价，但仍不失为一种适宜的加固方式（形状不规则货物的装载加固方式如图 3 - 2 - 22、图 3 - 2 - 23 所示）。

13. 危险品货物的装载

集装箱装运危险货物，必须符合《铁路危险货物运输管理暂行规定》的有关要求。托运人不得隐瞒托运物品的危险性质，不得假冒其他非危险货物品名，不得与铁路工作人员串通以非危物品托运。托运人装箱时应将货物码放稳固，并采取必要的防护措施，防止货物在运输途中发生倒塌、窜动和侧漏等，并应比普通货物采取更严格有效的装载加固措施。除了注意装载加固外还应注意以下问题：

图 3-2-22　包裹固定在托盘上

图 3-2-23　自行车固定在胶合板上

（1）标志：托运人应根据危险货物类别，在集装箱上挂有相应的危险货物标志。

（2）清扫和洗刷除污：危险货物集装箱掏箱后，收货人应负责清扫、洗刷除污，并负责撤除危险货物标志。未经清扫、洗刷除污的装运过危险货物的集装箱严禁回空使用。

3.2.4　使用叉车装箱时应注意的事项

（1）有足够大的掏装箱的场地，避免场地狭小过于局促。

（2）轻载货物可以使用叉车。

（3）托盘袋装货物与其他托盘货物混装时，容易碰坏袋装货。

（4）使用叉车装载批量较大的货物时，尽量采用叉车附件，而掏装不同类货物时尽量采用快速安装附件，例如装载桶装货物尽量使用鹰钩夹钳。

（5）如果使用叉车的叉尖推货，常常因为滑动而损坏货物，而且常常没有注意到货物已经损坏，运输途中可能会更加扩大损坏的程度。

3.2.5　货物装载完成箱门处的处理

（1）货物装载完成后，箱门处的货物不得向箱门施加压力，采取的办法之一是加设栅栏门挡，或者使用托盘作为门挡（托盘尺寸为 1 150 mm×1 550 mm 或 1 150 mm×750 mm）（如图 3-2-24 所示）。

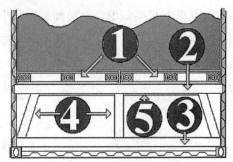

图 3-2-24　箱门处处理

1—托盘；2—方木伸进侧壁波纹板凹槽内；

3—门挡方木；4—方木撑；

5—防止方木撑滑动的木板条

（2）门挡还可以直接使用方木放进侧壁波纹板凹槽内，一块方木不够时，需要多块方木或者做成栅栏形或斜撑形（如图 3-2-25 所示）。

（a）木栅栏斜撑门挡（斜撑使用铁钉钉牢）

（b）使用方木顶到集装箱角柱上

注：货物包装为木箱时，可以使用铁钉钉牢。

图 3-2-25　门挡处理

 ## 任务实施

　　根据以上相关知识，由教师组织学生分组进行讨论；学生根据教师给出的各种集装箱货物制订正确的集装箱货物装载方案并选择适用的装载方法和加固材料，各小组派代表进行总结汇报，小组互评；教师点评总结，提高学生运用理论知识解决实际问题的能力。

复习思考题

1. 集装箱的装车要求有哪些？
2. 长 13 m 的车辆如何装载 20 英尺和 40 英尺集装箱？
3. 长 15.4 m 的车辆如何装载 20 英尺和 40 英尺集装箱？
4. 使用 X_{4K} 专用车如何装载 20 英尺和 40 英尺集装箱？
5. 空集装箱如何装载加固？

6. 双层集装箱的装载形式有哪些?

7. 集装箱箱内货物装载加固的基本要求是什么?

8. 说明集装箱货物的加固方法和常用材料。

9. 纸箱货在集装箱内如何装载与固定?

10. 托盘货在集装箱内如何装载与固定?

11. 滚动货在集装箱内如何装载与固定?

12. 说明集装箱液袋的装箱和卸载作业程序。

13. 说明纸箱货的装箱操作方法。

14. 说明托盘货的装箱操作方法。

15. 说明滚动货的装箱操作方法。

16. 说明各种车辆的装箱操作方法。

17. 说明散装液体袋的装载方法。

项目 4
铁路集装箱运输组织

项目描述

集装箱运输涉及面广、技术性强、设备条件要求高，集装箱货流分散、箱流调整复杂，具有专业化的特点，要进行专业化的管理。通过本项目的学习，使学生掌握铁路通用集装箱、特种集装箱、小型集装箱和集装箱班列的运输组织。

任务 *4.1* 集装箱车站作业组织

🎯 教学目标

1. 能力目标

能正确填制铁路集装箱运输票据，正确计算集装箱运输相关费用，能按规定组织集装箱运输。

2. 知识目标

掌握铁路集装箱运输规则，掌握铁路集装箱运输组织方法。

🚐 工作任务

2016 年 8 月 15 日，大毕庄站承运到改貌（成局）焊条，用 2 个 20 英尺集装箱装运。请合理选择车辆，正确计算运费，正确填制各种票据，组织这 2 个 20 英尺集装箱运输。

🦅 相关知识

4.1.1 集装箱运输管理体制

1. 集装箱运输组织机构

（1）铁路总公司负责全路集装箱运输组织和统一管理。铁路局负责管内集装箱运输组织和经营管理。中铁集装箱运输有限责任公司（以下称集装箱公司）负责铁路箱的购置、租赁、维修、报废等资产管理工作。

（2）铁路局应充分发挥集装箱标准化程度高、装卸作业快、货物安全性好，以及便于开展多式联运的优势，优先发展集装箱运输，提高集装箱运输比例。

（3）铁路局和集装箱公司应建立集装箱运输安全管理制度，保证必要的安全设施设备投入，制定作业流程和质量标准，加强从业人员培训，建立安全责任制和考核机制，保证集装箱运输安全。

2. 集装箱运输组织机构职责

1）货运处职责

（1）贯彻落实铁路总公司的文电，负责起草局管内集装箱运输补充规定和办法；

（2）负责集装箱运输业务、安全、培训、服务质量管理；

（3）负责指导各货运中心开发适箱货源，做好组流入箱及受理、承运工作；

（4）负责铁路箱运用及维修管理；

（5）负责审核上报集装箱业务开办、停办和停限装申请；

（6）负责集装箱运用统计分析和信息化管理；

（7）负责集装箱货物损失处理；

（8）负责检查考核各货运中心集装箱基础管理和标准化作业。

2）调度所职责

（1）在铁路总公司集装箱调度领导下，负责集装箱运输调度指挥工作；

（2）负责掌握货流、箱流、车流动态，掌握铁路箱运用状况及自备箱使用情况，根据管内集装箱办理站货源和装车需求及铁路空箱分布，制订空箱调整方案，发布空箱调整命令，组织有关办理站落实；

（3）负责按方案组织开行集装箱班列，统计、分析班列开行情况；

（4）依据集装箱需求受理情况，调配装运车辆；

（5）负责掌握管内铁路箱维修信息，与集装箱北京分公司驻局箱管人员建立日常联系制度，组织待修箱、待报废箱及时回送；

（6）建立集装箱运输统计分析台账，压缩停时，减少大点箱数量，提高集装箱运输效率。

3）货运中心职责

（1）货运中心是区域内集装箱运输各项管理规定的组织执行主体，以及安全、管理、业务、经营开发的责任主体；

（2）依据铁路总公司、铁路局的集装箱运输管理规章、规定和文电，制定和修改集装箱运输管理相关办法，组织营业部将集装箱管理纳入货运管理细则，建立集装箱运输管理台账；

（3）设立专（兼）职集装箱调度，在铁路局集装箱调度的指挥下完成运输生产任务，收取、执行铁路局集装箱调度命令，组织集装箱办理站执行；

（4）负责组织集装箱货源开发、班列组织、客户服务和市场营销，提出集装箱运输方案建议，跟踪客户反馈意见，及时协调解决发现的问题；

（5）负责统计、分析集装箱运输生产数据，审核集装箱办理站业务申请，向铁路局提出集装箱业务开办、停办和停限装申请；

（6）负责集装箱货物损失处理；

（7）负责培训和考核从业人员；

（8）负责定期检查办理站集装箱基础管理和标准化作业；

（9）负责检查办理站集装箱装车及箱内货物装载质量，制定开箱检查和防止超偏载的细化措施，确保集装箱运输安全。

4）营业部职责

（1）营业部是集装箱运输生产的组织单位，负责落实集装箱运输生产和经营任务，承担安全生产责任；

（2）负责集装箱货源开发、客户服务和市场营销；

（3）负责掌握货源、箱源、装卸车情况，分析在站集装箱状态和需求受理情况，向上级集装箱调度提出空箱调整申请；

（4）负责根据集装箱运输生产情况，向货运中心提出停办集装箱业务和停限装申请；

（5）负责班列的货源组织、承运检查、车辆选用、装卸车作业组织、装车质量检查，班列开行情况统计上报、跟踪客户反馈信息，及时解决发现的问题；

（6）负责组织及时扣修破损铁路箱并编制破损记录，掌握待修箱、修竣箱、报废箱、停时等信息，需回送时申请调度命令；

（7）负责组织将集装箱作业信息数据完整、准确、及时录入铁路箱运输管理信息系统。

4.1.2　集装箱运输基本条件

1. 铁路箱运输基本条件

（1）未经铁路总公司运输局公布的集装箱办理站，禁止办理集装箱运输业务。集装箱办理站承运集装箱前，应认真审核发到站办理限制，严格按照办理限制受理集装箱运输需求，见表 4-1-1。

表 4-1-1　集装箱办理站办理限制（摘录）

路局	车站	专用铁路、铁路专用线	起重能力/t		通用标准箱		专用箱和特种货物箱							
			20英尺箱	40(45)英尺箱	20英尺箱	40(45)英尺箱	折叠箱	干散箱	板架箱	水泥罐	液体罐	水煤浆	沥青罐	35吨敞顶箱	35吨通用箱
哈	扎兰屯		26		▲									●	●
沈	沈阳东	中国外运辽宁有限公司沈阳分公司专用线	40	40	●	●									
			36	36	●	●			●					●	●
京	大毕庄		35	35	●	●								●	●

续表

路局	车站	专用铁路、铁路专用线	起重能力/t		通用标准箱		专用箱和特种货物箱								
			20英尺箱	40(45)英尺箱	20英尺箱	40(45)英尺箱	折叠箱	干散箱	板架箱	水泥罐	液体罐	水煤浆	沥青罐	35吨敞顶箱	35吨通用箱
太	大同	大同市云岗煤炭运销有限责任公司专用线	45	45	●	●									
呼	包头东		40	40	●	●			●					●	●
郑	开封		38	35.5	●	●								●	●
		河南晋开化工投资控股集团有限责任公司专用铁路									●				
武	恩施		33.5	31.6	●	●									
西	宣汉	中国石油化工股份有限公司中原油田普光分公司专用线						●							
济	菏泽		34	32	●	●			●						
上	港口镇	安徽海螺水泥股份有限公司宁国水泥厂专用铁路						●		●				●	
南	景德镇南		35	34	●	●								●	●
		景德镇开门子陶瓷化工集团有限公司专用线												●	
广	长沙东		45	45	●	●					●			●	●
宁	湛江		33.5	45	●	●									
成	改貌		40.5	40.5	●	●				●				●	●
昆	珠江源		45	45	●	●					●			●	●
兰	陇西		45	45	●	●			●					●	●

续表

路局	车站	专用铁路、铁路专用线	起重能力/t		通用标准箱		专用箱和特种货物箱								
			20英尺箱	40(45)英尺箱	20英尺箱	40(45)英尺箱	折叠箱	干散箱	板架箱	水泥罐	液体罐	水煤浆	沥青罐	35吨敞顶箱	35吨通用箱
乌	阿拉山口		45	45	●	●			●					●	●
青	格尔木		40.5	40	●	●								●	●

说明：① 标准箱办理站中，●表示办理该箱型，▲表示办理该箱型但起重能力受限（小于 30.48 t）。起重能力为吊具（分 20 英尺集装箱吊具和 40 英尺集装箱吊具）下额定起重量，即可起吊集装箱的最大重量。

②"专用线"栏空白的在站内办理，有专用线名称的在该专用线内办理。

③"折叠箱"代表"折叠式台架集装箱"，"干散箱"代表"20 英尺干散货集装箱"，"板架箱"代表"25 英尺板架式汽车集装箱"和"50 英尺板架式汽车集装箱"，"水泥罐"代表"20 英尺散装水泥罐式集装箱"，"液体罐"代表"20 英尺弧形框式集装箱"和"20 英尺框架罐式集装箱"，"沥青罐"代表"20 英尺石油沥青罐式集装箱"，"35 吨通用"代表"20 英尺 35 吨通用集装箱"。

④ 20 英尺标准箱办理站可办理通用标准箱、干散箱、水泥罐、液体罐、沥青罐及各类 20 英尺标准集装箱。40（45）英尺标准箱办理站可办理通用标准箱和 45 英尺冷藏箱及各类 40（45）英尺标准集装箱。

（2）车站（包括铁路专用线、专用铁路）开办集装箱运输业务，由铁路局确认满足规定条件后，将以下内容报铁路总公司运输局公布。

① 办理站（专用线或专用铁路）名称、办理箱型、危险货物运输情况。

② 办理站（专用线或专用铁路）是否为国铁及控股。

③ 装卸线名称、有效长、容车数及一批作业能力。

④ 装卸机械类型及数量，是否具备防摇吊具，20 英尺、40 英尺集装箱吊具下额定起重能力。

⑤ 集装箱堆场硬化面积。

⑥ 计量称重设备类型、数量。

⑦ 超偏载检测装置类型、数量。

⑧ 特种货物集装箱和专用集装箱运输需要的设施设备。

⑨ 适箱货源情况、主要去向及分品类预测年运量。

⑩ 具备安装铁路集装箱运输管理信息系统条件。

（3）铁路运输的集装箱应符合国家标准，按规定涂打标记和标志，具有集装箱检验单位徽记、国际集装箱安全公约（CSC）安全合格牌照、国际铁路联盟标记，标有定期检验日期或连续检验计划标记。铭牌箱号须与箱体（含箱内）箱号一致。办理站必要时也可要求托运人提供船级社证明来查证并留存。

（4）非标铁路箱由铁路总公司运输局公布运输条件后，方可上路运输。

（5）集装箱军事运输按有关规定办理。

（6）集装箱装运危险货物要严格执行《铁路危险货物运输管理暂行规定》等铁路危险货物运输规定。

2. 自备箱铁路运输基本条件

自备箱是发展集装箱公铁联运、铁水联运市场的主要载体。当前，自备集装箱公水联运量大、铁路运量低，吸引自备箱上路运输，可有效解决铁路箱源不足的问题。

（1）非标自备箱办理铁水联运、国际联运（发站或到站为港口、铁路口岸站）及管内运输的，由营业部与非标箱托运人制定运输条件，确保满足运输安全要求后报货运中心审核，货运中心报铁路局审批确保满足运输安全要求后方可上路运输；其他须由货运中心提出运输条件报铁路局审核，铁路局报铁路总公司运输局公布后方可上路运输。

（2）以下自备箱的运输条件由铁路总公司运输局确定：不符合国际集装箱安全公约（CSC）的集装箱；角件与货车集装箱锁闭装置、装卸机械集装箱吊具不匹配的集装箱；标记总重小于 30.48 t 的集装箱。

在一定季节和区域内不易腐烂、变质、冻损的易腐货物，经托运人和承运人协商一致后，在保证不影响货物质量的前提下，可使用通用集装箱装运。

（3）集装箱应按规定进行定期检验，保证质量满足铁路运输安全要求。集装箱从出厂到第一次检验的间隔期不得超过 5 年，以后检验的间隔期不得超过 2.5 年。

4.1.3　铁路集装箱调度工作

1. 集装箱运输组织要求

（1）集装箱运输实行优先受理、优先配车、优先挂运、优先排空箱的政策，统计报表单独统计。

（2）集装箱运输应适应市场需要，发展铁水联运和国际联运，发展快运货物班列，提高班列运量比例。

2. 铁路集装箱调度组织体系

集装箱运输实行全路集中统一调度指挥。集装箱调度应掌握箱流、车流动态，根据铁路箱运用情况、需求变化和运用效率，及时调整铁路局、车站的铁路箱保有量。跨局调整由铁路总公司集装箱调度负责，局管内调整由铁路局集装箱调度负责。

3. 集装箱空箱调整

（1）铁路箱空箱凭集装箱调度命令调整。经铁路运输时，凭"特殊货车及运送用具回送清单"（见表 4-1-2）记明箱号、命令号免费回送；采用其他运输方式时，交出站凭调度命令填制"铁路箱出站单"甲联（见表 4-1-3）；接收站在"铁路箱出站单"乙联上加盖站名日期戳后返回交出站（见表 4-1-4）。交出站按发出空箱、接收站按到达空箱统计。待修、待报废的铁路箱只准回送到箱修点。

表 4-1-2 特殊货车及运送用具回送清单

年　月　日　　　　　　　　　No.

发站		到站		经由		车种车号		铅封数		回送命令号码	
种类	号码	数量	种类	号码		数量	种类	号码			数量

记事		发站	日期戳	到站	日期戳
			经办人		经办人

185×265（440）

表 4-1-3 铁路箱出站单

铁路箱出站单

站存查　　　　　　　　　　　甲联

A000001

出站填记（空重）

托运/收货人		调度命令号	
到站/货票号	箱型箱号	接收站	
箱体状况	割伤 C． 擦伤 B． 破洞 H．凹损 D． 破损 BR． 部件缺失 M． 污箱 DR．	如有异状，请注明程度和尺寸	
领箱人		备注	
搬出汽车号	破损记录号 车站经办人	出站日期	

进站填记（空重）

箱体状况	割伤 C． 擦伤 B． 破洞 H． 凹损 D． 破损 BR． 部件缺失 M． 污箱 DR．	如有异状，请注明程度和尺寸	
还箱人		备注	
搬入汽车号	破损记录号 车站经办人	进站日期	

门卫验放：（章）

说明：① 铁路箱空箱出站时，将收货人、货票号抹消；重箱出站时，将托运人、到站抹消。

② 甲、乙联可用不同颜色印制。

③ 各站可根据管理需要，增加联数。

规格：A5 竖印

表 4-1-4　铁路箱出站单

铁路箱出站单

站随箱联　　　　　　　　　　　　　　　　　　　　　　　　　　　　　乙联

A000001

出站填记（空重）				
托运/收货人				调度命令号
到站/货票号		箱型箱号		接收站
箱体状况	割伤C．　　擦伤B．　　　破洞H．　　凹损D． 破损BR．　部件缺失M．　污箱DR．		如有异状，请注明程度和尺寸	
领箱人			备注	
搬出汽车号		破损记录号	车站经办人	出站日期
进站填记（空重）				
箱体状况	割伤C．　　擦伤B．　　　破洞H．　　凹损D． 破损BR．　部件缺失M．　污箱DR．		如有异状，请注明程度和尺寸	
还箱人			备注	
搬入汽车号		破损记录号	车站经办人	进站日期

门卫验放：（章）

领箱人须知	① 如本单记载与实际不符，应在出站前要求更正。 ② 应及时将铁路箱送回，超过规定时间需支付集装箱延期使用费。 ③ 保证箱体完好，发生损坏、丢失须赔偿。 ④ 本单乙联随箱同行，还箱时将乙联交回。 ⑤ 还箱收据盖戳后，保存 60 日。
还箱收据	本单记载的铁路箱已交回车站，收据请保存 60 日。 备注： 车站经办人：　　　　　　　　　　　　　车站日期戳记： A000001

（2）根据运输需要，可备用适当数量状态良好的铁路空集装箱。铁路箱备用必须备满 24 小时，不足 24 小时解除备用时，自备用时起，仍按运用箱计算在站停留时间。

铁路箱的备用和解除由铁路局集装箱调度提出申请，铁路总公司集装箱调度准许后下达调度命令执行。

（3）铁路局集装箱调度统一指挥局管内铁路空集装箱调配工作。集装箱办理站根据核实的有效货源情况通过货运中心向调度所提报空箱需求书面申请。铁路局集装箱调度根据铁路总公司空箱调整计划，制订管内空箱调整方案并下达调度命令。

4.1.4　集装箱办理站作业组织

1. 铁路集装箱预订

铁路敞开受理铁路箱使用需求，建立健全铁路箱资源配置制度，保证客户服务质量。铁路通用箱面向所有客户公开预订。集装箱订箱与日运输需求通过 95306 中国铁路货运电子商务系统（以下称电商系统）提报，办理站空箱资源须全部上网，电商系统根据客户预订时间分配空箱，客户凭打印的铁路箱提箱单到办理站领取空箱，办理托运手续。专用线等单位的铁路通用箱由办理站统一管理和运用。自备箱、铁路特种箱及铁路通用箱重去重回不需订箱，直接填写运单。

2. 集装箱托运与受理

（1）托运人托运集装箱应按批提出货物运单（见表4-1-5），每批必须是标记总重相同的同一箱型，铁路箱和自备箱不得按一批办理。

表4-1-5 货物运单

货物约定于： 年 月 日交接　　　　××铁路局　　　　　　　　　承运人/托运人装车
货位　　　　　　　　　　　　　　　　货物运单　　　　　　　　　　　承运人/托运人施封
号码　　　　　　　　　　　　托运人→发站→到站→收货人
运到期限 日　　　　　　　　运单号：　　　　　　　　　　货票号：

发站		专用线 名称		专用线 代码		车种 车号	
到站 （局）		专用线 名称		专用线 代码			
托运人	名称					货车 标重	
	地址			邮编			
	经办人姓名		经办人电话	Email		货车施 封号码	
收货人	名称						
	地址			邮编		货车篷 布号码	
	经办人姓名		经办人电话	Email			

选择服务	□门到门运输：□上门装车　　□上门卸车 □门到站运输：□上门装车 □站到门运输：□装载加固材料　□上门卸车 □站到站运输：□装载加固材料 □保价运输 □仓储	取货地址	
		取货 联系人	电话
		送货地址	
		送货 联系人	电话

货物名称	件数	包装	集装 箱箱型	集装箱 箱号	集装箱 施封号	货物价格	托运人 填报重量 （千克）	承运人 确定重量 （千克）
合计								

| 托运人
记载事项 | | 承运人
记载事项 | |

托运人盖章或签字	发站承运日期戳	承运货运员签章	到站交付日期戳	交付货运员签章
年 月 日	年 月 日	年 月 日	年 月 日	年 月 日

注：本单不作为收款凭证，托运人签约须知和收货人领货须知见领货凭证背面，托运人自备运单的认为已确知签约须知内容。

（2）集装箱装运多种品名的货物不能在运单内逐一填记时，托运人应按箱提出物品清单。

（3）集装箱内单件货物重量超过 100 kg 时，应在运单"托运人记载事项"栏内分别注明实际重量。

（4）到达专用线、专用铁路卸车的集装箱，应在"托运人记载事项"栏内注明"在×××专用铁路、铁路专用线卸车"。

（5）托运人在运单上逐箱填记集装箱箱号和相应的施封号码。已填记的箱号和施封号码不得随意更改；确须更改时，托运人须在更改处盖章证明。

（6）集装箱办理站在承运理化性质不清、外观不易确认是否为普通货物时，应要求托运人到有资质的检测单位进行产品性质及包装检测，检测后向集装箱办理站提供该货物的《铁路运输条件鉴定报告》，符合规定方可承运。

（7）托运人办理液袋运输时，向车站出具液袋制造企业提供的相关资料以供查验，在货物运单的"托运人记载事项"栏内注明"液袋"字样。受理车站须对照质检中心公布的产品信息认真审核，不相符的不得受理。

3. 空箱拨配

使用铁路箱时，办理站应提供状态良好的集装箱。托运人在使用前必须检查箱体状况，发现箱体状况不良时及时提出，由办理站予以更换。

集装箱所装货物应符合所用箱型适箱货物要求，不得腐蚀、损坏箱体。性质互抵的货物不得混装于同一集装箱内。易污染箱体的货物不得使用铁路通用集装箱装运。块煤之外的其他煤和铁矿石品类的货物不得使用集装箱运输，重箱卸船后不装掏箱直接经铁路运输的除外。

客户提报铁路箱出境（下水）、铁路箱铁水联运（下水或卸船后上路运输）需求前，应提前与中铁集装箱各分公司联系商定。办理站凭其签发的"铁路箱出境（下水）提箱单"向客户安排空箱，在运单"承运人记载事项"栏和"货票记事"栏内注明"铁路箱出境"（或"铁路箱下水"）和提箱单号。国境站（港口站）凭办理站运单、货票的允许出境（下水）信息放箱。

发送的集装箱应于约定进站日期当日进站完毕。

4. 集装箱装箱与施封

1）集装箱重量限制

（1）集装箱重量要求。

托运的集装箱，单箱总重不得超过其标记总重，且不得超过发站和到站的集装箱起重能力，在车上直接装卸货物的特种货物箱、专用箱等除外。

集装箱办理站应建立集装箱检斤过磅制度。对承运的集装箱货物要逐箱过磅，对超过集装箱标记总重的，要由发货人减重至不超标记总重后办理站方可承运。遇特殊情况时，托运人可使用有资质计量厂家的计量器具称重，检定证书复印件由集装箱办理站留存。

专用线（专用铁路）发送集装箱的重量，由专用线经营单位提供货物磅单，专用线货运员对磅单进行检查确认。集装箱过磅单保管备查一年。

（2）集装箱超偏载检测。

对承运的集装箱货物要逐箱进行超偏载检测，集装箱经检测偏载偏重的，由发货人整理均衡后方可上路运输。

2）集装箱装箱

根据托运人（收货人）要求，可在站内指定区域装掏箱。托运人可自行装箱，也可委托承运人装箱。装箱时应码放稳固，装载均衡，不超载、不集重、不偏重、不偏载、不撞砸箱体，采取防止货物移动、滚动或开门时倒塌的措施，保证箱内货物和集装箱运输安全。车站对发送集装箱的箱体状况进行检查，逐箱确定集装箱重量。同时，根据货源情况建立开箱检查制度，防止出现匿报货物品名、装载不良等问题。

集装箱液袋所装液体，体积不得少于液袋容积的95%，袋体、门挡及所装液体总重不得超过21.5 t。受理车站要箱箱称重，严防超载。凡不具备逐箱称重条件的，不得受理液袋运输。

3）集装箱施封

集装箱施封由托运人负责。通用集装箱重箱必须施封。施封时确认左右箱门锁舌和把手入座后，在右侧箱门把手锁件施封孔处施封一枚，用10号镀锌铁线将箱门把手锁件拧固并剪断余尾。其他类型集装箱根据实际情况采取适合的施封方法。

集装箱施封锁由锁体和锁杆两部分分体组成。锁体为六棱柱体，锁杆包括锁杆头、钢丝绳、锁杆尾及挡头。FS表示施封锁，J表示集装箱，集装箱施封锁示意图如图4-1-1所示。

FS-(双数)型(20、40英尺箱)

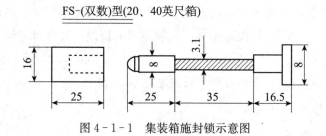

图4-1-1 集装箱施封锁示意图

在锁体6个平面隔面分别打印站名、编号号码、制造厂简称（放在正反括号内）和用户要求增加的专用线代号或施封锁组号，位置均等，站名字体大小为6 mm×4 mm（高×宽），号码字体大小为3.6 mm×1.8 mm（高×宽）的6位数字，站名面和编号号码面不能出现其他文字或数码。挡头端部打印制造厂简称。各表面字体打印深度不小于0.2 mm。

托运的空集装箱可不施封，托运人须关紧箱门并用 10 号镀锌铁线拧固。

办理站有权对集装箱货物品名、重量、数量、包装、装载状况等进行检查。

4）影像资料留存

为做好货物装载加固安全管理工作，从装车源头把好装车质量关，保证货物安全和运输安全。

（1）集装箱货物拍照要求。

承运的集装箱必须逐箱开箱检查并拍照（另有规定的除外）。空集装箱装货前必须确认箱内底板符合装载要求并拍照片一张。货物装到二分之一时，须拍摄一张显示装载状态的照片，打开左侧箱门关闭右侧箱门（显示箱号和部分装载状态）一张，左右侧箱门全部打开（显示装载状态）一张，装箱完毕施封状态一张（影像资料保存 3 个月）。拍照要求见表 4-1-6。

表 4-1-6   集装箱货物拍照标准

序号	拍照要求	照片
1	空箱状态：箱内箱号、箱底状态	
2	货物装到二分之一时拍摄一张显示装载状态的照片	
3	箱内货物整体装载状态（左右侧箱门全部打开显示装载状态）	

序号	拍照要求	照片
4	打开左侧箱门关闭右侧箱门（显示箱号和部分装载状态）	
5	装箱完毕施封状态一张	

（2）集装箱国际运输。

进口、过境集装箱凭海关关封可不开箱检查；出口的集装箱凭海关关封可不开箱检查，由发货人按规定自查并提供 5 张照片，办理站核查、留存。

集装箱办理站承运上述集装箱时需采取措施防止超载、偏载、偏重。

（3）集装箱密闭性要求高的货物。

对装箱密闭性要求高的货物且发货人装箱时进行了内衬密封的（如牛奶、医药、部分食品等），承运时可不开箱检查，由发货人按规定自查并提供 5 张照片，办理站核查、留存。办理站应每月到现场抽查装箱情况并拍照留存。

（4）批量零散货物入箱。

批量零散货物入箱运输，办理站承运时必须严格执行逐箱开箱检查、拍照的规定，防止箱内货物装载不良、匿报品名和夹带危险货物。

（5）使用铁路箱、自备箱装运块煤，托运人要提供空箱箱底板、装载后两侧箱门全开、关上右侧箱门（带箱号）、两侧箱门关闭施封 4 张电子版照片，办理站留存 6 个月。

（6）门吊视频监控要求。

每日实时检查和回放抽查的必查内容，包括集装箱 FT-R 锁车型的卸车作业、恶劣天气时（雨、雪、雾、大风、雷电天气而未达到停止作业条件的）装卸作业、防护信号的安撤及机车取送车时现场情况。

5）集装箱码放要求

集装箱办理站应固定集装箱作业场地，与其他货物分开存放。堆场应划分箱区箱位，在地面做出明显标识，留有检查作业通道。其中发送重箱、到达重箱、空箱、修理箱、铁路箱与自备箱应分别堆放。

码放集装箱时，必须关闭箱门，码放整齐，箱门朝向宜保持一致。多层码放时，要角件对齐，不得超过限制堆码层数。根据铁路集装箱货场统计资料，1CC 和 1AA 箱堆高一层、二层、三层、四层时的实载率分别采用 1.0、0.9、0.8、0.7，集装箱堆码层数及重量见表 4-1-7。

表 4-1-7　集装箱堆码层数及重量

堆码层数 箱型及状态	1AA		1CC	
	空箱/t	重箱/t	空箱/t	重箱/t
一层	3.880	30.480	2.980	30.480
二层	7.760	54.864	5.960	54.864
三层	11.640	73.152	8.940	73.152
四层	15.520	85.344	11.920	85.344
五层	19.400		14.900	

（1）上下层箱角件要对齐。集装箱靠角件承重，如果角件不对齐，下层箱上侧（横）梁或上层箱下侧（横）梁受力过大，容易变形，损坏箱体。按 ISO 标准，纵向允许偏离 38 mm，横向允许偏离 25.4 mm。

（2）地面要平整，否则底板可能会触地、角件悬空，底板受力过大，造成损坏。

（3）相邻两箱（重箱）留有一定间隙，不得密贴，否则落地和起吊时箱体碰撞，容易导致掉漆和变形等问题。

（4）与散堆装货物分区码放，避免挤靠箱体，发生箱体变形。

（5）集装箱间留有必要的安全检查通道，方便外勤货运员穿行。

5. 核算制票与承运

接收重箱后，货区货运员应认真填写票据，登记各种台账，并将货运单等相关费用的票据交给核算员，核算员按规定制票。

1）集装箱货物运费的计算

集装箱货物的运费按照使用的箱数和“铁路货物运价率表”（见表 4-1-8）中规定的集装箱运价率计算。

表 4-1-8　铁路货物运价率表

办理类别名称	运价号	基价1		基价2	
		单位	标准	单位	标准
集装箱	20 英尺箱	元/箱	500.00	元/箱公里	2.025
	40 英尺箱	元/箱	680.00	元/箱公里	2.754

自备集装箱空箱运价率按"铁路货物运价率表"规定重箱运价率的40%计算。

承运人利用自备集装箱回空捎运货物，按集装箱适用的运价率计费，在货物运单铁路记载事项栏内注明，免收回空运费。

铁路建设基金费率表见表4-1-9。

表4-1-9　铁路建设基金费率表

种类	项目		计费单位	农药	磷矿石	其他货物
集装箱	20英尺箱		元/箱公里		0.528	
	40英尺箱		元/箱公里		1.122	
	空自备箱	20英尺	元/箱公里		0.264	
		40英尺	元/箱公里		0.561	

集装箱货物超过集装箱标记总重量，对其超过部分，20英尺箱、40英尺箱每100 kg按该箱型费率的1.5%计算。

铁路电气化附加费费率表见表4-1-10。

表4-1-10　铁路电气化附加费费率表

种类	项目		计费单位	费率
集装箱	20英尺箱		元/箱公里	0.192
	40英尺箱		元/箱公里	0.408
	空自备箱	20英尺	元/箱公里	0.096
		40英尺	元/箱公里	0.204

集装箱货物超过集装箱标记总重量，对其超过部分，20英尺箱、40英尺箱每100 kg按该箱型费率的1.5%补收电气化附加费。

铁路集装箱杂费费率表见表4-1-11。

表4-1-11　铁路集装箱杂费费率表

项目			单位	费率
集装箱使用费	20英尺箱	500 km以内	元/箱	130.00
		501～2 000 km每增加100 km加收	元/箱	13.00
		2 001～3 000 km每增加100 km加收	元/箱	6.50
		3 001 km以上计收	元/箱	390.00
	40英尺箱	500 km以内	元/箱	260.00
		501～2 000 km每增加100 km加收	元/箱	26.00
		2 001～3 000 km每增加100 km加收	元/箱	13.00
		3 001 km以上计收	元/箱	780.00
仓储费	20英尺箱	承运前交付后	元/箱日	75.00
		仓储服务时	元/箱日	75.00
	40英尺箱	承运前交付后	元/箱日	150.00
		仓储服务时	元/箱日	150.00

续表

项目			单位	费率
取送车费	20 英尺箱		元/箱公里	4.50
	40 英尺箱		元/箱公里	9.00
集装箱延期使用费	20 英尺箱		元/箱日	60.00
	40 英尺箱		元/箱日	90.00
换取送达费	起码里程 10 km	20 英尺箱	元/箱	450
		40 英尺箱	元/箱	675
	超过起码里程后里程按 0.5 取整，1、2 去、8、9 进，3、7、4、6 作 5	20 英尺	元/箱公里	24.00
		40 英尺	元/箱公里	36.00
货物运输变更手续费	发送前取消托运：20、40 英尺箱		元/批	100.00
	变更到站、变更收货人：20、40 英尺箱		元/批	300.00
清扫除污费	20 英尺箱		元/箱	5.00
	40 英尺箱		元/箱	10.00
验关手续费	20、40 英尺箱		元/批	33.00
国境站换装费	同整车		元/吨	16
保价费	3‰			

2）集装箱货物装卸费用计算

（1）集装箱装卸综合作业范围。

① 集装箱装卸车（门到门运输）。

发送综合作业：空箱由货场空箱堆存地点装上汽车，返回的重箱由汽车上卸至装车货位，重箱装上火车。

到达综合作业：重箱由火车上卸至货场重箱货位，重箱装上汽车，返回的空箱由汽车上卸至货场空箱堆存地点。

② 集装箱装卸车（站内装掏箱）。

发送综合作业：空箱由货场空箱堆存地点搬运至装掏箱作业地点，重箱由装掏箱作业地点搬运至装车货位，重箱装上火车。

到达综合作业：重箱由火车上卸入货位，重箱由货位搬运至货场的装掏箱作业地点，空箱由装掏箱作业地点搬运至空箱堆存地点。

③ 集装箱装卸车（固定车体）。

发送综合作业：货物由汽车上卸至货位，再由货位装上火车（箱内）。

到达综合作业：货物由火车上（箱内）卸至货位，再装上汽车。

④ 装掏箱。

装箱作业：将货物由汽车上卸下并装入箱内，或由仓库搬出装入箱内。

掏箱作业：将货物由箱内掏出并装上汽车，或掏出箱搬入仓库内。

空集装箱装卸和中转、换装（含准、米轨直通运输换装和进、出口集装箱的国境站换装）作业的装卸综合作业，作业范围均为一装（火车或汽车）一卸（火车或汽车）。

应要求转堆，在站内将货物由一堆放地点搬运至另一地点时，整车、零担货物的搬运基本距离为 30 m，集装箱为 50 m。超过基本距离的，每超 30 m（或其未满，集装箱为 50 m）按超基距搬运加收费用。

空集装箱在货场内的搬移，不论距离长短均按基距内搬运计费。

（2）集装箱货物装卸作业费率。

① 铁路通用集装箱货物装卸综合作业费率。

通用集装箱货物按"铁路通用集装箱货物装卸综合作业费率表"（见表 4 - 1 - 12）规定的综合作业费率计费。集装箱在车站核收一个集装箱装卸综合作业费。在货场内由铁路进行装掏箱作业（含货物装卸汽车）的，核收集装箱装卸综合作业费时加收集装箱掏箱综合作业费；在货场内由托运人或收货人自行装掏箱并装卸汽车的，不加收集装箱装掏箱综合作业费。其他增加或减少装卸单项作业的，集装箱装卸综合作业费不增不减。

装运危险货物的集装箱、罐式集装箱按"铁路通用集装箱货物装卸综合作业费率表"（表 4 - 1 - 12）规定的集装箱装卸综合作业费率加 20％计费。

表 4 - 1 - 12　铁路通用集装箱货物装卸综合作业费率表

箱型	装卸综合作业费率（元/箱）	货场内装掏箱综合作业费率（元/箱）
20 英尺箱	195.00	180.00
40 英尺箱	292.50	300.00

② 空集装箱（含铁路专用集装箱和企业自备箱）装卸和集装箱中转、换装（含准、米轨直通运输换装和进、出口集装箱的国境站换装）作业，以及集装箱在货场内的搬运作业，均按表 4 - 1 - 13 规定的费率计费。

表 4 - 1 - 13　空集装箱装卸和中转、换装综合作业及集装箱货场内搬运费率表

单位：元/箱

箱型		中转、换装综合费率	空箱装卸费率	货场内搬运	
				基本距离（50 m）内	每超基距1～50 m
20 英尺箱	重箱	150.00		45.00	22.50
	空箱	75.00	45.00	22.50	11.25
40 英尺箱	重箱	225.00		67.50	33.75
	空箱	112.50	56.25	33.75	16.88

③ 集装箱货物超过其容许载重量的，对其超过部分，20 英尺和 40 英尺箱每 100 kg，按其适用费率的 5％核收该集装箱的超载装卸、搬运费。

3）集装箱一口价

（1）一口价组成。

一口价由运输费用、发到站营运杂费和有关税费组成。其中运输费用包括运费、铁路建设基金、电气化附加费、特定线路运费、特定加价运费、与国铁办理直通的合资、

地方铁路运费；发到站营运杂费包括装卸箱费、站内装掏箱费、接取送达费、取送车费、集装箱使用费、交付前仓储费和保价费。

发或到站为国境站时，一口价相应增加换装费、验关手续费、声明价格费、阿拉山口口岸建设费等和进出口有关的杂费。

接取送达费、保价费根据托运人自愿选择，按规定标准收取。

集装箱运输不得收取清扫除污费和装载加固材料使用服务费。

（2）集装箱一口价，由发站使用货票向托运人一次收取。除规定的运输费用外，发、到站不得再收取其他任何费用。货票上除保价费单列外，其他所有费用列全程运费。

（3）集装箱一口价中包括的各项费用计费条件和费率标准，均按国家和铁路总公司相关规定执行。

（4）对新增集装箱货源，可按照紧贴公路的市场定价方式确定竞争性集装箱一口价，实施项目管理制。执行竞争性集装箱一口价的项目不办理变更到站。承运后发现危险货物匿报、瞒报品名由到站按批核收全程正当运费二倍的违约金，不另补收运费差额。到站发现集装箱货物超过集装箱标记总重量，按照一口价费用与该箱最大装载重量计算出每 100 kg 单价费用，对其超过部分（不足 100 kg 进为 100 kg）进行补收。

集装箱上门装卸仅指货物装掏箱作业，接取送达集装箱限制中的"①"表示不办理 40 英尺集装箱及高度超过 2.6 m 的集装箱取送货业务，"③"表示 40 英尺集装箱及高度超过 2.6 m 的集装箱取送货范围无特殊限制。

【例 4-1-1】 某托运人在金华站发聊城正大专用线催化剂 40 t，保价 20 万元，使用两个 20 英尺罐式集装箱装运，请计算金华站应核收的运杂费。

解：计费里程 1 308 km，电气化里程 630 km，基金里程 1 308 km，京九分流 414 km。

运费：$(500+2.025\times1\ 308)\times(1+30\%)\times2=8\ 186.62$（元）（罐式箱运费加成 30%）

电气化附加费：$0.192\times630\times2=241.92$（元）

建设基金：$0.528\times1\ 308\times2=1\ 381.25$（元）

京九分流：$0.096\times414\times2=79.49$（元）

印花税：$(8\ 186.62+241.92+79.49)\times0.000\ 5=4.25$（元）

集装箱使用费：$[130+(1\ 400-500)/100\times13]\times(1+200\%)\times2=1\ 482.00$（元）

保价费：$200\ 000\times3‰=600.00$（元）

发站装卸费：$195\times(1+20\%)\times2=468.00$（元）（罐式加成 20% 计费）

支付一口价合计：12 443.53（元）

【**例4-1-2**】某站发集装箱两箱一车，货物实际保价金额667 000元，计算核收保价费。

解： 集装箱保价费率为3‰

667 000×3‰＝2001.00（元）

4）货物的承运

（1）货票的填制。

集装箱货物装箱后或接收重箱后，货运员将签收的运单移交货运室填制货票，核收运杂费。

货票式样见图4-1-2，货票一式四联。货票应根据货物运单记载的内容填写。集装箱货物"计费重量"栏填记按规定处理尾数后的重量或起码重量。

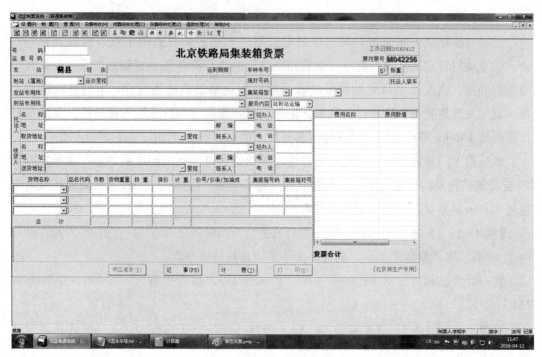

图4-1-2 货票式样

（2）货物承运。

车站在货物运单和货票上加盖车站日期戳并收清费用后，即可将领货凭证和货票丙联一并交给托运人。发站在货物运单上加盖车站日期戳时起，即为承运。

6.集装箱装车作业

1）集装箱装车作业流程

（1）装车前作业。

① 进行票、箱、车三检：严禁使用车辆技术状态不良（包括锁头不全、损坏等）的集装箱专用及两用车装运集装箱。检查车体、车辆中门、小门及零配件是否齐全有效，

以及车地板是否良好、无异状（如图 4-1-3、图 4-1-4 所示）。

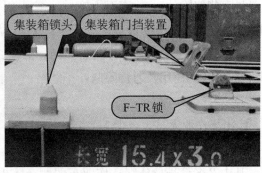

图 4-1-3　装车前确认集装箱专用车锁头齐全、状态良好

图 4-1-4　装车前确认两用车锁头齐全、状态良好

② 通知装卸安设防护信号（如图 4-1-5 所示）。

图 4-1-5　安设防护信号

③ 制订装车计划。

④ 召开车前会布置作业重点，报告作业开始时间。

⑤ 核对箱号和箱体施封号。

装车前作业质量标准：防护信号安设线路正确，方向、距离符合规定；待装箱票据各栏填写正确，装运同一车时的集装箱到站一致，两集装箱重量之差不得大于 5 t（X_{3K}、X_{4K} 等另有规定除外）；检查有无施封、箱门关闭是否良好、把手是否入位、铁线捆绑加固情况，检查箱体外观状态；承认车计划不落空；核对待装车顺位、车种、车型、车号、标重，检查车辆车体、车门、插销、搭扣、锁头、平车挡板是否齐全良好，定检不过期，符合车辆使用及通行限制，车体内、车地板清扫干净，无杂物。

（2）装车时作业。

① 出场作业人员：至少 3 名装卸作业人员（1 名吊车司机、2 名信号员，其中一名信号员兼任班长），1 名区域防护人员（由营业部、网点指定值班员及以上能够胜任人员）。其中 2 名信号员分别在作业车两侧；防护人员负责清理作业区内的闲杂人员，不准任何人在作业区内逗留。

② 作业时，集装箱平车装载，吊箱至车辆上方平稳下落，下落至锁头承载面约120 mm 时，班长指挥司机停车，两侧信号人员必须逐个确认集装箱 4 个角件孔对准锁头后下落，确保入槽到位。敞车装载时，按要求放置加固材料，并确保箱体装载均衡。

③ 作业完毕，集装箱货运员逐车、逐箱进行检查，对于集装箱平车（F - TR 锁）使用粉笔在每个集装箱角孔处画竖道标记，对于非 F - TR 锁的平车（需进行加固的集装箱），在每个集装箱角孔处画横道标记，必须保证入槽到位，并在车体上涂打检查标记。对于成组（每批次 10 车及以上时）、成列作业车，在车列、车组两端车辆上涂打检查标记。对原有集装箱角孔处有标记的，须使用不同颜色的粉笔进行涂打。

装车时作业质量标准：严格执行操作规程，确认不超载、吊具锁头锁闭正常，起吊时应慢速起升；无超重、偏重现象，配装无误，无错装；全部锁头完全入位，门挡立起；确认作业线路所有车辆的车体、集装箱顶部均无杂物。

（3）装车后作业。

① 进行票、箱、车三检：包括通用平车、集装箱专用车锁头检查，以及车体悬挂物和箱顶异物的检查，使用集装箱平车（共用车）时，装车后须检查确认锁头完全入位。

② 通知作业人员按规定撤除防护信号。

③ 核对及整理票据，并按规定进行装车质量签认。

④ 报告装车完毕时间。

⑤ 将装车信息录入信息系统，打印清单（填写特殊货车及运送用具回送清单），整理票据，核对到站、箱数。按规定处理票据封套，加盖有关戳记。

装车后作业质量标准：无错装、漏装，票据、现车、集装箱相符；检查箱门朝向相邻集装箱，敞车装箱居中装载（如图 4 - 1 - 6 所示），并放置集装箱掩挡。检查平车锁头入位、端板、侧板关闭状态，门挡是否立起（如图 4 - 1 - 7 所示）；检查敞车中、下门关闭良好，使用 8 号镀锌铁线捆固，剪断余尾；插销、搭扣插好或落槽，车体外部、车钩、手闸台等部位有无杂物；敞车装载放偏草墩码放符合规定；平车影像资料应能反映车号、锁头状态；确认车辆空重阀调整到位；撤除防护信号及时；杜绝代签、错签、迟签、漏签；报告及时准确；信息录入正确，清单清楚无误；车种车号、到站等填写无误，有关戳记齐全。

图 4-1-6　居中装载

图 4-1-7　检查各项状态

2）集装箱货车装载清单

集装箱装车时，应填制"集装箱货车装载清单"，记明箱号、车号等信息（见表4-1-14）。

表 4-1-14　集装箱货车装载清单

装车站　　　　　　　　　　　　　　　　　　　　　　　　　　年　　月　　日

到站		车种车号			标记载重		备注	
货票号	发站	到站	品名	重量	托运人	箱号	施封号码	记事

计划员　　　　　　　　装车货运员　　　　　　装车工组规格：A5横印

3）货运票据封套

车站在装运集装箱时，运输票据（包括回送清单）均封装于每车一个货运票据封套中（见表 4 - 1 - 15）。

表 4 - 1 - 15　货运票据封套

货运票据封套

车种车号标记载重量
货物到站到局篷布号码
票据号码
货物品名
收货人及卸车地点
施封号码（货物＋箱体）重量（吨）
记　　事
发站戳记
经办人章

集装箱封套必须按照规定填记，区分通用箱、特种箱、汽车箱、企业自备箱，在货运票据封套的右上角加盖集装箱类型戳记并填记箱号，箱类加"通""特""汽""自"字样。在"货物品名"栏内按《铁路货车统计规则》规定填记"箱主＋型号＋重（空）＋箱数"，在"货物实际重量"栏内填记全车集装箱总重。集装箱装车后，车站（包括非集装箱办理站）货运人员在封套下方加盖集装箱装载情况戳记（如图 4 - 1 - 8 所示）。

重二空	重四空	其他箱

图 4 - 1 - 8　集装箱装载情况戳记

说明：①二、四分别表示铁路 20 英尺、40 尺箱型。
②重、空分别表示铁路的重集装箱或空集装箱。

对一车内两种及以上箱类混装时，货物名称合并填记。一车两箱情况，如 20 英尺铁路普通箱重箱一个、20 英尺自备箱重箱一个时，填记"通自二重 2"。一车三箱情况，如 20 英尺铁路普通箱重箱一个、20 英尺自备箱重箱一个、20 英尺中铁铁龙特种箱空箱一个时，填记"通自二重 2 特二空 1"；又如 20 英尺铁路普通箱重箱两个、40 英尺铁路普通箱空箱一个时，填记"通二重 2 通四空 1"。

7. 集装箱货运途中检查重点

集装箱货运途中检查重点为使用平车（含专用平车）装运集装箱，检查箱门是否关闭、箱体是否完好；专用平车装运集装箱，检查角件是否落槽；箱门朝向货车端侧板，检查是否对箱门进行了加固；装载端部有门的 20 英尺集装箱时，检查箱门是否朝向相邻集装箱。

集装箱货运途中检查常见问题及处理见表 4 - 1 - 16。

表 4 - 1 - 16　集装箱货运途中检查常见问题及处理

货运检查常见问题	图片示例	造成后果	处理措施
平车集装箱货物加固不当，货物移动造成集装箱破损	存在问题箱内货物加固不当，货物移动造成集装箱破损	箱门失去加固，货物有坠落、倒塌可能	甩车整理，于列车到达后120 min 内拍发电报，编制普通记录
平车集装箱未落入锁头，锁头未落槽	存在问题锁头底座未入槽　存在问题集装箱未放入锁头	集装箱位移、窜动	甩车整理，于列车到达后120 min 内拍发电报，编制普通记录
平车集装箱门锁和手把未关闭	存在问题箱门和手把未关闭，造成箱门开启	箱门开启、货物损失	甩车整理，如货物有被盗、丢失，应通知铁路公安部门清点货件并拍发"货物损失速报"，编制普通记录

续表

货运检查 常见问题	图片示例	造成后果	处理措施
平车集装箱 门锁、手把 未捆绑加固	 存在问题　　　　　存在问题 箱门手把未锁闭　箱门未使用10号 　　　　　　　　铁线捆绑拧固	箱门开启、 货物损失	设好防护，在 列整理后继运

8. 集装箱卸车作业

（1）出场作业人员：至少3名装卸作业人员（1名吊车司机、2名信号员，其中一名信号员兼任班长），1名区域防护人员（由营业部、网点指定值班员及以上能够胜任人员）。其中2名信号员分别在作业车两侧；防护人员负责清理作业区内的闲杂人员，不准任何人在作业区内逗留。

（2）作业时，吊车司机和信号员必须严格落实装卸作业程序，当吊具与箱体配合好，信号员指示司机"点动试吊"，将吊索绷紧，班长指挥司机停车，检查吊索、集装箱及车辆状态；司机检查吊具旋锁指示标志（指针）是否处于锁闭状态，无异常后，班长指挥司机缓慢垂直起吊，在距离锁头承载面大于100 mm后停车，两侧信号员密切观察集装箱下角配件与锁头的分离状态，确认集装箱与车体完全分离后，方可快速提升集装箱吊离车体。

（3）作业完毕，集装箱监装卸货运员对卸后车辆进行检查，重点检查车体及车辆走行部状况，确认无误后，按规定在车体上涂打检查标记。成组（每批次10车及以上时）、成列作业车，在车组、车列两端车辆上涂打检查标记。集装箱卸车时，应核对箱号，检查箱体和施封情况。使用特种货物箱和专用箱的，还要检查外部配件。

卸车完了，卸车货运员应凭票核对箱号、箱数、施封等项目，在货运票据上注明箱位，登记"集装箱到发登记簿"（见表4-1-17），向内勤货运员办理运输票据交接，向货调报告卸车完了时间。

表4-1-17　集装箱到发登记簿

箱号	到达								发出							停时计算								记事
	卸车日期	车种车号	发站	货票号	收货人	货位号	卸车货运员	交付货运员	交付货运日期	承运日期	到站	货票号	施封号码	托运人	装车日期	车种车号	装车货运员	卸车		转出		转入		装车		停留时间	
																		日期	时间	日期	时间	日期	时间	日期	时间		

到站卸车发现集装箱施封锁丢失、封印内容不符、施封失效时，应在当时清点箱内货物并编制货运记录；发现集装箱破损可能危及货物安全时，应会同收货人检查箱内货物并编制货运记录。

9. 交付

到站应向运单记载的收货人交付集装箱。

到达的集装箱，应于承运人发出领货通知的次日起算，2 日内领取集装箱货物，并于领取的当日内将箱内货物掏完或将集装箱搬出。集装箱货物（含空自备箱）在办理站存放超过上述免费仓储期限，应按规定核收仓储费。

托运人或收货人使用铁路箱超过下列期限，自超过之日起核收集装箱延期使用费：

（1）站内装箱的，应于约定进货日期当日装完。站内掏箱的，应于领取的当日内掏完。

（2）到达的集装箱，应于承运人发出领货通知的次日起算，2 日内领取集装箱。

（3）集装箱出站的，重去空回或空去重回时，应于领取的次日送回；重去重回时，应于领取的 3 日内送回。

在集装箱办理站存放的铁路箱不得挪作他用。如有挪用，对挪用者自挪用之日起核收规定费率 2 倍的集装箱延期使用费。

【例 4 - 1 - 3】开封站 5 月 15 日 10 点到达金昌公司 20 英尺罐式集装箱 2 个，开封站当日电话通知金昌公司，集装箱于 5 月 15 日卸到车站货场，金昌公司因汽车原因，5 月 20 日派人取走重箱，5 月 25 日送回空箱。请计算开封站应核收的费用。

解：15 日电话通知，18 日至 20 日核收仓储费和延期使用费 3 天。20 日取走重箱，25 日送回，延期使用 4 天。

仓储费：$2 \times 75 \times 3 = 450$（元）

集装箱延期使用费：$2 \times 60 \times (3 + 4) = 840$（元）

合计：1 290（元）

10. 铁路箱进出站

托运人（收货人）可自行安排汽车取送集装箱，也可委托车站办理，车站均应提供便利条件。托运人（收货人）领取铁路箱出站的，车站应与托运人（收货人）签订铁路箱出站使用协议并收取保证金；铁路局可结合实际免收保证金。

（1）铁路箱出站时，托运人、收货人或运输单位凭"铁路箱出站单"拉运集装箱出站。货运人员应按规定和实际进出站时间填记"铁路箱出站单"，作为铁路集装箱进出站时交接的凭证。"铁路箱出站单"应按编号进行管理，甲乙两联一同装订成册，保存期为一年。产生集装箱延期使用费时应按规定核收。

（2）货场门卫对出站铁路箱必须核对"铁路箱出站单"，运输车辆提供不出"铁路箱出站单"时，不得出站。

（3）铁路箱返回时，货运人员必须核对"铁路箱出站单"，确认箱号信息与出站单记载一致；检查箱体外观，确认箱况良好、无损坏。有异状时应由托运人或收货人改善后接收。箱体损坏危及货物和运输安全时不得接收。收妥集装箱并结清费用后，在乙联上加盖车站日期戳和经办人章，将收据交给还箱人。

（4）出站的铁路集装箱，须在铁路集装箱运输管理信息系统中录入箱号、出门日期、出门单据号、领箱人、汽车号、办理站经办人等信息；进站的铁路集装箱，须在铁路集装箱运输管理信息系统中录入箱号、进门日期、出门单据号、还箱人、汽车号、办理站经办人等信息。

4.1.5　集装箱交接

1. 交接地点和方法

1）在办理站交接

重箱凭箱号、封印和箱体外状，空箱凭箱号和箱体外状，箱体没有发生危及货物安全的变形或损坏，箱号、施封号码与货物运单记载一致，施封有效时，箱内货物由托运人负责交接。

通用集装箱技术检查内容包括箱体外部的检查和箱体内部的检查。

（1）箱体外部的检查。

① 侧壁板、端壁及顶板有无凹陷、裂缝、孔洞或锈蚀。

② 角柱有无弯曲、裂缝、变形或损坏。

③ 前后端上下梁及上下侧梁、门端上下梁有无弯曲、断裂或锈蚀。

④ 底结构部分底槽梁及附件有无弯曲、变形或断裂、与下侧梁及底板是否脱离。

⑤ 箱门处门板有无锈蚀、裂缝、孔洞或明显变形；箱门各附件是否齐全，有无变形或损坏，箱门密封、锁闭是否完好。

⑥ 焊缝部分检查箱体各部构件连续焊缝有无开焊或裂纹。

⑦ 标志有无脱落、模糊不清或失效。

⑨ 核对箱体、箱门号是否与牌照一致。

⑩ 封印有无损坏或脱落，施封是否有效，封号是否与运单记载相符。

⑪ 漆表面是否漆膜受损使金属外露。

⑫ 清洁状况检查有无严重污秽或溢出物。

（2）箱体内部的检查。

① 侧壁板、端壁及顶板有无凹陷、裂缝、孔洞或锈蚀。

② 护角板有无弯曲、弓形或凹坑。

③ 沟槽板有无孔洞、裂缝透光、曲翘、脏污或凿痕。

④ 侧壁板、端壁波纹内是否有污垢、污染物。

⑤ 漆表面是否漆膜受损使金属外露。

⑥ 箱体内（非通风集装箱）：在箱内，关严箱门目测是否有漏光，是否存有发出持久不散异味的残留物。

（3）容许损伤。

① 容许损伤定义。

集装箱的装卸，使用不当造成的某些损伤和磨损，实际上不影响结构完整性、水密性或集装箱的基本使用功能为轻微损伤，称容许损伤。

② 容许损伤内容。

（a）金属构件非因接触外部物质而产生的锈蚀，在擦伤或凹陷部分涂漆或未涂漆。

（b）集装箱表面油漆非因污染而致破坏或褪色。

（c）不影响结构完整性的角件的磨损、表面锈蚀。

（d）未造成零件、紧固件松动，透光、漏水现象发生的门封条及附件老化、锈蚀。

（e）标志褪色，但不影响标志内容完整。

（4）非容许损伤。

影响集装箱结构完整性、箱内外几何尺寸、水密性或检验要求的故障损伤或可能危及人身、货物或装卸运输设备和装置安全的故障操作为严重损伤，称非容许损伤。

2）在专用铁路、专用线装卸车

由车站与托运人或收货人商定交接办法。

2. 交接凭证

进出站交接凭证为"铁路箱出站单"。

从车站搬出铁路箱时，车站根据运单填写"铁路箱出站单"作为出站和箱体状况交接的凭证。

集装箱送回车站时，车站收妥集装箱并结清费用后，在"铁路箱出站单"乙联上加盖车站日期戳和经办人章，将收据交还送箱人。

3. 交接问题的处理

发站在接收集装箱时，检查发现箱号或封印内容与运单记载不符或未按规定关闭箱门、拧固、施封的，应由托运人改善后接收。箱体损坏危及货物和运输安全的不得接收。

收货人在接收集装箱时，应按运单核对箱号，检查施封状态、封印内容和箱体外状。发现不符或有异状时，应在接收当时向车站提出。

到站卸车发现集装箱施封锁丢失、封印内容不符、施封失效时，应在当时清点箱内货物并编制货运记录；发现集装箱破损可能危及货物安全时，应会同收货人或驻站公安检查箱内货物并编制货运记录。铁路箱破损时应编制"集装箱破损记录"（见表 4 - 1 - 18）。

表 4-1-18　集装箱破损记录

No.00001

　　　　箱型　　　　箱号
1. 发站　发局　　托运人
2. 到站　到局　　收货人
3. 货票号　年　月　日承运
4. 车种车号
5. 发现集装箱损坏地点
6. 损坏部位，按下面符号所示内容填在视图上

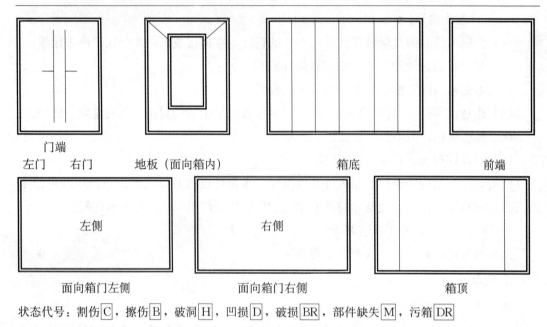

门端
左门　右门　　地板（面向箱内）　　　　箱底　　　　　　前端

左侧　　　　　　　　　右侧

面向箱门左侧　　　　　面向箱门右侧　　　　箱顶

状态代号：割伤 $\boxed{C}$，擦伤 $\boxed{B}$，破洞 $\boxed{H}$，凹损 $\boxed{D}$，破损 $\boxed{BR}$，部件缺失 $\boxed{M}$，污箱 $\boxed{DR}$

7. 损坏原因和程度
8. 责任者（签章）
9. 装卸或货运主任（签章）
10. 填写单位：（章）　　填写人：
11. 年　月　日

说明：1. 本记录一式三份，一份编制记录站存查，一份交责任者，一份随箱同行。
2. 本记录留存1年。

规格：A5 竖印

4. 交接责任的划分

交接前由交方承担，交接后由接方承担。但运输过程中由于托运人责任造成的事故

和损失由托运人负责；因集装箱质量发生的问题，责任由箱主或集装箱承租人负责。

集装箱在承运人的运输责任期内，箱体没有发生危及货物安全的变形或损坏，箱号、施封号码与运单记载一致，施封有效时，箱内货物由托运人负责。

4.1.6 集装箱运输车站货运作业管理规定

集装箱运输车站货运作业管理规定对集装箱办理站货运作业流程和作业质量要求进行了规范，以提高作业质量和效率。

1. 发送作业

发送作业流程如图 4-1-9 所示。

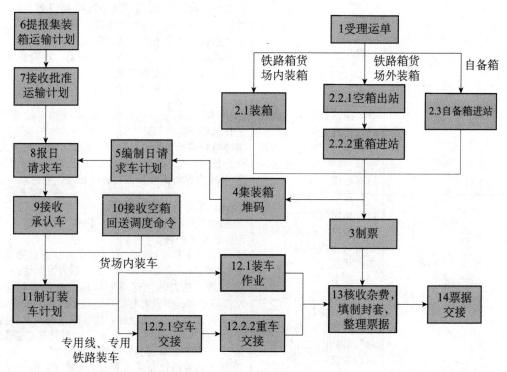

图 4-1-9 发送作业流程

发送作业质量要求见表 4-1-19。

表 4-1-19 发送作业质量要求

序号	作业项目	作业内容	质量要求
1	受理运单	（1）统一受理和审核运单。 （2）安排装箱计划，批准集装箱进站日期	① 按运单填制办法逐项审核，符合集装箱运输条件，符合一批办理托运条件，符合车站营业办理范围，戳记齐全，所附证明文件齐全有效。 ② 预先分配空箱，与托运人预约领取空箱、进货时间

序号	作业项目	作业内容	质量要求
2.1	装箱	(1) 核对运单信息。 (2) 货物装箱。 (3) 施封。 (4) 称重	① 确认信息无误。 ② 在指定区域装箱。装箱前，确认箱体状态良好，将集装箱上残留的无关标识、杂物清除干净。装箱时，充分利用箱内容积，码放稳固，装载均匀，不超载、不集重、不偏重、不偏载、不撞砸箱体。已采取防止货物移动、滚动或开门时倒塌的措施。特种货物箱、专用箱符合其铁路运输技术条件、试运方案有关规定。装箱完毕后，锁闭箱门、孔盖、阀门等部件。 ③ 通用集装箱重箱必须施封，施封时左右箱门锁舌和把手必须入座，在右侧箱门把手锁件施封孔施封一枚，用 10 号镀锌铁线将箱门把手锁件拧固并剪断余尾。特种货物箱、专用箱施封符合其铁路运输技术条件、试运方案有关规定。 ④ 称重设备是经过检定的计量衡器。逐箱称重。集装箱超过规定载重量的，纠正后方可运输
2.2.1	空箱出站	(1) 核对信息。 (2) 确认集装箱状态良好后将其交给托运人。 (3) 填写"铁路箱出站单"，将相关信息录入追踪系统	① 确认信息无误。 ② 箱体状况符合《通用集装箱在铁路车站检查的技术要求》（TB/T 3207—2008）和相关专用集装箱和特种货物集装箱试运通知要求。托运人认为箱体状态不良时，应予以更换。 ③ 各项内容填记和录入准确、及时、完整
2.2.2	重箱进站	(1) 核对信息。 (2) 根据实际情况确定是否对箱内货物品名和装载状况进行检查。 (3) 称重。 (4) 确认集装箱状态良好后予以接收。 (5) 填写"铁路箱出站单"，将相关信息录入追踪系统	① 确认箱号等信息无误。 ② 检查比例符合车站要求，检查台账完整，发现问题妥善处理。 ③ 称重设备是经过检定的计量衡器。逐箱称重。集装箱超过规定载重量的，纠正后方可运输。 ④ 对照"铁路箱出站单"认真检查箱体状况，发现箱号或封印内容与运单记载不符或未按规定关闭箱门、拧固、施封的，应要求托运人改善后接收。箱体破损的按要求填写"集装箱破损记录"，危及货物和运输安全的不得接收。 ⑤ 各项内容填记和录入准确、及时、完整
2.3	自备箱进站	(1) 核对信息。 (2) 根据实际情况确定是否对箱内货物品名和装载状况进行检查。 (3) 称重。 (4) 确认集装箱状态良好后予以接收	① 核对信息无误。 ② 检查比例符合车站要求，检查台账完整，发现问题妥善处理。 ③ 称重设备是经过检定的计量衡器。逐箱称重。集装箱超过规定载重量的，纠正后方可运输。 ④ 认真检查箱体状况，发现箱号或封印内容与运单记载不符或未按规定关闭箱门、拧固、施封的，应要求托运人改善后接收。箱体破损危及货物和运输安全的不得接收
3	制票	(1) 填制货票。 (2) 核收费用	① 各项目填制准确、完整。 ② 运杂费核收无误

续表

序号	作业项目	作业内容	质量要求
4	集装箱堆码	集装箱堆码	分区码放。箱门关闭，码放整齐，箱门朝向一致。多层码放时，角件对齐，不超过限制堆码层数
5	编制日请求车计划	编制日请求车计划	日请求车计划与批准的运输计划相匹配，待发箱已最大限度纳入日请求车计划
6	提报集装箱运输计划	（1）进行适箱货源调查。 （2）编制集装箱月度装箱计划。 （3）提报集装箱月度货物运输计划	① 掌握集装箱货物的流量、流向，随时掌握变化情况。 ② 核实货源，合理组织安排，最大限度地将适箱货源纳入集装箱运输。 ③ 保证月度装箱计划的落实
7	接收批准运输计划	接收批准运输计划	接收及时、完整
8	报日请求车	报日请求车	日请求车与批准运输计划相匹配。提报及时、规范
9	接收承认车	接收承认车	接收及时、完整
10	接收空箱回送调度命令	接收空箱回送调度命令	接收及时、完整
11	制订装车计划	（1）制订装车计划。 （2）检查现车。 （3）调整装车计划	① 承认车计划不落空。 ② 现车满足装车要求。 ③ 车种车型符合要求，装载在同一辆货车上的集装箱重量差不超过规定值，同一到站、去向的集装箱装载在相邻车辆上，装卸搬运总距离合理
12.1	装车作业	（1）报告空车送到货物线时间。 （2）装车前，进行票、箱、车三检，报告作业开始时间。 （3）装车。 （4）装车后，对车辆装载状态进行检查。 （5）填写货车装载清单，报告作业完了时间和重车取走时间。 （6）将装载清单信息录入追踪系统	① 报告及时、准确。 ② 货票齐全，票箱相符；箱体状态良好，箱顶无杂物，施封有效；车辆无杂物，平车锁头齐全、状态良好，符合使用要求；报告及时、准确。 ③ 装车作业稳起轻放，不冲撞箱体、不偏载、不错装、不漏装。 ④ 箱体外状良好。装载加固符合要求，平车装载时，锁头入位，门挡立起；敞车装载时，集装箱居中。 ⑤ 填记准确、完整，报告及时、准确。 ⑥ 录入及时、准确、完整
12.2.1	空车交接	空车交接	车辆满足装车要求，车上无杂物，集装箱平车锁头完好
12.2.2	重车交接	（1）核对运单和现车。 （2）检查车辆装载情况。 （3）信息录入	① 凭运单核对现车，确认箱号车号一致。 ② 装载加固符合要求，平车装载时，锁头入位，门挡立起；敞车装载时，集装箱居中。 ③ 装载清单填记清楚准确，有关信息及时录入集装箱追踪系统
13	核收杂费，填制封套，整理票据	整理票据，填记封套，加盖有关戳记	运单、货票、装载清单相符，封套填记完整、正确，戳记齐全
14	票据交接	票据交接	有关票据交接完整、及时、准确

2. 到达作业

到达作业流程如图 4-1-10 所示。

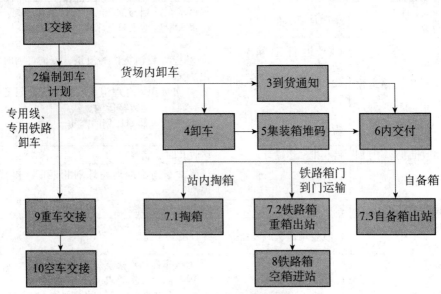

图 4-1-10 到达作业流程

到达作业质量要求见表 4-1-20。

表 4-1-20   到达作业质量要求

序号	作业项目	作业内容	质量要求
1	交接	(1) 票据交接。 (2) 接收重车	① 有关票据交接完整、及时、准确。 ② 及时报告重车送到货物线时间,认真核对现车数据,确认车号、封套一致,车辆装载状态良好,发现问题按规定及时处理
2	编制卸车计划	制订卸车计划	箱区箱位分配合理,装卸搬运总距离合理
3	到货通知	发催领通知	不迟于卸车次日。收货人拒领或无法找到收货人时,及时按规定处理
4	卸车	(1) 报告作业开始时间。 (2) 卸车前,确认车号。 (3) 按卸车计划卸车。 (4) 卸车后,检查箱体状况,凭票核对箱号、箱数、施封锁内容,注明箱位,在货票上加盖卸车日期戳,将车辆清理干净。 (5) 报告作业结束和取走空车时间。 (6) 将装载清单信息录入追踪系统	① 报告及时、准确。 ② 车号正确。 ③ 稳起轻放,不冲撞箱体,不错卸、不漏卸。 ④ 确认票、箱一致,箱体状况良好,施封有效,发现异状,如实编制记录。 ⑤ 报告及时、准确。 ⑥ 录入及时、准确、完整

续表

序号	作业项目	作业内容	质量要求
5	集装箱堆码	集装箱堆码	分区码放。箱门关闭，码放整齐，箱门朝向一致。多层码放时，角件对齐，不超过限制堆码层数
6	内交付	(1) 整理相关票据。 (2) 核对收货人身份。 (3) 按规定核收费用，加盖交付日期戳，将相关票据交给收货人	① 相关票据完整、正确，便于查找。 ② 收货人提出的领货凭证及有效证明文件与货票上记载的收货人名称、货票号码相符，戳记齐全，不误交。 ③ 不误收，不漏收，戳记正确
7.1	掏箱	掏箱	在指定区域掏箱。开启箱门前与收货人共同确认箱号、箱体外状、施封状态和施封内容。督促收货人掏箱完毕后将箱内清扫干净，关闭箱门，特种箱有关部件按要求复位
7.2	铁路箱重箱出站	(1) 核对运单。 (2) 交付。 (3) 填写"铁路箱出站单"，将有关信息录入追踪系统	① 不错交、不误交。 ② 与收货人共同确认箱号、箱体外状、施封状态和施封内容，在货物运单上加盖"货物交讫"戳记。 ③ 各项内容填记和录入准确、及时、完整
7.3	自备箱出站	(1) 核对运单。 (2) 交付	① 不错交、不误交。 ② 与收货人共同确认箱号、箱体外状、施封状态和施封内容，在货物运单上加盖"货物交讫"戳记
8	铁路箱空箱进站	(1) 对照"铁路集装箱出站单"，计算站外停留时间，检查箱体质量。 (2) 返回还箱收据，将"铁路集装箱出站单"装订成册。 (3) 将有关信息录入追踪系统	① 督促收货人按规定日期返回集装箱。按规定核收延期使用费。对发生破损的集装箱编制记录，向责任者核收修理费用。 ② 顺号装订，妥善保管。 ③ 录入及时、准确、完整
9	重车交接	(1) 核对运单和现车。 (2) 检查车辆装载情况	① 凭运单核对现车，确认箱号车号一致。 ② 装载加固符合要求，平车装载时，锁头入位
10	空车交接	(1) 检查车辆状况。 (2) 信息录入	① 车辆无杂物，捆绑物清除干净。 ② 卸车信息及时准确录入集装箱追踪系统

3. 日常管理

日常管理主要作业项目如图 4-1-11 所示。

日常管理作业质量要求见表 4-1-21。

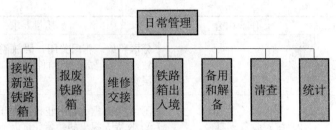

图 4 - 1 - 11　日常管理主要作业项目

表 4 - 1 - 21　日常管理作业质量要求

序号	作业项目	作业内容	质量要求
1	接收新造铁路箱	接收新造铁路箱	凭调度命令接收新造铁路箱,在交接单上签认,并在箱管信息系统中录入箱号
2	报废铁路箱	报废铁路箱	凭调度命令将待报废箱回送至指定地点。报废箱集结站在信息系统中录入报废信息
3	维修交接	(1) 扣修。 (2) 修竣交接	① 通用箱按《通用集装箱在铁路车站检查的技术要求》(TB/T 3207—2008),特种货物箱、专用箱按其铁路运输技术条件、试运方案有关规定进行检查,达到扣修条件的应及时送修。"铁路箱修理通知书"填写规范、完整,并及时将相关信息录入追踪系统。建立集装箱送修、修竣台账,及时核对修理交接数量。 ② 及时掌握修理信息,按规定验收合格后及时投入运用。及时将相关信息录入追踪系统
4	铁路箱出入境	(1) 出境。 (2) 入境	① 装车站凭调度命令装车,国境站凭调度命令放箱出境。按规定与外方铁路部门办理交接,并及时将相关信息录入追踪系统。 ② 按规定与外方铁路部门办理交接。会同海关抽查箱内货物超偏载情况,并及时将相关信息录入追踪系统
5	备用和解备	(1) 备用。 (2) 解备	① 凭铁路总公司集装箱调度命令备用。备用箱状态必须良好,备用后不得挪作他用,并及时将相关信息录入信息系统。 ② 凭铁路总公司集装箱调度命令解备,并及时将相关信息录入信息系统
6	清查	清查站内外的铁路箱	每日整理"铁路箱出站单",与站外存箱单位核对存箱数量,填制"铁路箱站外存留日况表"。按月清查站内外的铁路箱。发现账实不符时,查明原因,及时上报
7	统计	填记"集装箱到发登记簿""铁路箱站外存留日况表""集装箱停留时间统计簿""集装箱运用报告"等报表	填记准确、及时、完整,逐步实现自动计算机生成和管理

任务实施

　　根据以上相关知识，由教师组织学生分组进行讨论；学生根据教师给出的集装箱运输案例正确填写集装箱运输票据，计算集装箱运输费用，正确组织铁路集装箱运输，各小组派代表进行总结汇报，小组互评；教师点评总结，提高学生运用理论知识解决实际问题的能力。

任务 4.2　20 英尺 35 吨敞顶集装箱运输组织

教学目标

1. 能力目标

　　能正确制订铁路特种集装箱装载方案，正确计算特种集装箱运输相关费用，能按规定组织各种特种集装箱运输和集装箱门到门运输。

2. 知识目标

　　掌握铁路 20 英尺 35 吨敞顶集装箱运输组织规则，掌握铁路特种集装箱运输组织方法。

工作任务

　　2016 年 5 月 10 日，呼和浩特铁路局乌兰陶勒盖站承运 100 个 20 英尺 35 吨敞顶箱、3 000 t 块煤，组成 20020 次货物直达列车，到站为南昌局八景站（江西省）。请正确计算运费，正确填制各种票据，组织 20 英尺 35 吨敞顶集装箱运输。

相关知识

4.2.1　20 英尺 35 吨敞顶集装箱运输

　　1. 20 英尺 35 吨敞顶集装箱概述

　　（1）20 英尺 35 吨敞顶集装箱是一种便捷、低碳的集装化现代运载工具。它采用 20 英尺国际标准箱体，适用于装载散堆装货物、成件包装货物、吊装货物、各类白货等，还可根据客户需求和货物性质选择是否遮盖篷布、雨布等。

　　（2）使用 35 吨敞顶集装箱，可直接将其作为货物装载工具，只需在货物生产和仓储地点对敞顶集装箱进行吊装卸作业，减少了客户从企业仓库至发送车站、到达车站至终端客户仓储地点的两次装卸作业，有效地降低了散堆装货物在装卸过程中的货物损耗和成件包装货物在装卸作业时产生的货物破损、短少，大大提高了铁路运输服务质量。解决了两途短倒产生的环境污染和人工、作业费等问题，降低了企业物流成本，具有更优惠、适用范围更广泛、货损几乎为零、装卸效率更高的优势，真正为客户提供了"门到门"的运输服务。

（3）20 英尺 35 吨敞顶集装箱兼具敞车和集装箱的特点，与通用敞车相比较作业效率高，较好解决了配送问题，装卸方便，货物损耗小，更加清洁环保，降低客户物流成本（减少包装材料）。与通用集装箱相比较载重更大，容积更大，重复利用了公路限界，有效利用装载能力，功能更完善，可装载的品类更广。

2. 20 英尺 35 吨敞顶集装箱运输基本要求

1）20 英尺 35 吨敞顶集装箱分类

敞顶箱按箱主分为国铁箱、局属箱和自备箱。国铁箱是指铁路总公司组织购置、向托运人提供的敞顶箱。局属箱是指铁路局购置（租用）、向托运人提供的敞顶箱。自备箱是指托运人购置的敞顶箱。国铁箱、局属箱按铁路箱管理。

2）20 英尺 35 吨敞顶集装箱编号

国铁箱、局属箱由铁路总公司运输局编制和公布编号，敞顶箱篷布编号由产权单位按技术条件要求进行编制。自备箱号码由所辖铁路局（以下简称所辖局）报铁路总公司运输局公布；敞顶箱篷布编号由所辖局编制，在既有铁路敞顶箱篷布编号前增加"Z"，敞顶箱篷布上不涂打"中国铁路"字样和路徽。

3）20 英尺 35 吨敞顶集装箱标记

购置和租用的局属箱，均应按技术条件要求涂打标记；报废或退租时，铁路局应清除箱主代码、箱号、路徽、产权单位等所有铁路箱标识，并报铁路总公司运输局公布取消编号。

4）车站办理敞顶箱运输条件

（1）敞顶箱采用超宽角件，定位尺寸、开孔尺寸符合国家标准要求，与铁路货车、公路货车、集装箱装卸机械匹配。

（2）车站办理敞顶箱运输业务条件。

① 20 英尺箱吊具下额定起重量大于 35 t、具备敞顶箱装卸能力的车站；

② 具备散堆装货物装载条件的车站（办理发送业务）。

车站经铁路总公司运输局公布后，可办理敞顶箱运输业务。敞顶箱货运组织、车站作业按集装箱办理。

（3）国铁及控股货运站的装卸机械、场地等进行补强改造，全部开办敞顶箱运输业务。

（4）敞顶箱定位于公铁联运，暂不办理国际联运和下水业务。

（5）铁路专用线、专用铁路办理敞顶箱运输时，运输站段（货运中心）应与专用线、专用铁路使用经营单位签订运输安全协议，约定装载质量、箱体检查、安全责任等内容。

3. 20 英尺 35 吨敞顶集装箱装载技术条件

（1）全车集装箱总重不得超过货车标记载重，且应当符合货车装载技术条件要求。敞顶箱使用 70 t 级集装箱平车、共用平车或敞车装运；回空运输及箱货总重不超过 60 t 或 61 t 时，也可使用相应的 60 t 级集装箱平车、共用平车或敞车。使用敞车装运敞顶箱时，必须严格执行限速规定。

（2）货物装载不得超出敞顶箱上平面。

（3）敞顶箱装运散堆装货物后，须进行平顶处理。装运卷钢等钢材类货物时，应由铁路局组织制订装载加固方案并报铁路总公司运输局，铁路总公司运输局优选确定后公布定型方案。装运粮食按项目制管理，原则上箱体固定使用，回空时可装运不污染箱体的货物。

（4）敞顶箱不得与角件不同的其他箱型混合堆码。

4. 20 英尺 35 吨敞顶集装箱运输组织

1）受理方式

敞顶箱运输实行敞开办理。可以拨打 95306 人工服务台查询本地区的办理车站的办理电话，通过电话了解和咨询相关业务，根据情况决定是否采用由铁路客户代表上门服务等，也可以直接到营业场所办理。

2）敞顶箱调配

国铁箱由铁路总公司在全路范围内统一调配使用，无固定配属；局属箱由产权（租用）铁路局使用，在全路范围内通行，跨局运输不需与其他铁路局签订协议；自备箱由客户与所辖局签订运输协议，按协议范围组织运输。

3）敞顶箱跨局运输

局属、自备敞顶箱跨局运输按以下规定办理：

（1）到站卸后装重或回空到其他车站组织装重时，由产权局向铁路总公司集装箱调度申请调度命令，按铁路总公司下发的调度命令执行；自备箱比照局属箱办理，由所辖局组织。

（2）敞顶箱回空装车时，装车站未完成回空不得装运其他重车。

铁路局使用其他单位的局属箱，应与产权（租用）铁路局签订运输协议；使用自备箱，应与客户及所辖局签订运输协议。客户之间已签订自备箱使用协议的，铁路局不再签订协议。

4）敞顶箱交接检查

（1）车站与托运人或收货人交接敞顶箱时，凭箱号、封印和箱体（含敞顶箱篷布）

外状交接。

（2）除通用集装箱检查事项外，货检站应重点检查敞顶箱篷布苫盖、捆绑状态；不苫盖敞顶箱篷布且安装视频监控设备时，重点检查货物装载状况。

（3）车站发现敞顶箱货物损失，比照敞车苫盖篷布进行货物损失调查处理。

铁路局应根据敞顶箱发展需要，做好集装箱作业梯和开箱检查梯配置、自卸汽车运力建设等工作，与客户共同优化厂内装卸设备和工艺流程，制定敞顶箱全程物流作业指导书。

5. 35 吨敞顶箱运费计算

（1）35 吨敞顶箱按所装货物适用的整车运价号、运价率及运价里程计费。

（2）35 吨敞顶箱装运货物时计费重量与整车保持一致，装运焦炭（03）、钢铁（0520、0530、0571、0573、0574）时，仍按实重计费；装运其他货物时，计费重量按 32 t 计算。

（3）35 吨敞顶箱装运货物时，铁路建设基金、电气化附加费、特定线路运费和特定加价运费按照整车相关政策执行。

（4）35 吨敞顶箱自备空箱运输时，比照 20 英尺自备箱回空计费。为鼓励 35 吨敞顶箱自备箱运输，自备箱以空箱在到站回空且回空距离不超过重箱运距时，暂免回空运费。

（5）杂费计算。

① 35 吨敞顶箱使用费按以下标准核收。

运价里程 250 km 以内 35 元/箱。运价里程 251 km 以上：每增加 100 km 加收 6 元/箱，不足 100 km 的部分按 100 km 计算。

② 35 吨敞顶箱延期使用费按 10 元/箱日计算。超过以下规定期限的，自超过之日起核收集装箱延期使用费。

（a）出站的集装箱应于出站的次日内送回车站。到达的集装箱应于发出领货通知的次日内领取集装箱。

（b）站内装箱时，应于约定的进货日期当日装完。站内掏箱时，应于领取的当日内掏完。

③ 35 吨敞顶箱暂免收集装箱装卸费（吊装吊卸费）。

④ 其他货运杂费比照 20 英尺通用集装箱标准执行。

结算方式：

结算运费一般用现金结算运费（含支票、预付款）或 POS 机刷卡。

（6）其他费用。

① 铁路局购置或租用的 35 吨敞顶箱，经铁路总公司统一编号后，按铁路箱管理，凭"特殊货车及运送用具回送清单"免费回送（含免费装卸）。

② 35 吨敞顶箱自备空箱运输应按规定填制货票。自备箱回空距离超过重箱运距时，超出部分按通用箱重箱运价率 10% 计算。

③ 除规定计费科目和标准外，35 吨敞顶箱（特别是局属箱）不允许加收其他任何费用。

④ 20 英尺通用箱使用费和延期使用费按上述 35 吨敞顶箱标准执行，40 英尺通用箱使用费和延期使用费按其两倍计算，其他计费条件不变。

6. 敞顶箱设备管理

（1）敞顶箱应按规定期限进行定期检验，从出厂到第一次检验的间隔期不得超过 5 年，以后检验的间隔期不得超过 2.5 年。

（2）国铁箱修理由集装箱公司负责，局属箱修理由产权（租用）铁路局负责。集装箱公司和各铁路局应根据运输需要，建立敞顶箱维修点，维修点应具备敞顶箱篷布维修能力。

（3）国铁箱出厂时统一配备敞顶箱篷布和支撑杆，未经铁路总公司运输局批准公布，各铁路局不得拆解。局属箱、自备箱可根据货物运输需要，决定是否配备敞顶箱篷布和支撑杆。

（4）未配备敞顶箱篷布和支撑杆的敞顶箱、自备箱由托运人在货物运单"托运人记载事项"栏内注明"未配备敞顶箱篷布和支撑杆"，国铁箱、局属箱由车站在货物运单"承运人记载事项"栏内注明"未配备敞顶箱篷布和支撑杆"。

（5）配备敞顶箱篷布和支撑杆的敞顶箱，发站应保证敞顶箱篷布和支撑杆齐全；到站须检查敞顶箱篷布和支撑杆，发现短少的，国铁箱、局属箱应填制"铁路箱破损记录"，自备箱应编制货运记录。

（6）国铁箱、局属箱产权单位（集装箱公司或铁路局）应在车站配置一定数量、质量良好的敞顶箱篷布；敞顶箱篷布破损时，更换敞顶箱篷布后敞顶箱继续投入运输。

敞顶箱篷布使用年限最长不得超过 3 年，敞顶箱篷布按状态报废，修补面积达 40% 或修补处达 50 处或出现影响运输安全的其他问题时，必须报废。

4.2.2　铁路集装箱门到门运输

集装箱门到门运输具有最大限度地节省包装、仓储费用和周转时间，简化多重装卸及汽车运输环节，节约企业运输成本，保证货物运输完整无损的优势，获得了企业的欢迎。

1. 集装箱门到门运输内容

为适应社会需求，拓展铁路运输服务领域，全面开展货运门到门运输服务。门到门运输服务是指货物从托运人指定上门取货地点装车开始、接运至发站、运输至到站、送达卸货至收货人指定到门收货地点止的全过程运输服务。货运门到门运输两端服务项目包括接取送达、上门装卸、仓储和装载加固材料等。集装箱上门装卸仅指货物装掏箱作业；仓储是指货物承运前和交付后在车站仓储或货物仅在车站仓储。

2. 门到门运输管理

（1）开展铁路集装箱门到门运输服务的单位必须向集装箱办理站提报"铁路集装箱门到门运输申请表"（见表4-2-1）。

表4-2-1　铁路集装箱门到门运输申请表

单位申请	企业名称			
	法定代表人		身份证号码	
	办公地址			
	联系电话		邮编	
	电子邮箱			
	联系人		联系电话	
投入运营车辆（台）	如3台（京N0001、京N0002、京N0003）			
分品类年预期运量（TEU）	如瓷砖100TEU、牛奶100TEU			
所附申请材料目录				
申请单位：（盖章）	办理站：（盖章）		货运中心：（盖章）	

办理站根据企业单位短途运输综合服务能力、服务质量、服务价格等因素，结合货源到发、分布情况，提出开办铁路集装箱门到门运输的意见；货运中心审核同意后，报铁路局货运处公布，由货运中心或营业部与门到门运输单位签订"铁路集装箱门到门运输协议"。办理站建立门到门运输单位档案。

（2）铁路集装箱门到门运输协议。

"铁路集装箱门到门运输协议"应包括双方的权利义务、集装箱运输安全责任划分、集装箱损坏责任划分、保证金收取及使用、协议起止时间等内容。为加强铁路集装箱管理，提高集装箱运输效率，优化集装箱运输组织，保证铁路集装箱门到门运输安全与便捷，依据《中华人民共和国铁路法》《中华人民共和国合同法》及《铁路集装箱运输规则》的有关规定，甲方（铁路局营业部）与乙方签订某站铁路集装箱门到门运输协议如下：

① 双方的权利和义务。

甲方：

（a）集装箱到达后及时发出催领通知，并根据乙方出具的领货凭证或委托运输协议书办理交付。

（b）根据上站计划，负责空箱调配和重箱接收工作。

（c）做好集装箱装卸组织工作，做到装卸及时，安全迅速。

（d）对乙方确定的货物品名和货物重量进行检查，发现匿报品名、集装箱超重等问题按规章处理。

（e）根据集装箱交接办法与乙方办理交接手续。

（f）甲方向乙方收取门到门运输保证金，甲方要严格管理保证金，不得挪作他用。

（g）门到门运输保证金，只允许用于集装箱丢失、污染、损坏的赔偿，以及延期使用费的缴纳。

乙方：

（a）办理集装箱门到门运输必须使用本单位车辆，并经甲方确认后，记明车辆的车型和车牌号码。

（b）必须向甲方提供营业执照、法人证明、身份证等复印件，以及办公地址、联系方式、汽车车型和牌号等。

（c）发送集装箱，应在规定时间内进站完毕，不得影响运输计划和装车作业。

（d）到达集装箱，须持领货凭证和委托运输协议办理领取手续并及时将空箱交回。

（e）使用铁路集装箱超过免费留置期限，自超过之日起核收集装箱延期使用费。

（f）根据集装箱交接办法与甲方办理交接。

（g）须严格遵守铁路集装箱管理有关规章制度，不得装载违禁物品、危险品或易于腐蚀、污染、损坏集装箱箱体的货物，不得匿报品名，集装箱总重不得超过集装箱标记总重，对声明的货物品名和重量负全部责任，发生匿报品名、少报重量，负责经济赔偿并承担相应法律责任。

（h）集装箱掏空后应清扫干净，撤除货签，关闭箱门，有污染的必须洗涮干净。

（i）因乙方过失造成集装箱丢失、损坏及无法洗涮的污染时，由乙方负责赔偿。

（j）乙方必须向甲方缴纳门到门运输保证金，用于集装箱丢失、污染、损坏的赔偿，以及延期使用费的缴纳；保证金不足时，乙方补足后方可继续进行铁路集装箱门到门运输。

② 集装箱交接办法。

（a）集装箱在货场内固定地点办理交接，重箱凭箱号、封印和箱体外状，空箱凭箱号和箱体外状办理。

（b）甲方应向乙方提供状态良好的集装箱，乙方发现集装箱状态不良时应要求甲方调换。

（c）集装箱在交付时，如封印或箱号不符、无施封或箱体状态不良、货物发生损坏、短少时，甲方应出具货运记录，按规定进行处理。

③ 未尽事宜按铁路规章及有关规定执行。铁路规章及有关规定没有规定的，经双方协商可签订补充条款，共同遵守。

④ 本协议一式二份，甲、乙双方各执一份，自　年　月　日至　年　月　日起生效。任何一方提出修改应在两个月前书面通知对方。

甲方：营业部（公章）　　　乙方：单位（公章）

签字：（营业部经理）　　　签字：（法定代表人）

集装箱作业场内运输及场外门到门运输宜采用拖挂式运输车辆，所配属集装箱牵引车及挂车的性能应根据具体的路况及所运输的箱型确定。

集装箱牵引车宜采用平头式牵引车，挂车宜采用半挂车。站内运输宜采用站内运输用集装箱牵引车和半挂车；站外门到门运输机械宜采用公路运输用集装箱牵引车和半挂车。

（3）铁路集装箱门到门运输实行准入与退出机制。

① 办理铁路集装箱门到门运输的单位须具备以下条件：

（a）必须具有合法有效的营业执照和道路运输经营许可证；

（b）具有集装箱运输专用车辆；

（c）有固定的办公场所与业务管理人员；

（d）有完善的集装箱运输安全管理制度。

② 发生以下情况之一的，取消铁路集装箱门到门运输资格：

（a）箱内货物装载不良，偏载、偏重危及运输安全，夹带危险货物、匿报货物品名等问题；

（b）未签订"铁路集装箱门到门运输协议"或未交纳保证金；

（c）单位歇业、停业、破产清算或者被工商管理部门吊销营业执照；

（d）铁路集装箱延期使用费欠缴金额超过 2 000 元；

（e）发生其他严重安全问题。

（4）托运人、收货人无能力办理铁路集装箱门到门运输业务，需委托其他单位运输时，必须与被委托单位签订委托协议，并向办理站提供协议文本；被委托单位必须是门到门运输单位，并与铁路签订"铁路集装箱门到门运输协议"。

（5）开展铁路集装箱门到门运输服务的单位必须向办理站提供营业执照、法定代表人身份证、运输车辆"道路运输经营许可证"副本等复印件，以及办公地址、联系方式、汽车牌号等。

（6）办理站必须向铁路集装箱门到门运输单位收取保证金。保证金不得少于 10 万元，由货运中心制定保证金管理办法。保证金用于集装箱丢失、污染、损坏的赔偿，以及延期使用费的缴纳，不得挪作他用，办理站应将保证金缴纳凭证粘贴于"铁路集装箱门到门运输协议"后备查。

保证金不足时，由协议单位补足后方可继续进行铁路集装箱门到门运输。

（7）办理站督促铁路集装箱门到门运输单位严格执行双方签订的协议，加强集装箱进出办理站的日常管理和盯控，防止丢失。

敞顶集装箱在办理门到门运输中，装箱时使用装载机、传送带等从顶部装掏箱时，可打开端门直接倾卸，方便装卸作业。敞顶集装箱门到站作业流程见表 4-2-2。

表 4-2-2　敞顶集装箱门到站作业流程

序号	作业内容	示意图
1	装车前，铁路工作人员首先要检查集装箱内部质量情况	
2	确认无误后，再由货主实地确认集装箱整体状况	
3	根据货主需求，可在货主企业内的装货地点实行过磅称重	
4	车体端门关好，篷布卸下，可通过装载机、传送带从顶部传送到箱内，最大程度利用箱内空间	

序号	作业内容	示意图
5	货物基本装平后，工人们简单分拣，平整好顶部	
6	铁路工作人员把装好的货箱号码记录下来	
7	吊运装汽车	
8	装满货物的敞顶集装箱过磅	
9	装满货物的敞顶集装箱运输到铁路货场发车	

4.2.3　铁路集装箱班列运输

我国铁路目前在集装箱中心站、货运站或编组站开行集装箱班列，采用快捷运输客运化管理的方法，不仅能极大地提高集装箱的使用效率，而且利于实行集装箱运输科学化管理，利于充分发挥集装箱运输快速、高效的特点。

1. 快捷货物运输客运化管理思路

（1）班列车次、到发时刻、运行径路、运输价格和始发终到站、沿途作业站在一定时期内固定不变。

（2）运输组织方法借鉴铁路旅客运输组织方法的原理进行。

（3）根据运量大小，在铁路车站间开行不同类型班列。

（4）担当班列牵引任务的本务机车采用长交路形式。

2. 集装箱班列运输组织的原则

集装箱班列运输径路的选择宜以最短路径为原则，兼顾特定路径的因素，同时还应充分考虑各线的能力及技术条件。班列开行计划要既符合国内快捷货物运输发展的需要，又能促使与国际集装箱运输尽快接轨，以期加快货物运送速度，压缩货物在站停留时间，提高运输质量，取得更好的经济效益和社会效益。

（1）定期开行的集装箱班列宜固定车底、循环使用、定点、定线、定时。

（2）集装箱中转作业采用集装箱装卸（动箱）作业方法进行，以动箱为主，追求箱小时的最佳节省；配备简易动车设备，以"动车"作业方式为辅。

（3）集装箱班列的开行方案，应根据开行集装箱直达列车带来的箱小时节省、集结带来的箱小时增加、中转作业带来的成本增加等因素确定。

（4）符合铁路双层集装箱通道规划、运量达到一定强度的铁路货运中心间应组织双层集装箱班列。

3. 集装箱班列主要类型

铁路物流中心之间、铁路货运站与集装箱中心站之间、铁路物流中心与其他技术站之间根据需求可组织开行一站直达集装箱班列、快速集装箱班列、普通集装箱班列。

（1）一站直达集装箱班列：在集装箱运量充足的铁路物流中心、铁路货运（中心）站之间开行，固定编组，定时、定点、定线和定发到站，在沿途各站均不进行集装箱作业。这种列车是集装箱运输中等级最高、速度最快的列车形式。

（2）快速集装箱班列：在运量较大但不满足开行一站直达集装箱班列条件的铁路物流中心、铁路货运（中心）站间开行，其特点是在始发站和终到站间的运行径路上可选择有条件的铁路货运站进行集装箱作业，便于沿途集装箱的输送。这种列车定时、定点、定线、定停靠作业站、定始发终到站、固定编组。

（3）普通集装箱班列：在集装箱流量不能满足开行上述两种集装箱班列的铁路货运（中心）站间开行的集装箱专用列车，这种列车在沿途各铁路货运站办理集装箱装卸作业或集装箱货车的摘挂作业，定期、定点、定线、定发到站。

4. 集装箱班列（列车）的编成辆数

办理集装箱整列装卸作业的铁路货运站，其装卸线的装卸有效长度应根据牵引质量和到发线有效长度综合考虑确定车列长度。一般情况下，受到发线有效长控制。部分集装箱车型编挂辆数及牵引质量见表 4 - 2 - 3。

表 4 - 2 - 3 部分车型编挂辆数及牵引质量

车型	850 m 有效长		1 050 m 有效长	
	编挂辆数	牵引质量/t	编挂辆数	牵引质量/t
X_{6A}	55	2 747	70	3 422
X_{6B}	47	2 505	59	3 184
X_{6C}	47	2 400	59	3 050
X_{1K}	52	2 637	59	3 333
X_{2H}	40	2 944	50	3 680

4.2.4 铁路专用集装箱和特种集装箱装运方案

专用集装箱和特种货物集装箱装载完毕后，集装箱办理站应重点检查箱体是否完好、封头有无泄漏，装（卸）料阀、仪表盖、人孔盖、安全阀（盖）及其他配件是否完整，关闭是否良好，锁杆是否锁闭到位；干散货箱应检查箱体顶开门是否关闭牢固，铁线是否拧固；装载液体货物的特种箱应确认装载重量、充装量是否符合规定。

1. 20 英尺 35 吨通用集装箱装运方案

1）20 英尺 35 吨通用集装箱定义

本装运方案中的 20 英尺 35 吨通用集装箱（箱号范围：TBJU900001～900602）是指宽度为 2 550 mm、总重为 35 t、采用加宽角件的通用集装箱。

2）20 英尺 35 吨通用集装箱技术参数

外部尺寸（长×宽×高）为 6 058 mm×2 550 mm×2 896 mm，内部尺寸（长×宽×高）为 5 895 mm×2 464 mm×2 698 mm，内容积 39.2 m³，最大总重 35 000 kg，自重 2 580 kg，最大载重 32 420 kg，允许堆码重量 140 000 kg。

3）20 英尺 35 吨通用集装箱结构

（1）20 英尺 35 吨通用集装箱主体结构同通用集装箱。加宽角件下表面尺寸（长×宽）为 178 mm×218 mm，角件的定位尺寸、开孔尺寸与 20 英尺通用标准箱相同。

（2）箱顶和端门上标打超宽标记：←────── 注意：超宽 2.55 m 宽 ──────→ ，箱顶上另有两处"总重 35 t"的警示文字，端门上另有"总重 35 t"的警示文字，箱两侧面有

"注意：箱体超宽，吊具导板须与箱体宽度相配！2.9 m 高 2.55 m 宽""总重 35 t"的警示文字。

（3）按 GB/T 1836—1997 标准在箱体每端和每侧角件间的顶梁及上侧梁上标打黄黑斜条的条形超高标记。

4）20 英尺 35 吨通用集装箱箱体安全

（1）集装箱应当符合国际集装箱安全公约（CSC）要求，取得安全合格牌照。

（2）按规定期限进行定期检验。集装箱从出厂到第一次检验的间隔期不得超过 5 年，以后检验的间隔期不得超过 2.5 年。检验时间可提前或延后 3 个月。

（3）扣修条件与 20 英尺通用标准箱相同，执行铁道行业标准《通用集装箱在铁路车站检查的技术要求》（TB/T 3207—2008）。

5）20 英尺 35 吨通用集装箱办理站

在集装箱吊具无导板或采用可调式（翻转式）导板的 20 英尺通用标准箱办理站间运输，经公布后办理。

6）20 英尺 35 吨通用集装箱装运要求

（1）装后箱货总重不得超过集装箱最大总重，且不得超过发站和到站的 20 英尺箱起重能力。集装箱吊具强度应当满足集装箱总重的要求。

（2）集装箱装卸使用无导板或采用可调式（翻转式）导板的集装箱吊具。

（3）全车集装箱总重不得超过货车标记载重，且应当符合货车装载方案要求。集装箱总重超过 30.48 t 时，不得使用 NX_{70} 和 NX_{70H} 型货车。

（4）重箱堆码不得超过 5 层，不得与其他箱型混合堆码，不得用于双层运输。

（5）未尽事宜，按有关规定办理。

2. 20 英尺框架罐式集装箱装运方案

1）20 英尺框架罐式集装箱箱体安全

（1）集装箱应当符合国际集装箱安全公约（CSC）要求，取得安全合格牌照。

（2）按规定期限进行定期检验。集装箱从出厂到第一次检验的间隔期不得超过 5 年，以后检验的间隔期不得超过 2.5 年。检验时间可提前或延后 3 个月。

（3）符合下列条件之一应当扣修：

① 箱体框架、角件开焊或开裂，罐体、阀门、管路渗漏。

② 框架、角件变形，与标准吊具失配。

③ 人孔盖丢失、不能关闭或密封圈失效。

④ 安全阀、气相阀失效或丢失。

⑤ 扶梯、步道缺损影响安全操作。

⑥ 标志牌丢失，箱号无法确认。

2）20 英尺框架罐式集装箱办理站

（1）已公布的 20 英尺通用标准箱办理站。

（2）具备 20 英尺通用标准箱办理能力的车站，经公布后办理。

（3）具备适装货物装卸条件的车站，经公布后办理。

3）20 英尺框架罐式集装箱装运要求

（1）限装液体普通货物。

（2）装卸货物后须关闭进料口、卸料口、人孔盖、阀门和溢流盒盖。装后箱货总重不得超过集装箱最大总重。

（3）装后应保证在最高许可温度下留有 3％的气相空间。未设置防浪板的集装箱，装载量不得少于总容积的 83％。

（4）托运人使用集装箱装载食品时，应当对集装箱的卫生状况进行检查，确认集装箱清洁且对食品无害，必要时进行清洗。装运液体货物时应当相对固定使用，更换货物时应当按规定清洗。

（5）除通用集装箱检查项目外，发站应重点检查进料口、卸料口、人孔盖、阀门等关键部位，确保技术状态良好。沿途各站发现盖打开、阀门失效、货物泄漏等影响运输安全的问题，应当及时处理并报告。

（6）承运人与托运人或收货人凭箱号和箱体外状交接。

（7）未尽事宜，按有关规定办理。

3.20 英尺石油沥青罐式集装箱装运方案

1）20 英尺石油沥青罐式集装箱箱体安全

（1）集装箱应当符合国际集装箱安全公约（CSC）要求，取得安全合格牌照。

（2）按规定期限进行定期检验。集装箱从出厂到第一次检验的间隔期不得超过 5 年，以后检验的间隔期不得超过 2.5 年。检验时间可提前或延后 3 个月。

（3）符合下列条件之一应当扣修：

① 箱体框架、角件开焊或开裂，罐体、阀门、管路渗漏。

② 框架、角件变形，与标准吊具失配。

③ 人孔盖丢失、不能关闭或密封圈失效。

④ 呼吸阀、保险片失效或丢失。

⑤ 扶梯、步道缺损影响安全操作。

⑥ 标志牌丢失，箱号无法确认。

2）20 英尺石油沥青罐式集装箱办理站

（1）已公布的 20 英尺通用标准箱办理站。

（2）具备 20 英尺通用标准箱办理能力的车站，经公布后办理。

（3）具备适装货物装卸条件的车站，经公布后办理。

3）20 英尺石油沥青罐式集装箱装运要求

（1）仅限装运石油沥青。装车时保证箱体卸料口面向平车两端。

（2）装卸沥青时不得污染车体。装卸方式为上装下卸，利用人孔装载沥青、卸料口卸载沥青。

（3）装载量不得超过箱体容积的 97%，不得低于箱体容积的 83%（人孔内设有固定的液位标尺）。

（4）装卸沥青时要实时查看温度计显示的箱内温度，并通过测温孔检测，装车时不得超过 160 ℃，卸车时不得超过 130 ℃。卸载时采用柴油燃烧器加热；要保证加热器完全进入到加热管内，加热器连接法兰拧紧、密闭，避免火焰外漏。卸沥青加热前，必须打开人孔盖和烟囱盖。

（5）装卸沥青后，须保证人孔盖、烟囱盖、卸料阀、卸料口防尘盖、防雨罩和阀门挡板拧固、锁闭良好。

（6）除通用集装箱检查项目外，发站应重点检查阀门挡板、防雨罩、烟囱盖的关闭情况，以及有无液体渗漏现象。沿途各站发现挡板（罩、盖）打开、阀门失效、货物泄漏等影响运输安全的问题，应当及时处理并报告。

（7）未尽事宜，按有关规定办理。

4. 45 英尺柴电一体式冷藏集装箱装运方案

1）45 英尺冷藏集装箱箱体安全

（1）集装箱应当符合国际集装箱安全公约（CSC）要求，取得安全合格牌照。

（2）按规定期限进行定期检验。集装箱从出厂到第一次检验的间隔期不得超过 5 年，以后检验的间隔期不得超过 2.5 年。检验时间可提前或延后 3 个月。

（3）符合下列条件之一应当扣修：

① 通用标准集装箱扣修标准。

② 油箱孔洞、焊缝开裂等导致柴油渗漏。

③ 柴油机、压缩机、发电机故障。

2）45 英尺冷藏集装箱办理站

已公布的 40 英尺标准箱办理站。

3）45 英尺冷藏集装箱装运要求

（1）冷藏箱用于装运适箱易腐货物，也可用于装运适箱非易腐货物。不得装运易污染、腐蚀、损坏箱体的货物。

（2）托运人应保证托运的易腐货物及其包装质量良好，根据需要对货物预冷并提出适宜的运输温度。为保证通风道畅通，易腐货物装载严禁超过红色装载标志线。易腐货物运输条件、包装和装载方法可比照《铁路鲜活货物运输规则》附件 1、2、3 规定办理。

（3）集装箱总重不得超过发站、到站的 40 英尺集装箱起重能力，集装箱吊具强度应当满足集装箱总重的要求。重箱堆码不得超过 3 层。

（4）装卸和搬运时应稳起轻放，避免冲撞，防止损坏集装箱。起吊和装车时应使用中间 40 英尺箱位角件，即顶部靠近箱体中央的 4 个角件及与其相垂直的底部 4 个角件。

（5）限使用以下车型装运：X_{6B} 系列、X_{6C} 系列、NX_{17B} 系列、NX_{70}、NX_{70H}、X_{1K}、X_{3K}、X_{4K}。使用 X_{6B} 系列、NX_{17B} 系列、NX_{70}、X_{1K} 型车时，集装箱总重最大可达 34 000 kg。使用其他车型装运时，集装箱总重不得超过 30 480 kg。

（6）沿途各站发现制冷装置端的箱门开启、油箱漏油等影响运输安全的问题，应当及时处理并报告。

（7）发站应根据本站实际，采取切实可行的措施，缩短冷藏箱装车前在站停留时间。到站应快速办理交付手续。

（8）各铁路局对冷藏箱应重点掌握，减少途中保留积压。遇特殊情况需要保留时，保留站应立即向铁路局报告，并采取措施妥善处理。

（9）冷藏箱发电机所用柴油属于二级易燃液体，柴油装载量不得超过油箱容积的 95%。冷藏箱禁止溜放。车站办理冷藏箱运输时，应在货物运单、货票、封套和回送清单上注明"禁止溜放"字样。

5. 25 英尺板架式集装箱装运方案

1）25 英尺板架式集装箱办理站

在具备端站台或高站台的车站间运输，经公布后办理。

2）25 英尺板架式集装箱装载货物规格

（1）交叉型乘用车、微型货车（单排座型、双排座型，含非完整车辆）、三轮汽车：车宽≤1 680 mm，轮径≤800 mm，轮距 1 100～1 400 mm，件重≤2 t。

（2）轻型货车（含非完整车辆）：车宽＞1 680 mm，轮径≤1 000 mm，轮距 1 350～1 650 mm，件重≤2 t。

3）加固装置和材料

专用紧固索具（由 ϕ≥7 mm 钢丝绳及配套紧线器组成）、8 号镀锌铁线、专用止轮器（包括可调式止轮器和木制固定止轮器）、专用垫板、专用车厢卡板、侧挡铁。

4）装载方法

（1）每车装载 2 个 25 英尺板架式集装箱。

（2）将汽车装在集装箱上，具体装载方式有横装、顺装、爬装和跨装等，装载后必须均衡对称。

（3）横装：交叉型乘用车（件重≤1 t）沿车辆纵中心线相邻两台车头尾交错横装，台与台间距不小于 50 mm。

（4）顺装：轻型货车沿集装箱中心线顺装 1 行，交叉型乘用车、微型货车、三轮汽车顺装 2 行。每行装载数量根据汽车长度确定，汽车间距不小于 100 mm。顺装装载 2 行时，如汽车外侧轮胎超出集装箱地板，超出宽度不得大于 30 mm，且须在外侧轮胎下加垫专用垫板。

（5）爬装：轻型货车沿集装箱纵中心线爬装 1 行，微型货车、三轮汽车爬装 2 行，每行第一台车装至斜导轨上或平装。

根据货车的轮距和货厢尺寸，有以下几种装载方式：

① 三轮汽车、微型货车、轻型货车每行从第二台起前轮依次爬装在前一台车的货厢内，爬装的第二台车的前轮应位于第一台车的后轮上方。

② 没有侧、端板或前轮轮胎外侧间距大于前一台车货厢侧板内侧间距的微型（轻型）货车，装载时每行从第二台起前轮依次爬装在安插于前一台车的专用车厢卡板上，爬装的第二台车的前轮应位于第一台车的后轮上方。

③ 双排座型微型货车（货厢不可拆）爬装时，前轮爬装在安插于前一台车的专用车厢卡板上，爬装的第二台车的前轮应位于第一台车的后轮上方。

④ 非完整车辆每行从第二台起前轮依次爬装在前一台车的后轮上。

爬装汽车头部与前一台车驾驶室后部的间距不小于 50 mm；汽车后端板应用铁线吊起，与后面所装汽车底部的距离不得小于 50 mm。

（6）跨装：轻型货车等顺装时，跨及两辆平车的，其头部与前一台汽车尾部的间距不得小于 350 mm；爬装时，跨及两辆平车的，其头部与前一台车驾驶室后部不得小于 250 mm；其余汽车必须符合相应的顺装或爬装装载要求。非完整车辆爬装时，不得跨装。

（7）根据装运汽车车型、数量的不同，也可同时采用横装、顺装和爬装三种装载方式中的任意两种装载，但必须符合相应的装载要求。

5）加固方法

（1）横装时，每台汽车前轮的前端及后轮的后端均用止轮器掩紧，并将止轮器可靠地固定在集装箱的地板上。在每台汽车每端使用紧固索具（钢丝绳双股）或 8 股 8 号镀锌铁线拉牵 1 个 8 字形，将汽车拉牵加固于箱体上。

（2）顺装时，每台汽车前轮的前端及后轮的后端均用止轮器掩紧，并将止轮器可靠地固定在集装箱的地板上。

汽车件重≤1.3 t 的，在每台汽车每侧使用紧固索具（钢丝绳双股）或 8 号镀锌铁线 8 股拉牵 1 个 8 字形，将汽车拉牵加固于箱体上；1.3 t＜件重≤2 t 的，在每台汽车每侧使用紧固索具（钢丝绳双股）或 8 号镀锌铁线 12 股拉牵 1 个 8 字形，将汽车拉牵加固于箱体上。

（3）顺装跨及两辆平车上的汽车，必须在距前轮外侧或内侧 50 mm 处安装侧挡铁；后轮前后均用止轮器掩紧，并用紧固索具（钢丝绳双股）或 8 号镀锌铁线 12 股拉牵 1 个

8字形加固于箱体上。

(4) 爬装时，每行第一台车的前轮后端、后轮前后端及爬装车辆后轮的前后端均用止轮器掩紧（第一台平装的前轮前端和后轮后端用止轮器掩紧），并将止轮器可靠地固定在箱体上；非完整车辆爬装时，其前后轮重叠装载，必须将上下两轮轮轴对齐并用4股8号镀锌铁线捆在一起，但不得过紧，防止轮胎弹动时折断捆绑铁线。

每台汽车使用紧固索具（钢丝绳双股）或8号镀锌铁线拉牵1个8字形加固于箱体上，第一台车每侧拉牵2个8字形，其后爬装车辆每台车每侧拉牵1个8字形。使用镀锌铁线拉牵时每道拉牵线股数：微型货车、三轮汽车每道拉牵线不少于8股，轻型货车每道拉牵线不少于12股。

6）装运要求

(1) 限使用 X_{6B}、X_{6C}、NX_{17B}、NX_{70}、NX_{70H} 型货车。

(2) 装车前，认真检查并确保集装箱和加固材料状态良好。

(3) 装、卸车后，要加强箱体质量检查，确保箱体技术状态良好。发站要重点强化对箱体端部活动渡板的检查，确认锁闭装置状态良好，锁闭到位；途中货检站发现活动渡板窜出时，要将活动渡板复位后用镀锌铁线捆绑牢固。

(4) 汽车装车后，不得超限。

(5) 装车后汽车门窗锁闭，制动装置全部制动，变速器置于初速位置，制动柄用铁线捆绑牢固（带自锁功能的除外）。

(6) 需跨装时，平车地板高度应相等，按规定使用车钩缓冲停止器，用铁线将连挂车组车钩提钩杆捆牢。

(7) 重车禁止溜放。

(8) 板架式集装箱可叠装5层回空。装车时，将箱体的蘑菇头全部翻出，角件对齐蘑菇头装载；装车后，将每层叠装箱体的4个角分别用8号镀锌铁线4股捆绑牢固。

(9) 板架式集装箱单层回空时，可以在每个箱上装载1个20英尺标准集装箱（空或重箱），但装载总重（包括集装箱和货物重量）不得超过平车的标记载重量，且装载不偏载、不偏重。板架箱上装载空箱时，须用4股以上8号镀锌铁线将空箱角件与板架箱捆绑牢固。

(10) 未尽事宜，按有关规定办理。

6. 50英尺板架式集装箱装运方案

1）50英尺板架式集装箱办理站

在具备端站台或高站台的车站间运输，经公布后办理。

2）50英尺板架式集装箱装载货物规格

(1) 交叉型乘用车、微型货车（单排座型、双排座型，含非完整车辆）、三轮汽车：车宽≤1 680 mm，轮径≤800 mm，轮距1 100～1 450 mm，件重≤2 t。

（2）轻型、中型货车（含非完整车辆）：车宽＞1 680 mm，轮径≤1 000 mm，轮距1 450～1 700 mm，件重≤4.5 t。

3）加固装置和材料

专用紧固索具（由 ϕ≥8 mm 钢丝绳及配套紧线器组成）、8 号镀锌铁线、专用止轮器、专用车厢卡板、侧挡铁。

4）装载方法

（1）每车装载 1 个 50 英尺板架式集装箱。

（2）将汽车装在板架箱上，具体装载方式有横装、顺装、斜装、爬装和跨装等，装载后必须均衡对称。

（3）横装：交叉型乘用车（件重≤1 t）沿车辆纵中心线相邻两台车头尾颠倒横装，台与台间距不小于 50 mm。

（4）顺装：轻型、中型货车沿板架箱中心线顺装 1 行，交叉型乘用车、微型货车、三轮汽车顺装 2 行。每行装载数量根据汽车长度和板架箱长度确定，汽车间距不小于100 mm。

（5）斜装：交叉型乘用车、微型货车（件重≤1.3 t）沿板架箱顺向斜装 2 行，装载时先将每行第一台汽车平装在板架箱上的合适位置，再支起板架箱的翻板，其后每台依次装载。装载后每台汽车头部与前一台汽车的尾部及翻板的间距不小于 60 mm（如图4-2-1 所示）。

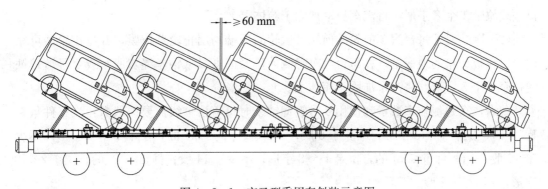

图 4-2-1 交叉型乘用车斜装示意图

（6）爬装：轻型、中型货车（自重≤3 t，非完整车辆自重≤4.5 t）沿板架箱纵中心线爬装 1 行，微型货车、三轮汽车（自重≤1.5 t）爬装 2 行。装载时先支起板架箱的端部爬装用翻板，每行第一台车爬装至翻板上（非完整车辆自重大于 3 t 时，第一台车沿板架箱纵中心线顺装）。

根据货车的轮距和货厢尺寸，有以下几种装载方式：

① 三轮汽车、微型货车、轻型货车每行从第二台起前轮依次爬装在前一台车的车厢内，爬装的第二台车的前轮应位于第一台车的后轮上方。

②　没有侧、端板或前轮轮胎外侧间距大于前一台货车货厢侧板内侧间距的微型（轻型）货车，装载时每行从第二台起前轮依次爬装在安插于前一台车的专用车厢卡板上，爬装的第二台车的前轮应位于第一台车的后轮上方。

③　双排座型微型货车（货厢不可拆）爬装时，前轮爬装在安插于前一台车的专用车厢卡板上，爬装的第二台车的前轮应位于第一台车的后轮上方。

④　非完整车辆每行从第二台起前轮依次爬装在前一台车的后轮上。

爬装在集装箱端部翻板上的汽车前轮与翻板接触点距翻板悬臂端头不小于 500 mm。爬装汽车头部与前一台车驾驶室后部的间距不小于 50 mm；汽车后端板应用铁线吊起，与后面所装汽车底部的距离不得小于 50 mm。

（7）跨装：轻型、中型货车等顺装时，跨及两辆平车的，其头部与前一台汽车尾部的间距不得小于 350 mm，其余汽车必须符合顺装的装载要求。轻型、中型货车（不含非完整车辆）爬装时，跨及两辆平车的，其头部与前一台车驾驶室后部不得小于 250 mm，其余汽车必须符合相应的爬装装载要求。

（8）根据汽车车型、数量的不同，也可同时采用横装、顺装、斜装和爬装四种装载方式中的任意两种装载，但必须符合相应的装载要求。

5）加固方法

（1）横装时，每台汽车前轮的前端及后轮的后端均用止轮器掩紧，并将止轮器可靠地固定在板架箱的地板上。在每台汽车每端使用紧固索具（钢丝绳双股）或 8 股 8 号镀锌铁线拉牵 1 个 8 字形，将汽车拉牵加固于箱体上。

（2）顺装时，每台汽车前轮的前端及后轮的后端均用止轮器掩紧，并将止轮器可靠地固定在板架箱的地板上。在每台汽车每侧使用紧固索具（钢丝绳双股）或 8 号镀锌铁线拉牵 1 个 8 字形，将汽车加固于箱体上。

每台汽车每侧拉牵数量和使用 8 号镀锌铁线时每道拉牵线需要的股数：汽车件重≤1.3 t 的，拉牵 1 个 8 字形，不少于 8 股；1.3 t<件重<2 t 的，拉牵 1 个 8 字形，不少于 12 股；2 t≤件重≤3 t 的，拉牵 1 个 8 字形，不少于 14 股；件重>3 t 的，拉牵 2 个 8 字形，不少于 12 股。

（3）顺装跨及两辆平车上的汽车，必须在距前轮外侧或内侧 50 mm 处安装侧挡铁；后轮前后均用止轮器掩紧，并用紧固索具（钢丝绳双股）拉牵 1 个 8 字形加固于箱体上。

汽车件重≤3 t 的使用直径不小于 ϕ8 mm 的钢丝绳，件重 3~4.5 t 的使用直径不小于 ϕ10 mm 的钢丝绳。

（4）斜装时，每台汽车的前轮前后端和后轮前端均用止轮器掩紧，并将止轮器可靠地固定在箱体上；用紧固索具（钢丝绳双股）或 8 股 8 号镀锌铁线在每台汽车的每侧前轴处向后拉牵 1 道，在汽车中间底架上拉牵 1 个 8 字形，汽车后轴板簧处向前拉牵 1 道；在每台汽车的后轴上用 4 股 8 号镀锌铁线拉牵 2 道下压加固于箱体翻板上。

（5）爬装时，每行第一台车的前轮后端、后轮前后端及爬装车辆后轮的前后端均用止轮器掩紧（第一台平装的前轮前端和后轮后端用止轮器掩紧），并将止轮器可靠地固定在箱体上；非完整车辆爬装时，其前后轮重叠装载，必须将上下两轮轮轴对齐并用4股8号镀锌铁线捆在一起，但不宜过紧，防止轮胎弹动时折断捆绑铁线。每台汽车使用紧固索具（钢丝绳双股）或8号镀锌铁线拉牵1个8字形加固于箱体上。

第一台车每侧拉牵2个8字形（其余要求同后面车辆），其后爬装车辆每台车每侧拉牵数量和使用8号镀锌铁线拉牵时每道拉牵线股数：微型货车、三轮汽车拉牵1个8字形，每道拉牵线不少于8股；轻型、中型货车件重<2 t的，拉牵1个8字形，每道拉牵线不少于12股；2 t≤件重≤3 t的，拉牵1个8字形，每道拉牵线不少于16股；轻型、中型货车非完整车辆3 t<件重≤4.5 t的，拉牵2个8字形，每道拉牵线不少于14股。

6）装运要求

（1）限使用X_{6B}、X_{6C}、NX_{17B}、NX_{70}、NX_{70H}型货车。

（2）装车前，认真检查并确保板架箱和加固材料状态良好。

（3）装、卸车后，要加强箱体质量检查，确保箱体技术状态良好。发站要重点强化对箱体端部活动渡板的检查，确认锁闭装置状态良好，锁闭到位；途中货检站发现活动渡板窜出时，要将活动渡板复位后用镀锌铁线捆绑牢固。

（4）汽车装车后不得超限。

（5）装车后汽车门窗锁闭，制动装置全部制动，变速器置于初速位置，制动柄用铁线捆绑牢固（带自锁功能的除外）。

（6）需跨装时，平车地板高度应相等，按规定使用车钩缓冲停止器，用铁线将连挂车组车钩提钩杆捆牢。

（7）重车禁止溜放。

（8）板架箱可叠装3层回空，装车时，将箱体的蘑菇头全部翻出，角件对齐蘑菇头装载，装车后，将每层叠装箱体的4个角分别用8号镀锌铁线4股捆绑牢固。

（9）板架箱单层回空时，可以在每个箱体上装载2个20英尺标准集装箱（空或重箱）或1个40英尺标准集装箱（空或重箱，装载后不超限），但装载总重（包括板架箱、集装箱和货物重量）不得超过平车的标记载重量，且装载不偏载、不偏重。板架箱上装载空箱时，须用4股以上8号镀锌铁线将空箱角件与板架箱捆绑牢固。

（10）未尽事宜，按有关规定办理。

7. 改进型折叠式台架集装箱装运方案

1）改进型折叠式台架集装箱办理站

具备木材装卸作业能力的车站，经公布后办理。

2）改进型折叠式台架集装箱装运要求

（1）改进型折叠式台架集装箱装运货物。

可装运长度为 3 m、3.8 m、4 m、6 m、8 m、12 m 的木材；装运腐朽或有腐朽表面、洞眼的木材时，应喷涂防火剂。

（2）改进型折叠式台架集装箱准用货车。

载重 60 t 及以上、车底架长度为 13 m 的木地板普通平车或平车集装箱共用车。

3）装车作业

（1）装车前，应认真检查车辆，与折叠箱端部桩脚相对应的支柱槽必须良好，车地板无腐朽损坏。

（2）装箱前，应对箱体质量进行检查，发现达到扣修条件或定检过期时，不得使用。

（3）装车前，应将车（箱）内所有的钢丝绳、铁线头等残留物清理干净。

（4）安装折叠箱时，将两侧底部端部桩脚紧插于平车端部的支柱槽内，并将活动螺栓腿装入对应支柱槽，旋紧防松螺母。打开端墙、侧墙，插好各部位保险销，安装好端墙拉杆，并将两箱通过花篮螺栓副紧固连接。

（5）3 m 材每车装载 4 垛；3.8 m、4 m 材每车装载 3 垛；6 m 材每车装载 2 垛；3 m 材与 6 m 材可拼装，每车须装 2 垛 3 m 材与 1 垛 6 m 材，6 m 材装在车辆中部；8 m 材可与 3.8 m、4 m 材拼装，每车装载 2 垛；12 m 材每车装载 1 垛。不得以其他形式配装。

（6）装载时，必须做到紧密排摆、紧靠侧墙、压缝挤紧。装载高度严禁超过箱端墙，紧靠侧墙的木材，装载高度不得超过侧墙高度，每垛的高度应基本一致，起脊部分必须排摆整齐。紧靠侧墙的木材，两端超出侧墙的长度不得小于 200 mm。装载原木时，大小头要颠倒，靠近箱端墙的木材应纵向倾于货车中部，不得形成向外溜坡。

（7）在车辆两侧每个相互对应的侧墙立柱上腰线捆绑座间加 1 道腰线（共计 8 道）。在腰线捆绑座处，使用钢丝绳（或盘条）对每垛木材起脊部分做整体捆绑。

（8）装载 3 m 材时，腰线破断拉力不小于 22 kN；装载 3.8 m、4 m、8 m 材时，腰线破断拉力不小于 20 kN；装载 6 m、12 m 材时，腰线破断拉力不小于 18.5 kN。腰线使用具有整体捆绑作用的专用木材捆绑紧固器。

（9）装载 3 m、3.8 m、4 m 材时，每垛整体捆绑 2 道；装载 6 m、8 m 材时，每垛整体捆绑 3 道；装载 12 m 材时，每垛整体捆绑 4 道。整体捆绑线使用直径不小于 7 mm 的钢丝绳或 $\phi 6.5$ mm 盘条 2 股。

（10）专用木材捆绑紧固器、钢丝绳、盘条等加固材料的技术条件须符合《铁路货物装载加固规则》要求。

（11）折叠箱装车后，必须立起关闭平车端板。有侧板的平车，必须将侧板放下，用锁铁卡死，并用 8 号镀锌铁线 2 股 2 道与车体捆绑牢固。装箱后要再次拧紧活动螺栓腿。

（12）空箱应折叠后回送，最多可 5 箱叠成一组，一车二组共 10 箱装于一辆平车回送，每组高度应相同，不得超限。空箱回送时，底层箱与平车间比照重箱加固。两箱以上叠装回送时，箱与箱间利用箱本身装置连接，叠放好后插好叠放安全销，用 8 号镀锌铁线穿过叠放安全销通孔后拧固。

4）装卸专业安全管理

（1）木材装卸车作业须严格遵守《铁路货物装卸安全技术规则》，确保人身安全。必须人力配合的作业，装卸组组长要加强监督、指导，防止发生人身伤亡事故。

（2）装卸车作业必须使用装卸机械。作业时不得使用装卸机械拖拉箱体。严禁人力推倒端墙、侧墙。

（3）箱体的组装、拆解和码放作业必须按照作业程序和有关技术要求操作，由起重工和起重机司机配合进行。作业中必须在叠放安全销处加索起吊和放下，箱体各部件必须按先后顺序单件进行吊装作业。组装箱体时，必须将所有连接件紧固牢靠、保险销处于锁闭位置；拆解、折叠和回送时应按要求加固连接好。作业中要随时检查箱体技术状态，发现达到扣修条件时，及时报告车站货运人员。

（4）装车时，应在叠放安全销处加索后将折叠箱吊上平车，将箱端部桩脚插入平车对应支柱槽内。

（5）打开端墙时，在端墙吊环上加索并起吊，到位后插好端墙保险销。

（6）打开侧墙时，按顺序操作，到位后插好侧墙保险销。

（7）端墙、侧墙立好后，打开端墙拉杆，并与侧墙拉杆连接座连接，插好保险销。

（8）吊装木材时，不得利用折叠箱的侧墙、端墙找平。装车后，木材不能超过端墙上缘，不得超载、偏载、偏重。

（9）折叠时，每箱要先收起端墙拉杆并固定好。放下无扶梯一侧的侧墙后，再放下有扶梯一侧的侧墙。拴挂好端墙吊环后，拔出端墙保险销再放倒端墙。

（10）折叠箱需从车上卸下时，先松开活动螺栓腿。拆下二箱连接花篮螺栓副，叠回箱底横梁上，用插销固定。

（11）货检站发现端侧墙外胀超过规定限度、加固材料断裂、箱体开焊断裂，以及木材窜动等危及运输安全时，须扣车处理。

5）改进型折叠式台架集装箱使用其他要求

（1）折叠箱必须成对使用。

（2）折叠箱运输不施封。承运人与托运人或收货人凭箱号、箱体外状及重箱货物装载加固状态办理交接。

（3）装载折叠箱的平车需入段、入厂修理时，车辆部门应及时通知车站，由车站报告集装箱调度。

（4）未尽事宜，按有关规定办理。

8. 20 英尺 3.2 m 高通用集装箱装运方案

1）20 英尺 3.2 m 高通用集装箱定义

20 英尺 3.2 m 高通用集装箱（箱号范围：TBFU950000～950231）是指高度为 3 200 mm、总重为 24 t 或 20 t、角件符合 ISO 1161 标准的通用集装箱。

2）20 英尺 3.2 m 高通用集装箱技术参数

（1）最大总重和自重：箱号 TBFU950000～950019 的集装箱最大总重 20 000 kg，自重 2 700 kg；箱号 TBFU950020～950039 的集装箱最大总重 24 000 kg，自重 2 720 kg；箱号 TBFU950040～950231 的集装箱最大总重 24 000 kg，自重 2 420 kg。

（2）外部尺寸（长×宽×高）：6 058 mm×2 438 mm×3 200 mm。

（3）内部尺寸（长×宽×高）：5 867 mm×2 330 mm×3 049 mm。

（4）内容积：42 m³。

3）20 英尺 3.2 m 高通用集装箱结构

（1）主体结构同通用集装箱。

（2）角件的定位尺寸、开孔尺寸与 20 英尺通用标准箱相同。

4）20 英尺 3.2 m 高通用集装箱箱体安全

（1）集装箱应当符合国际集装箱安全公约（CSC）要求，取得安全合格牌照。

（2）按规定期限进行定期检验。集装箱从出厂到第一次检验的间隔期不得超过 5 年，以后检验的间隔期不得超过 2.5 年。检验时间可提前或延后 3 个月。

（3）扣修条件与 20 英尺通用标准箱相同，执行铁道行业标准《通用集装箱在铁路车站检查的技术要求》。

5）20 英尺 3.2 m 高通用集装箱办理站

在全路各 20 英尺通用标准箱办理站间运输。

6）20 英尺 3.2 m 高通用集装箱装运要求

（1）用于装运通用集装箱适箱货物。装后箱货总重不得超过集装箱最大总重。

（2）使用集装箱平车时，仅限 X_{1K}、X_{6K}、X_{70} 三种货车；不得使用平车集装箱共用车装运。

（3）按照箱体涂打标记要求进行堆码，箱号为 TBFU950020～950039 的集装箱重箱限堆码 2 层，其他集装箱的重箱限堆码 3 层。

（4）不得用于双层运输。

（5）未尽事宜，按有关规定办理。

9. 20 英尺敞口式干散货集装箱装运方案

1）20 英尺敞口式干散货集装箱箱体安全

（1）集装箱应当符合国际集装箱安全公约（CSC）要求，取得安全合格牌照。

（2）按规定期限进行定期检验。集装箱从出厂到第一次检验的间隔期不得超过 5

年，以后检验的间隔期不得超过 2.5 年。检验时间可提前或延后 3 个月。

（3）符合下列条件之一应当扣修：

①通用标准集装箱扣修标准。

②端门变形严重或胶条失效，不能正常使用或泄漏货物。

2）20 英尺敞口式干散货集装箱办理站

在 20 英尺通用标准箱办理站和 20 英尺干散货箱办理站间运输。

3）20 英尺敞口式干散货集装箱装运要求

（1）用于装运通用集装箱适箱货物和适箱散堆装货物。

（2）装载货物后，上部顶门用专用绳网苫盖，并将系绳拉紧拴牢在顶门边的挂钩上。专用绳网一次性使用。

（3）专用绳网采用优质尼龙等聚合料绳编织制成，不得使用易腐烂、易腐蚀及再生材料制作的绳网。网筋的破断拉力不得小于 60 N，围筋和系绳的破断拉力不小于 150 N，80％破断拉力时的伸长率不大于18％。专用绳网规格尺寸见表 4-2-4，专用绳网结构如图 4-2-2 所示。

表 4-2-4　专用绳网规格尺寸

绳网长度/mm	绳网宽度/mm	系绳数量	系绳长度/mm	网眼边长/mm
6 200	2 500	16	500	≤40×40

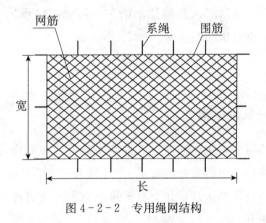

图 4-2-2　专用绳网结构

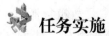 **任务实施**

根据以上相关知识，由教师组织学生分组进行讨论；学生根据教师给出的 35 吨敞顶集装箱运输案例正确填写集装箱运输票据，计算集装箱运输费用，正确组织 35 吨敞顶铁路集装箱运输，各小组派代表进行总结汇报，小组互评；教师点评总结，提高学生运用理论知识解决实际问题的能力。

任务 *4.3* 1.5吨小型集装箱运输组织

🎯 教学目标

1. 能力目标

能正确制定铁路1.5吨小型集装箱装载方案，正确计算1.5吨小型集装箱运输相关费用，能按规定组织1.5吨小型集装箱运输和门到门运输。

2. 知识目标

掌握铁路1.5吨小型集装箱运输组织规则，掌握铁路1.5吨小型集装箱运输组织方法。

🚐 工作任务

2016年10月4日，哈尔滨铁路局佳木斯车务段鹤岗站承运10个1.5吨小型集装箱，请正确组织1.5吨小型集装箱运输。

🌏 相关知识

4.3.1 1.5吨小型集装箱运输

为满足零散货物快运集装化运输需求，提高零散货物装卸作业效率和服务质量，减少货损货差，中国铁路总公司研发并购置了10万只1.5吨小型集装箱，主要满足汽车配件、食品、饮料等零散百货的运输需求。1.5吨小型集装箱可作为包装工具，箱体自重不在计费重量内，便于开展门到门运输。

1.5吨小型集装箱体积小，安全、便捷、高效，便于公铁联运，主要适箱货源有：酒类、药类、家电类，以及理化性质、消防方法不相抵触的多批货物；小商品、日杂百货；高附加值货物。

1. 1.5吨铁路小型集装箱运输概述

（1）小型箱是铁路专用集装化用具，仅用于装载零散货物，主要在零散货物快运中心站、作业站（以下简称零散货物车站）间运输，根据客户运输需求可开展门到站、站到站、站到门、门到门服务。

（2）小型箱由铁路总公司统一购置，实行号码制管理。编号由 13 位数字组成，前 3 位数字为"100"，代表铁路总公司购置；第 4～5 位数字为"01"，代表小型箱；第 6～7 位数字代表投用年份后 2 位；第 8～13 位为顺序号。例如：1000115000001，代表铁路总公司 2015 年购置投入使用的第 1 号小型箱。

（3）小型箱必须符合国家、铁路行业或铁路总公司有关标准或技术条件要求，经国家铁路产品质量监督检验中心检验合格后方准运用。

（4）小型箱由铁路总公司运输局负责统一运用管理，铁路局负责管内小型箱的日常运用、调配、统计、技术状态鉴定、维修报废等工作。

（5）小型箱所装货物计费按照零散货物运价政策执行，小型箱自重不纳入计费重量。

2. 1.5 吨铁路小型集装箱装箱组织

（1）小型箱应结合客户需求及箱源情况，按照公平、公开、透明的原则组织运用。小型箱所装货物应符合零散货物快运品类要求，并不得污染、腐蚀、损坏箱体。使用小型箱运输零散货物时，要认真执行承运货物检查制度，所有承运的集装箱必须逐箱开箱检查并拍照，防止匿报品名、夹带违禁品及装载不良。

（2）零散货物车站应具备小型箱的计量称重条件，并对每箱计量称重，严禁装载货物超过小型箱允许载重。

（3）按一批托运的零散货物需要装入多个小型箱的，尾货不得与其他批货物拼箱作业。

多批货物装入一个小型箱时，必须到站相同，货物性质不相抵触。

多个小型箱装入一辆货车时，宜为同一到站或经同一车站进行中转。

（4）装箱货物必须进行安全检查。装箱后，装箱站现场作业人员应确认货物装载稳固，满足装运条件，统一使用集装箱施封锁进行施封。小型箱号、施封号应填入"货物装车清单"（见表 4-3-1），随车递送。

表 4-3-1 货物装车清单

装车站：　　　　　　中转站：　　　　　　车次

车种车号			标记重量				施封号码		
货票号	发站	到站	货物品名	件数	重量/kg	包装	车位	小型箱号	小型箱施封号码
合计		批数：	总件数：		货物总重量：				

装车站签认：　货运车长签认：　卸车站签认：
装车工组：　　卸车工组：

记事	

装车时间：201　年　月　日　时　卸车时间：201　年　月　日　时

注：①货票号要填记齐全，如 A064789；②同一站或中转站填写一份，不需中转的不填写中转站名称，需要中转的到站栏填写实际卸车站；③小型箱以调度命令回送时填写到站，否则可不填；④本单保管期限 1 年。

（5）小型箱重箱运输时，在箱门右上角插槽处（如图 4-3-1 所示）安插或粘贴"货物标签"（如图 4-3-2 所示）一枚，规格为长 85 mm，宽 80 mm。安插或粘贴前应清除小型箱上的旧"货物标签"。

图 4-3-1　"货物标签"安插粘贴位置

图 4-3-2　货物标签

3．1.5 吨铁路小型集装箱装卸车组织

（1）小型箱装车前，应检查箱体、外部配件状态，确保状态良好，箱门关闭锁严；重箱还应认真核对施封情况，确保箱号、施封号与"货物装车清单""货物标签"一致。

（2）零散货物车站、列车应根据作业实际配备叉车、液压搬运车等小型箱装卸搬运机械。装卸作业时，应单箱搬运、箱门关闭锁严、稳起轻放，防止剐蹭、冲撞（如图 4-3-3 所示）。

（3）小型箱应使用符合零散货物快运要求的车辆装载，周密确定车内装载方案，不超载、不偏载、不偏重。车内装载应整齐紧密，均衡稳固，充分利用车辆长度、宽度，防止窜动、倒塌，并为沿途零散货物车站装卸预留作业条件。

（4）小型箱在铁路货车内的码放应充分利用货车装载能力，具体码放原则如下：

① 车厢两端均衡码放。

② 自车厢一端由内侧向外侧单层成组码放，当单层码放至 2 组时，须在相邻内侧双层码放。其中，外侧指靠近车辆横中心线一侧；内侧指远离车辆横中心线一侧。码放位置如图 4-3-4 所示。

（5）小型箱双层装载码放时，应确保箱脚入位，重不压空，并采取必要的防倒塌等

图 4 - 3 - 3　小型箱单箱搬运

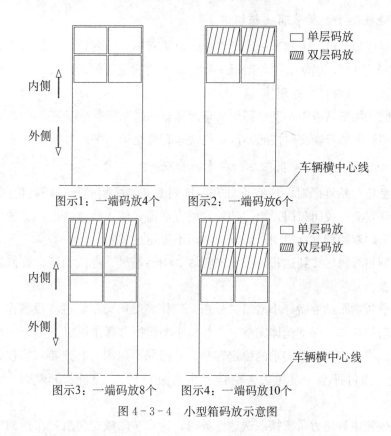

图 4 - 3 - 4　小型箱码放示意图

措施。汽车装运小型箱宜单层码放（如图 4 - 3 - 5 所示）。

（6）在充分利用货车装载能力，保证安全的前提下，小型箱可以与其他货物混装，但小型箱须装在底层，其顶面可码放重量不大于 1.5 t 的其他货物。

（7）小型箱凭"货物装车清单"、货票、封印办理交接，发现不符时，应编制普通记录。

图 4-3-5　汽车装运小型箱

（8）装有小型箱的车辆禁止溜放作业。

4. 1.5 吨铁路小型集装箱掏箱组织

（1）小型箱卸车后，由卸车站现场作业人员负责拆除施封锁，并核对箱内货物、货票、"货物装车清单"，确保货物与票据一致。发现货物发生损坏、丢失时，按《铁路货物损失处理规则（试行）》办理。

（2）零散货物车站应于小型箱到达次日起 2 日内组织掏空小型箱，严禁以箱代库。

（3）小型箱所装货物交付按照零散货物快运有关交付程序办理。

5. 1.5 吨铁路小型集装箱在站、在途箱管理

（1）小型箱在站堆码时，应空重分开，排列整齐，横竖成行；码放稳固，不倒置，不挤码，保证安全；关闭箱门，箱门朝外，留有通道，便于检查清点和机械作业；场地紧张时，可采取双行背靠背门朝外码放，堆码不得超过 2 层。

（2）小型箱堆码区按到达箱区、发送箱区、中转箱区、存放箱区、维修箱区和装掏箱区分别设置。

（3）零散货物车站要做好小型箱"爱箱"工作，使用叉车等机械设备作业时，不准贴地推拖，磨损箱体，保证箱体完整。严禁将小型箱擅自挪作他用。

（4）对具有一定小型箱需求的稳定客户，铁路局可组织与客户签订协议，就小型箱使用保有量、预付押金、损坏丢失赔偿等事宜进行约定，仅限协议客户开展自提箱业务。

（5）小型箱由铁路方负责接取送达业务时，货物装箱或交付后随车返回零散货物车站，除铁路局有特殊规定或与协议客户约定外，严禁在客户处存放。

（6）小型箱出站时，零散货物车站须填写"小型箱出站单"（见表 4-3-2），作为出站和箱体状况交接的凭证。小型箱送回车站时，零散货物车站应检查箱体状况、核对归还数量等，在"小型箱出站单"乙联上加盖车站日期戳和经办人章，将收据交还箱人。

表 4 - 3 - 2　小型箱出站单

____站存查

甲联

A000001

出站填记（空□　重□）

客户名称			联系电话		调度命令	
货票号				箱数	接收站	
箱体状况					破损记录号	
领箱人		汽车号		车站经办人	出站日期	
箱号						

进站填记（空□　重□）

箱体状况				破损记录号	
还箱人		汽车号	车站经办人	进站日期	
已还箱号及数量				未还箱号及数量	

领箱人签章：

门卫验放：（章）

领 箱 人 须 知	1. 如本单记载与实际不符，应当在出站前要求更正。 2. 保证箱体完好，发生损坏、丢失时按规定赔偿。 3. 本单乙联随箱同行，还箱时将乙联交回。 4. 还箱收据盖戳后，保存 60 日。

说明：1. 货票号栏只在重箱出站时方填写；经非铁路方式跨站回送空箱时，须填写调度命令号和接收站。

2. 甲、乙联可用不同颜色印制。各站可根据管理需要，增加联数。

规格：A5 竖印

（7）小型箱运输由各级调度部门集中统一指挥，跨局调整由铁路总公司调度部门负责，铁路局管内调整由铁路局调度部门负责。调度部门要及时掌握小型箱分布、零散货物快运动态，根据小型箱运用情况、需求变化和运用效率，及时调整铁路局、零散货物车站的小型箱保有量。

（8）小型箱空箱回送凭调度命令办理，填写"特殊货车及运送用具回送清单"。使用铁路货车回送时，回送站在"货物装车清单"中记明命令号（在"货物装车清单"货票号码栏内填记）、箱号等信息；使用汽车回送时，回送站填制"小型箱出站单"，接收站在"小型箱出站单"乙联上填写有关信息。跨局回送时，原则上不得少于 20 只。

（9）新造小型箱凭调度命令投入运用，接收零散货物车站要逐箱核对箱号并核查交方提供的小型箱检验合格报告，在"小型箱投入交接单"（见表 4 - 3 - 3）上签认。

6. 1.5 吨铁路小型集装箱修理与报废

（1）铁路局指定管内小型箱修理（报废）点，修理（报废）点应配备必要的小型箱修理设施、设备及人员。

（2）零散货物车站应根据小型箱暂行技术条件中有关标准组织扣修，确保上路使用的小型箱技术状态良好，严禁使用达到扣修条件的小型箱装运货物。送修时，零散货物车站凭调度命令回送，在"特殊货车及运送用具回送清单"内填记"修理箱"字样。

（3）铁路局指定管内小型箱修理（报废）点回送车站。对需要修理的小型箱，回送车站应填写"小型箱修理通知书"（见表4-3-4），并与修理（报废）点办理交接。

表4-3-3　小型箱投入交接单

甲联
No. 000001

交接时间		交接地点			箱数		
序号	箱号	箱体状况		序号	箱号	箱体状况	

交方单位（章）：　　　　　　　　　　　　　　　　　　接方单位（章）：
经办人（签字）：　　　　　　　　　　　　　　　　　　经办人（签字）：

　　注：1. 本交接单一式四联，交方留存三联，接方留存一联。交方为铁路总公司指定单位，接方为零散货物快运中心站或作业站。

　　2. 本交接单留存1年。

规格：A4竖印

表4-3-4　小型箱修理通知书

甲联
No. 000001

箱号		上站修	是□　　否□	
扣修时间	送修时间		修竣时间	

主要损坏部位（扣箱时填写）：

门端
左门　右门

箱底

前端

左侧

右侧

面向箱门左侧

面向箱门右侧

箱顶

修理情况（验箱时填写）：

送　修　单　位：＿＿＿＿＿（章）　　修　理　单　位：＿＿＿＿＿（章）
修理箱送修人：＿＿＿＿＿（签字）　　修理箱接收人：＿＿＿＿＿（签字）
修竣箱接收人：＿＿＿＿＿（签字）　　修竣箱返还人：＿＿＿＿＿（签字）

　　注：1. 本通知单一箱一单，一式四联，甲联只填送修部分，乙、丙、丁联还需填写修竣部分。

　　2. 扣修时，在图形的相应损坏部位标注，并记明详细情况。

　　3. 本通知单作为：

　　① 车站对小型箱送修和修竣接收的依据（甲、丙联），由车站存。

　　② 查定小型箱修理时间和在修箱数量的依据（乙联），由箱修点存。

　　③ 结算小型箱修理费用的原始依据（丁联），由车站交财务部门存。

　　4. 本通知书留存1年。

规格：A4竖印

（4）小型箱修竣后由小型箱修理（报废）点回送车站检查验收，填写"小型箱修理通知书"，并与修理（报废）点按箱数和号码进行交接并投入运用。

（5）小型箱发生破损、丢失和因损坏报废时，发现车站应填写"小型箱破损记录"（见表 4-3-5）作为责任划分和赔偿依据。发生破损、损坏时，责任单位与维修单位同属于同一铁路局的，由责任单位支付维修费用给维修单位；属于不同铁路局的，由责任局支付维修费用给维修局。发生丢失时，由责任局赔偿给铁路总公司，认定属第三方责任的，由责任局负责追偿。

表 4-3-5　小型箱破损记录

No00001

箱号＿＿＿＿＿＿＿＿＿

1. 发站＿＿＿＿＿　发局＿＿＿＿　托运人＿＿＿＿＿＿＿＿
2. 到站＿＿＿＿＿　到局＿＿＿＿　收货人＿＿＿＿＿＿＿＿
3. 运送票据第＿＿＿＿＿号＿＿＿年__月__日承运
4. 车种车号＿＿＿＿＿＿＿＿＿到达车次＿＿＿＿＿＿
5. 发现小型箱破损地点＿＿＿＿＿＿＿＿＿＿＿＿＿＿＿＿＿
6. 破损部位。请填在视图上。

门端
左门　　右门　　　　　　　箱底　　　　　　　　　　前端

左侧　　　　　　　　右侧
面向箱门左侧　　　　面向箱门右侧　　　　　　　　箱顶

7. 破损原因和程度＿＿＿＿＿＿＿＿＿＿＿＿＿＿＿＿＿＿＿＿
8. 责任者＿＿＿＿＿＿＿＿＿＿＿＿＿＿＿＿（签章）
9. 装卸或货运主任＿＿＿＿＿＿＿＿＿＿＿＿（签章）
10. 填写单位：＿＿＿＿＿（章）　填写人：＿＿＿＿
11. __年__月__日

注：本记录一式三份，一份编制记录站存查，一份交责任单位，一份随箱同行。

规格：A5 竖印

责任划分按下列原则办理：

① 卸车发现破损时，除能判明属于铁路交通事故和偷盗造成的破损外，责任列装车单位。

② 装卸车作业中发生的破损，责任列装卸作业所属单位。

③ 办理接取送达业务，接收站接收时发现破损，除能判明责任者外，责任列接取送达单位。

④ 站内外存放的小型箱发生破损，除能判明责任者外，责任列存放地单位。

⑤ 客户进站送箱，发现破损时，责任列托运人或收货人。

⑥ 小型箱丢失时，由责任者进行赔偿；无法确定责任者的，在站箱由小型箱所在铁路局负责赔偿，在途箱由小型箱发、到局各赔偿50%。

（6）小型箱丢失时，按市场重置价格赔偿。小型箱破损，按实际发生修理费用标准赔偿。

（7）修理（报废）点要建立健全维修交接、工艺流程、管理流程、质量检验、统计报告、材料管理、费用核算、生产安全等各项管理制度和台账，铁路局每月掌握修理（报废）点工作量、费用成本支出情况，并报铁路总公司备案。

（8）待修箱的修理时间原则上不超过3天。

（9）小型箱发生损坏，危及运输、人身安全而又无法修复时，应予以报废。报废标准应满足以下条件：

① 单次修理费超过重置新购小型箱价格的40%；

② 因腐蚀或事故造成底架破损严重，无法承载货物；

③ 前端墙、侧板外胀量超出箱体30 mm以上，且无法修复。

小型箱达到报废条件时，由修理（报废）点实施鉴定报废工作，并通过信息化用具管理信息系统逐级上报铁路局和铁路总公司，铁路总公司审核后实施报废，残值上缴铁路总公司。

（10）小型箱使用费清算和成本列支按铁路总公司有关规定管理。

7. 1.5吨铁路小型集装箱接收和回送

（1）生产厂送达小型箱时，接收站要根据生产厂提供的编号，2人同时、逐箱对小型箱双面箱号进行核对，查看箱体外观质量和标识号码，清点小型箱数量，无误后在接收单上签字。

（2）根据调度所快运调度命令组织小型箱按指定号段和到站装车回送。

（3）本着安全、高效、低耗的原则制定生产组织措施，合理确定和利用小型箱存放区域，双层码放，尽量按顺序号排列，利于清点管理。要制订小型箱装卸车作业组织方案，人员、设备按需配齐到位，盯控好接收堆码及装车安全和质量。

（4）建立小型箱接收、回送台账及日报告制度。台账项目包括接收或回送时间，当日、累计接收或回送数量，接收或回送号段或编号，当日在站结存数量，填表人姓名、备注（可填写回送车次等未列项目）等内容；日报告项目包括当日、累计接收或回送数量，接收或回送号段或编号，当日在站结存数量，备注（可填写回送车次等未列项目），填表人姓名、填表人路电及手机号码。每日18点前报货运处和调度所。

（5）零散货物车站应建立"小型箱到发登记簿"（见表4-3-6），保证小型箱账箱相符，详细掌握当日小型箱基本情况。

表4-3-6 小型箱 到发登记簿

箱号	到达										发出									停时计算								停留时间	记事
																				卸车		转出		转入		装车			
	卸车日期	车种车号	装箱站	施封号	货票号	货位号	卸车货运员	交付日期	交付货运员	其他	承运日期	到站	中转站	施封号码	货票号	装车日期	车种车号	装车货运员	其他	日期	时间	日期	时间	日期	时间	日期	时间		

8. 1.5吨铁路小型集装箱协议

为满足客户对小型箱出站使用的需求，根据铁路总公司和铁路局的相关规定，对客户出站使用小型箱签订协议。

1）签订协议实行报批制度

客户有出站使用小型箱需求时，各单位在与客户达成初步意向后，向铁路局提报相关文件资料，待铁路局批准后签订协议。出站使用小型箱协议主要面对产品生产企业，仅限客户开展自提箱业务。

有出站使用小型箱需求客户可向铁路小型箱作业站和办理站提报"1.5吨铁路小型集装箱出站使用申请表"（见表4-3-7）。作业站和办理站根据其货源到发、分布情况及短途运输能力等，提出办理小型箱出站使用的意见，经作业站和办理站所属单位审核报铁路局货运处批准后，由相关单位与产品生产企业签订"1.5吨铁路小型集装箱出站使用协议"，并建立出站使用台账档案。协议文本统一使用固定版本。

表4-3-7 1.5吨铁路小型集装箱出站使用申请表

申请单位	企业名称			
	法定代表人		身份证号码	
	代理人		身份证号码	
	办公地址			
	电子邮箱		邮政编码	
	代理人电话		单位电话	
投入运营车辆（数量、车型、车牌号）	如2台（××型京N0001、京N0002）			
分品类年预期运量	如牛奶2 200箱			
所附申请材料目录				
申请单位： （盖章） 日期	作业站或办理站意见： （盖章） 日期	站段意见： （盖章） 日期	铁路局意见： （盖章） 日期	

2）协议签订事项

协议客户需有稳定的运量需求，一般要达到小型箱日需求量 5 箱及以上。与客户签订小型箱出站使用协议时，要对小型箱使用保有量、保证金、损坏丢失赔偿等事宜进行约定。

3）1.5 吨铁路小型集装箱出站使用协议

甲方（铁路单位）：

乙方（客户）：

（1）双方的权利和义务。

甲方：

① 小型箱到达后及时发出催领通知，并根据乙方出具的领货凭证办理交付。

② 根据乙方需求，负责空箱调配和重箱接收工作。

③ 做好小型箱装卸组织工作，做到装卸及时，安全迅速。

④ 接收重箱时须对箱内货物进行安全检查，发现匿报品名、夹带危险品等问题按章处理。

⑤ 按照相关规定与乙方办理交接手续。

⑥ 甲方向乙方收取小型箱出站使用保证金，甲方要严格管理保证金，只允许用于小型箱丢失、损坏、污染的赔偿，不得挪作他用。

乙方：

① 小型箱出站使用的车辆应经甲方确认，记明车辆的车型和车牌号码。

② 必须向甲方提供营业执照、法人证明、身份证等复印件，以及办公地址、联系方式、汽车车型和牌号等信息。

③ 送小型箱应提前进站，便于及时装车和快速运输。

④ 到达小型箱，须持领货凭证办理领取手续并及时将空箱交回。

⑤ 小型箱出站不得超过　　小时。

⑥ 根据相关规定与甲方办理交接。

⑦ 须严格遵守铁路小型箱管理有关规定，箱内货物装载均衡稳固，不得装载违禁物品、危险品或易于腐蚀、污染、损坏小型箱箱体的货物，不得匿报品名，小型箱总重不得超过标记总重，对声明的货物品名责任，发生匿报品名、装载超重，承担相应的法律责任和发生的费用。

⑧ 小型箱掏空后应清扫干净，撤除货签，关闭箱门，有污染的必须洗涮干净。

⑨ 乙方必须向甲方缴纳出站使用保证金，用于因乙方过失造成小型箱丢失、损坏及无法洗涮的污染时的赔偿；保证金不足时，乙方补足后方可继续出站使用小型箱。

（2）小型箱交接办法。

① 小型箱在作业站和办理站固定地点办理交接，到达重箱凭箱号、封印和箱体外

观，空箱凭箱号和箱体外观办理。上站重箱待安检、称重后施封。

② 甲方应向乙方提供状态良好的小型箱，乙方发现小型箱状态不良时应要求甲方调换。

③ 小型箱在交付时，如封印或箱号不符、无施封或箱体状态不良、货物发生损坏、短少时，甲方应出具货运记录，按规定进行处理。

（3）在站内外自行使用小型箱过程中造成的人身伤害等责任由乙方承担。

（4）未尽事宜按铁路规章及有关规定执行。无规定时，经双方协商可签订补充条款，共同遵守。

（5）本协议一式二份，甲、乙双方各执一份，有效期自　　年　月　日至　　年　月　日。任何一方提出修改应提前三十日书面通知对方。

甲方：铁路单位（公章）　　乙方：单位（公章）

签字：单位负责人　　签字：（法定代表人）

　　年　　月　　日

4.3.2 零散货物入箱

1. 零散货物

零散货物具有体积小、品类杂、批量小、批次多的特点，运输时效要求高，门到门需求旺盛，具有较大的市场潜力。现行的零散货物快运装卸作业量大，人力作业效率低下，容易出现货损货差，迫切需要集装化用具。

为进一步发展零散货物快运，解决零散货物快运中的装卸问题，恢复使用小型铁路集装箱（1～5 t），并鼓励使用小型铁路集装箱办理上门收货、送货到门业务。小型铁路集装箱作为零散货物快运的集装化用具，在零散货物快运列车上使用，不按集装箱办理和计费，所有费用与零散货物快运运价率和计费条件保持一致。发到站不允许加收集装箱使用费、装卸箱费、站内装掏箱费、仓储费等任何费用。

2. 批量零散货物入箱

为提高批量零散货物快运服务质量，对国铁及控股的标准箱办理站（包括货场、专用线、专用铁路）间发到的批量零散货物快运，当办理"门到门"或"门到站"运输时，原则上全部使用 20 英尺、40 英尺铁路通用箱装载。集装箱装运批量零散货物，按以下规定办理。

（1）所有费用与批量零散货物快运运价率和计费条件保持一致。发到站不允许加收集装箱使用费、装卸箱费、站内装掏箱费、仓储费等任何费用。

（2）集装箱视同集装化用具，发站制票时应在货票"集装化用具名称、数量、编号"栏内填写集装箱箱型、号码和数量，在"记事"栏填记集装箱施封号码（见表 4-3-8）。

表 4 - 3 - 8　批量零散货物货票

发运日期　　　　　　　　　铁路局

Ⓡ　货　票　　　　　　　　　　　　　　B044481

客户代表号码□□□□□□□　　　　　　　　　　号码　　　　　　甲联办理站存查

发货地所在市		装车站		到达地所在市		卸车站		办理站
托运人名称			联系人		电话		运到期限	
收货人名称			联系人		电话		始发车次	

货物名称	件数	包装	总重量（kg）	总体积（m³）	单件最大重量（kg）	单件最大长/宽/高（cm）	保价金额（元）	计费重量（kg）	集装化用具名称、数量、编号
合计									

服务方式	□ 站到站(装车站→卸车站)				费别	金额（元）
	□ 门到站(上门取货→卸车站)　　□ 上门装车					
	□ 站到门(装车站→送货上门)　　□ 上门卸车					
	□ 门到门(上门取货→送货上门)　□ 上门装车　　□ 上门卸车					
	取货地址		取货地址至装车站里程（km）			
	送货地址		卸车站至送货地址里程（km）		费用合计	
					（大写）	

□需要增值税专用发票	受票方名称		记事：
	纳税人识别号		
	地址、电话		
	开户行及账号		
托运人记载事项			

托运人签字（章）　　　　　车站接（交）货人签字（章）　　　制票人　　制票日期

（3）发站、到站均应为办理相应箱型的国铁及控股的标装箱办理站。

（4）单批按重量 30 t 及以上或体积 60 m³ 及以上掌握。车站应根据货物重量、体积合理选用箱型，提高集装箱载重和容积利用率。对装载不下的尾货，应安排增加使用集装箱，但装车时应符合货车装载要求。

（5）货物品名、重量由车站确定。车站要通过汽车衡、轨道衡等称重计量设备，对货物重量进行卡控，防止出现超吨、瞒报重量等问题。

（6）零散货物和 108 类批量散货入箱，接取送达费按照既有货物快运办法执行。

 任务实施

根据以上相关知识，由教师组织学生分组进行讨论；学生根据教师给出的 1.5 吨小型集装箱运输案例正确组织铁路 1.5 吨小型集装箱运输，各小组派代表进行总结汇报，小组互评；教师点评总结，提高学生运用理论知识解决实际问题的能力。

复习思考题

1. 铁路集装箱运输基本条件是什么？
2. 铁路集装箱的托运及受理有哪些要求？
3. 拨配空箱时检查的主要内容有哪些？
4. 铁路集装箱的重量要求有哪些？
5. 集装箱施封由谁负责？施封时应注意什么？
6. 集装箱货物拍照要求有哪些？
7. 集装箱运输一口价的内容有哪些？
8. 集装箱交接的地点和方法是什么？
9. 车站办理敞顶箱运输条件是什么？
10. 20 英尺 35 吨敞顶集装箱装载技术条件是什么？
11. 集装箱班列主要类型有哪些？
12. 1.5 吨铁路小型集装箱装箱组织要求是什么？
13. 1.5 吨铁路小型集装箱装卸车组织要求是什么？

项目 5
铁路集装箱运输管理信息系统与运输统计分析

项目描述

　　铁路集装箱运输管理信息系统是提高铁路集装箱运输组织效率和科学管理水平的重要手段，对集装箱实行精确的号码制管理，动态跟踪每个集装箱的位置和状态，实现各作业环节信息共享和作业流程贯通，实现作业信息的实时采集与综合利用，逐步实现与港口、口岸、客户等的电子数据交换和信息共享。做好集装箱统计与分析工作可以提高集装箱的运用效率。通过本项目的学习，使学生掌握车站集装箱信息系统的运用和集装箱的统计分析，以不断改进集装箱运输工作。

任务 *5.1* 铁路集装箱运输管理信息系统

🎯 教学目标

1. 能力目标

能熟练进行铁路集装箱空箱预订，能正确操作铁路集装箱运输管理信息系统。

2. 知识目标

掌握铁路集装箱空箱预订和铁路集装箱运输管理信息系统功能，掌握铁路集装箱空箱预订和铁路集装箱运输管理信息系统操作方法和流程。

🚗 工作任务

现有 2 个 20 英尺铁路通用集装箱，发站无锡南站，到站杨浦站，请使用铁路集装箱运输管理信息系统进行站内集装箱作业管理。

⚡ 相关知识

铁路集装箱运输使用全路统一的铁路集装箱运输管理信息系统。办理站应于作业完成后 1 小时内，将装卸车、进出站、交付、出入境、下水、修理、报废、备用、新箱投入等信息录入。集装箱办理站应设专（兼）职人员负责计算机网络日常维护工作，确保系统安全、平稳运行，实现对集装箱的实时动态管理。集装箱办理站应制定信息管理考核办法，加强监督检查，确保集装箱作业信息采集和上报的完整、准确、及时。录入集装箱出入站信息必须真实、准确，严禁弄虚作假。站修点在验收签认修竣箱后，必须确认修竣信息已录入，方可录入装车清单，避免造成信息系统混乱和不准确。

5.1.1 铁路货运电子商务系统集装箱预订

铁路货运电子商务系统是以铁路物流为核心，集成了大宗物资交易、小商品交易、行业资讯、物流服务一体化的电子商务网站。

为推进集装箱运力配置的"公平、公正、公开"，提高运输服务质量，促进集装箱增运增收，全路范围内统一实施货运电子商务系统集装箱预订，主要功能包括：空箱预订、自动配箱、生成运单、订车、空箱资源和配箱结果公示。

1. 空箱预订客户服务

（1）所有客户均可使用铁路集装箱，任何单位和个人不得进行限制。客户需要使用铁路集装箱运输时，办理站应当随到随办。

（2）各货运中心和办理站应主动开展营销，积极拓展使用铁路集装箱运输的客户数量，不断扩大客户数量和货源范围；通过营业厅揭挂、发放宣传材料等途径做好宣传工作，公示企业和个人客户注册办理方法，引导所有集装箱客户在货运电子商务系统注册。

（3）空箱资源 100% 上网（包括站内和专用线），任何单位和个人不得隐瞒空箱和私自分配；用箱需求 100% 上网，任何单位和个人不得限制客户提报需求。

（4）鼓励所有集装箱客户在网上订箱、订车，提供代订服务应当遵循客户自愿原则。

（5）办理站营业厅应当配置连接互联网或铁路内网的计算机、打印机，供客户办理业务、查询信息使用，为客户提供提箱单、运单打印服务。

（6）明确配箱规则，对提前预订天数、空箱资源维护时间、配箱时间、首轮配箱数量等系统应用数据参数进行设定。空箱提前预订天数为 3 天。办理站每天 8：30 前完成系统空箱资源维护。系统配箱时间为 9：00—22：00。每天首轮配箱数量，20 英尺箱为 4 箱，40 英尺箱为 1 箱。同一车两个 20 英尺集装箱单箱配对重量差不得超过 5 t。

（7）客户管理实行积分制管理。客户预订空箱后，系统成功配箱，则每箱得分；客户核减预订申请数量、系统配箱成功后客户退订、客户逾期未提箱、客户提箱后退箱，则每箱减分；因铁路原因使客户未提箱和退箱的，客户不减分，办理站将原因以书面材料逐级上报。

（8）客户管理实行黑名单制度。黑名单制度以半个月为结算周期（即每月 1 日、15 日），在结算周期内减分达到 −40 分的客户纳入黑名单，3 日内不能参加预订空箱。

2. 集装箱预订办理流程

铁路货运电子商务系统的"集装箱预订系统"主要功能是网上发布空箱资源、客户预订空箱并填写电子运单（如图 5-1-1 所示）。

（1）铁路通用箱需订箱。自备箱、铁路特种箱、专用箱及铁路通用箱重去重回的不需订箱，直接填写运单。

（2）空箱按"先到先得"的原则自动分配，配箱后向客户发送短信，配箱结果在 95306 网站实时自动公示。

（3）客户订箱时能够确定装车日期的，可同时提出订车，配箱后系统自动订车；不能确定装车日期的，可在配箱后以运单订车。订车时不需选择车种，所配车种由调度部门按规定调配。

（4）简化集装箱订车流程，除需商定的国际联运以外，客户可直接订空车。

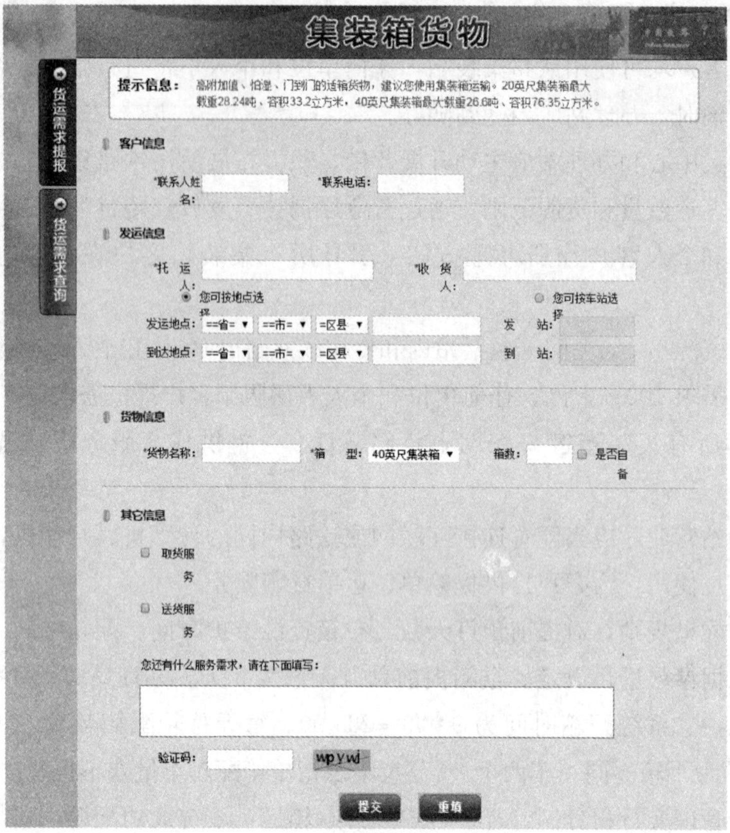

图 5-1-1　集装箱预订系统

（5）客户可在重箱进站前以实箱实货订车，压缩待发重箱在发站的停留时间。

（6）配箱成功后客户凭铁路箱提箱单领取空箱，车站予以兑现。空箱出站（或站内装箱）时办理站录入所提箱号，录入时间最迟不超过作业后 2 小时，保证不影响客户填写运单。

（7）跨站用箱（提箱站与发站不同）的，下达集装箱调度命令后，客户凭铁路箱提箱单办理提取空箱和重箱进站事宜。

（8）配箱后系统自动生成运单，并共享给运输信息集成平台。其他信息系统不得生成集装箱运单，确保集装箱运单的唯一性。

（9）实现运单电子化，客户打印运单后到营业厅办理托运。制票时调用电子运单信息，并与托运人盖章或签字的纸质运单核对，以纸质运单信息为准。

国际联运及特殊情况下，可不使用打印运单，但应当补充完善电子运单信息。

集装箱预订流程如图 5-1-2 所示。

5.1.2　铁路集装箱运输管理信息系统车站应用

铁路集装箱运输管理信息系统主要功能是货场全流程集装箱运输管理，包括集装箱

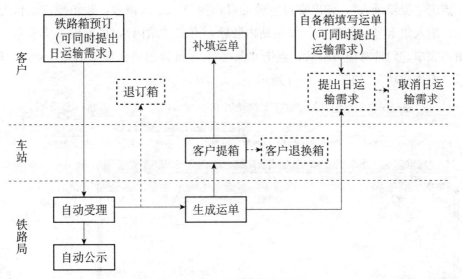

图 5-1-2　集装箱预订流程

进出站管理、集装箱货场管理、集装箱检斤验货、装卸车管理等功能，以及实现集装箱作业流程、集装箱车辆、各类别集装箱的状态管理和轨迹追踪等功能。

1. 发送作业管理

1）安排空箱

（1）空箱预订提报。

客户通过电商系统进行空箱预订提报，预订成功后，客户打印提箱单到车站进行提箱（如图 5-1-3 所示）。

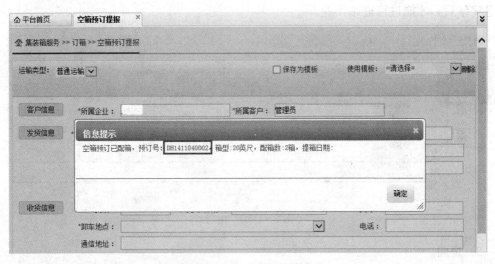

图 5-1-3　空箱预订提报

（2）安排空箱。

进入安排空箱页面，系统显示空箱预订信息，也可以通过预订号、到站、提箱日期查询。点击"提箱录入",弹出安排空箱的操作窗口。输入箱号,装箱地点默认为"站外"的,输入集卡号、领箱人。如在站内装箱,点击"站内",可不输入集卡号、领箱人。填写完毕,勾选对应方框后,点击"保存"。系统弹出确认提示信息,点击"确定"后提示"操作成功"。如图 5-1-4 所示。

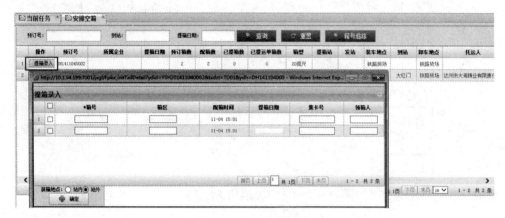

图 5-1-4 安排空箱

2)出门

进入出门页面,系统显示出门箱号等信息,也可以通过出门类型、箱号、日期进行查询,查询结果显示在"出门查询结果"栏内,如图 5-1-5 所示。如需修改"铁路箱出站单",点击"修改",对集卡号、领箱人、箱况进行修改,点击"保存",修改完毕。确认信息无误后,点击"出门",系统提示"操作成功",并自动弹出"铁路箱出站单"界面,点击"打印"。客户提空箱出门并装箱完毕后,将铁路箱号补填在运单中,运单信息完整后,才能进行进站作业。

图 5-1-5 出门

3)进门

进入进门页面,系统显示需进门的集装箱信息,也可以通过进门类型、箱号、出站单号进行查询,数据显示在"进门查询结果"栏内。如需修改"铁路箱出站单",点击"修改",可以对集卡号、送箱人、箱况进行修改,点击"保存",修改完毕。点击"进门"，系统提示"操作成功"。

4）检斤验货

进入检斤验货页面，系统显示检斤验货信息，也可以通过运单号、箱号、运单提报日期进行查询，数据显示在"检斤验货信息"栏内。在"检斤验货信息"栏中，选择需要检斤验货的信息，在"检斤验货作业"栏中，输入重量、施封号（如托运人在电商系统运单中已经输入施封号，车站需进行确认），点击"检斤验货"，系统弹出确认信息，点击"确定"。操作成功的记录，显示在"已检斤验货信息"栏中。如发现重量、施封号输入有误，在"已检斤验货信息"栏中，选择要需要撤销的记录，点击"撤销"，撤销成功的记录会返回到"检斤验货信息"栏中，可再重新输入，如图 5－1－6 所示。

图 5－1－6 检斤验货

5）按列装车

进入按列装车页面。系统显示已装车的信息，也可以通过入线日期和股道信息进行查询。在"运单号 1/货票 1"中选择相应信息并勾选该记录，点击"保存"，按列装车完毕。如需要撤销勾选记录，点击"撤销"即可，如图 5－1－7 所示。

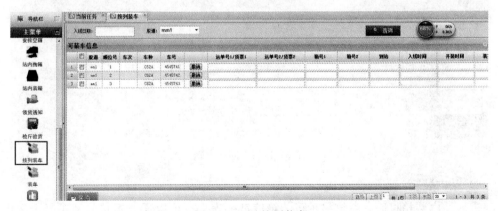

图 5－1－7 按列装车

装车信息有误时，点击"装车撤销"，进入装车撤销页面。系统显示装车信息，也可以通过运单号、车号、到站、箱号进行查询，查询结果显示在"装车信息"栏内。在"装车信息"栏中，选择需要撤销的记录，点击"提交"，系统弹出"操作成功"，退回到配载。如需要装车，从配装开始操作。

6）公路发出

进入公路发出页面，选择箱号、汽车号，填写调度命令号、领箱人、到站、箱损信息等，点击"提交"。操作成功后，系统自动生成"铁路箱出站单"，请继续执行"出门"流程，如图5-1-8所示。

图5-1-8　公路发出

7）回送空箱

进入回送空箱页面，填写到站、调令号，以及箱号1、箱号2，选择股道、车号信息，系统显示车辆入线日期、顺位号信息，点击"提交"按钮，操作成功的信息显示在"回送空箱信息"栏中，如图5-1-9所示。

图5-1-9　回送空箱

8）站内装箱

进入站内装箱页面，系统显示可装箱信息列表，也可以通过运单号、箱号、运单提报日期进行查询，查询结果显示在"可装箱信息"栏中。选择需要装箱的记录，点击

"提交"，系统弹出"操作成功"。在"已站内装箱信息"栏中，如信息输入有误，可选择需要撤销的记录，点击"撤销"，撤销成功的记录返回到"可装箱信息"中。

9）出线确认

进入出线确认页面，系统显示已配装完毕的信息，也可以通过车号等信息进行查询，勾选要出线确认的记录，填写出线时间，点击"提交"，系统弹出"操作成功"。如图 5-1-10 所示。

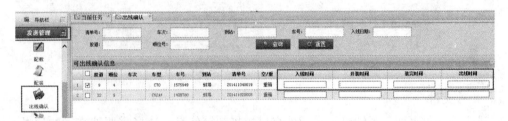

图 5-1-10　出线确认

2. 到达作业管理

1）到达卸车

进入到达卸车页面，可通过入线日期、股道、发站进行查询。勾选要卸车的记录，点击"运单号/货票号"，系统会自动弹出运单/货票信息，支持模糊匹配查询，点击"提交"，系统弹出"操作成功"。如不能自动接收现车数据，在"补录现车"补录股道、车号等现车信息，如图 5-1-11 所示。

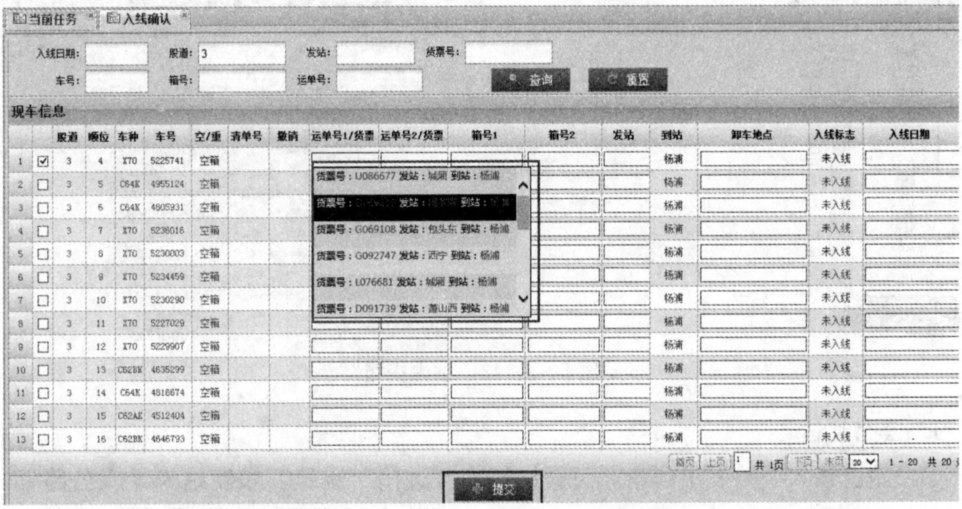

图 5-1-11　到达卸车

2）领货通知

进入领货通知页面。系统显示未做领货通知的集装箱信息，选择需要领货通知的记录，点击"提交"按钮。领货通知有误时，选择需要撤销的记录，点击"撤销"。操作成功后，该记录返回到"货物信息"栏中，如图5-1-12所示。

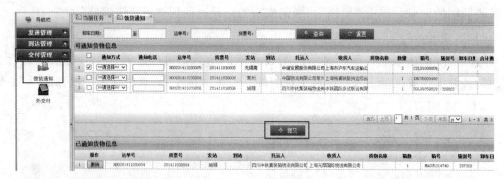

图 5-1-12　领货通知

3）外交付

进入外交付页面。系统显示未做外交付的集装箱信息，选择需要外交付的记录，填写掏箱地点后点击"提交"。外交付有误时，选择需要撤销的记录，撤销成功后，该记录返回到"外交付信息"栏中。

4）站内掏箱

进入站内掏箱页面。选择交付日期、货票号、箱号，点击"查询"，系统显示可站内掏箱的信息。在"可站内掏箱信息"栏中，勾选要掏箱的信息，点击"提交"，完成站内掏箱，如图5-1-13所示。

图 5-1-13　站内掏箱

5）公路到达

如发站已录入公路发出信息，可直接操作"进门"流程。如发站未录入公路发出信息，在操作"公路到达"后，再操作"进门"流程。

选择箱主信息，填写箱号、汽车号、调度命令号、领箱人、发站、箱损信息等，点击"提交"，如图5-1-14所示。

铁路集装箱运输管理信息系统操作说明见表5-1-1。

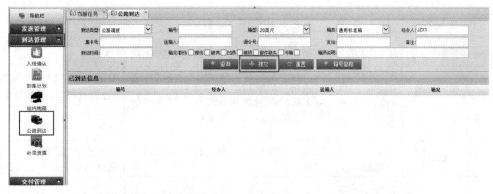

图 5-1-14　公路到达

表 5-1-1　铁路集装箱运输管理信息系统操作说明

序号	菜单名称	操作描述	说明
1	安排空箱	客户在电商平台订箱成功后，车站工作人员将站内空箱箱号填入客户预订（提箱单）。可按箱确定装箱地点。选站内装箱时，不需要做进出门作业，直接做站内装箱，然后检斤验货、按列装车	只有铁路通用标准箱使用此功能
2	出门	按箱号出门。出门时可记录箱体状态信息。 在铁路货场都需要做出门作业。 在专用线自备箱、铁路特种箱不需要做进出门作业	铁路通用标准箱为：重箱交付出门、空箱出门、公路发出（含下水）出门、扣修出门。 自备箱为：重箱交付出门
3	进门	按箱号进门。进门时可记录箱体信息。 在铁路货场都需要做进门作业。 在专用线自备箱、铁路特种箱不需要做进出门作业	铁路通用标准箱为：重箱进门、空箱进门、公路到达进门、修竣进门、新箱投入进门。 特种箱为：重箱进门，空箱进门。 自备箱位：重箱进门
4	站内装箱	安排箱号时，如选择装箱地点为站内，则需要做站内装箱将空箱转变为重箱	只有铁路通用标准箱使用此功能
5	检斤验货	在运单上填记"承运人确定重量"和"施封号"。自备空箱检斤验货默认是自重，施封号为000000。检斤重量为货重	装车之前铁路箱、自备箱都需检斤验货
6	生成运单	对于港口站及循环班列，可通过根据货票直接生成运单，然后做装车作业。不需要做进出门、检斤验货等作业	适用于港口站及办理特种箱循环班列的车站
7	按列装车	将集装箱与车进行关联，同时记录入线时间、开装时间、装完时间、出线时间报告给运输集成平台。18点统计以"装完时间"为准。除入线时间取自现在车外，其他开装时间、装完时间、出线时间都可以修改	
8	装卸撤销	可根据装卸清单进行装卸撤销。装车撤销后，对于核心版可根据运单、货票重新进行按列装车作业；完整版可根据运单进行再次配载、配装。卸车撤销后，可根据货票再次做到达卸车作业	

序号	菜单名称	操作描述	说明
9	回送空箱	根据调度命令将铁路空箱通过铁路运输方式回送到其他站。同时记录入线时间、开装时间、装完时间、出线时间报告给运输集成平台。18 点统计以"装完时间"为准。除入线时间取自现在车外，其他开装时间、装完时间、出线时间都可以修改	只有铁路通用标准箱、铁路特种箱使用此功能
10	公路发出	根据调度命令将铁路空箱通过公路运输方式运送到其他站	只有铁路通用标准箱使用此功能
11	到达卸车	匹配车、箱、运单、货票信息。同时记录入线时间、开卸时间、卸完时间、出线时间报告给运输集成平台。18 点统计以"卸完时间"为准。除入线时间取自现在车外，其他开卸时间、卸完时间、出线时间都可以修改	在专用线自备箱、铁路特种箱到达卸车后流程结束。铁路特种箱直接变为站存空箱
12	领货通知	卸车后，根据运单或货票通知货主来提箱。通知方式有电话、短信、邮件等	专用线不需要做领货通知
13	外交付	以箱为单位将集装箱交付给货主，需录入集卡、领箱人等	外交付可与出门或站内掏箱合并作业。专用线不需要做外交付
14	站内掏箱	铁路箱卸车后可在站内进行掏箱作业	只有铁路通用标准箱使用此功能
15	公路到达	铁路通用标准箱并且是空箱通过公路运输方式从其他站运送到本站，需要有调度命令	只有铁路通用标准箱使用此功能

铁路车站通用标准箱作业流程如图 5-1-15 所示，专用线集装箱作业流程如图 5-1-16 所示。

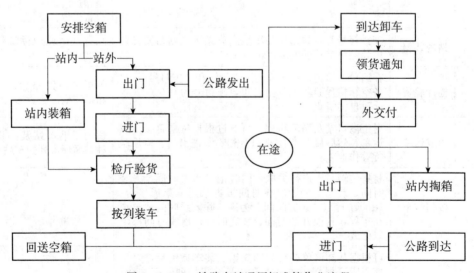

图 5-1-15　铁路车站通用标准箱作业流程

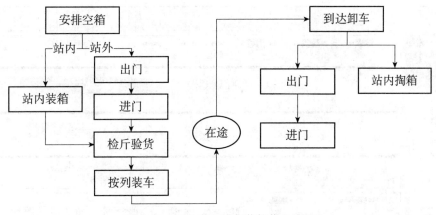

图 5-1-16　专用线集装箱作业流程

3. 集装箱站内管理

1）清场核对

进入清场核对页面。在"查询结果"栏中，显示集装箱箱号、箱区、状态等详细信息。从下拉菜单选择箱号信息，支持模糊匹配，选择箱型、箱态、场地标志、空重等，箱位信息从下拉菜单获取，支持模糊匹配，点击"保存"，如图 5-1-17 所示。

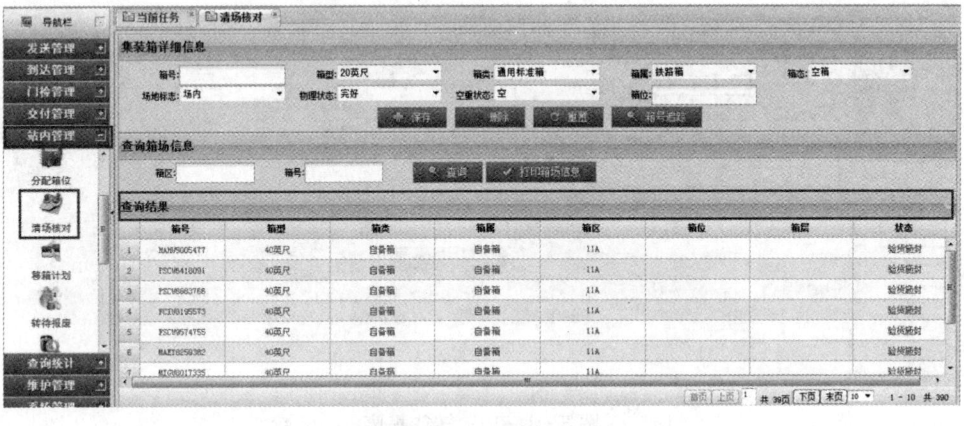

图 5-1-17　清场核对

2）站内搬移

进入站内搬移页面。页面上端可以选择源箱位和目标箱位。选择源箱位，在"箱场区域"图中，点击源箱位图片，集装箱的具体信息显示在"箱位区域"图中的左侧。选择目标箱位，在"箱场区域"图中，点击目标箱位图片，集装箱的具体信息显示在"箱位区域"图中的右侧。用鼠标左键按住集装箱（会出现蓝色车的提示图），拖入右方的目标箱位，移箱后，源箱位的集装箱由红色变为黄色，目标箱位增加粉色的集装箱，点击"保存"，移箱计划完成，如图 5-1-18 所示。

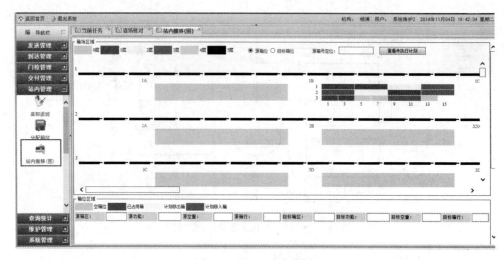

图 5-1-18　站内搬移

3）转待报废

进入系统后点击"站内管理"—"转待报废"，进入转待报废页面。输入箱号范围，点击"查询"，待报废箱在"查询结果"栏中显示，勾选待报废箱记录，点击"＋"，待报废箱加入右侧"待报废箱号"栏中，填写待报废原因、数量、验箱人等，点击"转待报废"，待报废成功的信息显示在下方表格中，如图 5-1-19 所示。

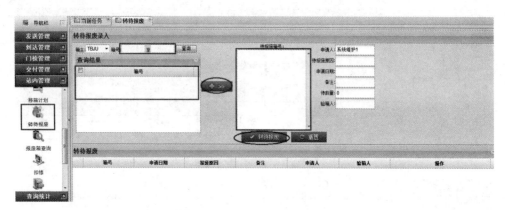

图 5-1-19　转待报废

4）报废箱查询

点击"站内管理"—"报废箱查询"，进入报废箱页面。填写箱号、申请日期、当前状态查询条件，点击"查询"，显示报废箱详细信息，如图 5-1-20 所示。

5）扣修

点击"站内管理"—"扣修"，进入扣修页面。填选箱型、箱类、箱号等信息，点击"扣修"，扣修成功的信息显示在"已扣修信息"栏中。

6）丢失申请及查询

进入丢失申请页面。按箱号进行查询，选择查询出箱号点击"＋"，填写丢失信息，

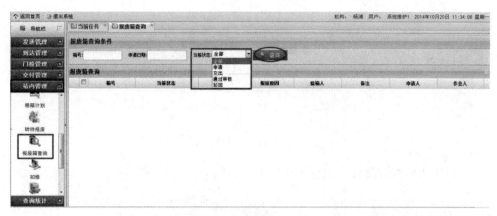

图 5-1-20　报废箱查询

点击"丢失申请",可对丢失箱进行撤销。填选丢失箱查询条件,点击"查询"。

7) 新箱投入

进入新箱投入页面。填写箱号范围、箱型、箱类、箱号等信息,点击"提交",新箱投入成功的信息显示在"新箱投入查询结果"栏中,如图 5-1-21 所示。

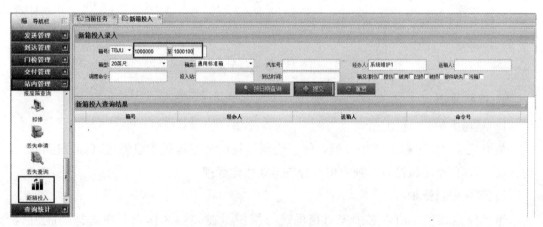

图 5-1-21　新箱投入

8) 补录货票和现车

进入货票处理页面,填写货票号、箱号、发站、到站信息,点击"查询",显示相关货票信息,勾选需要修改的记录,在箱号空格填写正确箱号,点击"修改箱号"。根据发站、到站查询货票信息,勾选一条记录,点击"添加",填写正确的货票和箱号信息,点击"确定",货票添加成功。

进入补录现车页面。根据需要补录的现车信息选择入线时间、股道和车号,点击"提交"按钮,如图 5-1-22 所示。

4. 统计查询

统计查询包括进出门单查询、装车清单查询统计、卸车清单查询统计、回送清单查

图 5-1-22　补录现车

询统计、回卸清单查询统计、股道现车查询（如图 5-1-23 所示）。

图 5-1-23　股道现车查询

5. 维护管理

1）箱场维护

维护可堆存集装箱的货场区域，便于绘制货场图形。箱场下设箱区（如发送箱区、到达箱区），每个箱区按行、列、层实行三维立体化管理。

2）箱区股道维护

箱区股道维护之前，必须先对箱场进行维护。在"箱区标志"中选择"股道"，然后在"箱场区域"中，按住鼠标左键画一行作为股道，"行数"和"列数"会自动填充。在"箱区代码""箱区名"中填写股道代码和股道名，填写"最大容车数""车辆入线方向"。股道代码、名称必须与现车系统一致，否则无法共享现车数据。在"箱区标志"中选择"箱区"，然后在"箱场区域"中，按住鼠标左键根据实际箱区大小画箱区，"行数"和"列数"会自动填充。填写"箱区代码""箱区名"等标记。点击"添加箱区"成功后，新增的箱区信息会显示在列表中，如图 5-1-24 所示。

3）装卸机械维护和集卡维护

进入装卸机械维护和集卡维护页面，填选装卸机械维护和集卡信息，点击添加。

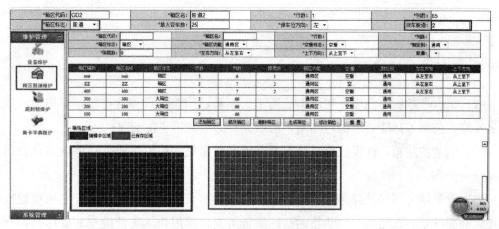

图 5 - 1 - 24　箱区股道维护

 任务实施

　　根据以上相关知识，由教师组织学生分组进行讨论；学生根据教师给出的铁路集装箱运输案例，熟悉铁路集装箱运输管理信息系统的功能和操作方法；各小组派代表进行总结汇报，小组互评；教师点评总结，提高学生运用理论知识解决实际问题的能力。

任务 *5.2* 铁路集装箱运输统计与分析

 教学目标

　1. 能力目标

　　能熟练计算铁路集装箱运输统计指标，能正确填制铁路集装箱运用报告。

　2. 知识目标

　　掌握铁路集装箱运输统计指标的计算方法，掌握铁路集装箱管理内容和铁路集装箱运用报告的填制方法。

工作任务

　　现有某集装箱办理站当日集装箱运用情况，请计算该站集装箱运输的统计指标，填制集装箱运用报告。

相关知识

5.2.1　铁路集装箱管理

（1）根据装载货物性质和物流市场需求，发展通用箱、特种货物箱，专用箱，以及满足铁路、公路等运输要求的内陆箱，形成完善的集装箱装备系列。

（2）购置铁路箱，须经铁路总公司批准后方可实施。铁路箱的号码由铁路总公司运输局统一公布。

（3）集装箱公司对铁路箱的新造质量和维修质量负责，对铁路箱实行定期检验或实施连续检验计划。铁路局对集装箱的运用质量负责，承担箱体质量检查和损坏箱扣修的责任。

（4）车站凭铁路总公司集装箱调度命令接收新造铁路箱，逐箱核对后在"铁路箱投入交接单"（见表 5-2-1）上签认。

表 5-2-1　铁路箱投入交接单

甲联 No.000001

交接时间		交接地点		箱型		箱数	
箱号	记事	箱号	记事	箱号	记事		

交方单位（章）：　　　　　　　　　　　　　接方单位（章）：

经办人（签字）：　　　　　　　　　　　　　经办人（签字）：

　　注：1. 本交接单一式四联，交方留存甲、乙、丙联，接方留存丁联。交方为集装箱公司或其指定单位，接方为车站。

　　2. 本交接单留存 1 年。

规格：A4 竖印

（5）集装箱公司应保证维修资金的投入，及时维修损坏箱，加快维修作业，压缩修理时间。铁路箱平均修理时间不得超过 3 日。

（6）对报废的铁路箱，集装箱公司涂掉标记、摘除铭牌后，将箱型、箱号报铁路总公司集装箱调度，铁路总公司集装箱调度下达调度命令剔除。

（7）铁路箱修理点（以下称箱修点）由集装箱公司与铁路局协商一致后，报铁路总公司运输局公布。箱修点必须具备铁路箱报废功能。

（8）铁路箱扣修由车站负责，通用箱执行铁道行业标准，特种货物箱、专用箱按其运输条件执行。

（9）铁路箱需修理时，由车站填写"铁路箱修理通知书"（见表 5-2-2）。需要回送其他车站修理时，凭集装箱调度命令，在"特殊货车及运送用具回送清单"内填记"修理箱"字样，到站填写"铁路箱修理通知书"送修。

表 5-2-2 铁路箱修理通知书

甲联

No. 000001

箱型		箱号		修理类别		验箱师	
扣修时间		送修时间			修竣时间		

主要损坏部位及状态代号（扣箱时填写）：

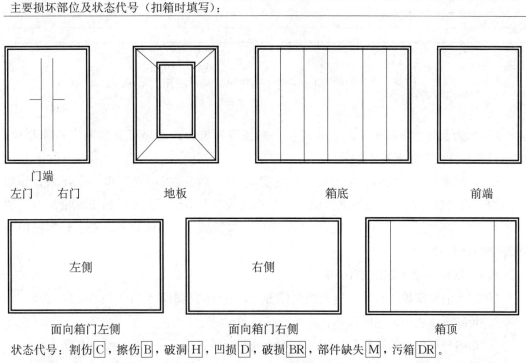

状态代号：割伤 $\boxed{C}$，擦伤 $\boxed{B}$，破洞 $\boxed{H}$，凹损 $\boxed{D}$，破损 $\boxed{BR}$，部件缺失 $\boxed{M}$，污箱 $\boxed{DR}$。

修理部位及内容代码（验箱时填写）：

送 修 单 位：（签章）　　　　修 理 单 位：（签章）
修理箱送修人：（签章）　　　　修理箱接收人：（签章）
修竣箱接收人：（签章）　　　　修竣箱返还人：（签章）

注：1. 本通知单一箱一单，一式四联，甲联只填送修部分，乙、丙、丁联还需填写修竣部分。
　　2. 扣修时，在图形的相应损坏部位标注损坏状态代号，并记明详细情况。
　　3. 本通知单作为：
　　① 车站对铁路箱送修和修竣接收的依据（甲、丙联），由车站存。
　　② 查定铁路箱修理时间和在修箱数量的依据（乙联），由箱修点存。
　　③ 结算铁路箱修理费用的原始依据（丁联），由验箱师交集装箱公司存。
　　4. 本通知书留存 1 年。

规格：A4 竖印

（10）车站使用"铁路箱报废交接单"（见表 5-2-3），与箱修点办理待报废箱交接。

表 5 - 2 - 3 铁路箱报废交接单

甲联

No. 000001

交接时间		交接地点		箱型		箱数	
箱号	记事	箱号	记事	箱号	记事		

交方单位（章）：   接方单位（章）：

经办人（签字）：   经办人（签字）：

注：1. 本交接单一式三联，交方留存甲联，接方留存乙、丙联。交方为车站，接方为箱修点。

2. 本交接单留存 1 年。

规格：A4 竖印

（11）为及时维修损坏箱、减少回空，集装箱公司和铁路局可共同制定操作规定，在未设箱修点的车站开展上站修。

（12）铁路箱发生损坏、丢失时，车站编制"铁路箱破损记录"作为责任划分和赔偿依据，由责任者在"铁路箱破损记录"上签认并负责赔偿。丢失或因损坏报废时，按市场重置价格赔偿。损坏时，按实际发生费用（包括修理费、修理回送费、延期使用费及吊装搬运费等）赔偿。

（13）铁路箱损坏责任按下列原则划分：

① 卸车前发现损坏时，除能判明责任者外，责任列装车站装卸单位。

② 装卸车作业中发生的损坏，责任列装卸单位。

③ 站内外存放的铁路箱发生损坏，除能判明责任者外，责任列存放地单位。

④ 进站的铁路箱在站外发生损坏，责任列托运人、收货人或送箱人。

5.2.2 铁路集装箱运输统计指标

集装箱运输的统计指标主要有数量指标和质量指标。

1. 数量指标

数量指标包括集装箱发送箱（TEU）、到达箱（TEU），集装箱发送吨、到达吨，集装箱运输收入。

集装箱的发送箱数包括发送的铁路重箱和企业自备各型集装箱；发送吨数表示实际发送集装箱货物的吨数，包括铁路箱和自备箱，但发送的空自备箱不计入发送吨数。中国铁路集装箱箱数统计是按箱型分别统计，然后换算为 TEU 数。

2. 质量指标

质量指标包括集装箱在站平均停留时间（日）、集装箱保有量（TEU）、集装箱周转时间（日）。

（1）集装箱在站平均停留时间。

集装箱停留时间，指自到达时起至发出时止，集装箱在车站的全部停留时间，但不包括其中转入非运用的停留时间。

（2）集装箱保有量。

集装箱保有量是集装箱运输组织中的一项重要指标，它反映出集装箱是否处于正常运输状态，各铁路局保有一定数量的集装箱是完成集装箱运输任务的保证，由铁路总公司确定各铁路局的铁路集装箱保有量。

集装箱保有量根据现有集装箱数量、在站平均停时、运量等，按下式确定：

$$铁路箱保有量＝铁路箱日均发送箱数×平均停时$$

（3）集装箱周转时间。

集装箱周转时间是指集装箱从第一次装箱完了时起，至下一次装箱完了时止，所平均消耗的时间。它是衡量集装箱利用效率的指标，集装箱周转时间短，表示集装箱周转快、运用效率高。

在日常集装箱运输组织工作中，要注意上述指标的变化，发现问题应及时找出原因，有针对性地提出解决问题的措施，以不断改进集装箱运输工作。

5.2.3　集装箱运用报告

集装箱运用报告主要功能是上报当日集装箱运用情况，为集装箱调度提供信息，便于箱调掌握集装箱运输情况，合理调整箱流。车站应每日 18 时做出"集装箱运用报告"（见表 5-2-4），逐级上报集装箱调度。

表 5-2-4　　　年　　月　　日　　站集装箱运用报告

箱别	昨日结存数	到达						发出					报废箱剔除	现在数合计	运用箱				非运用箱			
		重箱	空箱				修理箱	重箱	空箱			修理箱			合计	待发重箱	待交重箱	空箱	合计	修理箱	待报废箱	备用箱
			合计	外局	本局	新箱投入			合计	外局	本局											
	1	2	3	4	5	6	7	8	9	10	11	12	13	14	15	16	17	18	19	20	21	22

去向																								
哈局			沈局			京局			太局			呼局			郑局			武局			西局			济局			上局		
重箱	空箱		重箱	空箱		重箱	空箱		重箱	空箱		重箱	空箱		重箱	空箱		重箱	空箱		重箱	空箱		重箱	空箱		重箱	空箱	
	空	修		空	修		空	修		空	修		空	修		空	修		空	修		空	修		空	修		空	修
23			24			25			26			27			28			29			30			31			32		

去向																					铁路箱出入境						
南局			广局			宁局			成局			昆局			兰局			乌局			青局			入境			出境		境外箱合计
重箱	空箱		重箱	空箱		重箱	空箱		重箱	空箱		重箱	空箱		重箱	空箱		重箱	空箱		重箱	空箱		小计	重箱	空箱	小计	重箱	
	空	修		空	修		空	修		空	修		空	修		空	修		空	修		空	修					空箱	
33			34			35			36			37			38			39			40			41			42		43

续表

总停时	平均停时	交付箱		自备箱		发送箱		自备箱		发送吨	中转箱				备注
		合计	铁路箱	重箱	空箱	合计	铁路箱	重箱	空箱		昨日结存数	到达	发出	现在数	
44	45	46	47	48	49	50	51	52	53	54	55	56	57	58	59

（1）集装箱运用报告的数据应取自现场的作业单和台账。使用计算机管理时，应由计算机自动生成本报告。

（2）集装箱运用报告中箱别栏按通用箱、特种货物箱和专用箱分别统计，通用箱分为 20 英尺通用箱、40 英尺通用箱等。特种货物箱和专用箱分为 20 英尺干散货箱、20 英尺框架罐箱等。

（3）1～45 项只统计在车站到发的铁路箱，不统计中转和自备箱。46～58 项中包括铁路箱和自备箱。

（4）铁路箱卸车作业完毕，重箱数计入到达项重箱栏（2），外局到达空箱数计入到达项空箱外局栏（4），本局到达空箱数计入到达项空箱本局栏（5）；装车作业完毕，重箱数计入发出项重箱栏（8），发往外局空箱数计入发出项空箱外局栏（10），发往本局空箱数计入发出项空箱本局栏（11）。车站间以非铁路运输方式调动的铁路箱数，按重、空箱分别计入发出或到达项对应栏。

（5）按调度命令回送的修理箱数计入到达项空箱修理箱栏（7），发出计入发出项空箱修理箱栏（12）；按调度命令投入运用的新箱数，接收站计入到达项空箱新箱投入栏（6）。

（6）已下达调度命令的报废箱数计入报废箱剔除栏（13）。

（7）现在数合计（14）为当日 18 时在车站货场、铁路专用线、专用铁路、箱修点、出站尚未返回车站的运用箱数和非运用箱数，但不包括在车站进行中转作业的铁路箱。

（8）运用箱项待发重箱（16）指已承运尚未发出的重箱，待交重箱（17）指到达后尚未交付的重箱，空箱（18）指实际处于空态的、正在装货尚未装完的、出站尚未返回车站的铁路箱。

（9）按规定扣修的铁路箱数计入非运用箱项修理箱栏（20），其中包括在站待送修和车站已送入箱修点的铁路箱。

（10）符合报废标准但尚未下达报废命令的铁路箱数计入非运用箱项待报废箱栏（21）。

（11）按调度命令备用的铁路箱数计入非运用箱项备用箱栏（22）。

（12）发出集装箱的去向按局别分别在 23～40 栏中表示，重箱数计入到达局的重箱栏，空箱数计入到达局的空箱项空栏，修理箱数计入到达局的空箱项修栏。

（13）出入境的铁路箱由口岸站统计，入境重箱数计入铁路箱出入境项入境（41）重箱栏，入境空箱数计入铁路箱出入境项入境（41）空箱栏，出境重箱数计入铁路箱出入境项出境（42）重箱栏，出境空箱数计入铁路箱出入境项出境（42）空箱栏。

（14）当日发出集装箱的全部停留时间计入总停时栏（44）。

（15）平均停时（45）按下式计算：

$$平均停时 = \frac{总停时（小时）}{（发出铁路重箱+发出铁路运用空箱数）×24（小时）}（日）$$

即：项 45 = 项 44 ÷〔（项 8 + 项 10 + 项 11）× 24〕

结果保留一位小数（小数点后第二位四舍五入，下同）。

（16）铁路箱交付完毕计入交付箱项铁路箱栏（47）。自备箱交付完毕重箱数计入交付箱项自备箱重箱栏（48），空箱数计入交付箱项自备箱空箱栏（49）。

（17）承运完毕的集装箱数计入发送箱项合计栏（50）。其中铁路箱重箱发送数计入发送箱项铁路箱栏（51），自备箱重箱发送数计入发送箱项自备箱重箱栏（52），自备箱空箱发送数计入发送箱项自备箱空箱栏（53）。

（18）发送箱对应的合计货物发送吨数计入发送吨栏（54）。

（19）各项的计算关系为：项 14 = 项 1 + 项 2 + 项 3 − 项 8 − 项 9 − 项 13，项 3 = 项 4 + 项 5 + 项 6 + 项 7，项 9 = 项 10 + 项 11 + 项 12，项 14 = 项 15 + 项 19，项 15 = 项 16 + 项 17 + 项 18，项 19 = 项 20 + 项 21 + 项 22，项 8 = 项 23 ～ 项 40 之和，项 10 = 项 23 ～ 项 40 空箱项空栏数之和 − 本局发出空箱项空栏数，项 11 = 本局发出空箱数，项 12 = 项 23 ～ 项 40 空箱项修栏数之和，项 16 = 昨项 16 + 项 51 − 8，项 17 = 昨项 17 + 项 2 − 47，项 18 = 昨项 18 + 项 47 − 项 51 + 项 4 + 项 5 + 项 6 − 项 10 − 项 11 + 昨项 19 − 项 19，项 43 = 昨项 43 + 项 42 − 41，项 41 = 项 41 重、空箱之和，项 42 = 项 42 重、空箱之和，项 46 = 项 47 + 项 48 + 项 49，项 50 = 项 51 + 项 52 + 53，项 58 = 项 55 + 项 56 − 57，项 55 = 昨 项 58。

5.2.4 1.5 吨小型集装箱运用报告

小型箱运用质量指标主要有：小型箱保有量（只）；小型箱在站平均停留时间（日）；小型箱周转时间（日）。

零散货物车站每日 18 时填记零散货物车站"小型箱运用报告"（见表 5 - 2 - 5），详细掌握当日小型箱基本情况。铁路局调度部门每日将铁路局"小型箱运用报告"报铁路总公司运输局调度部门。

（1）小型箱运用报告按日、月填制。

（2）小型箱卸车作业完毕，重箱数计入到达项重箱栏（2），运用空箱数计入到达项空箱运用箱栏（4），待修空箱数计入到达项空箱待修箱栏（5），待报废空箱数计入到达项空箱待报废箱栏（6）；装车作业完毕，重箱数计入发出项重箱栏（7），运用空箱数计入发出项空箱运用箱栏（9），待修空箱数计入发出项空箱待修箱栏（10），待报废空箱数计入发出项空箱待报废箱栏（11）。车站间以公路方式调拨的小型箱数，发出站计入发出项对应栏，到达站计入到达项对应栏。投入运用的新箱数，接收站计入新箱投入栏（12）。报废箱计入报废箱栏（13），丢失箱计入丢失箱栏（14）。

表 5 - 2 - 5　小型箱运用报告

昨日结存数	到达					发出					新箱投入	报废箱	丢失箱	现在数合计	运用箱						非运用箱								在站平均停时	交付箱合计	发送箱合计
	重箱	空箱				重箱	空箱								合计	待发重箱	待交重箱	已交重箱	站内空箱	站外空箱	合计	待修箱	待报废箱	备用箱	箱修点						
		合计	运用箱	待修箱	待报废箱		合计	运用箱	待修箱	待报废箱															小计	待修箱	待报废箱	修竣箱			
1	2	3	4	5	6	7	8	9	10	11	12	13	14	15	16	17	18	19	20	21	22	23	24	25	26	27	28	29	30	31	32

（3）现在数合计（15）为当日 18 时在零散货物车站管辖范围内、协议客户处、箱修点、出站尚未返回的运用箱数和非运用箱数。

（4）运用箱项待发重箱（17）指已承运尚未发出的重箱，待交重箱（18）指到达后尚未交付的重箱，已交重箱（19）指已交付尚未返回车站的重箱，站内空箱（20）指站内实际处于空态的、正在装货尚未装完的小型箱，站外空箱（21）指以空箱形式出站尚未返回车站的小型箱。

（5）按规定扣修的小型箱数计入非运用箱项待修箱栏（23），符合报废标准的小型箱数计入非运用箱项待报废箱栏（24），备用的小型箱数计入非运用箱项备用箱栏（25）。

（6）中转卸车的小型箱计入运用箱项待发重箱栏（17），空箱根据状态计入运用箱项站内空箱栏（20）、非运用箱项待修箱栏（23）、非运用箱项待报废箱栏（24）。

（7）箱修点的小型箱单独统计，由接轨零散货物车站填制。待修箱数计入箱修点项待修箱栏（27），待报废箱数计入箱修点项待报废箱栏（28），修竣箱数计入箱修点项修竣箱栏（29）。

（8）小型箱停留时间，指自到达时起至发出时止，小型箱在车站的全部停留时间，但不包括其中转入非运用的停留的时间。当日发出小型箱的平均停留时间计入在站平均停时栏（30）。

（9）小型箱交付完毕计入交付箱合计栏（31）。

（10）小型箱承运完毕计入发送箱合计栏（32）。

（11）各栏关系为栏 1＝昨日栏 15，栏 15＝栏 1＋栏 2＋栏 3－栏 7－栏 8－栏 12－栏 13－栏 14，栏 15＝栏 16＋栏 22。

任务实施

根据以上相关知识，由教师组织学生分组进行讨论；学生根据教师给出的铁路集装箱运输统计数据，熟悉填制集装箱运用报告；各小组派代表进行总结汇报，小组互评；教师点评总结，提高学生运用理论知识解决实际问题的能力。

复习思考题

1. 铁路集装箱在电子商务系统中预订流程是什么？
2. 铁路集装箱运输管理信息系统中发送管理有哪些内容？
3. 铁路集装箱运输管理信息系统中到达管理有哪些内容？
4. 铁路车站通用标准箱作业流程是什么？
5. 铁路集装箱站内管理包括哪些内容？
6. 铁路集装箱运输统计指标有哪些内容？
7. 集装箱运用报告主要功能是什么？
8. 集装箱在站平均停留时间如何计算？

项目 6
集装箱多式联运

项目描述

　　以集装箱为运输单元的多式联运可以提高运输效率，实现门到门运输，集装箱运输在不同运输方式之间换装时，无须搬运箱内货物而只需换装集装箱，既提高了换装作业效率，减少中间环节及换装可能带来的货物损坏，又降低了运输成本，提高运输质量。在转运时，海关及有关监管单位只需加封或验封转关放行，从而提高了运输效率。因此集装箱适用于不同运输方式之间的联合运输。通过本项目的学习，使学生掌握集装箱多式联运的方式和流程，增加对新兴高效运输方式的了解。

任务 *6.1* 集装箱多式联运概述

 教学目标

1. 能力目标

正确选择集装箱多式联运组织与管理的模式，能组织与管理集装箱多式联运。

2. 知识目标

掌握集装箱多式联运的定义及特征，集装箱多式联运的组织要素，集装箱多式联运经营人的职责与权责。

工作任务

按照集装箱多式联运合同正确组织集装箱货物门到门运输。

相关知识

6.1.1 集装箱多式联运的概念与特点

1. 多式联运概念

"多式联运"一词最早见于 1929 年《华沙公约》。多式联运通常意义上是指由两种及以上的交通工具相互衔接、转运来共同完成货物运输的运输过程。目前关于多式联运的概念，比较专业和权威的表述，有以下这几种：

多式联运（multimodal transport 或 intermodal transport）在发展初期，凡是经由两种及以上运输方式的联合运输均被称之为多式联运。后来，随着技术的不断进步和发展形式的日趋多样，各国对于多式联运概念和内涵的界定也有所不同，但近年国际上逐渐呈现统一的趋势，即把 multimodal transport 和 intermodal transport 两个概念加以区别，前者可视为广义的多式联运；后者则被视为更加严格意义上的多式联运，且成为各国发展的重点。各地区及国家对多式联运的界定如下。

1）欧洲

2001 年欧盟发布了《组合运输术语》（*Terminology on Combined Transport*），对相关概念作了统一规范。从外延自大到小看，共涉及以下三个基本概念：

（1）复合运输（multimodal transport）：泛指"以两种及以上运输方式完成的货物运输形式"；

（2）多式联运（intermodal transport）：特指"货物全程由一种且不变的运载单元或道路车辆装载，通过两种及以上运输方式无缝接续，且在更换运输方式过程中不发生对货物本身操作的一种货物运输形式"；

（3）组合运输（combined transport）：指 intermodal transport 中"全程仅使用一种标准化运载单元"的特定形式。其中标准化运载单元在欧盟国家有三种，即国际集装箱、可脱卸箱体（swap-body）、厢式半挂车（semi-trailer）。

上述三个基本概念中，（1）包含了（2），（2）又包含了（3）；反过来，（3）是（2）的特定形式，（2）则是（1）的特定形式。

2）美国

美国运输统计局和运输研究委员会在其专业术语词典中，把 multimodal transportation 和 intermodal transportation 基本等同。但在美国许多研究报告中，前者更多泛指多种运输方式之间的组合，而后者则侧重于针对标准化运载单元的多种运输方式之间的快速转运，这与欧洲有关多式联运的概念界定趋向一致。尤其近年来，美国官方的表述越来越趋同于欧盟的术语规范。

3）中国

中国国标《物流术语》将多式联运（multimodal transport）定义为：运输经营者为委托人实现两种或以上运输方式的全程运输，以及提供运输物流辅助服务的活动。强调"一个承运人"承担"全程运输"责任，与欧美相关术语定义有角度上的不同。

2. 国际多式联运的定义与特征

根据是否跨越其他国家分为国内多式联运和国际多式联运。

国际多式联运（multimodal transport）是一种利用集装箱进行联运的新的运输组织方式，是以实现货物整体运输的最优化效益为目标的联运组织形式。它通过采用海、陆、空等两种以上的运输手段，完成国际连贯货物运输。根据 1980 年《联合国国际货物多式联运公约》（简称"多式联运公约"），以及 1997 年我国交通部和铁道部共同颁布的《国际集装箱多式联运管理规则》的定义，国际多式联运是指"按照多式联运合同，以至少两种不同的运输方式，由多式联运经营人将货物从一国境内接管货物的地点运至另一国境内指定地点交付的货物运输"。

根据该定义，结合国际上的实际做法，可以得出，构成国际多式联运必须具备以下特征或称基本条件。

（1）必须具有一份多式联运合同。

多式联运合同是多式联运经营人与托运人之间权利、义务、责任与豁免的合同关系和运输性质的确定，也是区别多式联运与一般货物运输方式的主要依据。

（2）必须使用一份全程多式联运单证。

全程多式联运单证应满足不同运输方式的需要，并按单一运费率计收全程运费。

（3）必须是至少两种不同运输方式的连续运输。

（4）必须是国际货物运输。

这不仅是区别于国内货物运输，主要是涉及国际运输法规的适用问题。

（5）必须由一个多式联运经营人对货物运输的全程负责。

多式联运经营人不仅是订立多式联运合同的当事人，也是多式联运单证的签发人。当然，在多式联运经营人履行多式联运合同所规定的运输责任的同时，可将全部或部分运输委托他人（分承运人）完成，并订立分运合同。但分运合同的承运人与托运人之间不存在任何合同关系。

国际多式联运的主要特点是，由多式联运经营人对托运人签订一个运输合同，统一组织全程运输，实行运输全程一次托运，一单到底，一次收费，统一理赔和全程负责。它是一种将货物的全程运输作为一个完整的单一运输过程来安排，以方便托运人和货主为目的的先进的货物运输组织形式。

3. 集装箱多式联运的组织要素

集装箱多式联运的组织要素由如下几方面组成。

（1）多式联运经营人。

多式联运经营人是指与托运人签订多式联运合同并对运输过程承担全部责任的合同主体。国际多式联运活动中，只有多式联运经营人才有权签发多式联运提单，并且负责赔偿在整个联合运输过程中任何地方所发生的货物灭失或者损坏。由于国内运输并没有"多式联运提单"的概念，因此内贸多式联运并不需要严格意义上的多式联运经营人。多式联运经营人主要集中在外贸多式联运领域，并且主要是国际集装箱多式联运。

发货人指其本人或以其名义或代表按照集装箱多式联运合同将货物实际交给多式联运经营人的任何人。收货人是有权提取货物的人。

（2）多式联运承运人。

多式联运承运人是指以运送货物或者组织货物或承诺运送货物为主营业务并收取运费的人。多式联运承运人又可以分为契约承运人和实际承运人。

契约承运人：指签订运输合同的承运人，在多式联运中，是指与发货人签订多式联运合同的承运人，即多式联运经营人。

实际承运人：指实际完成运输的承运人。在集装箱多式联运中，是指实际完成运输全程中某一区段或几个区段货物运输的分运人。这些实际承运人与集装箱多式联运经营人订立区段运输合同并据以完成区段运输，但他们与联运合同中的发货人没有合同关系。

（3）多式联运规则。

多式联运规则是关于多式联运中的货物运输组织与管理、参与人的权利和义务、经营人的赔偿责任及期间、定价机制和违约处理、运输单证的内容和法律效力等方面的协议、标准或规范。多式联运规则是多式联运运作的核心。

集装箱多式联运合同指多式联运经营人凭以收取运费、负责完成或组织完成集装箱多式联运的合同。

多式联运单据指证明多式联运合同及证明多式联运经营人接管货物并负责按照合同交付货物的单据，一般称为多式联运提单。

（4）多式联运站场。

多式联运站场是货物在各种运输方式之间转运的实际发生地。多式联运站场既可以是铁路集装箱中心站、港口码头、公路货运站，也可以依托堆场或者仓库等设施。

（5）标准化运载单元。

主要指国际标准集装箱、可脱卸箱体（swap-body）、厢式半挂车（semi-trailer），也包括物流台车（笼车）、集装袋等。

（6）多式联运专用载运机具。

主要包括铁路集装箱平车、厢式半挂车平车、整车货车或半挂车专用滚装船舶、铁路商品车运输专用车辆、公铁两用半挂车及其转换架等。

（7）转运设施装备。

多式联运转运设施和装备是实现多式联运运作机械化的重要条件，实现高效的多式联运所必需的转运设施装备包括但不限于龙门吊、桥吊、集装箱堆高机、叉车、托盘等。

（8）多式联运信息系统。

跨运输方式的信息交换共享和互联互通是多式联运运作的重要基础条件。通过多式联运信息系统，可以实现货物跨运输方式、全程的实时追踪和在线查询。

4. 集装箱多式联运的特征

（1）根据集装箱多式联运合同进行。合同是集装箱多式联运经营人与发货人订立的，符合多式联运条件的运输合同。该合同是以多式联运经营人签发多式联运单证（即多式联运提单）证明的、有偿、承揽和非要式的合同。

（2）多式联运的货物是集装箱或集装化的货物。

（3）集装箱多式联运全程运输中至少使用两种不同的运输方式，而且是不同区段的连续运输。

（4）集装箱多式联运是一票到底，实行全程单一费率的运输。多式联运采用一次托运、一次付费、一单到底、统一理赔、全程负责的运输业务方法。这可以提高运输管理水平，可以最大限度地发挥现有设备的作用，选择最佳运输路线组织合理化运输。

（5）集装箱多式联运是不同运输方式的综合组织。无论涉及几种运输方式，分为多少个运输区段，其全程运输都是由多式联运经营人完成或组织完成的，多式联运经营人要对运输全程负责。

（6）多式联运货物的全程运输，除由其本人承担或不承担部分区段运输外，多区段的运输通过与各区段实际承运人订立分运合同完成，各区段的实际承运人对自己承担的区段货物运输负责。

（7）在起运地接管货物，在最终目的地交付货物及全程运输各区段的衔接工作，有关服务业务，由集装箱多式联运经营人在各地的分支机构（或代表）或委托的代理人完成。这些代理人及随后各项业务的第三者对自己承担的业务负责。

（8）集装箱多式联运经营人可以通过货物运输路线、运输方式的选择，以及运输区段划分和对各区段实际承运人的选择达到降低运输成本，提高运达速度，实现合理运输的目的。

（9）多式联运适用于水路、公路、铁路和航空等运输方式，由于在国际贸易中85%左右的货物是通过海运来完成的，所以海运在国际多式联运中占主导地位。

6.1.2　集装箱多式联运的优缺点

1. 集装箱多式联运的优点

（1）统一化、简单化。

一次托运、一份运输合同、一次保险、一张单证、单一费率，简化运输、结算手续。

（2）减少中间环节，缩短货物运输时间，降低货损、货差事故，提高运输质量。

以集装箱为运输单元，实现"门到门"，尽管经过多次换装、过关，但保持运输单元里货物不动，只保持外表良好、铅封完整即可，减少了中间环节。

尽管经过多次装卸，但不涉及箱内货物，货损、货差、被盗的可能性大大降低。全程由专业人员组织，衔接紧凑、配合较好、中转及时，停留时间短，从而使运输速度提高。

（3）降低运输成本，节约运杂费。

联运经营人与区段承运人和各代理人长期合作，对方一般给予优惠运价或较低佣金。

通过对运输路线的合理选择和运输方式的合理使用，可降低全程的运输成本。

货主在货交给第一承运人后即可取得运输单证，可以提前结汇，减少货物占有资金的周转。

采用集装箱，节省包装和保险费用。

一张单证、单一费率，简化制单结算手续，节省人力物力财力。

（4）扩大运输经营人业务范围，提高运输组织水平，实现合理运输。

传统运输只能运营自己拥有的运输工具能够抵达范围的运输业务，货运量受到限制。多式联运扩大到世界，其他运输相关行业如仓储、港口、代理、保险、金融等都可通过参加多式联运扩大业务。

国际多式联运是由专业人员组织的全程运输，这些人对世界的运输网，各类承运人、代理人、相关行业和机构及有关业务都有较深的了解和紧密的关系，可以选择最佳的运输路线，使用合理的运输方式，选择合适的承运人，实现最佳运输衔接与配合，从而大大提高运输组织水平，充分发挥现有设施和设备的作用，实现合理运输。

2. 集装箱多式联运的缺点

（1）对于实际从事运营的运输企业和场站而言，除了需要大量的初始投资和招聘高素质的人才之外，还会导致增加空箱调运成本和空箱堆存成本等。比如，在装货港和卸货港物流量不平衡的情况下，如中国—北美、中国—欧洲等航线上，班轮公司不得不将所属空箱调回，这大大增加了成本。另外，如果集装箱的调度调配不当，也会造成集装箱在某地的挤压，产生大量的堆存费。

（2）对于多式联运经营人而言，一方面，不仅会面临实际承运人的抵制与竞争，而且需要对实际承运人及其他分包商的过失承担向货主的赔偿责任；另一方面，还需要对因货主未付费或货源落空而向实际承运人或其分包商承担违约责任。因此，与货运代理人和船务代理人相比，多式联运经营人的风险更大。

（3）对于货主而言，会面临诸如多式联运经营人的能力风险、道德风险等，从而使货主无法利用多式联运的优势。

6.1.3　集装箱多式联运组织与管理

集装箱多式联运组织与管理是指集装箱多式联运企业通过相应的组织机构，根据集装箱多式联运生产的规律，应用管理的基本原理和科学方法，对集装箱多式联运生产活动进行计划、组织、指挥、协调、控制和监督，使各项生产活动实现最佳的协调与配合，以降低运输成本，提高运输效率和经济效益的过程。

1. 集装箱多式联运组织与管理的模式

1）集装箱货物的流转形态

在集装箱货物流转的过程中，对于货物的交接主要有两种不同的形态。

（1）整箱货（full container cargo load，FCL）。

指货物批量能装满 1 个集装箱以上的货物。装箱工作原则上由发货人进行，发货人自行装箱，负责填写装箱单、场站收据，并由海关加铅封的货。一般称为托运人装箱方式。

整箱货流转过程包括在发货人工厂或仓库配置集装箱，由发货人在自己工厂或仓库装箱，通过内陆或内河运输，在集装箱码头堆场办理交接，将集装箱根据堆场计划堆放，装船，通过海上运输，卸船，将集装箱根据堆场计划堆放，在集装箱码头堆场办理交接，通过内陆运输，在收货人工厂或仓库掏箱，集装箱空箱回运。

（2）拼箱货（less than container cargo，LCL）。

指货物批量不能满载一个集装箱的零星货物。通常由集装箱货运站负责装箱，由货运站代表承运人把不同货主但到达同一目的地的货物混装在一个集装箱内，并负责填写装箱单，由海关加铅封的货。这种方式也叫承运人装箱方式。

拼箱货流转过程包括货运站从码头堆场领取空箱，货运站配箱，装箱，对已装箱的实箱加铅封，将实箱运至码头堆场，装船，通过海上运输，卸船，将实箱运至货运站，货运站掏箱，货运站交货，箱子回空。

集装箱整箱货与拼箱货组织过程示意如图6-1-1所示。

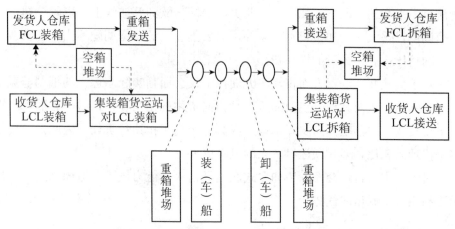

图6-1-1　集装箱整箱货（FCL）与拼箱货（LCL）组织过程示意图

2）集装箱货物的组织模式

集装箱货流根据经济地理条件，可有四种不同的组织模式。

（1）整箱货模式（FCL/FCL）：发货量大，收货量大，在发货地组织整箱货，运到收货地后以整箱货送交收货人。

（2）拼箱货模式（LCL/LCL）：发货量小，收货量小，在发货地内地仓库组织拼箱货装箱，运到收货地内地仓库再拆箱分送各收货人。

（3）集运模式（LCL/FCL）：发货量小，收货量大，在发货地内地仓库组织拼箱货装箱，运到收货地整箱送交收货人。

（4）分拨模式（FCL/LCL）：发货量大，收货量小，在发货地组织整箱货，运到收货地内地仓库作为拼箱货拆箱，再分送各收货人。

2. 集装箱货物的交接方式

（1）门到门交接（Door to door）。

该种货物的交接形式系指一个发货人、一个收货人。在由承运人负责内陆运输时，则在发货人的工厂或仓库验收后，承运人负责将货物运至收货人的仓库或工厂交货，门到门交接的货物为整箱货。

（2）门到场交接（Door to CY）。

这是一种在发货人的工厂或仓库接收货物，并负责运至卸船港集装箱码头堆场交货的交接方式。门到场货物交接方式有时发生在承运人不负责目的地内陆运输的情况下。

（3）门到站交接（Door to CFS）。

这是一种从发货人的工厂或仓库至目的地集装箱货运站的交接方式。即通常是整箱接收，拆箱交付，也可理解为一个发货人、几个收货人。

（4）场到门交接（CY to door）。

这是一种在起运地装船港的集装箱码头堆场接收货物，并将其运至收货人工厂或仓库交货的交接方式，通常发生在承运人不负责起运地发货人工厂或仓库至集装箱码头堆场之间的内陆运输。

（5）场到场交接（CY to CY）。

这是一种从装船港的集装箱码头堆场至目的港集装箱码头堆场的交接方式，通常是整箱货。

（6）场到站交接（CY to CFS）。

这是一种从装船港的集装箱码头堆场至目的地集装箱货运站的交接方式，也可理解为一个发货人、几个收货人。

（7）站到门交接（CFS to door）。

这是一种从起运地集装箱货运站至目的地收货人的工厂或仓库的交接方式，经常发生在拼箱接收、整箱交付的情况下。

（8）站到场交接（CFS to CY）。

这是一种从起运地的集装箱货运站至目的地集装箱码头堆场的交接方式，也可理解为几个发货人、一个收货人。

（9）站到站交接（CFS to CFS）。

这是一种从起运地的集装箱货运站至目的地集装箱货运站的交接方式，通常是拼箱货交付、拼箱货接收。

3. **集装箱多式联运的组织方法**

多式联运的全过程就其工作性质的不同，可分为实际运输过程和全程运输组织业务过程两部分。实际运输过程是由参加多式联运的各种运输方式的实际承运人完成的，其运输组织工作属于各方式运输企业内部的技术、业务组织。全程运输组织业务过程是由多式联运经营人完成的，主要包括全程运输所涉及的所有商务性事务和衔接服务性工作的组织实施，其运输组织方法可以有很多种，但就其组织体制来说，基本上可分为协作式多式联运和衔接式多式联运两大类。

（1）协作式多式联运的运输组织方法。

协作式多式联运的组织者是在各级政府主管部门协调下，由参加多式联运的各种运输方式的企业和中转港站共同组成联运办公室（或其他名称）。货物全程运输计划由该机构制订。这种联运组织下的货物运输过程如图 6-1-2 所示。

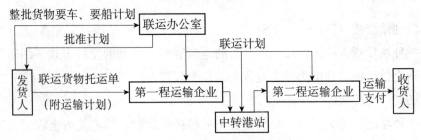

图 6-1-2 协作式多式联运货物运输过程示意图

这种组织方法，发货人根据货物运输的实际需要向联运办公室提出托运申请，并按月申报整批货物要车、要船计划，联运办公室根据多式联运线路及各运输企业的实际情况制订货物运输计划，把该计划批复给托运人并转发给各运输企业和中转港站。发货人根据计划安排向多式联运第一程的运输企业提出申请，并填写联运货物托运委托书（附运输计划），第一程运输企业接受货物后经双方签字，多式联运合同即告成立。第一程运输企业组织并完成自己承担区段的货物运输至下一区段衔接地，直接将货物交给中转港站，经换装后由下一程的运输企业继续运输，直至最终目的地由最后一程运输企业向收货人交付。在前后程运输企业之间和港站与运输企业交接货物时，需填写货物运输交接单和中转交接单（交接与费用结算依据）。联运办公室（或第一程运输企业）负责按全程费率向托运人收取运费，然后按各企业之间商定的比例向各运输企业及中转港站清算。

协作式多式联运组织方法是建立在统一计划、统一技术作业标准、统一运行时间表和统一考核标准基础上，而且在接受货物运输、中转换装、货物交付等业务中使用的技术设备、衔接条件等也需要同步建设、配套运行，以保证全程运输的协同性。这种组织方法也可称为"货主直接托运制"，是国内过去和当前多式联运（特别是大宗、稳定、重要物资运输）主要采用的方法。

（2）衔接式多式联运的组织方法。

衔接式多式联运组织业务是由多式联运经营人完成的，货物运输过程如图 6-1-3所示。

这种组织方法，由多式联运经营人受理发货人提出的托运申请，双方订立货物全程运输的多式联运合同，并在合同指定地点（发货人的工厂或仓库，或指定的货运站、中转站、堆场、仓库）办理货物的交接，多式联运经营人签发多式联运单据。接受托运后，多式联运经营人首先要选择货物运输路线，划分运输区段（确定中转、换装地点），选择各区段的实际承运人，确定零星货物集运方案，制订货物全程运输计划，并把计划

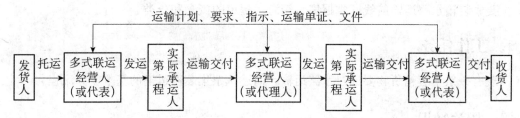

运输计划、要求、指示、运输单证、文件

发货人 托运 多式联运经营人（或代表） 发运 实际第一程承运人 运输交付 多式联运经营人（或代理人） 发运 实际第二程承运人 运输交付 多式联运经营人（或代表） 交付 收货人

图 6-1-3　衔接式多式联运货物运输过程示意图

转发给各中转衔接地点的分支机构或委托的代理人。然后根据计划与各运程的实际承运人分别订立货物运输合同。全程各区段间的衔接，由多式联运经营人（或其代表或其代理人）从前程实际承运人接收货物再向后程承运人交接，在最终目的地从最后一程实际承运人接收货物后再向收货人交付。

在与发货人订立多式联运合同后，多式联运经营人根据双方协议，按全程单一费率收取全程运费和各类服务费、保险费（如需多式联运经营人代办的）等费用。在与各区段实际承运人订立各分运合同时，需向各实际承运人支付运费及其他费用。在各衔接地点委托代理人完成衔接服务业务时，也需向代理人支付委托代理费用。

这种多式联运组织方法，在有些资料中称为"运输承包发运制"。目前在国际货物多式联运中主要采用这种组织方法，在国内多式联运中也越来越多地采用这种方法。

 任务实施

根据以上相关知识，由教师组织学生分组进行讨论；各小组派代表进行总结汇报，小组互评；教师点评总结，使学生掌握集装箱多式联运的定义及特征、集装箱多式联运组织与管理，提高学生运用理论知识解决实际问题的能力。

任务 *6.2* 水路集装箱运输组织

 教学目标

1. 能力目标

能正确组织水路集装箱运输，熟悉集装箱水路运输组织的流程。

2. 知识目标

掌握集装箱水路运输的基本组织方法，掌握港口码头及集装箱船舶的主要构造，掌握主要集装箱水路运输航线，掌握集装箱海运提单的概念和分类。

工作任务

现有一票集装箱货物要通过水路运输，简述该票集装箱运输的基本业务流程。

相关知识

水路集装箱运输主要以海上国际集装箱运输为主。海上国际集装运输是指集装箱船舶装载的国际集装箱货物经由海上从一个国家或地区运至另一个国家或地区的国际运输。

6.2.1 集装箱运输船舶

1. 集装箱船舶的种类

集装箱船从装卸方式来分类，主要有吊装式、滚装式、浮装式三种，如图 6-2-1所示。

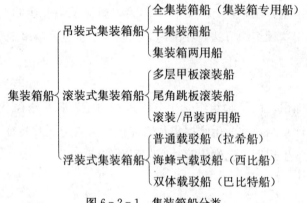

图 6-2-1 集装箱船分类

滚装船和载驳货船都是在集装箱化过程中产生的货船，它们本身都可以装载大量的集装箱。载驳货船上的驳船也有人称为"浮动集装箱"。

1）吊装式集装箱船

吊装式集装箱船是指利用船上或岸上的起重机将集装箱进行垂直装卸的船舶，可分全集装箱船、半集装箱船和集装箱两用船三种。

（1）全集装箱船。

全集装箱船，指专门用以装运集装箱的船舶。它与一般杂货船不同，设有永久性的箱格结构，只能装运集装箱而无法装载杂货。其货舱内有格栅式货架，装有垂直导轨，便于集装箱沿导轨放下，四角有格栅制约，可防倾倒。舱面设有集装箱系固设备，多为单甲板、宽舱口，采用尾机型或中后机型，以便多装运集装箱。集装箱船的舱内可堆放3～9层集装箱，甲板上还可堆放3～4层。

目前，世界集装箱货运主干航线上，投入的都是这类全集装箱船舶，停港时间短，采用高航速，通常为 20～23 节。近年来为了节能，一般采用经济航速。

在区域性和沿海航线上，根据箱运量、运距、港口装卸与作业条件，投放不同载箱量规模的全集装箱船舶。

全集装箱船上有的带有船用装卸桥，用于装卸集装箱。但目前大多数全集装箱船都依靠码头的装卸桥装卸，故都不设装卸设备。

（2）半集装箱船。

半集装箱船是指普通货船中的一部分船舱（通常是中央部位的船舱）作为集装箱专用舱装载集装箱用，而首尾舱为普通杂货舱。这种船的缺点是，由于杂货与集装箱混装在一条船上，装卸时杂货需在杂货码头上装卸，集装箱需在集装箱码头上装卸，因此在装卸过程中需要移泊，船舶营运效率不高。另外，因一部分船舱装了杂货，故船上集装箱装载量减少，这种船舶一般都没有装卸集装箱的起重设备。

半集装箱船很少，而大量采用的是集装箱两用船，并将集装箱两用船称为半集装箱船。

（3）集装箱两用船。

集装箱两用船是一种既可以装普通杂货又同时可以装载集装箱的两用船舶。其特点是大舱口、平舱盖，舱盖上也可以装载集装箱。目前世界上的多用途船，大多可以装载集装箱，因此都可以称为集装箱两用船。

2）滚装式集装箱船

滚装式集装箱船是指利用船侧、船首或船尾的开口，通过跳板将集装箱与拖车一起，沿水平方向拖进拖出进行装卸的船舶。它还可分如下几种。

（1）多层甲板滚装船。

多层甲板滚装船是一种包括上甲板在内的多层甲板船，在各层甲板上都设有固定集装箱用的栓固装置，故在舱内可以装载拖车或集装箱。

（2）尾角跳板滚装船。

滚装船装载集装箱时，跳板与码头平面的夹角不能太大，否则拖车要把载货的集装箱拖上甲板很困难。为了降低这一夹角，又不使码头作业面损失太大，都采用尾角跳板。

（3）滚装/吊装两用船。

滚装/吊装两用船是一种为了加速集装箱的装卸，在舱内利用跳板进行滚装装卸，在甲板上靠岸壁集装箱装卸桥进行吊装的一种特殊船型。为配合这种船型的装卸，国外还有滚装/吊装两用船的专用码头。

3）浮装式集装箱船

浮装式集装箱船是将驳船作为集装箱，利用顶轮推着驳船在水面上浮进浮出，或利用驳船起重机将驳船从水面上吊起，放入舱内的一种大型货船。许多载驳货船的甲板上还装有大量的集装箱。

(1) 普通载驳船（拉希船）。

普通载驳船是一种最主要的载驳船，它是一种单层甲板、无双层底的尾机船。舱内为分格结构，设驳船格栅和导柱，驳船顺着垂直导轨装入并固定在舱底，舱内最多可堆装 4 层子驳，甲板上堆装 2 层。为便于装卸驳船，在甲板上沿两舷设置轨道，并有可沿轨道纵向移动的门式起重机，以便起吊子驳进出货舱。

(2) 海蜂式载驳船（西比船）。

海蜂式载驳船是一种双舷、双底、多层甲板船。甲板上沿纵向设运送子驳的轨道，尾部设升降井和升降平台（升降机），其起重量可达 2 000 t。子驳通过尾部升降平台进出母船，而不是用门式起重机吊装进出母船，当子驳被提升至甲板同一水平面后，用小车将驳船滚动运到指定位置停放。

(3) 双体载驳船（巴比特船）。

双体载驳船主要特点是：子驳进出母船，既不是用门式起重机吊进、吊出，也不是利用升降平台的升降进出母船，而是利用载驳船（母船）沉入一定水深，用浮船坞方式将驳船（子驳）浮进、浮出进行装卸和运输。

以上三种载驳船，以普通载驳船应用最多。载驳船的主要缺点是船舶造价高，经济效益较差。

近年来，集装箱船大型化的趋势十分明显，集装箱船分类及相关参数见表 6 - 2 - 1。

表 6 - 2 - 1　集装箱船分类及相关参数

船型	船型参数/m				码头泊位参数/m		
	船长	船宽	吃水	载箱量/TEU	长度	宽度	水深
第一代集装箱船	170	25	8	700~1 000	206	50	-10
第二代集装箱船	225	29	10~11	1 000~2 500	270	60	-13
第三代集装箱船	275	32	11.5~12	2 500~3 000	335	65	-14
第四代集装箱船	294	32.2	12.5	3 000~4 000	355	65	-15
第五代集装箱船	285	40	12.7	4 400~5 500	345	80	-15
8 500TEU 集装箱船	334	42.8	13	8 500	395	85	-15
9 500TEU 集装箱船	350	42.8	14.5	9 499	410	85	-17
10 000TEU 集装箱船	348	45.6	14.5	10 000	410	90	-17
13 000TEU 集装箱船	382	54.2	13.5	13 000	530	100	-17

2. 集装箱船舶的结构特点

全集装箱船与普通杂货船相比较具有如下特点。

(1) 集装箱船均为"统舱口船"，即船舱的尺度与舱口的尺度相同，并且在船体强度允许的条件下，尽量把舱口开大。这是为了既可便于装卸，又可多装集装箱。

(2) 由于集装箱装卸的需要，舱内无中间甲板。

（3）为了使舱内集装箱固定而不能随意移动，舱内采用分格结构，用箱格导轨把船舱分格成许多箱格。

（4）由于是统舱口船，故舱口缘材垂直向下直到舱底，从而形成双层侧壁（双层壳），双层侧壁的长度占船长的一半以上。横舱壁也为双层舱壁，船底为双层船底。集装箱船中部剖面如图 6-2-2 所示。

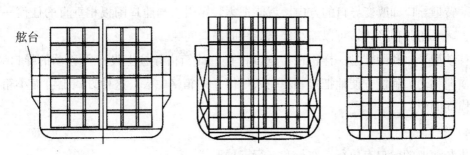

舸台

图 6-2-2　集装箱船中部剖面图

（5）由于集装箱船的大舱口，其纵向强度较弱，这种双层侧壁和双层船底大大地增加了其纵向和扭曲强度，对集装箱船十分有利。

（6）集装箱船的横剖面呈 U 形，为了抵抗横向的水压力、波浪的冲击载荷，以及纵向弯矩和扭力，防止 U 形上部自由端的变形，在集装箱船的纵向设置了许多横舱壁，增加了船舶的横向强度。

3. 与积载有关的装置和设备

1）箱格导柱

全集装箱船的船舱内均采用箱格结构，它利用角钢把船舱按集装箱的尺寸分隔成许多箱格，箱格从货舱底部到舱口垂直设置。集装箱装卸时，角钢起导向柱作用，故称箱格导柱，同时对集装箱在舱内进行了定位。有些船舶，为了减少集装箱的绑扎作业，在露天的甲板上还装有甲板箱格导柱。

2）箱格货舱

箱格货舱是装有箱格导柱的集装箱专用舱，舱内设置箱格的目的，一方面是减少舱内的绑扎作业；另一方面是使舱内的上下层集装箱之间堆码整齐，不致造成偏码状态。集装箱在舱内堆码时，在舱底板上承受了集装箱四角的集中载荷，因此，位于承受集中载荷的这一部分双层底板的面积应做必要的加强。此外，由于集装箱船是大舱口船，因船体翘曲或扭曲极易造成箱格导柱变形，变形量过大甚至会造成装卸困难。

3）箱格导口

由于箱格导柱与集装箱之间的空隙较小，为了便于集装箱进入箱格内，在箱格导柱的上端设有倾斜面的导向装置，称为"导口"。导口分固定式导口、铰接式导口与调节式导口三种形式。

（1）固定式导口。这是最常用的一种形式。从装卸集装箱所受的冲击力看，这是一种最安全的形式，缺点是造成箱与箱之间的空隙较大。

（2）铰接式导口。该导口设置在舱口围板上方，在装卸完毕时兼作放舱口盖装置用，与固定式导口相比，可以减少箱格导柱间的空隙。

（3）调节式导口。这种导口又分为移动型和翻转型两种。

翻转型导口如改变导口的方向，就能把集装箱引入与舱口围板相垂直的任何一列箱格中去，采用此种形式，可以缩小箱格导柱的横向间隙。

移动型导口和翻转型一样，在与舱口相垂直的箱格导柱上设有可移动的导口装置，使其横向移动，就能方便地把集装箱引入任何一列箱格中去。这种方式也可缩小箱格导柱的横向间隙。

4）舱口

集装箱船的舱口有单行、双行和三行三种形式。

（1）单行舱口：此舱口的长度覆盖 1 行集装箱，宽度可覆盖好几列集装箱（一般可盖住 7 列以内）。

（2）双行舱口：此舱口的长度可覆盖 2 行集装箱，宽度方向可覆盖 2 列集装箱。

（3）三行舱口：舱口的长度可覆盖 3 行集装箱，宽度方向可覆盖 3 列集装箱。

单行舱口对于船体结构，以及甲板上和舱内集装箱的装卸是十分有利的，但只限于装载 C 类和 D 类箱型，不能兼装 A 类和 B 类箱型。

对于双行和三行舱口，它有利于兼装 A、B、C、D 类箱型，但给甲板上集装箱的装卸带来不利。

5）舱盖

（1）形式和结构。

集装箱的舱盖为了能承受较大的集装箱载荷，故一般采用钢制箱型舱盖，用集装箱装卸桥进行开闭，靠舱盖四周内侧的橡胶垫和舱口围板顶部的密封材料保持水密。舱盖端板和侧板的下面与舱口围板顶部相接触，把装在舱盖上面的集装箱重量和舱盖本身的重量传给舱口围板。

（2）重量和尺寸限制。

由于舱盖是利用集装箱装卸桥进行吊装的，因此舱盖的重量应与装卸桥的额定负荷相一致，有时要利用浮吊等特殊设备作为重大件来装卸。因此大型集装箱船的舱盖尺寸有时会受到限制，大型舱盖的重量一般限制在 150 kg/cm^2。

（3）强度。

集装箱堆放在舱盖上时，其载荷集中在集装箱四角的角件底部，由于这几个载荷承载点靠近舱盖的边板，因此在结构上能够承受这些载荷。但是在装 1A 型集装箱船舱的位置，若要堆装两行 1C 型箱，则在舱盖中央部位承受的载荷相当大，这就要在这一部位增加舱盖板的厚度，以提高这一部位舱盖的强度，这样使甲板集装箱重心提高。

4. 集装箱船的箱位号

每个集装箱在全集装箱船上都有一个用 6 位阿拉伯数字表示的箱位号，以"行""列""层"三维空间表示每个集装箱在船舶上的准确位置。如 0402D1，这 6 位数字反映了箱子在船舶上的三维空间坐标。第 1、2 两位数字表示集装箱的行号，第 3、4 两位数字表示集装箱的列号，第 5、6 两位数字表示集装箱的层号。

6.2.2 集装箱码头

集装箱码头是专供停靠集装箱船、装卸集装箱用的码头。通常应具备的基本设施有：泊位、码头前沿、集装箱堆场、控制室、行政楼、检查口、维修车间、铁路或公路等集疏运设施等。集装箱码头布局如图 6-2-3 所示。

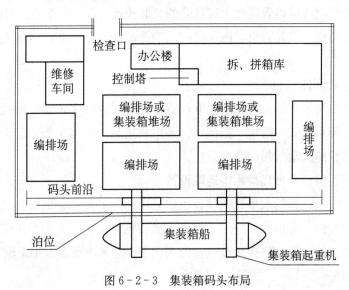

图 6-2-3 集装箱码头布局

1）泊位

泊位是指在码头内，供船舶停靠的岸壁线与对应水域构成的区域，码头的长度和水深是确定其所能靠泊的集装箱船大小的基础条件。

2）码头前沿

码头前沿是装卸桥进行集装箱装卸作业的场地。

3）集装箱堆场

集装箱堆场是集装箱装卸前的临时储放地和集装箱的交接场所。在堆场，集装箱按照不同的规格、类别等分类堆放。箱与箱之间留有足够的间距和适当的通道。集装箱堆场的堆放形式，以及箱与箱之间留有的间距和通道尺寸，因堆场所采用的装卸机械形式和水平运输所采用的设备形式不同而有明显的区别。也就是说，与集装箱码头装卸工艺形式有关，例如：如果采用底盘车系统，堆场可采取纵、横或人字形布置形式。

4）检查口

检查口，俗称道口，又称检查桥、闸口等，是集装箱码头的出入口、集装箱和集装箱货物的交接点，是划分集装箱码头与其他部门责任的分界点。为了确保作为海关监管地的港口，完成集装箱及拖车的登记、查验、放行及记录等一系列工作，港口大门必须具有全面、完善、高效的检验功能。为此，大型集装箱码头已采用"集装箱智能大门系统"，这样当集装箱运输车辆通过大门时，可自动识别车号、箱号，自动检查电子手续，自动分配最优的集装箱箱位，并进行集装箱箱体残损检验，每台集装箱车辆的处理时间不超过 30 s。

5）集装箱码头主要装卸设备

集装箱码头装卸设备根据其在港口装卸工艺流程中所发挥的作用，主要分为码头前沿装卸设备、堆场装卸设备及连接码头前沿和堆场的水平运输设备三部分。

（1）码头前沿装卸设备。

码头前沿装卸设备承担着连接水陆运输的装卸作业，作为集装箱专用码头的前沿装卸关键设备的岸边集装箱起重机，由于具有适应船型能力强、装卸效率高、安全、可靠等诸多优点而被广泛应用。

（2）堆场装卸设备。

堆场装卸设备用于堆场集装箱的堆取作业，设备品种较多，如轮胎式集装箱门式起重机、轨道式集装箱门式起重机、正面吊、叉车和集装箱跨运车等。我国集装箱码头堆场采用最多的是轮胎式集装箱门式起重机。

（3）连接码头前沿和堆场的水平运输设备。

连接码头前沿和堆场的水平运输设备主要采用的是平板车。随着自动化装卸工艺水平的提高，自动导向车等也相继应用。另外，集装箱跨运车、叉车和正面吊等设备作为堆场装卸和水平运输多用途设备也被有些码头用于前沿和堆场的水平运输作业。

6）办公大楼

集装箱码头办公大楼是集装箱码头行政、业务管理的大本营。

7）控制中心

控制中心是集装箱码头作业的指挥中心，主要任务是监视和指挥船舶装卸作业及堆场作业。

6.2.3　集装箱场站

集装箱场站是指集装箱货物的装箱、拆箱，以及集装箱转运堆存、清洗、修理和办理集装箱及货物交接等业务的场所。

根据各自的服务特色，集装箱场站也往往冠以不同的称谓，如：集装箱货运站、内陆集装箱中转站、集装箱内陆站、铁路集装箱办理站、集装箱内陆港/干港等。所有这些规模范围大大小小的集装箱场站都通过铁路、公路等运输模式与码头相连。

（1）集装箱货运站。

集装箱货运站主要是指码头内或周边的集装箱货运站，也称为口岸货运站。其主要任务是承担收货、交货、拆箱和装箱作业，并对货物进行分类保管。设在集装箱码头内的货运站，一般是整个集装箱码头的有机组成部分，通常与集装箱码头无法分割；设在集装箱码头附近的货运站，虽然不是码头的一个组成部分，但在实际工作中与集装箱码头的联系十分密切，业务往来也很多。

（2）公路集装箱中转站或内陆站。

公路集装箱中转站或内陆站也称为内陆集装箱货运站，是指码头以外的集装箱运输的中转站或集散地，包括集装箱码头的市区中转站、内陆城市及内河港口的内陆站等。它通常具有码头货运站和码头堆场的双重功能，既接受托运人交付托运的整箱货与拼箱货，也负责办理空箱的发放和回收。比如，托运人以整箱货托运出口，则可向内陆货运站提取空箱，如整箱进口，收货人也可以在自己的工厂或仓库卸空集装箱后，随即将空箱送回内陆货运站。公路集装箱中转站或内陆站还办理集装箱拆装箱业务及代办有关海关手续等业务。

（3）集装箱内陆港。

集装箱内陆港，也称为干港、无水港或者国际集装箱陆港，是相对临海港口而言的。通俗地讲，它就是一个大型的内陆集装箱中转站，但同时也是具备报关、检验检疫等综合配套功能的货品集散地，也就是把沿海港口功能内移到内陆。因此，尽管目前各地的内陆集装箱港的规模大小不一，功能各有不同，但其作为内陆地区集装箱物流中心，应具有国际集装箱多式联运、第三方物流服务、国际货运代理、内陆口岸等港口运营功能。

6.2.4　主要集装箱水路运输航线

航线是指船舶在两个或多个港口之间，从事海上货物运输的线路。航线由天然航道、人工运河、进出港航道及航标和导航设备等组成。航线通常可分为远洋航线、近洋航线和沿海航线。

1. 远洋航线

（1）大西洋航线。

大西洋航线主要有：西北欧—北美海岸航线；西北欧、北美东岸—加勒比海航线；西北欧、北美东岸—地中海、苏伊士运河、远东航线；西北欧、地中海—南美东海岸航线；西北欧、北美大西洋岸—好望角、远东航线；南美东海岸—好望角航线。

（2）太平洋航线。

太平洋航线主要有：远东—北美西海岸航线；远东—加勒比海、北美东岸海岸航线；远东—南美西海岸航线；远东—东南亚航线；远东—澳新航线；澳新—北美东海岸、西海岸航线；北美—东南亚航线。

（3）印度洋航线。

印度洋航线主要有：横贯印度洋东西的航线，如远东—东南亚—地中海—西北欧航线；进出印度洋北部国家（如缅甸、孟加拉国、印度、巴基斯坦等）各港口的航线；进出波斯湾沿岸国家的航线，如南达印度洋，经东非的索马里、肯尼亚、坦桑尼亚附近，绕道好望角通往大西洋，到达西欧和北美等；进出非洲东岸国家的航线。

2. 近洋航线

近洋航线习惯上指由我国各港口东至日本海，西至马六甲海峡，南至印度尼西亚沿海，北至鄂霍次克海的各海港间的航线。

3. 沿海航线

我国沿海航线以厦门为界，北至鸭绿江口，西至广西东兴港，大体可分为南北两大航区。在北方航区，以上海港为中心；在南方航区，则以广州港为中心。

我国习惯上将前两类航线称为国际海运航线。

4. 世界三大主要集装箱航线

（1）远东—北美航线。

远东—北美航线习惯上也称为（泛）太平洋航线，该航线实际上可以分为两条航线，一条是远东—北美西岸航线，另一条为远东—北美东岸航线。远东—北美西岸航线主要由远东—加利福尼亚航线和远东—西雅图、温哥华航线组成。其涉及港口主要有亚洲的高雄、釜山、上海、香港、东京、神户、横滨等港口，以及北美西岸的长滩、洛杉矶、西雅图、塔科马、奥克兰和温哥华，涉及亚洲的中国、韩国、日本，以及北美的美国和加拿大东部地区。远东—北美东岸的纽约航线涉及的北美东岸港口主要有北美东岸地区的纽约港、新泽西港、查尔斯顿港和新奥尔良港。

（2）远东—欧洲、地中海航线。

远东—欧洲、地中海航线也被称为欧洲航线，它又可分为远东—欧洲航线和远东—地中海航线两条。欧洲地区涉及的主要港口有：荷兰的鹿特丹港，德国的汉堡港、不来梅港，比利时的安特卫普港和英国的费利克斯托港。地中海地区主要涉及的港口有位于西班牙南部的阿尔赫西拉斯港、意大利的焦亚陶罗港和位于地中海的中央、马耳他岛南端的马尔萨什洛克港。

（3）北美—欧洲、地中海航线。

北美—欧洲、地中海航线也称为跨大西洋航线。该航线实际包括三条航线：北美东岸、海湾—欧洲航线，北美东岸、海湾—地中海航线和北美西岸—欧洲、地中海航线。

5. 内河集装箱运输

内河集装箱运输具有成本低、运量大、污染少等优势。我国内河，特别是长江、珠江都是贯通我国东、西部地区的天然交通要道。自 1996 年 12 月上海港龙吴港务公司开辟第一条内贸集装箱水运航线以来，目前全国已有近百个内河集装箱港口开展了集装箱运输业务，一个以上海港龙吴港区为中心，联通全国内河港口，有 10 多家船公司加盟的内贸集装箱水运网络已经形成。

6.2.5　集装箱水路运输组织

1. 集装箱水路运输的分类

1) 按水路运输的经营方式分类

（1）定期船运输。

定期船运输是指班轮公司将船舶按事先制订的船期表，在特定航线的各挂靠港口之间，为非特定的众多货主提供规则的、反复的货物运输服务，并按运价本或协议运价的规定计收运费的一种营运方式。

班轮运输具有固定航线、固定挂靠港、固定船期和相对固定的运价等"四固定"的特点。

（2）不定期船运输。

不定期船运输亦称租船运输，是一种既没有事先制订的船期表，也没有固定的航线和挂靠港，而是追随货源，按照货主对运输的要求安排船舶就航的航线，组织货物运输，并根据租船市场行情确定运价或租金水平的一种经营方式。

2) 按集装箱航线的地位分类

（1）干线运输。

干线运输是指相对固定的世界主要集装箱航线的运输。

（2）支线运输。

支线运输是指在某些区域内的集装箱运输。

3) 按集装箱运输的地域分类

（1）集装箱海运。

集装箱海运包括集装箱远洋运输和集装箱沿海运输。

（2）集装箱内河运输。

集装箱内河运输常称为内支线运输。

内支线集装箱班轮运输（简称内支线运输）是指固定船舶在国内港口之间按照公布的船期表或有规则地在与干线船舶衔接的固定航线上从事外贸进出口集装箱运输。内支线集装箱班轮运输包括沿海内支线集装箱班轮运输和内河支线集装箱班轮运输。

沿海支线运输是指国内沿海港口之间的内支线运输。

内河支线运输是指内河港口至内河港口或至沿海港口之间的内支线运输。

2. 集装箱水路运输航线设计

1) 集装箱水路运输航线设计的类型

集装箱水路运输航线的设计大致可分为多港挂靠的直达运输航线和干线支线中转运输航线两种类型。

2）集装箱水路运输航线配船

航线配船就是在集装箱运输航线上如何最合理地配置船型、船舶规模及数量，使其不仅能满足每条航线的技术、营运要求，而且能使船公司获得良好的经济效益。

3）航线挂靠港的确定

航线挂靠港的确定因素包括地理位置、货源与腹地经济条件、港口自身条件及其他相应条件。

4）集装箱班轮船期表的编制

班轮船期表的内容通常包括航线、船名、航次编号，始发港、中途港、终点港港名、到达和驶离各港的时间及其他相关事项等。

编制船期表通常有以下基本要求：

（1）船舶的往返航次时间（班期）应是发船间隔的整数倍。

（2）船舶到达和驶离港口的时间要恰当。

（3）船期表要有一定弹性。

3．集装箱水路运输的参与各方

1）集装箱班轮公司

集装箱班轮公司是集装箱水路运输的主角，它完成集装箱海上与内河的航运任务，是集装箱水路运输的主要参与方。

2）集装箱码头公司

集装箱码头公司是集装箱水路运输的另一个主角，它完成集装箱水路运输起点和终点的装卸任务。

3）无船承运人公司

无船承运人，是指在集装箱运输中，经营集装箱货运，但不经营船舶的承运人。无船承运人的主要特征包括：

（1）是国际贸易合同的当事人。

（2）在法律上有权订立运输合同。

（3）本人不拥有运输工具。

（4）有权签发提单，并受提单条款的约束。

（5）由于与托运人订立运输合同，所以对货物全程运输负责。

（6）具有双重身份：对货物托运人来说，是承运人或运输经营人；而对实际运输货物的承运人而言，又是货物托运人。

4）集装箱租箱公司

集装箱租箱公司购置一定数量的集装箱，专业从事租箱业务，同时进行箱务管理，一般还经营堆箱场，专门满足货主与船公司对集装箱空箱租赁的需求。

5）集装箱船舶租赁公司

集装箱船舶租赁公司提供集装箱船，满足集装箱班轮公司对船舶的需求。

6）国际货运代理人

国际货运代理人公司，专门为货主代理各类货运业务。国际货运代理人代理的主要业务包括：订舱、报关、拆装箱、货物保险，即代理货主办理各种运输保险业务。

4. 集装箱水路运输的组织

1）集装箱运输的货物

（1）普通货物。

普通货物一般通称为件杂货，是指不需要用特殊方法进行装卸和保管、可按件计数的货物。根据其包装形式和货物的性质又可分为清洁货和污货两类。清洁货指清洁而干燥，在积载和保管时本身无特殊要求的货物。污货指会污染其他货物的货物。

（2）特殊货物。

特殊货物是指在性质、重量、价值、形态上具有特殊性，运输时需要用特殊集装箱装载的货物。特殊货物包括冷藏货、活动（植）物、重货（指单件重量特别大的货物，如重型机械等）、高价货（是指按容积或重量来计算，其价格都比较昂贵的货物，如生丝、绸缎、丝织品、照相机、电视机，以及其他家用电器等）、危险货、液体货、易腐货、散货。

2）集装箱水路运输货源调查

集装箱水路运输货源调查主要考虑以下因素：

第一，腹地经济发达程度和人口稠密程度。

第二，周边地区集装箱多式联运发展的程度。

第三，政府运输政策和布局对开展集装箱运输开展的可能性、发展趋势。

3）集装箱水路运输组织的一般程序

（1）订舱。

发货人或托运人向船公司或其代理人、经营人在截单期前申请订舱。

（2）接受托运申请。

接受托运申请又称"确定订舱"。

（3）空箱领取并装货。

拼箱货装箱应由发货人将货物送到集装箱货运站，由集装箱货运站核对接收后装箱。整箱货交接由发货人或其货运代理人自行负责装箱。

（4）集装箱交接签证。

（5）换发提单。

发货人或其货运代理人凭已签署的场站收据，向船公司或其代理人换取提单，作为向银行结汇的凭证。

（6）装船。

码头制订装船计划，待船舶靠泊后，即安排装船。

（7）海上运输。

（8）卸船。

码头堆场制订卸船计划，在船舶靠泊后，即安排卸船。

（9）货物交付。

货物进境后一般在港口报关放行后再内运。如经收货人要求，海关核准后也可运往另一设关地点办理海关手续，也称转关运输货物。其中，整箱货交付给收货人或其代理人，拼箱货一般先在指定的集装箱货运站掏箱，然后由集装箱货运站根据提货单将拼箱货交付给收货人或其代理人。

（10）空箱回运。

收货人或集装箱货运站在掏箱完毕后，应及时将空箱运回到指定的码头堆场。

5. 集装箱海运提单

1）海运提单的定义

《中华人民共和国海商法》第七十一条规定："提单是指用以证明海上货物运输合同和货物已经由承运人接收或者装船，以及承运人保证据以交付货物的单证。提单中载明的向记名人交付货物，或者按照指示人的指示交付货物，或者向提单持有人交付货物的条款，构成承运人据以交付货物的保证。"

提单只适用于海洋运输及与海洋运输相结合的多式联运单证，不适用于陆运、空运等运输单证。

2）海运提单的作用

提单具有以下三个作用：

（1）提单是承运人或其代理人签发的货物收据。

（2）提单是一种货物所有权的凭证。

（3）提单是托运人与承运人之间所订立运输契约的证明。

3）海运提单的种类

（1）根据货物是否装船分类。

① 已装船提单。

已装船提单是指承运人已将货物装上指定的船舶后签发的提单。这种提单的特点是提单上面必须以文字表明载货船舶名称和装货日期。

② 收货待运提单。

收货待运提单是指承运人收到托运人的货物待装船期间，应托运人的要求而向其签发的提单。这种提单上没有装船日期，也无载货的具体船名。

（2）根据货物表面状况有无不良批注分类。

① 清洁提单。

清洁提单是指货物装船时，表面状况良好，承运人在签发提单时未加上任何货损、包装不良或其他有碍结汇批注的提单。

② 不清洁提单。

不清洁提单是指承运人收到货物之后，在提单上加注了货物外表状况不良或货物存在缺陷或包装破损的提单。

（3）根据收货人抬头分类。

① 记名提单。

记名提单指在提单的收货人栏内，具体写明了收货人的名称。这种提单只能由提单内指定的收货人提货，不能转让。

② 不记名提单。

不记名提单指在提单收货人栏内不填明具体的收货人或指示人的名称而留空的提单。不记名提单的转让无须经任何背书手续，提单持有人仅凭提单交付即可提货。

③ 指示提单。

指示提单指在提单收货人栏中填"凭指示"（To order）字样。有的信用证要求填"凭××人的指示"或"凭发货人指示"字样。这类提单经背书人背书后可以转让。

（4）根据运输过程中是否转船（或不同运输方式）分类。

① 直达提单。

货物从装运港装船后，中途不经换船而直接运抵目的港卸货，按照这种条件所签发的提单，称为直达提单或直运提单。

② 转船提单。

船舶从装运港装货后，不直接驶往目的港，而在中途的港口换船把货物转往目的港。凡按此条件签发的包括运输全程的提单，称为转船提单。

（5）根据提单内容的繁简分类。

① 全式提单或称繁式提单。

指最常用的，既有正面内容又在提单背面印有承运人和托运人的权利、义务等详细条款的提单。

② 简式提单或称略式提单。

指仅保留全式提单正面的必要项目，如船名、航次、货名、标志、件数、重量或体积、装运港、目的港、托运人名称等记载，而略去提单背面全部条款的提单。

（6）根据商业习惯分类。

① 过期提单。

根据《跟单信用证统一惯例》规定，在提单签发日期后 21 天才向银行提交的提单属过期提单。

② 倒签提单。

指签发提单的日期早于实际装船日期的提单。倒签提单是一种欺骗行为，是违法的。因此应尽量避免使用倒签提单。

③ 预借提单。

指因信用证规定装运日期和议付日期已到，货物因故而未能及时装船，但已被承运人接管，或已经开装而未装毕，由托运人出具保函，要求承运人签发的已装船提单。

④ 顺签提单。

顺签提单是指货物装船完毕后，承运人或其代理人应托运人的要求，以晚于该票货物实际装船完毕的日期作为提单签发日期的提单。

任务实施

根据以上相关知识，由教师组织学生分组进行讨论；各小组派代表进行总结汇报，小组互评；教师点评总结，使学生掌握集装箱水路运输的方法及特征，提高学生运用理论知识解决实际问题的能力。

任务 *6.3* 公路集装箱运输组织

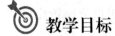

教学目标

1. 能力目标

能正确组织公路集装箱运输，熟悉集装箱公路运输组织的流程。

2. 知识目标

掌握集装箱公路运输的组织方法；了解公路集装箱运输车辆；了解公路货源组织形式和货物分类；了解公路中转站的作用；掌握国际公路货物运输公约和协定。

工作任务

现有一票集装箱货物要通过公路运输，说明该票集装箱运输的基本业务流程。

相关知识

6.3.1 集装箱公路运输的概念

公路运输又称道路运输，是指利用一定运输工具，通过公路实现旅客或货物空间位移的过程，由运载工具、公路和场站组成。

公路运输的概念有广义和狭义之分。

从广义上来说，公路运输包括了汽车、拖拉机、畜力车、人力车等各种运输工具的运输方式；从狭义上来说，公路运输即是汽车运输，以下仅讨论狭义上的公路运输，即汽车运输。

6.3.2　集装箱公路运输的特点

1. 公路集装箱运输是集装箱多式联运中重要的环节

发展集装箱多式联运，实现"门到门"运输，离不开公路运输这种"末端运输"方式。所谓末端运输，是指运输活动开始和结束部分的活动。即从发货人那里取货和将货送到收货人门上。纵观集装箱各种运输，不管是水路运输、铁路运输还是航空运输，其开始和结束，都不可能离开集装箱公路运输。而且公路集装箱运输在集装箱的各种运输方式之间起衔接性、辅助性的作用，是通过陆上的"短驳"，将各种运输方式连接起来，或最终完成一个运输过程。所以，公路集装箱运输在集装箱内陆运输系统和多式联运中，都占有重要地位。

2. 集装箱公路运输的优点

（1）机动灵活、简捷方便。在短途货物集散运输中，比铁路和航空运输具有更大优势。

（2）在整个运输中充当末端运输的角色（门到门）。这是集装箱运输突出的特征，也是其优越性所在，综合五种运输方式，只有公路运输能承担末端运输任务。

（3）集装箱公路运输是一种辅助性的、衔接性的货运形式。大多数情况下，集卡运输通过"短驳"衔接各种运输方式，少数情况下，从头至尾完成一次完整的运输过程。

3. 集装箱公路运输的缺点

（1）运力与速度低于铁路运输，能耗与成本高于铁路运输和水路运输；安全性低于铁路和水路运输，对环境污染程度高于铁路和水路运输。

（2）公路运输成本费用较水路和铁路运输要高。运载重量少，运量低，分摊到每单位货物平均运送成本高。所以，更适合中短途运送服务。

（3）公路投资少，市场竞争激烈。因为公路属于公共基础设施，不用投资，投资主要集中在货运站和卡车方面，固定资本投入少，公路运输市场竞争异常激烈。

（4）交通事故较频繁，易造成货损货差事故。

尽管有着种种弱点，公路运输的便捷、灵活还是使其成为物流运输活动中适用面最为广泛的一种运输方式。

6.3.3　公路集装箱运输车辆

公路集装箱运输车辆包括集装箱牵引车和挂车，它们通常是根据集装箱的箱型、种类、规格尺寸和使用条件来确定的。

1. 集装箱牵引车

集装箱牵引车，俗称"拖车""拖头"，是指具有驱动能力，且装备特殊装置用于牵引挂车的商用车辆。集装箱牵引车必须与挂车连在一起使用。挂车本身没有发动机驱动，只有与牵引车一起方能构成一个完整的运输工具。

集装箱牵引车按车轴的数量分为单轴驱动至五轴驱动；按其用途分为箱货两用、专用和自装自卸式；按司机室的形式可分为平头式和长头式两种。

（1）平头式牵引车。

平头式牵引车的优点是司机室短，视线好；轴距和车身短，转弯半径小。缺点是发动机直接布置在司机座位下面，司机受到机器振动影响，舒适感较差（如图6-3-1所示）。平头式牵引车因车身短被广泛应用。

图6-3-1 平头式牵引车　　　　图6-3-2 长头式牵引车

（2）长头式牵引车。

长头式（又叫凸头式）牵引车的发动机和前轮布置在司机室的前面，司机舒适感较好；撞车时，司机较为安全；开启发动机罩修理发动机较为方便。主要缺点是司机室较长，因而整个车身长，回转半径较大（如图6-3-2所示）。

2. 集装箱半挂车

公路集装箱运输车辆通常采用单车形式或牵引车加半挂车的组合形式，半挂车分为平板式、骨架式、鹅颈式、可伸缩式和自装自卸式等。

1）集装箱牵引车拖带挂车主要方式

（1）半拖挂方式。

半拖挂方式是用牵引车来拖挂装载了集装箱的挂车。这类车型集装箱的重量由牵引车和挂车的车轴共同分担，故轴的压力小；另外，由于后车轴承受了部分集装箱的重量，故能得到较大的驱动力。这种拖挂车的全长较短，便于倒车和转向，安全可靠，挂车前端的底部装有支腿，便于甩挂运输（如图6-3-3所示）。

（2）全拖挂方式。

全拖挂方式是通过牵引杆架与挂车连接，牵引车本身可作为普通载重货车使用，挂车亦可用支腿单独支承。全拖挂是仅次于半拖挂的一种常用的拖挂方式，操作比半拖挂方式困难（如图 6-3-4 所示）。

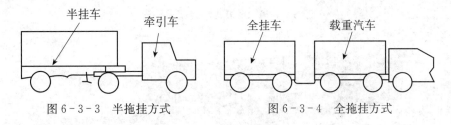

图 6-3-3 半拖挂方式　　　　　图 6-3-4 全拖挂方式

（3）双联拖挂方式。

双联拖挂方式是半拖挂方式牵引车后面再加上一个全挂车。实际上是牵引车拖挂两节底盘车。这种拖挂方式在高速行进中，后面一节挂车会摆动前进，后退时操作性能不好，故目前应用不广泛（如图 6-3-5 所示）。

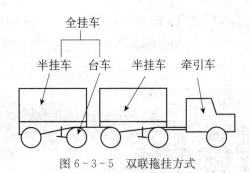

图 6-3-5 双联拖挂方式

2）集装箱半挂车

集装箱半挂车，是指无自带的动力装置，需要与牵引车组成汽车列车的车辆。

（1）平板式集装箱半挂车。

平板式集装箱半挂车除有两条承重的主梁，还有多条横向支撑梁，并在这些支撑梁上全部铺上花纹钢板或木板，同时在装设集装箱固定装置的位置，均按集装箱的尺寸和角件规格要求，装设转锁件。因而它既能装运国际标准集装箱，又能装运一般货物。在装运一般货物时，整个平台承受载荷。平板式集装箱半挂车由于自身质量较大，承载面较大，因此只有在需要兼顾装运集装箱和一般长大件货物的场合才采用（如图 6-3-6 所示）。

（2）骨架式集装箱半挂车。

骨架式集装箱半挂车专门用于运输集装箱，它仅由底盘框架构成，而且集装箱也作为强度构件，加入到半挂车的结构中予以考虑。因此，其自身质量较轻，结构简单，维修方便，在专业集装箱运输企业中普遍采用（如图 6-3-7 所示）。

图 6-3-6　平板式集装箱半挂车

图 6-3-7　骨架式集装箱半挂车

（3）鹅颈式集装箱半挂车。

鹅颈式集装箱半挂车是一种专门运载 40 英尺集装箱的骨架式半挂车。其车架前端拱起的部分称作鹅颈。当半挂车装载 40 英尺集装箱后，车架的鹅颈部分可插入集装箱底部的鹅颈槽内，从而降低了车辆的装载高度，在吊装时，还可起到导向作用（如图 6-3-8 所示）。

图 6-3-8　鹅颈式集装箱半挂车

（4）可伸缩式集装箱半挂车。

可伸缩式集装箱半挂车是一种柔性半挂车，它的车架分成三段。前段是一带有鹅颈及支撑 20 英尺箱的横梁，并有牵引销与牵引车连接，整个前段为一个框架的钢体。中段是一根方形钢管，一段插入前段的方形钢管中，另一段被后段的方形钢管插入，使前段和后段成为柔性连接。后段由两个框架组成，上框架与一方形管固定，后段方形管插入中段方形管后，与前段组成整个机架，支撑及锁紧装运的集装箱，并且通过不同的定位销确定车架不同的长度，可适应装运 20 英尺、30 英尺、40 英尺和 45 英尺各型集装箱的要求。下框架则通过悬挂弹簧与后桥连接，同时，上下框架之间可以前后移动，最大的移动距离为 4 英尺。通过移动这一距离，可以调整车组各桥的负荷，使其不超过规定的数值，从而提高车辆的通行能力。

（5）自装自卸式集装箱半挂车。

自装自卸式集装箱半挂车按其装卸形式的不同，又可分为两类：一类是正面吊装型，它是从车辆的后面通过特制的滚道框架和由液压马达驱动的循环链条将集装箱拽拉到车辆上完成吊装作业的，卸下时则相反；另一类是侧面吊装型，它是从车辆的侧面通过可在车上横向移动的变幅式吊具将集装箱吊上、吊下的。由于自装自卸式集装箱车具有运输、装卸两种作业功能，在开展由港口车站至货主间的门到门运输时，无须其他装卸机械的帮助，而且使用方便，装卸平稳可靠，又能与各种牵引车配套使用，除了装卸和运输集装箱，它还可以将大件货物放在货盘上进行运输和装卸作业，因此深受用户的重视（如图 6-3-9 所示）。

图 6-3-9　自装自卸式集装箱半挂车

6.3.4　集装箱公路运输中转站

集装箱公路运输中转站是指在港口或铁路办理站附近设立，用于水路、铁路向内陆和经济腹地运输货物的基地和枢纽，是集装箱内陆腹地运输的重要作业点之一。

1. 集装箱公路运输中转站的作用

（1）是国际集装箱运输在内陆集散和交接的重要场所。

（2）是港口向内陆腹地延伸的集装箱后方堆场。

（3）是国际集装箱箱内陆延伸运输系统的后勤保障作业基地。

（4）既是内陆的一个口岸，又是国际集装箱承运等各方面进行交易和提供服务的中介场所。

集装箱公路运输中转站的设立可改善内陆地区的投资环境，从而能促进外向型经济的快速发展，随之又带动国际集装箱运输在内陆的推广和应用。集装箱公路中转站的设置位置如图 6-3-10 所示。

2. 集装箱公路运输中转站的布置

集装箱公路运输中转站的总平面布置，根据生产上工艺流程和企业管理模式等情

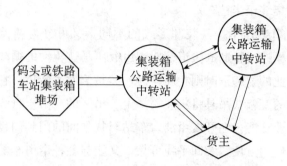

图 6-3-10　集装箱公路运输中转站的设置位置

况,将全站划分成若干个区域,以便于管理,方便生产生活,然后在各区内根据生产工艺流程来布置建筑物和构筑物等设施。集装箱公路运输中转站布置如图 6-3-11 所示。

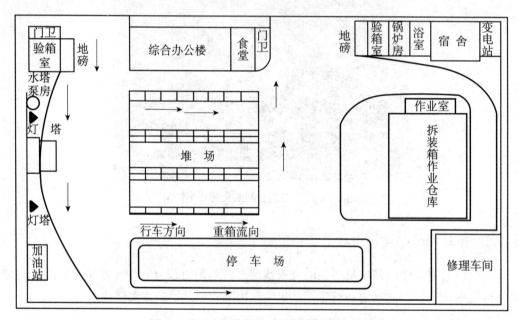

图 6-3-11　集装箱公路运输中转站布置图

集装箱公路运输中转站一般可分为主作业区和辅助作业区。主作业区通常分成集装箱堆场和集装箱拆装箱作业仓库两大部分。

1) 集装箱堆场

在集装箱堆场这一区域完成集装箱卡车进场卸箱作业与出场装箱作业的全过程;同时在这一区域进行集装箱日常堆存。集装箱堆场可按空箱、重箱分别划分区域;如代理船公司、租箱公司作为内陆收箱点的,还可按箱主分别划分堆箱区域。在堆箱区域中,国内箱(小型箱)与国际标准箱要分开。通常国内箱应放在较靠外的位置,国际标准箱放在较靠里的位置。集装箱堆场的地面必须做负重特殊处理,以满足相关的负荷要求。堆场地面必须符合规格,避免场地被损坏。

2) 集装箱拆装箱作业仓库

在集装箱拆装箱作业仓库这一区域主要完成集装箱拆箱、装箱作业和集装箱拼箱货集货、集装箱拆箱货分拣、暂时储存，以及某些中转货物的中转储存等工作。仓库的规模应能满足拼、拆箱量的需求，在仓库一侧一般设置"月台"，以备集装箱卡车进行不卸车的拼、拆箱。应有适当开阔面积的拼、拆箱作业区，便于货物集中、分拣与叉车作业。按需要可设置进行货物分拣的皮带输送机系统。同时，应有适当规模的货物储存区域。

3) 辅助作业区

(1) 大门检查站主要负责进站集装箱的设备检查与交接，以便分清责任。

(2) 综合办公楼主要进行各种单证、票据的处理、信息交换、作业调度等。

(3) 加油站满足进出站集装箱卡车的油料补给。

(4) 停车场、洗车场。

(5) 修理车间主要满足集装箱卡车、装卸机械的修理任务；如有条件和必要，可配备集装箱修理的力量。

按照站内外运输道路及站内车辆的流向，合理确定各区域的进出口通道和中转站大门的位置，尽量避免站内外车辆的交叉流动。站内一般采用单向环形道路，路面宽 4 m，如采用双行道，路面宽取 7~8 m，以便于汽车在站内安全运行，主要通道的转弯直径宜为 36 m。

3. 集装箱公路运输中转站装卸工艺方案选择

(1) 轮胎式龙门起重机装卸工艺方案。

在集装箱堆场上，配置轮胎式龙门起重机，集装箱卡车送达或启运的集装箱，均通过轮胎式龙门起重机装卸。

(2) 跨运车装卸工艺方案。

集装箱卡车进场送达与启运出场的箱子，均通过跨运车装卸。

(3) 正面吊装卸工艺方案。

集装箱卡车进场送达与启运出场的箱子，均通过正面吊装卸。

(4) 集装箱叉车装卸工艺方案。

集装箱卡车进场送达与启运出场的箱子，均通过集装箱叉车进行装卸。

(5) 汽车起重机或轮胎式起重机装卸工艺方案。

以汽车起重机或轮胎式起重机代替正面吊，进行进出场箱装卸。

(6) 底盘车工艺方案。

进出场的集装箱均不予装卸，进场时集装箱与车头拆开，底盘车直接停在场地上；出场时与车头挂上，直接开出。

6.3.5　集装箱公路运输运营管理

1. 公路集装箱运输对公路技术规格的要求

根据我国国家标准《货运挂车系列型谱》的规定，集装箱卡车的最大载重量不超过45 t。一般来说，运输大型集装箱，单轴最大载重量不超过12 t，双联轴最大载重量不超过20 t。按国际标准，40英尺集装箱最大额定重量为30.48 t，则装载40英尺集装箱的卡车，其最大总重在43～45 t，基本上可以适合在我国二级公路上行驶。但如果一辆集装箱卡车装载两只20英尺集装箱，则必须限制每箱净载重在15 t以下，或一只空箱、一只重箱配载。所以，对公路基本建设的最低要求是公路网的载运能力至少必须等于单轴和双轴的负重和车辆上载运一个按定额满载集装箱的总重量。

以时速30 km计算的公路集装箱运输的条件为车道宽度应达到3 m以上，路面最小宽度为30 m，最大坡度不超过10％，停车视线最短距离25 m，最低通行高度4 m。

2. 集装箱公路运输货源组织

（1）统一受理、计划调拨。

这是集装箱公路运输货源组织的最基本形式。公路运输代理公司或配载中心统一受理需用集装箱卡车运输的货源，然后根据各集装箱卡车公司的车型、运力、营运特点，统一调拨运力。

（2）合同运输。

这是计划调拨运输的一种补充形式。船公司、货运代理公司和货主在某些情况下与集装箱卡车公司直接签订合同，确定某段时间、某一地区的运输任务。

（3）临时托运。

集装箱卡车公司也接受短期、临时客户小批量托运的集装箱。这是对计划调拨运输和合同运输必不可少的补充。

3. 集装箱公路运输进出口货运业务

为了统一公路运输所使用的单证和承运人的责任起见，联合国所属欧洲经济委员会负责草拟了《国际公路货物运输合同公约》，简称CMR，并于1956年5月19日在日内瓦举办的欧洲17个国家参加的会议上一致通过签订。该公约共有十二章五十一条，就适用范围、承运人责任、合同的签订与履行、索赔和诉讼及连续承运人履行合同等都做了较为详细的规定。

1）进口货运业务

进口货运业务是指当班轮运输的集装箱到达目的港卸下以后运往收货人处的货运业务。一般处理流程如下。

（1）编制进口箱运量计划。

根据港务局提供的集装箱班轮船期动态，或者船公司、货运代理公司提供的进口船期、载箱量、需要通过公路疏运、送达的箱量等，结合本公司的运力情况，编制运量计划。

（2）接受托运。

集装箱卡车公司通过各种方式接受公路运输代理公司、货运代理公司或货主等提出的进口集装箱陆上运输申请，根据自身条件许可情况，接受托运。

（3）申请整箱放行计划。

在接受托运以后，集装箱卡车运输公司向联合运输营业所申请整箱放行计划；如为拆箱货，则向陆上运输管理处申请批准。

（4）安排运输作业。

集装箱卡车运输公司根据"先重点后一般"的原则，合理安排运输计划。对各种超重、超高等超标准箱，应向有关管理部门申请超限证；如属跨省运输，则应开具路单。

（5）申请装车机械、理货和卫生检疫。

待运的集装箱在码头、公路中转站，应提前向码头与公路中转站申请装车机械和相应人力。如需拆箱，还应代替收货人向有关部门提出理货、卫生检疫和其他一些特殊需要的申请。

（6）提取重箱。

完成以上工作后，集装箱卡车运输公司派出集装箱卡车，持集装箱放行单和设备交接单，到指定箱区提取重箱，并在大门检查站办理出场集装箱设备交接。

（7）交箱。

集装箱卡车将重箱送往收货人处。如系在收货人处拆箱，同时运回空箱的，须由理货公司派员理货。货主接收物后在交接单上签收，集装箱卡车运输的货物交接责任才告结束。

（8）送还空箱。

集装箱的空箱应按规定时间、地点送回。集装箱卡车在送回空箱时，应在码头大门检查站进行检查，取得进场集装箱设备交接单，然后到堆场办理空箱交接。

2）出口货运业务

出口货运业务是指发货人通过集装箱卡车，将集装箱重箱送达起点港，装上集装箱班轮，运往目的港的货运业务。一般流程如下。

（1）接受托运。

集装箱卡车运输公司通过各种形式接受公路运输代理公司、货运代理公司或货主的托运申请，在了解掌握待装货物情况和装箱地点后，有能力接受的，予以承运，并订立运输合同。

（2）安排作业计划。

集装箱卡车运输公司根据承运合同，编制集装箱卡车作业计划。对超重、超高、跨省运输的，提前向有关管理部门办理申请。

（3）领取空箱。

集装箱卡车运输公司凭货运代理签发的出场集装设备交接单和托运单，到指定地点提取空箱，送往托运人处装箱。

（4）送交重箱。

装箱完毕，集装箱卡车运输公司将重箱连同装箱单、设备交接单送到指定码头交付，办理集装箱设备交接。

6.3.6 集装箱公路甩挂运输

甩挂运输是指一个牵引车对应多个挂车，牵引车把挂车拖运到目的地后将挂车甩下，然后换上另一个挂车运往新的目的地（集装箱公路甩挂运输如图6-3-12所示）。

图6-3-12 集装箱公路甩挂运输

1. 甩挂运输的作用

甩挂运输适用于装卸效率比较低、装卸时间长的情况。由于牵引车与挂车可以自由分离、组合，从而可以实现利用牵引车在路上跑的时间来（对挂车）装、卸货，从而可以最大限度地减少牵引车及司机等待装、卸货的时间，也可以减少货物等待装车的时间。

公路甩挂这种运输组织方式，有广阔的应用前景。例如，公路长途干线运输，可以分解成多段短途甩挂接驳来完成，这样可以减少司机的长途驾驶距离，防止疲劳驾驶，同时方便司机的生活。1 000 km的运输，可以分成5段200 km的甩挂运输，通过接力的方式完成整个运输过程。司机及牵引车只要在其中一段往返运输就可以，这样司机每天可以执行一趟往返。

2. 甩挂运输的前提条件

实施甩挂运输，需要具备两个重要的前提条件：一是要有充足的货源，二是对货物流向及规模有全局的掌控能力。

甩挂运输的技术是成熟的，但如果没有充足的货源以供甩挂，则无法实施甩挂运输。牵引车从A地把装满货的挂车拖运到B地，但是B地没有去往其他地方的货，那么只有拉着空挂车往回走。甩挂运输的目的，是提高牵引车及司机的作业效率，如果牵引车及司机空跑的时间太久及空跑里程太长，就失去了甩挂最根本的意义。

甩挂的另外一个前提条件是对货物流向及规模有全局的掌控力。甩挂运输，可以是往返接驳，可以是多点多线路联合接驳，以提高运输效率。例如，长沙、武汉、南昌三个城市形成一个三角闭环的运输线路，甩挂运输从长沙将挂车拖运到武汉，到武汉之后再换个挂车到南昌，到南昌之后再换个挂车回长沙。

多点多线路联合甩挂运输的逻辑比较简单，但难点在于如何实现对多点及多线路的货源进行统筹。因而其前提是要对多点多线路的货物流向及规模有全局的掌控能力。

3. 甩挂与多式联运的衔接

公路运输与其他运输方式对接是最为常见的多式联运衔接形态，在三大多式联运枢纽（商业港口、铁路货站、航空货站）中，每一种枢纽都与公路运输相关联。公路甩挂运输，可以提高公路运输与其他运输方式的衔接紧密度，提高公路运输与其他运输方式之间的货物中转效率。

在多式联运中，需要对集装箱进行拆箱，对货物进行装箱或者转运，并且还伴随着对货物进行分拣，这个过程需要时间。为了提高货物在运输方式转换中的中转效率，可以采用甩挂运输方式。甩挂运输把货物运到多式联运枢纽，就可以甩下挂车或集装箱，然后匹配新的挂车或集装箱继续执行运输。这样可以尽可能地提高货物的陆路（公路）进港效率和陆路（公路）出港效率。

4. 公路甩挂运输的统筹安排

公路甩挂运输需要对牵引车、司机、挂车与集装箱、货源这几种要素进行资源统筹。

（1）牵引车。

甩挂运输原则上是提高牵引车的利用率，所以需要对牵引车的任务安排进行统筹。统筹安排牵引车需要拖运的挂车或集装箱、运输线路、到达目的地后的下一阶段任务。

（2）司机。

对司机的统筹安排实际上与对牵引车的统筹差不多。但区别在于，司机需要休息、休假，而牵引车只要不出故障就可以连续行驶，所以需要对司机的任务安排进行统筹。

（3）挂车与集装箱。

公路甩挂运输涉及挂车和集装箱的流转问题。挂车和集装箱的财产所有权可能属于不同的主体，但挂车及集装箱在流转过程中，很可能被多个主体使用。因而，需要对挂车及集装箱进行统筹，以提高这两种要素的使用效率，减少浪费。

（4）货源。

甩挂运输中最难的就是对货源进行统筹。因货源掌握在不同的货主手中，并且货物的流向及规模是由整个社会经济的运行情况决定的。再者从事甩挂运输经营的相关企业很难掌握全局的货源分布情况。但只有实现对货源的统筹，才能更好地组织甩挂运输。

就目前而言，整个物流业对甩挂运输的统筹能力还比较薄弱。但随着互联网与公路甩挂运输的深度融合，随着公路运输的各种要素之间形成广泛的透明连接，公路甩挂运输的统筹问题将会得到有效的解决。

 任务实施

根据以上相关知识，由教师组织学生分组进行讨论；各小组派代表进行总结汇报，小组互评；教师点评总结，使学生掌握集装箱公路运输的方法及特征，提高学生运用理论知识解决实际问题的能力。

任务 *6.4* 航空集装箱运输组织

 教学目标

1. 能力目标

能够根据航空集装箱运输的特点判断某批货物是否适合航空运输；能够根据货物选择合适的集装箱航空运输设备；能够根据航空运输的经营方式选择适合的经营方式。

2. 知识目标

了解航空集装箱运输的组成及组织要求；熟悉航空集装箱运输设备；掌握航空运输经营方式；掌握航空进出口货物运输的程序。

工作任务

现有一批集装箱货物要通过航空运输，概述该批货物运输的作业流程。

相关知识

6.4.1 集装箱航空运输概述

航空集装运输是指利用航空集装设备装载货物、行李和邮件的运输。民用航空最早的集装运输，是在使用活塞式飞机和涡轮螺旋桨飞机时代，当时承运人使用托盘和货网将一定数量的单件货物组合为单元运输。随着大型飞机，特别是喷气式宽体飞机的问世，航空集装运输才得到较快的发展。

航空运输是一种现代化的运输方式，其运送速度快，安全性能高，货物破损少，节省包装费、保险费和储存费且航行便利，不受地面条件的限制，可通往世界各地，将货物运送至收货人的所在地。

1. 航空运输的组成

1）航线

航线是航空运输的线路，是由空管部门设定飞机从一个机场飞抵另一个机场的通道。航线分航路、固定航线和非固定航线。航路是国家之间、跨省市航空运输的飞行航线，规定其宽度为 20 km。固定航线是用于省市之间和省内定期航班飞行、尚未建立航路的飞行航线。非固定航线是用于临时性的航空运输或通用航空飞行，不属于航路和固定航线的飞行航线。

目前，世界上最繁忙的航线主要如下。

（1）西欧—北美间的北大西洋航线。

西欧—北美间的北大西洋航线主要连接巴黎、伦敦、法兰克福、纽约、芝加哥、蒙特利尔等航空枢纽。

（2）西欧—中东—远东航线。

西欧—中东—远东航线连接西欧各主要机场至远东、香港、北京、东京等机场，并途经雅典、开罗、德黑兰、卡拉奇、新德里、曼谷、新加坡等重要航空站。

（3）远东—北美间的北太平洋航线。

远东—北美间的北太平洋航线是北京、香港、东京等机场经北太平洋上空至北美西海岸的温哥华、西雅图、旧金山、洛杉矶等机场的航线，并可延伸至北美东海岸的机场。太平洋中部的火奴鲁鲁是该航线的主要中继加油站。

此外，还有北美—南美、西欧—南美、西欧—非洲、西欧—东南亚—澳新、远东—澳新、北美—澳新等国际航线。

2）航空港

航空港是航空运输的重要设施，是指民用航空运输交通网络中使用的飞机场及其附属设施。与一般飞机场比较，航空港的规模更大，设施更为完善。航空港体系主要包括飞机活动区和地面工作区两部分，而航站楼则是两个区域的分界线。

航空港按照所处的位置分为干线航空港和支线航空港。按业务范围分为国际航空港和国内航空港，其中国际航空港需经政府核准，可以用来供国际航线的航空器起降营运，航空港内配有海关、移民、检疫和卫生机构；而国内航空港仅供国内航线的航空器使用，除特殊情况外不对外国航空器开放。

3）航空器

航空器是指能在大气层内进行可控飞行的飞行器。可以用于运输的航空器有气球、飞艇、运输机、直升机等，现代航空运输使用的航空器主要是运输机，其次是直升机。

2. 航空集装箱运输要求

为了适应飞机货舱的形状要求，航空集装箱与国际标准集装箱在箱体结构、使用材料方面存在巨大的差异。这些用于空运的集装箱一般都采用铝合金或高强度纤维（玻璃钢）等材料制作，并且由于不受海运或其他装卸作业的压力，不需要重型角铸件、角柱，比国际标准化集装箱要轻得多。航空用集装箱的上部通常制作成圆顶结构，使之能与飞机机体相应部分的形状相一致，以充分利用飞机货舱的容积，并避免因碰撞或摩擦对飞机造成损伤。但随着科学技术和国际多式联运的发展，一些新型宽体飞机已能载运20英尺国际标准集装箱。

3. 航空集装箱分类

（1）根据放置在飞机机舱的位置，分为主货舱用集装箱和下部货舱用集装箱。

（2）根据适用的联运方式，分为航空运输专用集装箱、陆空联运集装箱、海陆空联运集装箱。

（3）根据装运的货物，分为普通货物集装箱和特殊货物集装箱。前者用于运载一般货物、行李和邮件。后者主要用于运送鲜活物品，如水果、蔬菜、海鲜等。

（4）根据制造材料，分为硬体集装箱和软体集装箱。

4. 航空运输的货物种类

空运货物一般可分为工业制成品、鲜活易腐货物及邮件三类。

（1）工业制成品货物。

主要包括电子产品、精密仪器、服装、针织品、生物制品和药品等。

（2）鲜活易腐货物。

主要包括海鲜货、鲜嫩蔬菜、新鲜水果、活体动物和鲜花等。

（3）航空邮件货物。

主要包括包裹、信函、明信片、印刷品等。

6.4.2 集装箱航空运输设备

集装箱航空运输的设备，包括航空集装设备和货运飞机两部分。

1. 航空集装设备

国际航空运输协会将在航空运输中所使用的成组工具称为成组器。成组器分为航空用成组器和非航空用成组器两类。其中的非航空用成组器中，包括与 ISO 标准同型的集装箱。航空成组器的类型如图 6-4-1 所示。

1）航空用成组器

航空用成组器是指与飞机的形体结构完全配套，可以与机舱内的固定装置直接联合与固定的成组器。这类成组器又可分成部件组合式与整体结构式两类。

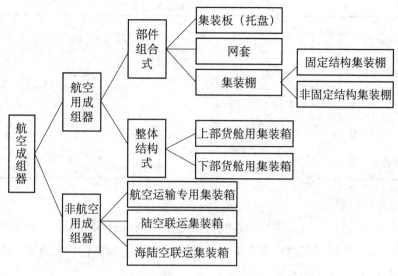

图 6-4-1　航空成组器的类型

（1）部件组合式。

部件组合式指由集装板、网套、集装棚组合成一个可在机舱内固定的装卸集装单元。

集装板即托盘，是指具有标准尺寸的、四边带有卡锁轨或网带卡锁眼、有中间夹层的硬铝合金制成的平板，以便货物在其上码放。

网套也称货网，用来把货物固定在集装板上，网套的固定靠专门的卡锁装置来限定。货网通常由一张顶网和两张侧网组成。货网与托盘之间利用装在网下的金属环连接，也有顶网与侧网组成一体的，这种货网主要用于非固定结构集装棚上。

集装棚包括固定结构和非固定结构两种。固定结构是一种与航空用托盘相连接的，不用货网就能使货物不移动的固定用罩壳。托盘固定在罩壳上，与罩壳形成一体。分为拱形和长方形两种。非固定结构是用玻璃纤维、金属制造的，设有箱底，能与航空用托盘和货网相连的罩壳。

（2）整体结构式。

整体结构式是指单独形成一个完整结构的成组器，它的外形不是长方形，而是与机舱形状相配合，可直接系固在机舱中。这类成组器又可分成上部货舱用集装箱和下部货舱用集装箱。前者上圆下方，后者上方下圆，分别与飞机形体吻合。不同机型飞机上这类成组器的尺寸不一样。这类成组器又可分为整体形和半体形两种，半体形再分左、右两种不同形状，分别与机舱的左边和右边形状相吻合。

目前常用的航空集装箱主要有 AKE 集装箱、AMF 集装箱、AAU 集装箱和 AMA 集装箱四种。

AKE 集装箱、AMF 集装箱、AAU 集装箱和 AMA 集装箱的具体参数见表 6-4-1。

表 6 - 4 - 1　航空集装箱参数

集装箱类型	AKE	AMF	AAU	AMA
ATA 代码	LD3	n/a	LD29	M1
集装箱容量	152 ft^3, 4.3 m^3	516 ft^3, 14.6 m^3	505 ft^3, 14.3 m^3	621 ft^3, 17.58 m^3
集装箱重量	100 kg	330 kg	355 kg	360 kg
集装箱最高可容重量 （包括集装箱重量）	1 588 kg	5 035 kg	4 626 kg	6 804 kg
集装箱适载机型	747，747F， 777，Airbus	747，747F， 777，Airbus	747，747F	747F

2）非航空用成组器

非航空用成组器，是指未满足上述航空用成组器条件的成组器。这种成组器可用叉车进行装卸，按照航空用成组器或飞机货舱的形状实现了标准化，而且必须根据国际航空运输协会规定的标准规格制造。

非航空用成组器只是指成组器的形状与飞机内部不吻合，为长方形，也不能直接在机舱中系固。

在非航空用成组器中，国际航空运输协会标准尺寸集装箱可分为三种。

（1）航空运输专用集装箱。

航空运输专用集装箱形状为长方形，不能在机舱内直接系固，在箱上不设角件，不能堆装。

（2）陆空联运集装箱。

陆空联运集装箱可以用空运和陆运系统的装卸工具进行装卸和搬运。有的上部无角件而下部有角件，不能堆装；有的上下部都有角件，既可吊装，也可堆装；还有的除上下部外都有角件，还有叉槽，可以使用叉车进行装卸。

（3）海陆空联运集装箱。

海陆空联运集装箱的特点是上下部都有角件，可以堆装。但由于其结构强度较弱，堆码层数受到严格的限制。在海陆空联运时，要注意装卸时必须与其他标准集装箱区别开来，避免装在舱底。

2. 航空货运飞机

飞机中能装载航空成组器的机型主要有波音、道格拉斯和洛克希德三类。

由于各飞机制造公司基本采用相同的基本尺寸，所以成组器在各种机型中的互换性较好。这种互换性使航空公司可以减少"互换器"的备用量，节约投资，也在转机运输时，使货物不必捣载，缩短了转机时间。

我国的航空货运已有 30 多年历史，近年来发展很快。1990 年引进波音 747 - 200 宽体型货机后，开始具备了运输国际标准航空集装箱的能力。波音 747 - 200 货机能装载国际标准 20 英尺集装箱 12 个，还能装载其他类型成组器。

3. 航空集装设备运输特点

（1）减少货物装卸机时间，提高作业效率。

传统的操作方法，是在仓库将货物装上拖车，然后拉到停机坪，一件件装上飞机，逐一核对标签。使用集装设备，是在仓库将货物装入集装设备，使用升降平台，将集装设备迅速装入飞机，装卸机时间大为缩短。

（2）减少货运事故，提高运输质量。

使用集装设备后，成组装机、卸机，简化了货物交接手续，减少了货物装卸次数，货物的差错率，破损率明显降低，有效地提高了运输质量。

（3）有利于组织联合运输和"门到门"服务。

使用集装设备后，便于开展接取送达的"门到门"服务，便于机械作业直接换装，有利于组织联运，提高运输效率和服务质量。

（4）航空集装箱缺少标准化和互换性。

因受飞机机型的限制，目前尚缺少一种各类型飞机都通用的标准化集装箱。集装箱的外形和尺寸是为了充分利用飞机货舱的容积所设计的。某种型号的集装箱只能在同种机型或者相似机型间使用，相差悬殊的机型间，集装箱不能互换使用，这是制约航空货物运输集装箱化的最大障碍。

（5）航空集装箱的造价较高，空箱回送浪费运力。

航空集装箱现多由轻质的铝合金材料或玻璃钢制成，造价较高，由于不能互换使用，空箱、空板的回送浪费运力。近年来，国外就此问题提出解决办法，如采用折叠式集装箱、一箱多地运，以及航空公司之间互用集装箱等，这些措施取得了一定的效果。

6.4.3　集装箱航空经营管理

航空集装箱运输一般很少需要与水运、陆路联运。很少有集装箱经水运后，再转空运；或空运后，再转铁路运输。所以航空集装箱运输的参与方较少。

1. 航空运输经营方式

1）班机运输

班机运输指具有固定开航时间、航线和停靠航站的运输。班机运输具有以下特点。

（1）班机由于固定航线、固定停靠港和定期开航，因此国际货物流通多使用班机运输，能安全迅速地到达世界上各通航地点。

（2）便于收、发货人掌握货物的起运和到达时间，这对市场上的急需货物、鲜活易腐货物及贵重货物的运输是非常有利的。

（3）班机运输一般是客货混载，舱位有限，大批量的货物往往需要分期分批运输，大大影响了运输的及时性，这是班机运输的不足之处。

2）包机运输

包机运输适合于大宗货物运输，费率低于班机，但运送时间比班机要长些。

（1）整包机。

整包机即包租整架飞机，指航空公司按照事先与包机人约定的条件及费用，将整架飞机租给包机人。

（2）部分包机。

部分包机是指由几家航空货运公司或托运人联合包租一架飞机或者由航空公司把一架飞机的舱位分别租给几家航空货运公司装载货物。

3）集中托运

集中托运是指航空公司把若干批单独发运的、发往同一方向的货物组成一批办理托运，填写一份总货运单将货物发运到同一目的站，由其在目的站的代理人负责收货、报关，并将货物分别交给各收货人的做法。

2. 航空集装箱运输的一般流程

（1）托运人向空运代理企业或机构办理托运，由民航填开航空运单，航空运单是承运人与托运人之间的货运契约，也是航空运输凭证。

航空运单由两组文字组成，第一组文字"999"为中国民航代号；第二组文字为航空运单程序号码。航空运单一般有正本三份，副本若干份，正本一份随货同行，一份留承运人，一份交发货人。

（2）空运代理企业或机构接受托运申请后，向航空公司订舱，并由空运代理用车将货物运到机场。

（3）空运代理检查进出口许可证是否完整，办理政府规定需办理的其他手续，同时为发货人办理保险。

（4）货物运至目的地后，由航空公司以书面或电话通知收货人提货。收货人接到通知后应自行办妥海关手续并当场检查货物有无损坏。

3. 航空货运单

空运单由托运人填写。每件货物应填写一套单证。空运单是承运人与发货人之间的运输合同，是承运人收到托运货物的收据，是承运人记账的凭证，是海关放行查验时的单据，可作为保险证书，是承运人内部业务处理的依据。空运单的主要内容有：

（1）空运单填写的地点、日期；

（2）货物起运地、目的地；

（3）约定的经停地点（承运人一般保留在必要时变更经停地点的权利，承运人行使这一权利时，不应使运输由于此种变更而丧失其国际运输性质）；

（4）托运人名称、地址；

（5）第一承运人名称、地址；

（6）必要时应写明收货人的名称、地址；

（7）货物包装的方式、特殊标志、件数、号码；

（8）货物名称、性质；

（9）货物数量、重量、体积、尺码；

（10）货物和包装的外表状况；

（11）如运费已付，应写明运费金额、运费支付日期、运费支付地点、运费支付方式，如运费为到达支付，应写明所应支付的费用；

（12）航空货运单的份数，附航空货运单交给承运人的凭证；

（13）如双方已商定运输期限、运输路线，应一并在运单上注明；

（14）有关运输受华沙航空货运公约约束的条件等。

空运单不同于海运提单，它不是货物所有权的凭证。因为空运速度快，通常在托运人将空运单送达收货人之前，货物已到达目的地。这就基本排除了通过转让单据来转让货物的可能性，所以在国际运输中，空运单一般都印有"不可转让"字样。货物运至目的地后，收货人凭承运人的"到货通知"和有关证明提货，并在提货时，在随货运到的空运单上签收，而不要求收货人出示空运单。

国内航空货运单见表 6-4-2。

表 6-4-2　国内航空货运单

出发站			到达站		
收货人名称			电话		
收货人地址					
发货人名称					
发货人地址					
空陆转运		自	至	运输方式	
货物品名	件数及包装	重量		价格	
		计费重量	实际重量		
航空运费（元/kg）	¥	储运注意事项	收运站 日期 经手人		
地面运输费（元/kg）	¥				
空陆转运费（元/kg）	¥				
中转费（元/kg）	¥				
其他费用	¥				
合计	¥				

6.4.4　国际航空组织

（1）国际民用航空组织。

国际民用航空组织成立于 1944 年 4 月 4 日。它是政府间的国际航空机构，也是联合国所属专门机构之一，总部设在加拿大的蒙特利尔，现有成员国 150 多个。

（2）国际航空运输协会。

国际航空运输协会是各国航空运输企业之间的联合组织，会员必须是上述国际民用航空组织的一个成员国的航运企业。该协会于 1945 年 4 月 16 日在哈瓦那成立。

（3）中国国际货运代理协会。

中国国际货运代理协会（简称 CIFA）是国际货运代理行业的全国性中介组织，于 2000 年 9 月 6 日在北京成立。

（4）航空货运代理。

航空货运代理可以是货主的代理，负责办理航空货物运输的订舱，在始发机场和到达机场的交、接货与进口报关等事宜，也可以是航空公司的代理，办理接货并以航空承运人的身份签发航空运单，对运输全程负责，亦可两者兼而有之。主要职责有：为航空公司组织货源，为托运人向航空公司订舱，编制航空公司及海关等政府监管机构所需要的单证，办理进、出口货物报关报验手续及货物转关手续，为客户提供运输费用和其他费用的结算服务及保险服务，为客户提供货物运输过程追踪查询服务。

任务实施

根据以上相关知识，由教师组织学生分组进行讨论；各小组派代表进行总结汇报，小组互评；教师点评总结，使学生掌握集装箱航空运输的方法及特征，提高学生运用理论知识解决实际问题的能力。

任务 6.5 集装箱多式联运方案设计

教学目标

1. 能力目标

能组织集装箱海铁联运、公铁联运、海空联运等集装箱多式联运；能根据托运人的运输要求设计运输方案。

2. 知识目标

掌握集装箱多式联运方案设计的要素，掌握水路、公路、航空集装箱组织和集装箱多式联运方案设计。

工作任务

2列62辆124箱尼龙切片从哈尔滨装车，由绥芬河口岸经俄方海参崴至那霍德卡东港口，转运至韩国釜山的集装箱班列在绥芬河编组待发。请办理集装箱货物多式联运组织与运输。

相关知识

6.5.1　集装箱多式联运方案设计概述

1. 集装箱多式联运方案设计的概念

集装箱多式联运方案设计，也称为集装箱多式联运解决方案设计，有广义与狭义两种解释。广义上，它是指集装箱多式联运企业针对客户的运输需求，运用系统理论和运输管理的原理和方法，制订出满足客户需求的解决办法、措施的过程；狭义上，它是根据客户需求，设计出最优的多式联运模式与路线的过程。

2. 集装箱多式联运方案设计的要素及相互关系

1）主要设计要素

集装箱多式联运活动主要是不同运输方式之间跨时间及空间的活动过程，活动的核心是利用现代化的运输设备与设施满足客户的需求。因此，一个完整的集装箱多式联运解决方案是由流量设计、流程设计和流速设计三个部分构成的（如图6-5-1所示）。

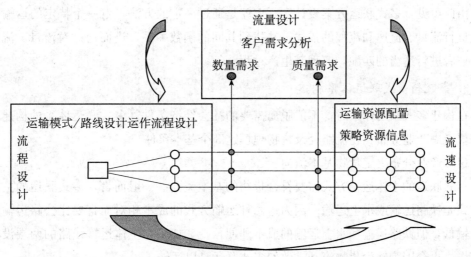

图6-5-1　集装箱多式联运方案设计原理示意图

（1）流量设计。

流量设计是指衡量出客户对集装箱多式联运需求的满足状况，即多式联运客户需求分析。它是由客户的运输需求决定的，通常可细化为若干数量指标和质量指标。

（2）流程设计。

流程设计是指根据流量的要求，设计一个适合的业务流程。因选择的多式联运模式与路线不同，其业务流程会有所不同。因而，流程设计实际上包括多式联运模式与路线设计，以及具体的运作流程设计。

（3）流速设计。

流速设计是指按照流量和流程的要求，科学地配置企业的内外资源，即多式联运资源配置。如前所述，多式联运生产实际上是由多式联运经营人与各类相关主体共同完成的。因此，多式联运分包商选择也应纳入到资源配置之中。

2）设计要素之间的关系

流量、流程和流速分别构成了集装箱多式联运方案设计的三个侧面，形成了三位一体的关系。流量代表多式联运的服务内容，流程代表多式联运的形式结构，流速代表多式联运的实体结构。

（1）流量是多式联运生产的核心内涵——灵魂。客户需求决定了多式联运生产的要求与目标。

（2）流程是反映该灵魂的形式框架——方法论。流程设计是有效开展多式联运生产活动的前提与基础。流程设计是从多式联运生产活动分析开始的，而多式联运生产活动分析又是源于对流量的系统化分析。

（3）流速是方法论得以实现的实体基础。流速根据目标要求和相应的方法、程序，确定必要的实现手段——策略、资源和信息。

由此可见，多式联运方案设计实际上就是通过一定的方法，对一个特定的运输生产过程进行流量、流速和流程的描述，并找到其间的函数关系，进而通过对流量、流速和流程三者进行适当的匹配，实现其生产过程。

3. 集装箱多式联运体系构建

在构建多式联运体系时，不能脱离需要的社会经济条件。多式联运体系的构建，至少需要考虑产业分布、物流路径及货物规模这 3 个基本条件。

（1）产业分布决定货物基本流向。

多式联运的主体运输方式需要符合货物的基本流向。一般而言，多式联运的主体运输方式是铁路运输或水上运输。因为这两种运输方式的成本相对而言要比公路运输和航空运输低，但铁路运输和水上运输的成本即便再低，如果在主体运输线路的两端没有产业支撑，也会因为缺少货物流动，致使多式联运难以运转。

（2）多式联运的物流路径。

当多式联运的物流路径优于单一运输方式的物流路径时，多式联运才是必要的。

比如，300 km 之内的运输，公路运输要优于铁路运输，甚至可以优于高铁运输。原因是，发货地和收货地距离铁路货运站的距离都比较远，而且这个过程至少需要两次中转（公路转铁路、铁路转公路）。

（3）多式联运货物的规模。

即使有产业支撑、物流路径相对合理，但如果货物规模太小也用不上多式联运。多式联运的主体运输方式（铁路运输或水上运输）需要一定货物规模才能发挥其低成本的优势。

6.5.2　集装箱多式联运方案设计

集装箱多式联运是采用两种或两种以上不同运输方式进行联运的运输组织形式。这里所指的至少两种运输方式可以是海陆、海空、陆空等。这与一般的海海、陆陆、空空等形式的联运有着本质的区别。后者虽也是联运，但仍是同一种运输工具之间的运输方式。众所周知，各种运输方式均有自身的优点与不足。一般来说，水路运输具有运量大、成本低的优点；公路运输则具有机动灵活，便于实现货物门到门运输的特点；铁路运输的主要优点是不受气候影响，可深入内陆和横贯内陆实现货物长距离的准时运输；而航空运输的主要优点是可实现货物的快速运输。由于国际多式联运严格规定必须采用两种和两种以上的运输方式进行联运，因此这种运输组织形式可综合利用各种运输方式的优点，充分体现社会化大生产大交通的特点。

由于国际多式联运具有其他运输组织形式无可比拟的优越性，因而这种国际运输新技术已在世界各主要国家和地区得到广泛的推广和应用。目前，有代表性的国家多式联运主要有远东—欧洲、远东—北美等海陆空联运。

1. 以海运为核心的集装箱多式联运

以海运为核心的集装箱多式联运是指整个国际集装箱多式联运过程是以国际海上运输作为主要干线运输的运作过程。从运输方式的组合形式上划分，主要包括海公联运、海铁联运等。海陆联运是国际上多式联运的主要组织方式，也是远东—欧洲多式联运的主要组织形式。

1）海公联运

海公联运可有效解决货物运输过程中权责不清的难题。目前在所有的运输方式中，海运是最便宜的运输方式，受运输范围及航线的限制，航运只能够抵达为数不多的港口。但我国对于货物的需求主要在内陆，原有的分段式运输由于不同运输方式的承运商不同，导致货物出现问题时很难鉴定。而且在原来的分段式运输中，因承运商的不同，不同承运商之间难以共用同一套运输系统，导致货物交割过程中存在耗时长、效率低的难题。而采用海公多式联运后，原有的分段运输将被多式联运服务企业所整合，并承担全程货物的损失问题，因此原有的交接效率低下、货物权责不清的问题将得到很好的解决。

海公联运可有效扩宽货物运输范围。以中国为例，我国海运能够抵达的只有天津港、上海港等地区，运输范围受到极大的限制。当采用海公联运后，虽然对运输成本相对单一的海运来说有所上升，但其相对只采用公路运输的方式时成本又较为低下。而且采用海公联运后，将能够使整个运输网络扩展到对各个分散的大陆板块，对运输网络相对单一的陆运来说扩展到了不相连接的大陆板块，对相对单一的海运来说又能够扩展到内陆区域，再加之我国现阶段公路已经实现了全国县级城市的联通，因此采用海公联运后货物运输将实现全国覆盖。

2）海铁联运

（1）国际集装箱海铁多式联运出口业务程序。

国际集装箱海铁多式联运出口业务（CIP 价）的基本程序如图 6-5-2 所示。其业务程序主要包括：接受托运申请，订立多式联运合同，编制月计划、日计划，向铁路部门、船公司订车、订舱，提取空箱（本例使用船公司箱），货主安排货物进库场，报关报验，申请火车车皮，办理货物装车，签发全程多式联运提单，传递货运信息和寄送相关单证，办理货物在中转港的海关手续及制作货运单据，货交船公司，船公司签发提单，传递货运信息及寄送相关单证等环节。

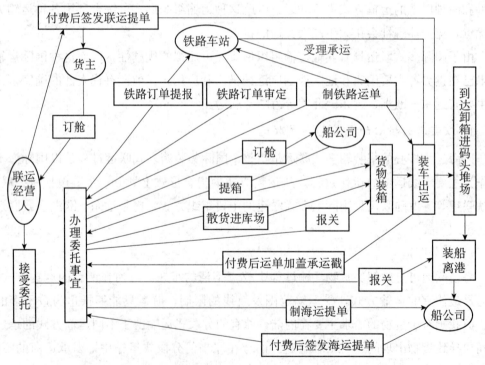

图 6-5-2 国际集装箱海铁多式联运出口业务基本流程

（2）国际集装箱海铁多式联运进口业务程序。

国际集装箱海铁多式联运进口业务（FCA 价）的基本程序包括：接受托运申请，订立多式联运合同，向船公司订舱和向铁路部门申请车皮，收货人通知托运人准备集装箱装船等事宜，签发全程多式联运提单和收取海运提单，传递货运信息和寄送相关单证，办理货物在中转港的海关转关手续及制作货运单据，货交铁路，铁路部门签发运单，传递货运信息及寄送相关单证，办理海关手续，从铁路部门提取货物并交付货物给收货人等环节。

3）海河联运

海海/海河联运是最低碳的港口集疏运方式，单一运输方式避免了二次转换，有着运量大、成本低、污染小、能耗低等优点。目前，大部分海洋向腹地型港口的发展空间极其有限，基于大多数内河航运仍未得到充分利用实现，海河联运将具有较大发展潜力。

江海联运在经济上不仅可以减少费用，降低损耗，而且可以扩张港口腹地，吸引众多货源；在操作中也可以减少运输环节和驳船次数，节省重复且无意义的卸货载货人力物力。江海联运将成为我国国内水路运输发展的基础与趋势。正是由于这种趋势，伴随着近年来国内水路运输的强劲发展，无论是在政府层面，还是在企业层面，发展江海联运都已经成为一种共识，长江、珠江等几大内河水系纷纷探求对策，寻找方案。

2. 以陆运为核心的集装箱多式联运

以陆运为核心的集装箱多式联运是指整个国际物流过程是以铁路运输或公路运输作为干线的多式联运（如图 6-5-3 所示）。

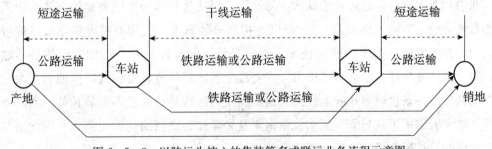

图 6-5-3 以陆运为核心的集装箱多式联运业务流程示意图

1）公铁联运

公铁联运有效地将公路、铁路运输集为一体，不仅可以最大限度地满足现代物流发展的需要，还可以有效地结合公路、铁路各自的优势，发挥铁路运输的准时、安全、费用低及公路运输快速、灵活、服务门到门的优势；同时抛开了铁路运输速度慢、网点少、服务差，公路运输安全系数低、费用高和交通拥挤等缺点。因此，公铁联运已成为为客户提供快速准时、安全高效、费用相对较低的门到门的物流服务体系。

2）陆桥运输

在国际多式联运中，陆桥运输（land bridge service）起着非常重要的作用。大陆桥运输是以横贯大陆的铁路或公路运输系统作为中间桥梁，把大陆两端的海洋连接起来的集装箱的连贯运输。大陆桥的运输包括三种基本组织形式，海陆（铁路）海、海陆（公路）海、海空海，一般都采用集装箱运输，陆地部分以铁路为主。大陆桥运输以集装箱为媒介，将海运与陆运结合起来，因此它将多种运输方式的优点融为一体，具体表现为缩短运输里程，节省运输时间，加快运输速度，降低运输成本，同时又能保证货运质量，物流风险小。陆桥运输是远东—欧洲国际多式联运的主要形式。陆桥运输是指采用集装箱专用列车或卡车，把横贯大陆的铁路或公路作为中间"桥梁"，使大陆两端的集装箱海运航线与专用列车或卡车连接起来的一种连贯运输方式。严格地讲，陆桥运输也是一种海陆联运形式。只是因为其在国际多式联运中的独特地位，故在此将其单独作为一种运输组织形式。目前，远东—欧洲的陆桥运输线路有西伯利亚大陆桥和北美大陆桥。

（1）西伯利亚大陆桥。

西伯利亚大陆桥是指使用国际标准集装箱，将货物由远东海运到俄罗斯东部港口，再经跨越欧亚大陆的西伯利亚铁路运至波罗的海沿岸如爱沙尼亚的塔林或拉脱维亚的里加等港口，然后再采用铁路、公路或海运运到欧洲各地的国际多式联运的运输线路。西伯利亚大陆桥于 1971 年正式确立。现在全年货运量高达 10 万标准箱（TEU），最多时达 15 万标准箱。使用这条陆桥运输线的经营者主要是日本、中国和欧洲各国的货运代理公司。其中，日本出口欧洲杂货的 1/3、欧洲出口亚洲杂货的 1/5 是经这条陆桥运输的。由此可见，它在沟通亚欧大陆，促进国际贸易中所处的重要地位。

西伯利亚大陆桥运输包括海铁铁、海铁海、海铁公和海公空四种运输方式。由俄罗斯的过境运输总公司（SOJUZTRANSIT）担当总经营人，它拥有签发货物过境许可证的权力，并签发统一的全程联运提单，承担全程运输责任。至于参加联运的各运输区段，则采用"互为托、承运"的接力方式完成全程联运任务。可以说，西伯利亚大陆桥是较为典型的一条过境多式联运线路。西伯利亚大陆桥是目前世界上最长的一条陆桥运输线。它大大缩短了从日本、远东、东南亚及大洋洲到欧洲的运输距离，并因此而节省了运输时间。从远东经俄罗斯太平洋沿岸港口去欧洲的陆桥运输线全长 13 000 km。而相应的全程水路运输距离（经苏伊士运河）约为 20 000 km。从日本横滨到欧洲鹿特丹，采用陆桥运输不仅可使运距缩短 1/3，运输时间也可节省 1/2。此外，在一般情况下，运输费用还可节省 20%～30%左右，因而对货主有很大的吸引力。

由于西伯利亚大陆桥所具有的优势，因而随着它的声望与日俱增，也吸引了不少远东、东南亚及大洋洲地区到欧洲的运输，使西伯利亚大陆桥在短短的几年时间中就有了迅速发展。但是，西伯利亚大陆桥运输在经营管理存在的问题如港口装卸能力不足、铁路集装箱车辆的不足、箱流的严重不平衡及严寒气候的影响等在一定程度上阻碍了它的发展。尤其是随着我国兰新铁路与中哈边境的土西铁路的接轨，一条新的欧亚大陆桥形成，为远东至欧洲的国际集装箱多式联运提供了又一条便捷路线，使西伯利亚大陆桥面临严峻的竞争形势。

（2）北美大陆桥。

北美大陆桥是指利用北美的大铁路从远东到欧洲的海陆海联远。该陆桥运输包括美国大陆桥运输和加拿大大陆桥运输。美国大陆桥有两条运输线路：一条是从西部太平洋沿岸至东部大西洋沿岸的铁路和公路运输线；另一条是从西部太平洋沿岸至东南部墨西哥湾沿岸的铁路和公路运输线。美国大陆桥于 1971 年底由经营远东—欧洲航线的船公司和铁路承运人联合开办海陆海多式联运线，后来美国几家班轮公司也投入营运。目前，主要有四个集团经营远东经美国大陆桥至欧洲的国际多式联运业务。这些集团均以经营人的身份，签发多式联运单证，对全程运输负责。加拿大大陆桥与美国大陆桥相似，由船公司把货物海运至温哥华，经铁路运到蒙特利尔或哈利法克斯，再与大西洋海运相接。

北美大陆桥是世界上历史最悠久、影响最大、服务范围最广的陆桥运输线。据统计，从远东到北美东海岸的货物有大约 50％以上是采用双层列车进行运输的，因为采用这种陆桥运输方式比采用全程水运方式通常要快 1～2 周。例如，集装箱货从日本东京到欧洲鹿特丹港，采用全程水运（经巴拿马运河或苏伊士运河）通常需 5～6 周时间，而采用北美陆桥运输仅需 3 周左右的时间。

随着美国和加拿大大陆桥运输的成功营运，北美其他地区也开展了大陆桥运输。墨西哥大陆桥（Mexican Land Bidge）就是其中之一。该大陆桥横跨特万特佩克地峡（Isthmus Tehuantepec），连接太平洋沿岸的萨利纳克鲁斯港和墨西哥湾沿岸的夸察夸尔科斯港，陆上距离 337 km。墨西哥大陆桥于 1982 年开始营运，目前其服务范围还很有限，对其他港口和大陆桥运输的影响还很小。

（3）新亚欧大陆桥。

新欧亚大陆桥起自中国连云港，通过陇海和兰新铁路衔接哈萨克斯坦，再到达大西洋沿岸的荷兰鹿特丹，全长 10 900 km，是一条古老而又全新的陆桥运输线路。途经哈萨克斯坦、乌兹别克斯坦、吉尔吉斯斯坦、塔吉克斯坦、俄罗斯、白俄罗斯、波兰、德国和荷兰等国。该陆桥为亚欧开展国际多式联运提供了一条便捷的国际信道。远东至西欧，经新亚欧大陆桥比经苏伊士运河的全程海运航线，缩短运距 8 000 km；比通过巴拿马运河缩短运距 11 000 km。远东至中亚、中近东，经新亚欧大陆桥比经西伯利亚大陆桥，缩短运距 2 700～3 300 km。该陆桥运输线的开通将有助于缓解西伯利亚大陆桥运力紧张的状况。新亚欧大陆桥在中国境内经过陇海、兰新两大铁路干线，全长 4 131 km。它在徐州、郑州、洛阳、宝鸡、兰州分别与我国京沪、京广、焦柳、宝成、包兰等重要铁路干线相连，具有广阔的腹地。新亚欧大陆桥于 1993 年正式运营。至此，亚太区运往欧洲、中近东地区的货物可经海运至中国连云港上桥，出中国西部边境站阿拉山口后，进入哈萨克斯坦国境内边境站德鲁日巴换装，再通过铁路、公路、海运运至西欧、东欧、北欧和中近东各国。而欧洲、中近东各国运往亚太区的货物，则可进入中国西部边境站阿拉山口换装，经中国铁路运至连云港后，再转船继运至日本、韩国、菲律宾、新加坡、泰国、马来西亚等国及中国港台地区。

（4）小陆桥运输。

小陆桥运输从运输组织方式上看与大陆桥运输并无大的区别，只是其运送的货物的目的地为沿海港口。目前，北美小陆桥运送的主要是日本经北美太平洋沿岸到大西洋沿岸和墨西哥湾地区港口的集装箱货物。当然也承运从欧洲到美西及海湾地区各港的大西洋航线的转运货物。北美小陆桥在缩短运输距离、节省运输时间上效果是显著的。以日本—美东航线为例，从大阪至纽约全程水运（经巴拿马运河）航线距离 9 700 海里，运输时间 21～24 天。而采用小陆桥运输，运输距离仅 7 400 海里，运输时间 16 天，可节省 1 周左右的时间。

（5）微桥运输。

微桥运输与小陆桥运输基本相似，只是其交货地点在内陆地区。北美微桥运输是指经北美东、西海岸及墨西哥湾沿岸港口到美国、加拿大内陆地区的联运服务。随着北美小陆桥运输的发展，出现了新的矛盾，主要反映在：如货物由靠近东海岸的内地城市运往远东地区（或反向），首先要通过国内运输，以国内提单运至东海岸交船公司，然后由船公司另外签发由东海岸出口的国际货运单证，再通过国内运输运至西海岸港口，然后海运至远东。货主认为，这种运输不能从内地直接以国际货运单证运至西海岸港口转运，不仅增加费用，而且耽误运输时间。为解决这一问题，微桥运输应运而生。进出美、加内陆城市的货物采用微桥运输既可节省运输时间，也可避免双重港口收费，从而节省费用。例如，往来于日本和美东内陆城市匹兹堡的集装箱货，可从日本海运至美国西海岸港口，如奥克兰，然后通过铁路直接联运至匹兹堡，这样可完全避免进入美东的费城港，从而节省了在该港的港口费支出。

3. 以空运为核心的集装箱多式联运

以空运为核心的集装箱多式联运是指以航空运输为主要运输工具的多式联运，如图 6-5-4 所示。

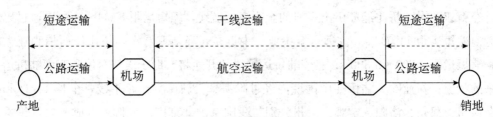

图 6-5-4　以空运为核心的集装箱多式联运业务流程示意图

1）海空联运

海空联运又被称为空桥运输（air bridge service）。在运输组织方式上，空桥运输与陆桥运输有所不同：陆桥运输在整个货运过程中使用的是同一个集装箱，不用换装，而空桥运输的货物通常要在航空港换入航空集装箱。不过。两者的目标是一致的，即以低费率提供快捷、可靠的运输服务。

海空联运在提高时效的同时，能够有效进行成本的控制。海空联运运输方式综合了目前所有运输方式中最便宜的运输方式和最昂贵的运输方式，同时这两种运输方式也是运送时效最低和最高的两种运输方式。因而对于海空运输来说，海运距离越长，其成本控制的效果越好，但时效提高的程度也小；与此相对应的，航空运输的距离越长，其成本控制的效果越低，但时效的提高程度越高。

海空联运方式始于 20 世纪 60 年代，但到 80 年代才得以较大的发展。采用这种运输方式，运输时间比全程海运少，运输费用比全程空运便宜。20 世纪 60 年代，将远东船运至美国西海岸的货物，再通过航空运至美国内陆地区或美国东海岸，从而出现了海空联运。当然，这种联运组织形式是以海运为主，只是最终交货运输区段由空运承担。1960 年底，苏联航空公司开辟了经由西伯利亚至欧洲航空线；1968 年，加拿大航空公司参加了国际多式联运；20 世纪 80 年代，出现了经由中国香港、新加坡、泰国等至欧洲航空线。

目前，国际海空联运线主要有：

（1）远东—欧洲：目前，远东与欧洲间的航线有以温哥华、西雅图、洛杉矶为中转地，也有以中国香港、曼谷、海参崴为中转地。此外还有以旧金山、新加坡为中转地。

（2）远东—中南美：近年来，远东至中南美的海空联运发展较快，因为此处港口和内陆运输不稳定，所以对海空运输的需求很大。该联运线以迈阿密、洛杉矶、温哥华为中转地。

（3）远东—中近东、非洲、大洋洲：这是以中国香港、曼谷为中转地至中近东、非洲的运输服务。在特殊情况下，还有经马赛至非洲、经曼谷至印度、经中国香港至大洋洲等联运线，但这些线路货运量较小。

总的来讲，运输距离越远，采用海空联运的优越性就越大，因为同完全采用海运相比，其运输时间更短。同直接采用空运相比，其费率更低。因此，从远东出发将欧洲、中南美及非洲作为海空联运的主要市场是合适的。

2）陆空联运。

陆空（陆）联运较之海空联运而言，采用更普遍，尤其是工业发达国家、高速公路较多的国家，这种方式更显其效能。陆空货物联运具有到货迅速、运费适中、安全保质、手续简便和可以提前结汇等优点。

国际陆空联运主要有空陆空联运、陆空陆联运（train-air-truck，TAT）和陆空联运（train-air，truck-air，TA）等形式。目前，接受这种联运方式的国家遍及欧洲、美洲和澳大利亚。

（1）空陆空联运。

目前很多从国外运到中国内地的货物在到达香港国际机场后，收货人在港办理提货，再用货车运输到内地，需耗时 3～4 天。如果实现空陆空联运，货运单可直接填写"国外某地一国内某地"，待货物到达香港国际机场后，海关批准的公司专门用接驳卡车运到深圳宝安国际机场或广州白云机场，再由深圳宝安国际机场或广州白云机场空运至国内目的地。这个过程实现了空陆空接驳，货物不再按照转关办理，海关对三地机场空陆空联合运输货物比照航空货物办理。其中，接驳汽车在粤港、粤澳机场之间进出口岸及二次转关时，海关只需验核其航空运单等单证后即予放行，货物只需在运至或运出机场时一次性办理进口或出口的海关手续。出口情况与此类似，内陆出口货物空运至深圳宝安国际机场或广州白云机场后，可直接报关经陆路监管运输至香港国际机场，再运至世界各地。

（2）陆空联运。

陆空联运广泛采用"卡车航班"运输形式。所谓卡车航班是指具有全程航空运单，以卡车作为飞机的延伸工具，用陆运方式接驳未建机场的延伸工具，用陆运方式接驳未建机场的地区，实现没有建设机场的地区可以直接收发航空进出口货物。海关实行"一次报关、一次查验、一次放行"的直通式通关服务，以提高航空辐射区域。

卡车航班具有手续简单、方便快捷的特点：卡车航班弥补了空运固定航班在机型、航线及航班时间等方面的弱点，同时有效发挥陆运卡车装载能力大、运输路线灵活的优势，又发挥了陆空联运实行"一次报关、一次查验、一次放行"的直通式通关服务，大大节省了通关时间，降低了运输成本。通过卡车航班建立非枢纽机场与枢纽机场之间的联系。卡车航班完全是为了向枢纽机场汇集货物，或者为枢纽机场分拨货物而开通的。

6.5.3 集装箱多式联运定价原理

1. 运费的构成

集装箱多式联运费用＝运输总成本＋经营管理费＋合理利润。

运输总成本的构成与多种因素有关，其中影响最大的是集装箱交接方式与运输方式的构成。值得注意的是：第一，此处的运输成本，除了包括运费、港站费用，也包括政府监管机构所征收的费用，如报关报检费等；第二，在实践中，为了简化计算，场站通常以拆装箱服务费的形式收取有关取送空箱、拆装箱、存储等费用。同时，班轮公司收取的海运费中也往往包括港口所发生的装卸费用。因此，多式联运经营人在计算运输总成本时，应了解相关承运人、场站经营人的收费标准与规定，以避免多收或少收有关费用。

2. 计费方式

计费方式主要分为三种：单一制、分段制和混合制。

（1）单一制。

单一制计费是指集装箱从托运到交付，所有运输区段均按照相同的运费率计算全程运费。比如，在西伯利亚大陆桥运输中采用的就是这种计费方式，即采用不分货种的以箱为计费单位的统一费率。

（2）分段制。

分段制计费是指按照组成多式联运的各运输区段，分别计算海运、陆运、空运及港站等各项费用，然后合计为多式联运的全程费用，由多式联运经营人向货主一次计收，最后再由多式联运经营人与各区段的实际承运人分别结算。

（3）混合制。

混合制计费指从国内接收货物地点至到达国口岸采取单一费率，向发货人收取预付运费；从到达国口岸到内陆目的地的费用按实际成本确定，另向收货人收取到付运费。

运价表根据其结构不同可分为两种形式：门到门费率和港到港费率加上内陆费率。

3. 运价的制定

通常而言，多式联运企业采取的定价方法可归结为以下三类。

（1）成本导向定价法。

成本导向定价法是基于运输服务成本原则，依据多式联运企业的总成本支出制定企业的运价。

（2）需求导向定价法。

需求导向定价法是基于运输服务价值原则和运输承受能力原则，从多式联运服务需求者的角度出发，依据多式联运服务所创造的价值的多少，以及承运商品的价值的高低制定企业的运价。

（3）竞争导向定价方法。

竞争导向定价方法主要是多式联运企业依据竞争对手的运价水平来确定自身的运价的水平。

企业应在综合考虑诸如企业的成本支出、市场供求关系、市场模式结构、客户的购买力、货物的价值、经营航线的状况等因素的基础上，选择合适的定价方法。

在制定运价时，应根据国际集装箱多式联运运价的变化及时调整费率水平，以使集装箱多式联运运价始终处于一种最新的状态。

6.5.4　中国铁路集装箱多式联运

当前中国社会物流总费用约占 GDP 的 16％，比发达国家平均 10％的水平多出近 5 万亿元人民币。高物流成本，正倒逼我国多式联运提速发展。

1. 中国集装箱公铁联运

1）中国公铁联运发展趋势

我国的公铁联运是以铁路干线运输为主、公路运输为辅的一种物流服务流程。它有利于整合铁路和社会资源，依托铁路运输，建立全国公路铁路大型联合物流网络，实现全国物流大运转，建成全国联网公铁联运的大物流体系。实现这种网络大物流是未来物流发展的必然方式。铁路运输在公铁联运物流网络中处于中心环节，处于极为重要的地位。要建成以铁路干线运输为依托的公铁联运的大物流操作平台，实现全国的物流的大运转，既可以发挥铁路线路和仓库的作用，也可以提高铁路车辆的利用率。铁路运输的重要环节不可忽视。公路运输在公铁联运物流的系统中，也同样占有重要的地位，承担着承运货物的提取、配送，是公铁联运的最初环节和最终环节，公路运输服务质量的好坏，也将直接影响到整体服务的形象和质量，影响到客户的维护。

公铁联运由于经营网络全面广泛，在服务上为客户创造了更为方便的运输方式。第一，实现了货物运输的方便性。公铁联运直接实现门到门的服务，使厂家货主发货更加方便，可以将货物交给从事联运的物流公司直接办理，省去了找多家公司服务的麻烦。第二，实现了时间的快捷性。由于实行公铁联运，在网络上联络方便，一个地区的货物、一条线的货物，尽可能组成大列，减少编组时间，在到达时间上也有了进一步的加快，比过去的运输时间更短更快。第三，进一步实现了货物的安全性，进一步实现了成本的经济性。随着公路运输成本的增加，客户将长途运输改为铁路运输成本必将下降，给企业带来新的效益。

2005年以后铁路建设投资明显加大，到目前，铁路建设的运力将逐步释放，而公路货运随着国家和地方政府加大对公路超载的治理力度，能源价格上涨、环保治理、汽车油耗等运输成本因素的变化，以及公路运输内部竞争的影响，公路货运企业的经营压力越来越大，运输成本越来越高，利润率越来越低。在这种情况下，铁路、公路的竞争将导致两种运输方式都难以获得最大的效益，而采用合适的公铁联运模式如驮背运输，两种运输方式将最大限度地降低各自的运营成本，提高经济效益，将竞争关系变为互补双赢的关系。

2）铁路驮背运输

铁路驮背运输是指公路货车或半挂车装载货物后在始发地火车站自行开上铁路专用车辆，通过铁路完成长距离运输，到达目的地火车站后，汽车自行开下铁路专用车辆并驶往目的地的一种便捷运输方式。驮背运输加速了车辆周转，扩大了货物单元，节约了装卸或挂载作业时间，提高了作业效率。铁路驮背运输是一种综合性的货物运输方式，既可以发挥铁路长距离干线运输的优势，又可以实现公路物流"门到门"运输的服务优势，从而扬长避短地将铁路货运与公路货运实现无缝衔接，促进物流行业的专业化发展。公铁联运的驮背运输，可发挥公路铁路各自优势，为客户提供一票式"门到门"运输服务。

（1）驮背运输的起源及应用。

驮背运输是一种公路和铁路联合运输方式，由北美国家最先采用，最初是指将载运货物的公路拖车置于铁路平车上输送，因而也被称为平板车载运拖车（trailer on flat car，TOFC）系统。随着 TOFC 的出现，各种拖车或集装箱与铁路平板列车相结合的产物，例如，COFC（container on flat car）和公铁两用车（road-railer）都获得了极大的发展。COFC 是指省去拖车而直接将集装箱置于铁路平车上输送；公铁两用车是指一种卡车拖车底盘，既适合于橡胶轮又适合于钢轨卡车的系统。目前的北美铁路运输系统仍然还采用这种双重设备模式（如图 6-5-5 所示）。

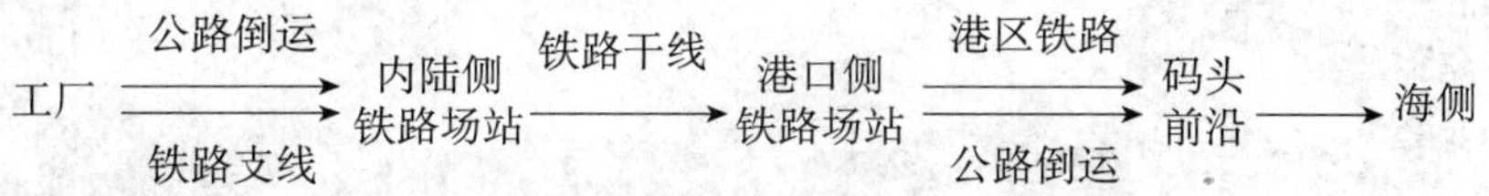

图 6-5-5　驮背运输示意图

（2）驮背运输的形式。

驮背运输在实际运作中主要有以下三种形式：拖车与挂车、挂车列车、铁公路。

① 拖车与挂车。

货物装在挂车里，用拖车运到火车站。在火车站，挂车被运上火车的平板车箱，拖车则与挂车分离。在目的地车站，再使用拖车将挂车拖运到收货人的仓库。

② 挂车列车。

挂车列车是一种公路和铁路两用的挂车，这种公铁两用挂车在公路上用自己的轮子挂在公路拖车后面行驶。到达火车站时，将其在公路上行驶时使用的轮子收起来，放上火车轮架，就可以在铁轨上行驶。到达目的地后，又可以还原成公路运输工具，用公路拖车将其运到客户的仓库。

③ 铁公路。

所谓铁公路就是自己有动力，能够行驶和自动装货的火车车厢，它不需要机车、吊车和转辙装置，而是自带一套独特的装货设备。由于铁公路的出现，铁路公司已能直接进行"门到门"运输，而不必依赖于卡车。在一定运距以内，铁公路系统比公路系统更优越，因为它不但可靠，而且费用低。

（3）铁路驮背运输专用车。

铁路驮背运输专用车是多式联运的重要装备，我国第一代多式联运公铁驮背运输专用车包括 QT1 和 QT2 型车。QT1 型驮背运输车用于公路汽车整车或半挂车运输，QT2 型驮背运输车专用于公路半挂车甩挂运输。这两种车型能够充分利用我国铁路站场设施，满足公路货车整车、半挂车自行上下驮背车的要求，满足由铁路完成中长距离运输及"门到门"服务的运输市场需求（如图 6-5-6 所示）。

2. 中国集装箱铁水联运

1）中国集装箱铁水联运示范线路

2011 年，交通运输部、铁道部联合发布《关于开展集装箱铁水联运示范项目的通知》，选定 6 条集装箱铁水联运通道开展示范项目。6 条示范线路包括大连—东北地区、

图 6-5-6　铁路驮背运输专用车

天津—华北、西北地区、青岛—郑州及陇海线沿线地区、连云港—阿拉山口沿线地区、宁波—华东地区、深圳—华南、西南地区。

　　6 条示范线路中，干线通道为内陆侧铁路场站至码头前沿区段，除深圳蛇口示范项目没有实现铁路进港外，其余 5 条示范线路均实现了铁路进港，国铁与港铁无缝衔接，干线通道基本通畅。6 条集装箱铁水联运通道示范项目形成铁水联运合作机制，完善基础设施规划与建设，加大铁路运力保障力度，实现铁水联运信息共享，培育和发展铁水联运市场主体，争取地方政府扶持政策，实现操作流程和相关技术标准化。

　　（1）集装箱运输客运班列化。

　　推行客运班列化服务，推进集装箱运输，适应集装箱运输的特点和实际需要来改革货运模式，在一些市场发展较为成熟的线路开设班列，采取客车化模式运营管理，可以提高铁水联运服务效率和质量。2014 年年底铁路总公司提出："未来集装箱增量的主要精力要放在铁水联运上，加快推进还箱点、无水港建设，针对港口 80％的集装箱货源运距在 400 km 以内的实际情况，增加铁水联运班列特别是管内铁水联运班列开行数量。各铁路局与港口、船公司、生产企业等进行对接，启动铁水联运增量工作。"此外，铁路部门不断适应市场需求、创新服务。例如为了吸引货源，哈尔滨铁路局利用管内路网及场站资源，开发了以哈尔滨铁路中心站为中心的管内小运转班列，将货物集结到哈尔滨中心站并通过哈大班列运至大连港，扩大了铁水联运辐射范围。从各示范项目运营较为成熟的班列项目来看，既有管外中长途班列，也有管内短途班列。各条示范线路班列情况见表 6-5-1。

表 6-5-1 集装箱铁水联运示范线路班列情况

序号	示范项目	集装箱铁水联运主要业务类型	班列
1	大连—东北地区	外贸班列	管内（沈局）：沈阳东、沙岭、复州湾、木里图、甘旗卡、长春东、长春南、五棵树、公主岭、松原、延图线、白河 管外（哈局）：新香坊、让湖路西、齐齐哈尔、白山乡、牡丹江、扎兰屯、绥化、满洲里
		过境班列	辽满欧、卡卢加
2	天津—华北、西北地区	外贸班列	惠农、二连浩特
3	青岛—郑州及陇海线沿线地区	外贸班列	管内（青岛）：泰山、聊城、莱芜、博兴、周村、湖田 管内（黄岛）：临沂、临清、烟台、威海、农中、阳谷、曹县、邹平、东营、兖州、胶州 管外：郑州、洛阳、西安、银川、成都、乌鲁木齐
		过境班列	阿拉山口、霍尔果斯、满洲里、二连浩特
4	连云港—阿拉山口沿线地区	外贸班列	乌西、郑州、西宁、无锡
		过境班列	阿拉山口
5	宁波—华东地区	外贸班列	管内：台州、绍兴、义乌 管外：合肥、江西上饶
6	深圳—华南、西南地区	外贸班列	长沙

铁路集装箱班列作业流程如图 6-5-7 所示。

（2）调整运价，吸引货源。

为了吸引货源，各路局开始给予铁水联运集装箱运价下调，按照"管内最低 50%，管外 30%"一般原则，对吸引市场起到一定作用，尤其是管内运价下调力度加大，极大地带动了管内短途铁水联运的发展。虽然 400 km 以内的距离已经不是传统意义上铁路的优势运距，但是通过高效的组织，这些短途铁水联运班列不仅在价格上具备市场优势，在服务上也能适应集装箱运输的需要，有助于降低货主综合物流成本，缓解公路疏港压力和城市交通压力，还可以发挥铁路节能减排、不受气候影响的重要优势。

（3）逐渐改变封闭状态。

铁路企业与港口企业开展多种形式的合资合作。如中铁联集公司分别与大连港集团合资建设运营大连港铁路集装箱中心站，与宁波港集团合资运营中铁联集宁波北仑港站，两种模式都推动了港站一体化运营；沈铁、哈铁与营口港集团合资成立的辽宁沈哈红运物流有限公司则全面整合了铁水公联运通道资源，共同开拓货运市场，实现一体化运营。

（4）推进铁水联运信息化建设。

国家海铁联运物联网示范工程作为铁水联运示范项目的配套工程，推进了铁水联运

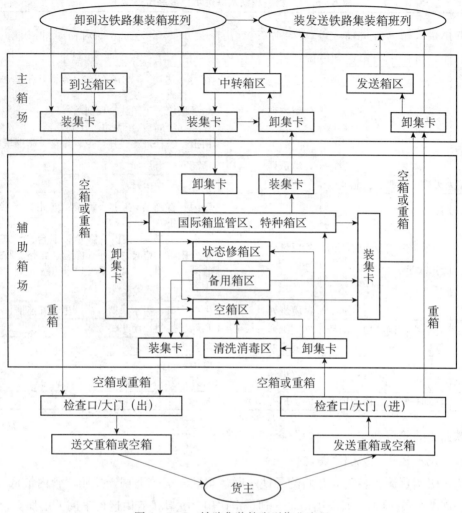

图 6-5-7 铁路集装箱班列作业流程

信息化建设。物联网示范工程主要是通过 6 条示范项目的港口企业来推进，国家给予一部分资金支持，不足部分港口企业自筹。主要内容为铁水联运陆上干线通道上的信息化建设，重点在铁路场站的信息化建设。各地示范项目实施以来，信息化设施设备基本配备，基本实现了班列集装箱在途信息的动态跟踪和查询，请车、装卸车作业的电子化，提高了港口铁路箱操作的计划性。

目前集装箱海铁联运物联网示范工程已经打通铁水信息共享通道，实现信息查询与监控、车货实时追踪、路港业务协同、数据接口与统计等功能。基于这些功能，港口可以对进行海铁联运的集装箱实现电子货票、电子委托等应用。据估算，电子订舱系统使得口岸的订舱时间平均提前了 5 小时，缩短车辆在接轨站的平均停留时间 1 小时以上、港铁平均车停时 1.1 小时、码头内的平均车停时 0.5 小时，同时精细化装车推动车辆超载率下降 65%，海铁联运集装箱的翻倒率下降 78%。

集装箱进出口双向都可以接受客户委托，在固定的铁路班列和固定的站点，港口有专门的承接公司承接货物，负责送到港内，港内会预先得知到达时间和即将搭乘的船舶到港时间，再将集装箱送到船舶所在的泊位堆场，最后将集装箱送到船上。

（5）铁水联运市场主体多元化。

全国集装箱铁水联运经营人分为四种模式：第一种是以港口企业、铁路公司、民营物流企业等多方合作的经营模式；第二种是港口企业投资组建公司经营集装箱铁水联运业务；第三种是航运企业与铁路公司合作经营的模式；第四种是民营企业承包运营铁水联运线路。集装箱铁水联运经营人的出现将原本分散的市场资源统一在一个运营主体下，不仅解决了货物运输全链条衔接问题，还使市场更容易集聚和进行培育。市场逐渐发挥力量，从政府主导推动向市场逐渐发挥主观能动性。

① 港口企业。

港口企业出于市场竞争、拓展货源、缓解港口公路集疏运压力等多方面的需要，往往成为铁水联运市场的先行者，组织货源，与铁路协调开辟铁水联运通道，投入资金完善基础设施设备，与口岸单位协调等，旨在打通内陆到港口的运输通道。6 条示范项目的港口企业均有铁水联运部门来积极推动该项工作。

② 铁路部门。

该部门是铁水联运通道的经营人，掌握着铁水联运通道的核心资源，是铁水联运中铁路承运人，一般不直接面对货主。

③ 船东及代理。

在铁水联运通道打通，市场具备一定规模后，船公司及其代理会逐渐进入市场。不同于传统铁路运输货物，集装箱货物往往小批量、种类繁多、货源分散，而船公司及货代则掌握大量的市场货源，他们的参与将使铁水联运业务走向成熟。在市场成熟后，港口企业的工作重点就转向运输通道的维护及新市场的开拓，并不大量直接面对货主。

目前，铁路集装箱和海运集装箱箱型统一，6 条示范线港口与铁路班列衔接顺畅，并且为了提高铁水联运市场竞争力，港口为铁水联运集装箱提供更优先更便捷的装卸服务，加上示范项目中多数都已实现了铁路进港，在作业过程上可以实现无缝衔接。大连、连云港、宁波、深圳等港口已经基本实现互联互通，集装箱铁水联运发展进入新的发展阶段。

2）集装箱铁水联运的发展

集装箱铁水联运可以节约物流成本二至四成。铁水联运发展应合理规划通道及网络布局，建立包括干支通道、网络节点在内的辐射范围广、衔接顺畅的铁水联运服务网络体系。将推进铁水联运、多式联运作为现代物流发展的主攻方向，形成国家战略，推动跨部门、跨行业、跨区域的全国性多式联运体系。协调相关行业组织将发展集装箱铁水联运、多式联运作为综合运输体系优化的主导战略，依托国家骨干物流通道，逐步破解联运发展瓶颈制约，发展国内铁水联运，大力推进国际多式联运。2016 年 6 月，交通运输部与国家发改委联合发布了"第一批多式联运示范工程项目名单"，其中涉及多项港口铁水联运项目（见表 6 - 5 - 2）。

表 6 - 5 - 2　第一批多式联运示范工程项目中港口铁水联运项目

序号	工程名称	牵头企业	联合企业
1	河北省"东部沿海—京津冀—西北"通道集装箱海铁公多式联运示范工程	唐山港集团股份有限公司	唐山港国际集装箱码头有限公司、上海合德国际物流有限公司
2	大连东北亚国际航运中心"亚太—东北地区"通道集装箱海铁公多式联运示范工程	大连港集装箱发展有限公司	大连铁越集团有限公司
3	辽宁省"东南沿海—营口—欧洲"通道集装箱公铁水多式联运示范工程	营口港务集团有限公司、辽宁沈哈红运物流有限公司	沈阳铁路局、哈尔滨铁路局、辽宁红运物流（集团）有限公司
4	江苏省新亚欧大陆桥集装箱多式联运示范工程	连云港港口控股集团有限公司	上海铁路局
5	"宁波舟山港—浙赣湘（渝川）"集装箱海铁公多式联运示范工程	宁波港股份有限公司	上海铁路局、浙江中外运有限公司、中远国际货运有限公司、中海集装箱运输股份有限公司、中铁联合国际集装箱有限公司
6	青岛"一带一路"跨境集装箱海铁公多式联运示范工程	青岛港（集团）有限公司、中铁联合国际集装箱有限公司青岛分公司	中国外运山东有限公司、山东路桥国际货运代理有限公司
7	湖北省武汉市推进"一带一路"战略、长江经济带战略"集装箱铁水联运示范工程	武汉港航发展集团有限公司	武汉铁路局
8	中外运（广东）"东盟—广东—欧洲"公铁海河多式联运示范工程	中国外运广东有限公司、东莞中外运物流有限公司	

（1）提高集装箱铁水联运市场竞争力。

在充分市场化的物流运输中，价格和服务是决定市场竞争力的两大关键因素。针对当前铁水联运服务市场竞争力弱、市场占有率低的实际情况，要进一步加快推进以市场化为导向的铁路改革，建立符合市场规律和市场需求的定价模式和服务组织模式，这是提高铁水联运市场竞争力的关键。

（2）加快通道建设，解决通道瓶颈，建设铁水联运服务网络。

合理规划、布局，特别是要解决铁水联运陆上干线通道存在的港区铁路设施不完善、内陆场站能力瓶颈及口岸等服务设施不健全等问题，明确公共基础设施投资主体。通过资源整合、投资多元化提高设施水平，减少铁水联运环节，避免重复建设和资源浪费。2016 年 6 月，国家发改委发布了《营造良好市场环境推动交通物流融合发展实施方案》，该方案明确提出，要推动交通物流融合发展，有效降低社会物流总体成本。根据该方案，到 2018 年全国 80％左右的主要港口和大型物流园区将引入铁路，集装箱铁水联运量年均将增长 10％以上，到 2020 年集装箱铁水联运量年均将增长 10％以上。

（3）培育多式联运市场经营主体。

在整个集装箱铁水联运物流链中，航运、港口、公路运输均已是完全市场化的行业。通过资源整合，将会有力地推动铁路的市场化进程。在铁水联运众多参与主体当中，港口企业作为铁水联运必经节点，熟悉集装箱海运运营组织，港口的参与可以帮助铁路更好更快地建立适应集装箱铁水联运业务发展需要的铁路集装箱运输组织模式，这些是推进集装箱铁水联运发展的关键因素。同时，港口与铁路都属于公共的运输服务平台或通道，不会产生排他影响，港口与铁路资源整合将使得铁水联运通道更加通畅、便捷，利于推进港站一体化、港铁一体化经营。培育铁水联运经营人，吸引船公司、货代等相关企业参与铁水联运市场经营。

（4）推进标准制度体系建设。

多式联运与分段运输是不同的概念。协调多种运输方式标准衔接，建立一套完整的市场运行规则体系，按照多式联运的法律、惯例，明确铁水联运承运人相关法律责任，保护市场主体合法权益。

3. 中国铁路集装箱国际联运

国际铁路联运指的是在两个或者两个以上的国家的铁路全程运输中，使用一份统一的国际联运票据，以连带责任办理的联合运输。当采取这种运输方式之时，不同国家、不同轨距之间的货车可以在国境附近的换装站进行换装，轨距相同的铁路直接跨国运输。

1）我国集装箱铁路国际联运的现状

（1）中俄集装箱铁路国际联运现状。

自 1999 年 12 月俄罗斯交通部与我国铁道部（现中国铁路总公司）签署《中华人民共和国铁道部与俄罗斯联邦交通部关于相互使用中国铁路和俄罗斯铁路大吨位集装箱运输进出口货物的协议》以来，中俄间集装箱铁路运输在协议框架下运行。2005 年，俄罗斯铁路部门内部机构改革后，成立了俄罗斯铁路集装箱公司（以下简称"俄铁集"），原协议不适用于改制后的俄铁集，当年 7 月协议废除。2006 年 3 月我国铁道部与俄罗斯铁路股份公司共同签署了《中华人民共和国铁道部和俄罗斯铁路股份公司关于相互使用大吨位集装箱运送进出口货物的协议》，在此框架下，2006 年 10 月我国铁道部下属中铁集装箱运输有限责任公司与俄铁集签署了《关于 TBJU 和 RZDU 大吨位集装箱相互使用和运用经营协议》。2006 年 11 月中铁集装箱运输有限责任公司全资子公司中铁国际多式联运有限公司与俄铁集签署了《提供和相互使用 TBJU 和 RZDU 大吨位集装箱办理中国和俄罗斯间进出口货物的协议》。

（2）中哈集装箱铁路国际联运现状。

1998 年哈萨克斯坦共和国铁路国有股份公司与我国铁道部在阿拉木图签订了《中华人民共和国铁道部和哈萨克斯坦共和国国家企业"哈萨克斯坦铁路"关于铁路所属大吨位集装箱相互使用的协议》，至 2006 年，中哈铁路部门又重新签署并完善了中哈互使协议。

随着中哈间经贸交流频繁，在中哈铁路部门和相关单位的共同努力下，阿拉山口口岸过境量快速增长。2012 年 12 月 22 日，霍尔果斯铁路口岸建成通车，该口岸通过货物以集装箱为主，汽车配件、机电产品、电子产品等高附加值货物通过该口岸运至阿拉木图站。同时，中铁国际多式联运有限公司还开发了香坊—霍尔果斯、宁波—霍尔果斯、黄岛—霍尔果斯班列。

（3）中蒙危险货物集装箱铁路国际联运现状。

蒙古国作为中国的近邻，近年来和我国内陆地区经贸交流逐渐频繁，中蒙间集装箱进出口量也随之增加。2011 年 7 月和 10 月，中铁国际多式联运有限公司完成巴斯夫公司 20 英尺罐式集装箱装运六亚甲基二胺的 2 次试运工作。该货物铁路运输途经波兰（换轨）、白俄罗斯、俄罗斯、蒙古，行驶里程约为 11 000 km，共运输 4TEU，这也是欧洲危险品第一次通过铁路运抵中国。2012 年，中铁国际多式联运有限公司组织开行了 9 列氰化钠集装箱国际班列，该班列经阿拉山口口岸出境，目的地为哈萨克斯坦和吉尔吉斯斯坦，共发运 336TEU。2013 年 6 月 6 日，中铁国际多式联运有限公司组织进行了聚苯乙烯危险品的集装箱试运，从无锡南站发出，终点至蒙古乌兰巴托。

（4）中欧集装箱铁路国际联运现状。

2005 年，呼和浩特—法兰克福的"如意号"开行，它途经中国、蒙古、俄罗斯、白俄罗斯、波兰和德国，全程 9 814 km，经过 10 个口岸。通过铁路国际联运到达欧洲，比海上运输运价更低，运行时间更短，运行风险更小，运量更大。

2011 年 7 月，重庆开通国内首趟发往德国杜伊斯堡的"渝新欧"国际货运集装箱班列，该班列从重庆出发，经西安、兰州、乌鲁木齐，向西过北疆铁路，到达边境口岸阿拉山口，进入哈萨克斯坦，再经俄罗斯、白俄罗斯、波兰至德国的杜伊斯堡，全程 11 179km。渝新欧铁路集装箱国际班列的开行具有一定的开拓性和创新性。一是由中、俄、德、哈"四国五方"（其中五方包括重庆交通运输控股（集团）有限公司）共同组建了渝新欧（重庆）物流有限公司，该公司是以资产为纽带的共赢平台，它将"亚欧铁路"沿线各国的货运资源进行优化配置，确保了渝新欧班列的常态运行；二是开创了 3 个第一，第一次成功使用国际货约/国际货协统一运单，第一次成功实现多品种货源组合运输，第一次成功实现渝新欧铁路集装箱班列境外沿途卸货。在"渝新欧"之后，短短 5 年，中欧班列运行线路日益密集，成都、郑州、武汉等城市陆续开通了蓉新欧、郑新欧、汉新欧等线路。

2）集装箱铁路国际联运发展

近年来，我国集装箱铁路国际联运班列，如中铁国际多式联运有限公司经营的连云港—阿拉山口、连云港—霍尔果斯、新港—阿拉山口、新港—满洲里、新港—二连浩特、黄岛—阿拉山口、黄岛/青岛—霍尔果斯、鲅鱼圈—满洲里等出入境铁路口岸的班列已经成为深受市场欢迎的班列品牌。

（1）建立集装箱铁路国际联运统一受理平台。

在中国铁路客户服务中心网站（www.95306.cn）上添加国际联运业务模块，当客户点击国际联运业务模块时，系统将自动链接到中铁国际多式联运有限公司电子商务网站平台，由中铁国际多式联运有限公司按照铁路总公司规定的服务标准，进行受理、审单、商定国际联运计划、报关转关、协调服务相关事宜等。专门设立 95306 国际联运业务服务电话，帮助客户操作国际联运全程运输。受理货源后，由中铁国际多式联运有限公司直接代理客户向各铁路局申请国际联运计划及商定电报，国内段运输交由有操作能力的铁路局进行代理操作，并根据工作量进行效益分成，实行共赢。一方面通过效益能够激发铁路局的积极性，确保运行质量，提高运行效率；另一方面，使中铁国际多式联运有限公司能全方面地掌握班列运行情况，集中主要精力协调服务于境外运输，达到统一负责的效果，增强国际竞争力。在受理业务后，中铁国际多式联运有限公司定期根据统一平台数据，对网上受理国际联运业务、95306 国际联运业务电话咨询内容、国际联运业务运输开展情况、国际联运业务发展趋势等进行统计分析，并报送铁路总公司及其相关部门，为国际联运业务的政策制定提供可靠数据及信息资源，同时接受铁路总公司相关部门在经营管理上的监督、检查与指导。

（2）统一标准运营集装箱国际班列。

在铁路货运组织改革后，铁路部门对经满洲里、阿拉山口、霍尔果斯、二连浩特与东方港、伊朗、里加等班列线条进行分析，通过价格调节、强化服务、提高运行质量等方式积极培育新亚欧大陆桥等品牌国际通道，通过与相关铁路局签订协议，采取整体承租或签约的方式统一标准运营既有国际集装箱班列。同时，在开辟新的集装箱国际联运国内段班列线条时，相关铁路局可与具体承运单位联合组织运营工作，在班列国内段运行成熟后，由具体承运单位统一承租、统一服务，可以避免因班列服务质量差别化、运行效率差别化而带来的货源流失、竞争不平衡问题。国际班列线条能否保持较高的运行质量，是货主认同新亚欧大陆桥等品牌通道的主要原因，也是稳定集装箱铁路国际联运既有货源、吸引新货源的重要渠道。

（3）建立统一完善的网络报价体系。

我国现有的集装箱铁路国际联运报价体系有待完善，其报价标准不统一，已造成我国集装箱铁路国际联运市场的内部弱竞争。为加强集装箱铁路国际联运市场的维护与开发，需要建立一个统一的网络报价体系和标准，规范行业报价流程。在铁路总公司的指导下，建立内部报价网络协调机制，明确相应的服务质量与报价标准，在完善报价体系和统一报价标准后，所归属范围内的物流企业报价将进一步与市场接轨，受价格规律调配，使企业能够更加有效地融入市场，为我国集装箱铁路国际联运市场的良性发展提供有力支撑。一体化经营和管理下的统一报价、操作及监督机制，能为集装箱铁路国际联运提供更为广泛的、规范的发展空间，促使企业在平台下规范运作，形成有序竞争局面，避免因不规范、价格过高或过低所带来的差别化服务和运输安全隐患。

（4）重点开发中欧国际集装箱班列。

为进一步整合班列资源，实现对欧班列的稳定开行，可以提前15天向社会公布下个月所有对欧班列的列车开行计划、中途停靠点，吸引沿线货源挂运班列，逐步优化运输组织和沿途运输价格，在稳定开行和政府配套补贴政策支持下实现班列包租。在中欧班列经过的主要集装箱站点设立列车加挂点，如西安、兰州、乌鲁木齐，做好宣传服务工作，公布沿途主要经过集装箱站点的到达时间，将沿途各个地区发往欧洲的货源组织到中欧班列上，保证每个班列编组到达口岸时满轴、满编运输，既保证基本列的运输时间，又保证经过区域货源的统一组织发运，为货主节约运输时间。为改善因目的站过于单一造成货源不足的情况，去程可以增加初期经停站（莫斯科），以确保有充足的货源支撑国际班列运输，后期经过货源调研后继续增加经停站，同时积极协调沿途各国铁路部门，确保国际班列在境外段的运输质量。国际班列最终将实现统一铺画线条、统一品牌、统一价格、统一服务标准、统一开发回程货源，彻底改变目前多头操作的被动局面，确保长期稳定开行，在中欧间形成稳定的运输通道。

（5）加快铁路国际联运运单自动审核的建设。

为了规范国际联运运单填记，减少随附单据不全、填写不正确等问题的发生，我国铁路部门已初步完成了货运营销系统中集装箱铁路国际联运运单模块的设计和开发工作。确定了国际联运运单系统功能分阶段实现的基本思路和流程，明确了初期阶段通过系统实现运单自动审核的18项填记规则，整理873个铁路常用品名及对应海关商品分类编码匹配工作。同时，整理了国外到站站名、站编、办理限制及运单附属文件分类名称等。在此基础上，逐步将海关、商检、港口、国外铁路追踪（俄铁、哈铁等）等与国际联运业务相关的信息数据都整合到一个系统平台中。建立单证中心，确保通过电子数据交换（EDI）或传真、电邮运单样本等方式，实现网络的系统审查、单证中心的人工审查、口岸转关的提前审查3步单证审查方法，避免由于单证的问题，产生口岸拥堵，实现对外统一索要国外代码，统一审核报关单证，统一制作、审核国际联运运单等功能。

（6）推进铁路国际联运的流程再造。

由铁路总公司牵头，中铁国际多式联运有限公司承办，与国际联运业务相关铁路局对接，签订战略合作协议，落实货源组织、运输需求、流程衔接等相关实施细节。在铁路总公司层面明确国际联运的具体分管部门，成立相对固定的协调机构，用"前店后厂"的管理思路对铁路国际集装箱班列的货源组织、港前操作、承运装车、报关转关、信息追踪等业务重新梳理，制定有市场竞争力的服务标准和流程，最大限度地方便客户。在利益共享的基础上，共同开发国际联运业务，具体承运单位参与铁路局国际联运的日常营销工作，制定境外整车和集装箱运输的物流方案和报价，组织可出境或下水的互使箱和自备箱箱源，提供口岸中转服务、铁水联运和境外段操作，垫付相关费用；铁路局支持具体承运单位包租国际班列，将具体承运单位作为国际班列的"前店"，而相关铁路局作为国际班列的"后厂"，分工协作，共同组织好国际班列运输，有效整合我国集装箱铁路物流资源，形成我国铁路国际联运的网络优势，积极应对国际竞争。

(7) 建立铁路国际货代行业协会。

建立铁路国际货代行业协会，加强对中国铁路集装箱国际联运的指导，规范经营和服务标准，特别在过境陆桥运输协调组织方面发挥主导作用，团结我国的铁路货运代理商，以顾问或专家身份参加铁路总公司和其他国际性组织，协调解决铁路国际货运代理在我国铁路的发展需求，通过发布信息、分发出版物等方式，使贸易界、工业界和公众熟悉铁路货运代理人提供的服务，制定和推广统一的货运代理单据、标准交易条件，改进和提高货运代理服务质量，协助铁路货运代理人进行职业培训，处理责任保险问题，提供电子商务信息工具。

3) 打造中欧班列国际品牌

2015 年 3 月，国家发改委、外交部、商务部联合发布的《推动共建丝绸之路经济带和 21 世纪海上丝绸之路愿景与行动》提出"要建立中欧通道铁路运输、口岸通关协调机制，打造'中欧班列'品牌，建设沟通境内外、连接东中西的运输通道"，明确将"中欧班列"建设列为国家发展重点。目前，40 条中欧班列线经新疆、内蒙古、东北三个方向出境通往中亚、俄罗斯、中东欧、西欧等地。

《中欧班列建设发展规划（2016—2020 年）》提出，到 2020 年，基本形成布局合理、设施完善、运量稳定、便捷高效、安全畅通的中欧班列综合服务体系。中欧铁路运输通道基本完善，中欧班列枢纽节点基本建成，货运集聚效应初显；中欧班列年开行 5 000列左右，回程班列运量明显提高，国际邮件业务常态化开展；全程物流服务平台基本建成，品牌影响力大幅提升；通关便利化水平大幅提升，"单一窗口"模式基本实现全线覆盖。

《中欧班列建设发展规划（2016—2020 年）》明确了中欧铁路运输通道、枢纽节点和运输线路的三大空间布局。

(1) 运输通道的布局。

运输通道的布局，即统筹利用中欧铁路东中西三条国际联运通道，分别是由内蒙古满洲里（黑龙江绥芬河）口岸出境的东线，吸引东北、华东、华中等地区货源；由内蒙古二连浩特口岸出境的中线，吸引华北、华中、华南等地区货源；由新疆阿拉山口（霍尔果斯）、吐尔尕特（伊尔克什坦）口岸出境的西线，吸引西北、西南、华中、华南等地区货源。

（2）枢纽节点的布局。

枢纽节点的布局，则是按照铁路"干支结合、枢纽集散"的班列组织方式，建立43个中欧班列枢纽节点，包括重庆、成都等12个具有稳定货源，每周开行2列以上点对点直达班列的内陆主要货源地节点；北京（丰台西）、天津（南仓）等17个承担中欧班列集零成整、中转集散功能的主要铁路枢纽节点；大连、营口等10个具备完善铁水联运条件，每周开行3列以上点对点直达班列的沿海重要港口节点，以及阿拉山口、霍尔果斯、二连浩特、满洲里4个承担出入境检验检疫、通关便利化、货物换装等功能的沿边陆路口岸节点。43个枢纽节点将完成国内其他城市（地区）的货物集结，提高整体效率和效益。

（3）运输线路的布局。

运输线路的布局即建设发展43条运行线，包括23条既有中欧班列直达线和20条规划中的中欧班列直达线。规划中的20条均为双向直达线路，到2020年回程班列运量将得到明显提高，有效降低运输成本。

（4）中欧班列建设发展重点任务。

完善国际贸易通道。加快库尔勒—格尔木、兰渝等铁路建设，推进集宁—二连浩特等铁路扩能改造，提升三大通道境内段路网运能。同时，积极推动与中欧班列沿线国家共同制订欧亚铁路规划，稳步推进境外铁路建设，加快推动中吉乌、中巴等铁路项目前期研究。

加强物流枢纽设施建设。围绕中欧班列枢纽节点打造一批具有多式联运功能的大型综合物流基地，形成水铁、空铁、公铁国际多式联运体系，实现无缝高效衔接。

加大资源整合力度。优化运输组织，力争到2020年，集装箱铁路国际联运总量中班列占比达到80%，日均运行达到1 300 km左右运输组织水平；强化货源支撑，加强品牌建设；加快境外经营网点建设，形成中欧班列境外快捷集疏运能力。

创新运输服务模式。提供全程物流服务，建立中欧班列客服中心；拓展国际邮件运输，大力推进电子化通关；推行电子货物清单，研究开展中欧班列国际快件运输；提升物流增值服务，支持跨境货物加工与转口贸易；推动建立统一的规则体系，提高班列运行质量和效率。

建立完善价格机制。按照量价捆绑原则，建立灵活的中欧班列全程定价机制；依托常态化、规模化运营能力，统一开展境外价格谈判，提高全程价格主导权，有效降低国际联运全程物流成本。

构建信息服务平台。推进物流公共信息平台发展，打造"数字化"中欧班列；强化智能监控监管，建立中欧班列安全合作机制，保障货物运输安全。

推进便利化大通关。加强沿线国家海关国际合作，支持将铁路运输模式纳入中欧安全智能贸易航行试点计划，推动全国通关一体化，力争使班列在口岸停留时间不超过 6 小时；推进检验检疫一体化，在班列沿线检验检疫机构间实施"通报、通检、通放"，实现沿线"出口直放、进口直通"；进一步扩大口岸开放，支持有条件地方建设进境肉类等国家指定口岸，科学布设内陆铁路口岸，推进国际贸易"单一窗口"、口岸管理共享平台建设，提高口岸智能化水平。

4）铁路国际联运交接所作业

（1）票据翻译。

由外方工作人员将到达的外方货运列车票据送至交接所大厅翻译。

（2）数据录入。

按照运单内容将运单号、交接单号、办理种别、发站、发货人、收货人、到站、品名、件数、车号、重量、施封号码及箱型箱号等信息录入计算机。每录完一车需要执行双人互检制度，对录入的车辆信息进行核对，发现错误立即更改或者删除数据重新录入。每批运单录入审核后按列向海关传输运单信息。

（3）分票发票。

将翻译好的货票交还给货主，由货主前往海关、检疫等部门审核。

（4）受理审核。

海关、检疫等部门受理后回到铁路部门受理，受理时重点查看换装股道是否正确，有无停限装限制、是否符合受理权限、专用线是否符合规定。准确计算滞留天数，在货物明细单上加盖戳记和经办人章。

（5）正确配票。

把有向票据、落地票据按照作业时间分出股道，接到物流、货物处的通知后打印换装签认表和作业清单，核对正确后配票。

（6）打印清单。

送票前打印送票单，认真核对货票重量和货票数量正确后及时送运转车号，并在送票单上签认。

（7）制票收费。

根据运单记载的事项核收运输费用，严格执行双人制票自检、互检制度。制票前必须认真审核车号、到站、专用线、品名、发收货人与运单是否一致，滞留天数、保价金额和所收费用是否正确。

以上作业完成后，将货票送至运转车间车号室，拿到货票的车号员送至车上后列车准备出发。

6.5.5　集装箱多式联运发展工作重点

推进多式联运发展，应以强化不同运输方式之间的衔接协调，提高多式联运的组合效率和整体效益，提升组合运输服务能力和现代物流发展水平为根本目标，坚持先行先试、分类推进、重点突破，不断总结不同运输方式的基础设施、装备技术等硬件设施，以及标准规范、服务规则、政策法规等制度环境在无缝衔接方面的经验，通过多式联运专业站场、多式联运承运人及快速转运装备技术、标准规范和信息平台的技术创新和示范应用，加快推进多式联运发展。

2016 年 6 月 21 日，国务院办公厅发布《营造良好市场环境推动交通物流融合发展实施方案》，明确了我国交通物流融合发展的实施路线图。

（1）尽快打通连接枢纽的"最后一公里"。

目前，不少港口集疏运补偿，部分大型厂矿企业存在"最后一公里"断头路现象。《营造良好市场环境推动交通物流融合发展实施方案》提出"加快推进部分铁路枢纽货运外绕线建设，提高城市中心城区既有铁路线路利用水平"，并重点提及设施交通物流枢纽集疏运系统工程，包括实施港口集疏运系统建设项目、铁路线路引入内陆港、保税港区等。铁路总公司相关规划中也明确提出依托铁路物流大通道，将铁路线路延伸至大型厂矿企业、重要港口码头和口岸，基本覆盖年运量 50 万 t 以上的大宗物资发到点，强化集疏运系统，着力解决"最后一公里"问题，提升大宗物资铁水联运水平及市场份额。

（2）统筹规划，系统完善交通物流网络。

针对困扰城市规划和物流发展的规划各自为政，衔接性差的问题，《营造良好市场环境推动交通物流融合发展实施方案》提出："优化交通枢纽与物流节点空间布局，统筹综合交通枢纽与物流节点布局，加强功能定位、建设标准等方面的衔接，强化交通枢纽的物流功能，构建综合交通物流枢纽系统……发展改革、交通运输等部门要研究明确不同层级枢纽功能和定位，确定各种运输方式衔接和集疏运网络建设的要求，制定完善全国性、区域性综合交通物流枢纽规划。地方人民政府要编制地区性综合交通物流枢纽规划，加强综合交通物流枢纽规划与土地利用总体规划、城乡规划、交通专项规划的衔接。"旨在统领、协调交通、物流的专项规划。按照铁路总公司《铁路物流基础设施布局规划及 2015—2017 年建设计划》所提出的将建设三级铁路物流基地和接取送达网络，推进城市货场转型升级为城市配送中心，统筹建设经营网点，形成覆盖广泛、层次清晰、功能完善的集装箱、商品汽车、零散快运等专业运输及口岸、冷链物流网络。其中一级铁路物流基地主要服务于国家级流通节点城市，为综合型物流基地；二级铁路物流基地服务于国家级、区域级流通节点城市，为综合型或大型专业型物流基地；三级铁路物流基地服务于地区级流通节点城市，或在国家级、区域级流通节点城市中发挥辅助作用。一级、二级铁路物流基地共 208 个。其中一级铁路物流基地 33 个，二级铁路物流基地 175 个。

铁路物流基地建设时应与其他交通、物流规划相互对接、相互融合。在规划的铁路物流基地中，应尽量形成综合交通枢纽，并在其中规划公路港等新兴物流功能。

（3）构建资源共享的交通物流平台。

《营造良好市场环境推动交通物流融合发展实施方案》提出："建设完善专业化经营平台，打造信息共享服务平台。"铁路总公司自主研发的中国铁路 95306 货运客服网，兼顾以上两种平台功能，具备了网上营销、网上交易、信息交互、行业资讯等功能，逐步成为全国交易品类最齐全的大宗商品服务平台，基本覆盖了除危险品和国家专营品类以外的全部物资，建立了竞价交易模式，开发了短信通知、实时提醒、在线交流等服务功能，推进服务平台网上支付、交易结算、保证金等金融服务。

资源融合、信息共享是平台的大势所趋，铁路应立足建设成为承载"一单制"电子标签码及信息汇集、共享、监测等功能的公共服务平台。对接航运、航空等国有大型运输与物流企业平台，实现"一单一码、电子认证、绿色畅行"；对接社会化平台，引导其结合自身实际对赋码货物单元提供便捷运输。

（4）优化一体化服务流程。

推行物流全程"一单制"是《营造良好市场环境推动交通物流融合发展实施方案》最为重要的着眼点。铁路目前在推进内部"一口报价、一种票据、一次核收"方面进行了积极的努力，同时铁路加快推进集装箱运输改革，着力打通公铁、海铁联运链条；优化了入箱货物品类，彻底解决了"客户线下订箱、车站人工分箱"的局面；扩大了煤炭、焦炭等入箱品类；开展上门装箱、拼箱、掏箱服务，实现铁水、公铁联运无缝衔接，加快推进全路集装箱接取送达网络建设；强化了与船公司、港口合作；统一了班列品牌，进一步完善国际集装箱班列境外经营网络，优化国际集装箱班列运输组织，积极构建服务于全球贸易和营销的电子交易平台和物流信息平台，加强与沿线国家的铁路公司信息交换和对接，动态掌握中欧班列、中亚班列，以及代理的其他国际门到门货物全程运行信息。

任务实施

根据以上相关知识，由教师组织学生分组进行讨论；各小组派代表进行总结汇报，小组互评；教师点评总结，使学生掌握集装箱多式联运方案设计的方法及特征，提高学生运用理论知识解决实际问题的能力。

复习思考题

1. 简述集装箱多式联运的概念与特点。

2. 简述集装箱多式联运的优缺点。

3. 集装箱船都有哪些类型？

4. 集装箱货物的组织与交付有哪几种形式?

5. 集装箱水路运输有哪些种类?

6. 集装箱水路运输一般有哪几方参与?

7. 简述如何组织集装箱水路运输。

8. 世界主要集装箱水路运输航线有哪几条?

9. 集装箱公路运输的特点有哪些?

10. 公路中转站的作用与功能有哪些?

11. 集装箱公路运输货源组织形式和货物分类包括哪些?

12. 航空集装箱运输有什么特点和优势?

13. 集装箱航空运输设备有哪些?

14. 集装箱航空运输有哪些经营方式?

15. 简述大陆桥运输的概念与种类。

16. 简述集装箱铁水联运的优点。

参考文献

［1］吴强．铁路集装箱运输．北京：中国铁道出版社，2011．

［2］孙家庆．集装箱多式联运．北京：中国人民大学出版社，2013．

［3］朱晓宁．集装箱运输与多式联运．北京：中国铁道出版社，2014．

［4］中国铁路总公司．铁路集装箱运输规则．北京：中国铁道出版社，2015．

［5］《铁路集装箱运输管理》编委会．铁路集装箱运输管理．北京：中国铁道出版社，2016．